D1664484

Paul Doll

Rhodeländer

Paul Doll

Rhodeländer

Ihre Entstehung in Amerika
Die Entwicklung in Deutschland
Chronik des Sondervereins

Verlagshaus Reutlingen
Oertel + Spörer

© Verlagshaus Reutlingen · Oertel + Spörer · 1990
Burgstraße 1–7, 7410 Reutlingen
Alle Rechte vorbehalten
Schrift: 9/11 p Garamond
Satz und Druck: Oertel + Spörer, Reutlingen
Einband: Heinrich Koch, Tübingen
Printed in Germany
ISBN 3-88627-088-2

Geleitwort

Sehr gerne komme ich dem Wunsch des Sondervereins nach, ein Vorwort für die interessante Chronik „Rhodeländer" von Paul Doll zu schreiben. Wenn diese Bitte auch an mich in meiner Eigenschaft als Vorsitzender des Verbandes der Sondervereine für Hühner, Groß- und Wassergeflügel ergangen ist, bin ich doch gerade der Rhodeländerzucht ganz besonders verbunden. Als aktives Mitglied des Sondervereins seit 1940 und dessen Vorsitzender von 1970 bis 1989 konnte ich die Entwicklung der Rhodeländer in einem wesentlichen Zeitraum nicht nur miterleben, sondern auch verantwortlich mitgestalten.

Fast 90 Jahre Rhodeländerzucht in Deutschland. Diese Zeitspanne verlangte geradezu einen umfassenden Rückblick über den Werdegang der Rhodeländer und die Geschichte des Sondervereins. Dem Verfasser, unserem verdienten Ehrenmeister im BDRG, Paul Doll, gilt unser aller Dank für das gelungene Werk.

Mit Stolz kann der Sonderverein feststellen, daß die Beliebtheit der Rhodeländer seit langen Jahren unverändert groß ist. Leistung und Schönheit des Rhodeländerhuhnes haben Züchter und Liebhaber immer wieder begeistert und Anreize und Impulse zum Erhalt und zur Weiterentwicklung der Rasse bis zum heutigen weltweit anerkannten hohen Zuchtstand gegeben.

Der Sonderverein hatte immer wieder das große Glück, Züchter, Preisrichter und Organisatoren besonderen Formats in seinen Reihen zu haben. Namen wie Ernst Tiedge, Paul Stolle, Heinrich Horstmann, Willi Stolle und vor allem Heinz Zumbruch sind den älteren Mitgliedern noch gut in Erinnerung und werden unvergessen bleiben. Sie alle waren sich, wie die heutige Vereinsführung, ihrer großen Verantwortung für den Zuchtstand der Rasse bewußt.

Ich bin sicher, daß die Chronik von Paul Doll nicht nur dazu beiträgt, Freundschaft und Verbundenheit unter den Züchtern und Mitgliedern zu festigen; sie wird ganz sicher für die Rhodeländerzucht auch neue Freunde gewinnen.

Bremerhaven, im August 1990

Heinz Möller
1. Vorsitzender des Verbandes
der Sondervereine für Hühner,
Groß- und Wassergeflügel und
Ehrenvorsitzender des Sondervereins
der Züchter des Rhodeländerhuhnes

V

Vorwort

Rascher Wandel, Schnellebigkeit und Vergänglichkeit sind herausragende Merkmale unserer Zeit. Was gestern noch Gültigkeit hatte, ist heute oftmals schon überholt. Das Bestreben, mit den Entwicklungen Schritt zu halten, läßt viele Menschen die Werte vergessen, die in vorangegangenen Generationen geschaffen wurden.

Es war deshalb ein Bedürfnis des Sondervereins der Rhodeländerzüchter, eine lebendige, ausdrucksvolle Chronik zu verfassen. Mit dem Präsidiumsmitglied im BDRG und bekannten Züchter Paul Doll haben wir einen fachkundigen Autor gewonnen, der die Geschichte der Rhodeländer in gesammelter Form erarbeitet und vom Vergessen bedrohtes Wissen zusammen mit neueren Erkenntnissen und Aussagen dargestellt hat. Dies ist im vorliegenden Buch gründlich und umfassend gelungen.

Dafür gilt der besondere Dank dem Autor Paul Doll, dem Chefredakteur Walter Schwarz vom Deutschen Kleintier-Züchter, dem Verlag Oertel+Spörer sowie den vielen Züchtern, die interessante Unterlagen und Bildmaterial zur Verfügung stellten und somit zum Gelingen des Buches beigetragen haben.

Ich wünsche der Chronik viel Erfolg, nicht nur bei den Rhodeländerliebhabern, sondern bei allen Zuchtfreunden, die sich für den Werdegang und die Zucht unseres schönen Rhodeländerhuhnes interessieren.

Ludwigshafen-Oggersheim,
im August 1990

Hans-Dieter Mayer
1. Vorsitzender des Sondervereins
der Züchter des Rhodeländerhuhnes

Vorwort des Verfassers

Heinz Möller, der Ehrenvorsitzende des Sondervereins der Züchter des Rhodeländerhuhnes, bat mich 1986, die Geschichte der Rhodeländer und des Sondervereins niederzuschreiben. Diesem Wunsch bin ich gerne nachgekommen, da mich die Entstehung der Rhodeländer in Amerika und ihre züchterische Vollendung in Deutschland schon immer stark beeindruckt hat.

Aus den Unterlagen meines Archives kannte ich zwar viele Einzelheiten über die Geschichte der Rhodeländer, doch ohne die Hilfe vieler Rhodeländerfreunde, durch die Bereitstellung wichtiger Unterlagen und Fotos aus den vergangenen neun Jahrzehnten, hätte ich dieses Buch nicht schreiben können. Hier gilt mein besonderer Dank Heinz Möller und Horst Frese sowie meinen in der Zwischenzeit verstorbenen väterlichen Freunden Gottlieb Keppler und Adolf Ruoff.

Der einmalige Siegeszug der herrlichen Rhodeländer bis in die heutigen Tage und das Wirken des Sondervereins, der sich engagiert für die züchterische Entwicklung und Verbreitung seiner Rasse eingesetzt hat, wird in diesem Buch deutlich. Großen Anteil am Gelingen des Werkes hat der Chefredakteur des „Deutschen Kleintier-Züchters", Walter Schwarz, der mir als Lektor hilfreich zur Seite stand.

Gestaltung und Ausstattung dieses Rhodeländerbuches übernahm das „Verlagshaus · Oertel+Spörer" in gewohnt liebevoller Art. Dem Juniorchef des Verlages, Ermo Lehari, und dem Leiter des Buchverlages, Viktor Stern, habe ich nicht nur zu danken für die Aufnahme in das Verlagsprogramm, sondern auch für die wertvolle Beratung und Unterstützung bei den notwendigen Vorbesprechungen.

Nach dem Vorstandswechsel im Sonderverein im Jahre 1989, wonach die Verantwortlichkeit von Zfr. Heinz Möller auf den neuen SV-Vorsitzenden Hans-Dieter Mayer überging, bestand eine gute und kameradschaftliche Zusammenarbeit, die dem Werk dienlich war.

Möge dieses Buch bei allen Freunden der Rassegeflügelzucht und insbesondere bei den Rhodeländerzüchtern eine freundliche Aufnahme finden.

Paul Doll

Bad Wimpfen, im Juli 1990

Inhaltsverzeichnis

X

XII

Teil I

Von der Entstehung
der Rhode-Island-Hühner
bis zur Neugründung
des „Deutschen Rhodeländervereins" 1918

Die Geschichte des Haushuhnes

Seit urdenklichen Zeiten bildet das Geflügel in seiner Vielfalt einen festen Bestandteil der Tierwelt auf unserer Erde. Über den exakten geschichtlichen Zeitpunkt der Haustierwerdung, der Domestikation, sind wir bis heute nicht genau unterrichtet. Bei den Hühnern soll der Zeitpunkt, zu dem die Menschen die wilden Kammhühner mit in ihre Hausgemeinschaft aufnahmen, etwa vor 5000 bis 6000 Jahren gewesen sein.

Nach den bisherigen wissenschaftlichen Erkenntnissen stammen unsere Haushühner vom asiatischen wilden Kammhuhn ab, das wir in vier Stammarten kennen. Es sind dies das Bankivahuhn (Gallus gallus Linné), auch Rotes Kamm- oder Dschungelhuhn genannt, das in fünf Unterarten heute noch in Vorder- und Hinterindien, Südchina und auf den Malaiischen Inseln verbreitet ist. Dem Bankivahuhn wird zweifelsfrei der größte Anteil an der Haustierwerdung der Hühner zugeschrieben. Es werden aber auch noch das Sonnerathuhn (Gallus sonnerati), das Ceylonhuhn (Gallus lafayetti Lesson) und das Gabelschwanzhuhn (Gallus varius Shaw) genannt, die an der Entstehung der Haushühner beteiligt gewesen sind oder sein sollen.

Es wäre sicherlich falsch, sich bei dem Bankivahuhn nur auf eine Unterart dieser Wildhuhnart als Urahn unserer Haushühner festzulegen oder die drei anderen wilden Kammhühner völlig auszuschließen. Über den sehr langen Zeitraum von 5000 bis 6000 Jahren, seit es die Haushühner gibt, haben wir weder genaue schriftliche Überlieferungen noch Funde aus der damaligen Zeit als Beweise, wie nun tatsächlich die gezähmten Haushühner und von welcher Stammart sie entstanden sind. Darum bleibt auch die Forschung in dieser Hinsicht bei Vermutungen, da beweiskräftige Unterlagen nicht geliefert werden können.

Aus ihrer angestammten asiatischen Heimat haben sich die domestizierten Hühner nahezu in alle Welt verbreitet. Nach Amerika kamen sie durch Einwanderer aus Spanien, Portugal und den Niederlanden im 16. Jahrhundert und aus England und Frankreich im 17. Jahrhundert. Einen bedeutenden Aufschwung erhielt die Geflügelzucht in Amerika durch Einfuhren asiatischer Rassen in der Mitte des 19. Jahrhunderts. In der Folgezeit hat uns dann Amerika mit seinen Weiten und den günstigen Futterverhältnissen wieder eine ganze Reihe von Geflügelrassen geschenkt. Es war dabei wohl kein Zufall, daß mit der Entste-hung neuer Geflügelrassen in Amerika immer die Namen von nur wenigen, aber begeisterten Züchtern verbunden waren. Die neu geschaffenen Rassen wurden durchweg nach den Gebieten benannt, in denen sie entstanden sind. Wir denken hierbei vorwiegend an die heute bei uns in Deutschland weit verbreiteten Rassen wie Wyandotten, Plymouth Rocks, Rhodeländer oder New Hampshire.

Die Entstehung der Rhode-Island-Hühner

Nachdem Nordamerika der Welt die als höchst brauchbar anerkannten Rassen der Plymouth Rocks und der Wyandotten beschert hatte, gelang es zunächst nicht, eine weitere neue Schöpfung durchzusetzen. Was nach diesen Rassen auftauchte, wie die sogenannten Wunderhühner, war nur eine schlecht gelungene Nachahmung der erstgenannten Rassen. Erst Ende des 19. Jahrhunderts begann ein neuer Stern zu leuchten, der nicht in planmäßiger Züchtung entstanden ist. Es war das „Rote Huhn von Rhode Island", das auch „Rhode Island Red" genannt wurde. Der Werdegang dieses Huhnes wich von dem der übrigen amerikanischen Rassen ganz erheblich ab. Mit ihrer Geschichte ist keines Mannes Name verbunden, sondern der Name eines Staates in Nordamerika: Rhode Island. Dort gab es bereits im 18. Jahrhundert eine weit verbreitete, wirtschaftlich ausgerichtete Geflügelzucht mit dem dort heimischen Landhuhn, einer regional begrenzt verbreiteten Schlagzüchtung. In den verschiedenen Bereichen des Staates Rhode Island waren sich die Farmer in der Mitte des 19. Jahrhunderts darüber einig, ein verbessertes Wirtschaftshuhn zu schaffen.

Die Farmer dieses kleinsten amerikanischen, an der Atlantikküste unweit von New York gelegenen Staates legten schon verhältnismäßig früh sehr viel Wert auf eine wirtschaftliche Hühnerhaltung mit einem hohen Eier- und Fleischertrag. Sie versuchten, ihre Landhühner durch Einkreuzung von asiatischen Hähnen zu verbessern. Wahrscheinlich wollten sie schwerere und auch gegen Witterungsunbilden widerstandsfähigere Hühner in ihren Beständen haben, ohne daß man von einem eigentlichen Züchten sprechen konnte. Allerdings hatten sie eine besondere Vorliebe für kräftige rote Hähne, die sie für die Weiterzucht verwendeten. Dabei kam ihnen zustatten, daß infolge der ausgedehnten Küste ihrer Heimat zwischen der Bevölkerung und der „christlichen Seefahrt" engere Beziehungen als in anderen amerikanischen Staaten bestanden.

Über die Entstehungsgeschichte der Rhode-Island-Hühner gibt es einige Überlieferungen, die wir amerikanischen Zeitschriften, alten Fachbüchern und einem Artikel in dem Katalog des amerikanischen Rhode Island Red Clubs aus dem Jahr 1904 entnahmen.

Aber auch in den deutschen Fachzeitschriften gab es von bekannten Züchtern wertvolle Beiträge und einige besondere Hinweise über die Entstehung der roten Hühner im Staat Rhode Island, jedoch stimmten die Aussagen nicht immer überein. Wir versuchen daher, aus allen zur Verfügung stehenden Unterlagen ein richtiges Bild über die Entstehung dieser hochwertigen Rasse und ihre Weiterentwicklung zu geben.

Schon vor 150 Jahren versuchten die Farmer in den Staaten Rhode Island und Massachusetts, ihre Geflügelhaltungen leistungsmäßig zu verbessern. Die gün-

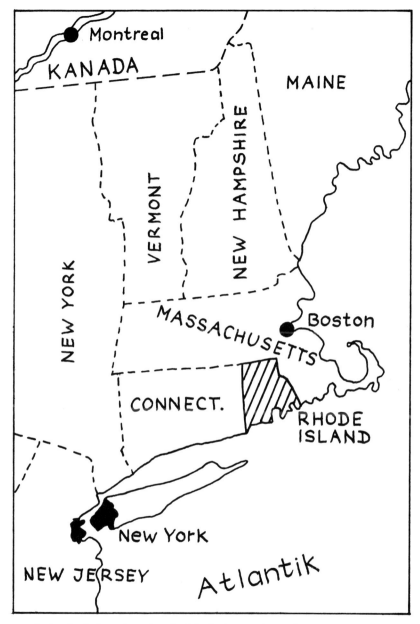

1 Rhode Island, die Heimat der Rhodeländer im Nordosten der Vereinigten Staaten. In Adamsville erinnert eine Bronzetafel an die Erzüchtung des Rhodeländer-Huhnes.

stige Lage dieser beiden Staaten an der Atlantikküste kam ihnen dabei zustatten, denn die Schiffe aus fernen Ländern brachten oft als lebenden Proviant auch Geflügel mit, wobei sich die Farmer besonders für rote, schwere Hähne aus dem asiatischen Raum interessierten. Dies war vorwiegend in den Jahren von 1846 bis 1850, als die roten Hähne verstärkt in die Landhuhnbestände eingekreuzt wurden. Die Farmer waren der festen Überzeugung, daß hierdurch die Lebenskraft und Vitalität ihrer Bestände verbessert und die Hühner kräftiger und leistungsfähiger würden. Von ihren Vorfahren hatten die Farmer die Erkenntnis übernommen, daß durch Einkreuzungen, besonders von roten Hähnen aus Übersee, eine bessere Legeleistung zu erzielen war.

So gibt es auch eine uralte Geschichte aus dem 18. Jahrhundert, wonach ein Farmer namens Mowbray berichtete, daß er bereits im Jahr 1784 einen roten Shakebag-Hahn besaß, der 10 Pfund wog und ein brillantes rotes Gefieder hatte, den er in seine Landhuhnbestände einkreuzte. Die Hennen des Shakebag-Schlages seien glänzend gelb gewesen.

Ein gutes Geschäft machten bei der Einfuhr von roten Hähnen die Schiffskapitäne, die sich besonders um die Mitte des 19. Jahrhunderts auf diese gewinnbringende Fracht eingestellt hatten. Bei jeder Heimreise aus fernöstlichen Ländern, aus China, Indien oder den Malaiischen Inseln, brachten sie rote, schwere Hähne verschiedener Schläge mit und verkauften sie den Farmern aus Rhode Island und Massachusetts. Das System der jährlichen neuen Einkreuzung solcher roten Hähne basierte bei den Farmern auf einer gemeinsamen Absprache und wurde mit der Zeit nichts anderes als eine liebgewordene Gewohnheit. Es bestand dabei niemals der Wunsch oder gar das Ziel, durch diese Einkreuzungen eine neue Rasse zu erzüchten. Es war lediglich der gemeinsame Wille aller Farmer, mit Hilfe der roten Hähne und der heimischen Landhühner stattliche Legeergebnisse zu erzielen.

Welche Bedeutung die Eiererzeugung bereits in der ersten Hälfte des 19. Jahrhunderts hatte, beschrieb Dr. N. B. Aldrich, Fall River/Massachusetts, in seinem 1852 erschienenen Geflügelbuch: „Von 1807 bis 1850 machte ein kleines Schiff etwa 25 Fahrten jährlich zwischen Westfort und Providence, der Hauptstadt von Rhode Island, jedesmal mit 400 Dutzend Eiern beladen. Im ganzen wurden so 5 450 000 Eier verschickt", was für die damalige Zeit eine besonders hohe Leistung war.

Wenn man die Entstehung der Rhode-Island-Hühner zurückverfolgt, wird immer von einer Vielzahl von Hühnerschlägen gesprochen, meist von Shakebag-Hühnern, die auch in dem Geflügelbuch von Dr. Bennet erwähnt wurden. Er beschrieb sie so: „Diese Hühner sind in vielen Punkten mit den Malaien verwandt, so daß es nicht fehlerhaft ist, beide miteinander zu vermischen." Solche Shakebag-Hühner waren bereits 1784 bekannt und wurden auch nach 1846 von John L. Tucker in Boston nach Amerika importiert. Dieser Mann wird als einer der Schöpfer der roten Rhode-Island-Hühner angesehen. Die Cochin-Chinahühner, die von Burnham im Jahr 1850 importiert wurden, waren im Typus mit den Shakebag-Hühnern nahezu gleich.

Wie nun die roten Rhode-Island-Hühner in Amerika entstanden sind, kann mit Sicherheit nicht genau nachvollzogen werden, da der Zeitabschnitt ihrer Schlagbildung, etwa um 1846, bis zur völligen Durchzüchtung um 1895, ein sehr langer war und zu viele verschiedene asiatische Rassen verwendet wurden. Eines steht aber fest, daß die roten Rhode-Island-Hühner als Rasse nie herausgezüchtet wurden, sondern sich durch jahrzehntelange Einkreuzungen roter Hähne aus unterschiedlichen Rassen und Herkunftsländern mit dem einheimischen Landhuhnschlag ganz von selbst entwickelten. Es werden folgende Schläge oder Rassen genannt, die bei der Entstehung der roten Rhode-Island-Hühner Pate gestanden haben: Rote Schanghais, Cochin-China, Chittagongs, Shakebag, Malaien, rasselose indische Hühner und amerikanische Landhühner. Später, in den Jahren von 1875 bis 1885, wurden noch Wyandotten und rosenkämmige braune Italiener eingekreuzt, wodurch die rosenkämmige Art entstanden ist.

Anfänglich hießen die in Little Campton gezüchteten Kreuzungstiere „John-Macamber-Hühner" oder auch „Reds-Hühner" und „Tripp-Hühner". Die roten Rhode-Island-Hühner wurden bereits von 1879 an unter verschiedenen Namen bei kleineren Ausstellungen gezeigt, ohne daß ihnen besondere Beachtung geschenkt wurde. Erst ab 1891 fanden sie in Amerika größeres Interesse, nachdem sie in diesem Jahr von Dr. N. B. Aldrich erstmals bei einer Ausstellung in New York unter dem Namen „Rhode Islands" in der Klasse „Andere Varietäten" an die Öffentlichkeit traten. Den Namen „Rhode Islands Reds" sollen sie von einem gewissen Jsaac C. Wilbour aus Little Campton erhalten haben. Allgemein populär wurden die Rhode Islands erst ab 1895 in Amerika, nachdem sie als neue Rasse bei größeren Ausstellungen gezeigt wurden.

Die Gründung des „Rhode Island Red Clubs"

Im Jahr 1898 wurde von einigen Züchtern in Fall River in Massachusetts der Spezialklub „Rhode Island Red Club" gegründet. Obwohl die Rasse noch nicht anerkannt, also in den Standard of Perfection aufgenommen war, schlossen sich die Züchter unter der Wortführung von Dr. N. B. Aldrich, John L. Tucker und Jsaac C. Wilbour zu einer Züchtergemeinschaft zusammen. Dies wird nur dadurch verständlich, wenn man berücksichtigt, daß es sich durchweg um

Züchter und Farmer handelte, bei denen die wirtschaftlichen Eigenschaften der Rasse im Vordergrund standen. Bei der Gründungsversammlung begann auch gleich der Kampf gegen erbsenkämmige Rhode-Island-Hühner. Die einfachkämmige Art wurde erst 1904 in den amerikanischen Standard aufgenommen, nachdem ein Jahr zuvor vom Club ein Standard aufgestellt wurde.

Die erste Musterbeschreibung kam nicht zu einer bestimmten Vorschrift über den Typus, sondern betonte, daß dieser sich den übrigen amerikanischen Rassen anschließen sollte. Doch wurde die gedrungene Rundung der Wyandotten nicht angestrebt, vielmehr schon die Vorschrift eines langen Brustbeines gegeben. In Übereinstimmung mit allen übrigen Rassen amerikanischen Ursprungs wurde eine gelbe Beinfarbe gefordert. Das Gewicht der Tiere sollte je nach Alter und Geschlecht zwischen 2½ bis 3½ kg liegen. Am genauesten waren schon die Angaben über die Färbung, von der ein ausgesprochenes Rot verlangt wurde. Bei den Hähnen wurden dunkle Rücken und Schultern ausdrücklich zugelassen. Äußerlich hervortretendes Schwarz im Schwanz beider Geschlechter und als Halsspitzen bei den Hennen war ausdrücklich zugelassen.

Die Aufnahme der rosenkämmigen Art in den amerikanischen Standard erfolgte im Jahr 1905, allerdings unter dem Namen „Amerikanische Rote". Nach einem Einspruch des Rhode Island Red Clubs wurde der Name im Jahr 1906 in „Rosenkämmige rote Rhode Islands" umgeändert.

Das Hauptziel, das sich der Club setzte, war in erster Linie bei dieser Rasse die Lebenskraft und Fruchtbarkeit aufrecht zu erhalten und erst in zweiter Linie die Tiere auf Form und Farbe zu züchten. Auch hier zeigte sich wieder deutlich, daß der Club und seine Mitglieder von wirtschaftlichen Gedanken durchdrungen waren. In einem vom Club aufgestellten Standard aus dem Jahr 1903 finden wir im gleichen Sinne folgenden Satz: „Bei Züchtung auf die Form ist ersichtliche Lebenskraft zu berücksichtigen."

Im Jahr 1907 hatte der amerikanische Club bereits 1200 Mitglieder und wurde damit zum größten Spezialklub.

Es wäre sicherlich lückenhaft, die Betrachtungen über das Werden der Rhode-Island-Hühner abzuschließen, ohne noch kurz auf die sehr interessanten und zweifellos richtigen Darlegungen über die Entstehung der Rasse von Dr. N. L. Aldrich einzugehen. Seine Gedanken sind in einem Ausstellungskatalog des Clubs aus dem Jahr 1904 festgehalten. Dabei legte auch er den Ursprung der Rasse in das Jahr 1846, als verschiedene asiatische Rassen in Amerika eingeführt wurden. Es seien dies vorwiegend Cochin-China sowie gelbe und weiße Schanghaihühner gewesen. Nach den Angaben von Dr. Aldrich waren die Schanghais an den Füßen stark befiedert, die Cochin-China dagegen nicht. Die Hähne seien allgemein von roter Farbe gewesen. Nach seinen Angaben stammten die Cochin aber nicht von dem königlichen Cochinstamm aus England, sondern diese seien von Dr. Alfred Baylies, Taunton in Massachusetts, im Juni 1846 aus dem asiatischen Raum nach Amerika importiert worden. Sie waren an den Füßen teils nur sehr schwach, teils gar nicht befiedert.

Das Schiff „Huntress" brachte nach den Aufzeichnungen von Dr. Aldrich im Mai 1847 direkt aus Cochin-China ein Paar der Cochinvarietät mit nach Amerika, über die ein Mister Taylor erzählte, daß der Hahn einem etwas eigentümlichen roten und gelblichen Dominikanerhahn gleichgesehen habe.

Die schwarzen Jerseys, die Buker-Counties und die Bobbies, die unter diesem Namen in Amerika noch eingeführt wurden, bezeichnete Dr. Aldrich als minderwertige Varietäten der Malaien, die nur wenig Beachtung gefunden hätten. Zur Erreichung einer guten Nachzucht seien die roten Cochinhähne, ebenso wie die roten Malaienhähne, nach sorgfältiger Auswahl mit den einheimischen Landhühnern gekreuzt worden.

Seinen umfangreichen Bericht schloß Dr. Aldrich mit der Bemerkung ab: „Wenn ich sagen würde, daß diese Darstellung die ganze Wahrheit von den Rhode Island Reds sei, so würde ich einen Irrtum begehen. Diese Rasse leitet ihren Namen von dem roten Hahn ab. Die Nutzgeflügelzucht betreibenden Farmer jenes Teiles von Rhode Island und Massachusetts, welche als Little Campton bekannt sind, haben um die Zeit von 1846 bis 1850 nur rote Hähne ausgewählt und die Hennen so belassen, wie sie waren. Auf diese Weise haben sie diese famose Rasse ganz unbewußt erzüchtet."

Noch ein Wort zu dem rosenkämmigen Schlag: In dem Geflügelbuch von Dr. Bennet aus dem Jahr 1852 ist zu lesen, daß die rosenkämmigen Rhode Islands Reds schon lange vor der Einführung des Leghornblutes existierten. Alle befragten Anlieger hätten ihm versichert, daß ihre Väter schon rote Hähne mit Rosenkamm nach Hause gebracht hätten. Dr. Bennet war daher der Meinung, daß wahrscheinlich der Rosenkamm der Rhode-Island-Hühner von den rosenkämmigen Chittagongs stamme.

In den Rhode-Island-Hühnern fließen also von Anbeginn an sehr unterschiedliche Blutströme, die angeführt werden von den Malaien, Cochin und einigen ihrer Abarten, den Dominikanern und anderen Rassen. Es waren aber auch noch viele andere Schläge an der Entwicklung beteiligt. In erster Linie hatten die in Rhode Island beheimateten Landhühner einen großen Anteil. Diese Landhühner kann man mit den damals in Amerika eingeführten braunen Italienern vergleichen, die in den Jahren 1834 und 1835 von den italienischen Häfen Livorno und Ancona nach Amerika ausgeführt wurden. Die Form der Rhode-Island-Hühner in den ersten Jahrzehnten ihrer Entstehungsgeschichte deutet jedenfalls darauf hin, daß an der Entwicklung der Rasse auch Mittelmeerrassen einen, wenn auch bescheidenen, Anteil hatten.

Als neu erstandene Rasse waren die Rhode-Island-Hühner mittelschwer, widerstandsfähig und hatten sich in dem rauhen und naßkalten Klima ihrer Heimat angepaßt. Durch die verschiedenen Einkreuzungen war es nicht verwunderlich, daß die Farbe der Hühner zunächst keineswegs einen einheitlichen roten Gefiederton aufwies, sondern es gab viele Variationen, die zwischen hellgelb, dunkelgelb, rotbraun und mahagonibraun schwankten, wobei die Tiere mit und ohne dunkelgestreiften Behang, mit gesprenkelter Brust- und Rückenpartie und Schwarz im Schwanz gezüchtet wurden.

Wie die Rhode Island Reds nach Deutschland kamen

Ein Jahr nach der Jahrhundertwende kamen die ersten Rhode-Island-Hühner nach Deutschland. Es war am 12. Januar 1901, als die „Hawthornbank" von Halifax, der Hauptstadt der ostkanadischen Provinz Neuschottland, kommend, nach einer stürmischen Fahrt über den Ozean in Bremen anlegte. Unter den vielen Passagieren verließ Willy Radke aus Kanada als letzter Schiffsreisender das Schiff und mit ihm wurden 64 Rhode-Island-Hühner als Reisegut von Bord gebracht. Es waren die ersten Hühner dieser Rasse, die von Amerika nach Deutschland kamen. Zum Empfang hatten sich 18 Züchter eingefunden, um Willy Radke ein herzliches Willkommen zuzurufen. Als erster wurde Willy Radke in seiner alten Heimat von G. L. Claaßen begrüßt, der auch gleich 1,12 Rhode-Island-Hühner in Empfang nehmen konnte.

Von Bremen aus trat Willy Radke die Reise nach Berlin mit den restlichen Tieren an. Dort erhielt Direktor Schüppmann weitere 1,10 der mitgebrachten Tiere. Die restlichen 40 Tiere blieben im Besitz von Willy Radke. Alle aus Kanada mitgebrachten Rhode-Island-Hühner stammten aus der Zucht seines in Kanada lebenden Bruders, der eine große Geflügelfarm betrieb.

Als Radke in seinem neuen Wirkungskreis in Berlin ankam, vermißte er schmerzlich geeignete Stallungen, wie er und sein Bruder diese in Kanada besaßen. Innerhalb von vier Wochen ließ er zwei Ställe für Alttiere und drei Kükenställe bauen. Mit der Nachzucht wurde sofort begonnen und im April 1901 hatte er bereits 87 muntere Küken, die er nach dem Wunsch seines Bruders an gute Züchter verschenkte. So kann man sagen, daß die Wiege der Rhode-Island-Hühner in Berlin und bei G. L. Claaßen in Ohmstede stand.

In der Leipziger Geflügel-Zeitung, herausgegeben von A. Michaelis im Verlag in Leipzig-Reudnitz, wird erstmals in der März-Ausgabe 1901 über die Rhode Island Reds berichtet und der amerikanische Standard veröffentlicht, der allerdings erst drei Jahre später in Amerika anerkannt wurde. Verfaßt wurde er von dem amerikanischen Züchter C. Peregrinus. Darin wurde bereits die Form und Haltung des Körpers als der schwerwiegende Punkt in der Züchtung herausgestellt. Einem Paar mit ausgesprochenem Rassetypus, aber mit zu heller Farbe, sollte allezeit bei einer Schau der Vorrang gegeben werden vor einem Tier mit feiner Farbe, aber schlechter Form. Die Körperform wurde in dem veröffentlichten und noch nicht anerkannten Standard lang, breit und tief, gut gerundet und frei von eckigen Hervorragungen verlangt. Die Rhode-Island-Hühner sollten länger, breiter und fleischiger im Körper sein als die Plymouth Rocks und länger im Rücken als die Wyandotten.

Die Farbe der Feder stand nur in zweiter Linie, denn die Rhode-Island-Hühner waren ja zunächst reine Wirtschaftshühner und für den Absatz auf den Großmärkten gedacht. Das Gefieder des Hahnes wurde reicher und tiefer in der Farbe gewünscht als das der Henne, viel glänzender und auffallender. Die Gefiederfarbe des Hahnes hatte ja auch der Rasse schließlich den Namen gegeben. Die Farbe der Henne war heller und zarter und zeigte schwarzgetupfte Behangfedern. Bei beiden Geschlechtern wurde eine Federkielfarbe gleich der Gefiederfarbe gewünscht. Bei geschlossenen Schwingen konnte der unsichtbare Teil schwarz gefärbt sein, der Schwanz war schwarz und beim Hahn grünglänzend. Die Farbe des Untergefieders wurde in einer leichten Schattierung von Rot oder prächtiger Lachsfarbe gewünscht und sollte durchaus frei von schiefergrauen oder schmutziggrauen Einlagerungen sein.

Im Jahr 1902 wurde die Zucht von Willy Radke in Berlin von vielen Züchtern besichtigt, aber von den „roten Orpington mit gelben Beinen und der schlanken Figur", wie die Berliner diese neue Rasse beurteilten, wollte kein Züchter etwas wissen. Es gab im Jahr 1902 nur einen Mann, den Willy Radke auf einer Reise in den Harz kennenlernte, der sich erbot, für die neue Rasse zu werben. Es war der Lehrer W. Wesche aus Bessingen bei Bisperode, der selbst die Rasse übernahm und für eine gute Propaganda sorgte. So konnten im Jahr 1903 durch Vermittlung von Wesche bereits 27 Dutzend Bruteier von Berlin aus innerhalb von Deutschland und 5 Dutzend nach Wien verkauft werden. Der Durchschnittspreis für ein Dutzend Bruteier betrug 3,— Mark.

Nun war der Weg vorbereitet für eine gute Verbreitung der Rhode-Island-Hühner im deutschsprachigen Raum. Die eigentliche Begründung der Zucht der neuen Rasse erfolgte im Jahr 1904 nach einer maßgeblichen Unterstützung und Förderung durch G. L. Claaßen und Lehrer Wesche, die zusammen über 100 Dutzend Bruteier preisgünstig abgaben. Erstmals gingen auch 1904 Bruteier nach Belgien, Holland und England. Bereits im Herbst 1904 wurden in Deutschland die ersten Rhode Island Reds bei Ausstellungen in Bremen und Hannover gezeigt und mit lobender Anerkennung bewertet. Schon in den folgenden Jahren sah man sie in größerer Zahl bei den Ausstellungen und bald war eine genügende Verbreitung festzustellen, um auch ein deutsches Zuchtziel verfolgen zu können.

Auch in der Wirtschaftsgeflügelzucht hielten die Rhode Islands ihren Einzug und enttäuschten dabei nicht. Aus der damaligen Zeit werden u. a. die Betriebe von Paul Sweers, Geflügelhof Hubertus bei Krefeld, oder Frau Hedwig Scheibe, Rittergut Lemsel, genannt. Sweers war auch als Züchter von Lachshühnern, damals noch Faverolles genannt, bekannt und Frau Scheibe war eine der erfolgreichsten Putenzüchterinnen in Deutschland.

Der alte amerikanische Zuchtgrundsatz, auf rote Hähne hinzuarbeiten, zeigte seine Auswirkungen sehr deutlich bei den ersten deutschen Tieren. Die Hähne waren von Anfang an als wirklich rot gefärbt zu betrachten, wenn sie auch im Ton ihrer Färbung noch sehr schwankten und mehr zu einem Dunkelbraun neigten und die Hennen unausgeglichen waren. Rote Hennen sah man eigentlich gar nicht oder aber doch nur in einem eigentümlich stumpfen Ton mit dunkelbraunem Hals. Sie zeigten gewisse Anklänge an sehr dunkle Weizenfarbe. Die große Mehrzahl der Hennen war gelb in allen denkbaren Schattierungen mit viel schwarzen Sprenkeln auf den Flügeln und dem Rücken. Bei beiden Geschlechtern ließ der Rassetyp noch sehr viele Wünsche offen. Es waren sowohl gestreckte Tiere mit meist recht flacher Brust wie auch kurze und gedrungene mit starker Kissenbildung und oft sehr niedriger Stellung darunter. Eine gründliche züchterische Verbesserung in Form und Farbe war daher angebracht.

Die Gründung von Spezialzuchtvereinen

Anläßlich der Junggeflügelschau in Hannover 1904 trafen sich 6 Herren an den Käfigen der Rhode-Island-Hühner, um zu beraten, ob nicht eine Vereinigung der Züchter dieser neuen Rasse dem Zweck dienen könnte, eine bessere Verbreitung zu gewährleisten. Das Samenkorn, das damit in Hannover gelegt wurde, ging bereits in den ersten Märztagen des Jahres 1905 auf. Es wurde eine Vereinigung gegründet als Grundstein für einen Spezialklub, der sich „Züchterverein roter Rhode Islands" nannte. Er wurde von 17 Züchtern gegründet. Vorsitzender wurde G. L. Claaßen, Ohmstede, der sich nicht nur um die Verbreitung der Rasse besonders verdient gemacht hatte, sondern auch um die Gründung der ersten Züchtergemeinschaft. Kassiererin wurde Frau M. Hausmann, Walle bei Braunschweig, Schriftführer O. F. Oltmanns, Jever, und Beisitzer Friedrich Nassen, Waldbreitbach. Als Standard wurde die amerikanische Fassung anerkannt, der von dem dortigen Verein 1903 aufgestellt wurde. Die Gründung erfolgte nach Aufrufen der Herren Claaßen und Hauken in der Fachpresse.

Drei Wochen später, am 25. März 1905, wurde von vier Züchtern gelegentlich einer Ausstellung in Mönchengladbach ein weiterer Spezialklub gegründet, der sich „Deutscher Züchterverein Rhode Island Reds" nannte. Vorsitzender wurde

Clemens Steffen, Düsseldorf-Wersten, und Geschäftsführer Heinz Hoster, Mönchengladbach. Dieser Verein schuf einen eigenen deutschen Standard, der in einigen farblichen Festlegungen vom amerikanischen Standard abwich. Der Züchterverein unter dem Vorsitz von G. L. Claaßen bestand auf reinrote Tiere mit schwarzem Schwanz und gestattete ein nicht sichtbares Schwarz in den Schwingen, während der Deutsche Züchterverein mit dem Vorsitzenden Clemens Steffen auf reinrote Tiere möglichst ohne Schwarz eingeschworen war. Es wurden zwar im Jahr 1906 Verhandlungen aufgenommen, beide Spezialklubs zu vereinen. Es wurde auch ein gemeinsamer Standard beraten und fast war man am Ziel angelangt, da wurden die schönsten Hoffnungen wieder vernichtet.

Beide Spezialvereine betrieben eine aktive Werbung bei den Ausstellungen des Jahres 1906, wobei allerdings immer die gegenseitige Auffassung deutlich zum Ausdruck kam. Da es noch keine Spezialrichter gab, kam es bei einer Ausstellung zu einem Vorfall, der deutlich machte, wie schwer es die Züchter mit ihrer neuen Rasse hatten, um festen Fuß zu fassen. Hierzu ein Beispiel:

Ein Züchter meldete im Herbst 1906 in Magdeburg bei einer allgemeinen Ausstellung 1,1 rote Rhode Islands. Der Hahn erhielt den I. und die Henne den III. Preis. Den gleichen Stamm stellte er kurze Zeit später bei dem Heimatverein aus, doch dort gingen die Tiere völlig leer aus. Sie wurden überhaupt nicht bewertet. Als Preisrichter war hier der Leiter der Lehr- und Versuchsanstalt von Halle-Cröllwitz, Direktor Alfred Beeck, eingesetzt. Auf Befragen, warum er die Tiere nicht gerichtet habe, erklärte er, daß es doch wohl genug einheimische, gute Rassen gäbe und man brauche keine neuen ausländischen Rassen mehr. So etwas prämiere er nicht. Die Mitglieder des Züchtervereins roter Rhode Islands wurden darauf von dem Vorsitzenden G. L. Claaßen aufgefordert, keine Ausstellungen mehr zu beschicken, bei denen Beeck richte. Übrigens habe sich Beeck, als die weißen Wyandotten aufkamen, auch als entschiedener Gegner gezeigt, aber das von ihm geschaffene Cröllwitzer Masthuhn sei sicher etwas Vollendetes.

Ungeachtet dieses Vorfalles gab Vorsitzender G. L. Claaßen einen erfreulichen Jahresbericht des Züchtervereins für das Jahr 1906 ab, in dem er vor der Hauptversammlung im Januar 1907 erklärte: „Während noch in den letzten Jahren das Islandhuhn wenig beachtet, vielfach bekämpft und von den meisten Preisrichtern mit Mißtrauen betrachtet wurde, ist jetzt ein völliger Umschwung eingetreten. Auf allen Schauen von Bedeutung werden einige Klassen für Rhode Islands aufgestellt und war die Beschickung seitens unserer Mitglieder eine recht rege, so daß z. B. in Bremen, Hannover, Leipzig usw. die Klassen voll besetzt waren. Der Verein hat sein Möglichstes getan, durch Klassengarantie, Stiftung von Ehrenpreisen, den Mitgliedern den Preis für ihre Mühe und Arbeit zu sichern. In Bremen konnte sogar, dank der Opferwilligkeit einiger Mitglieder, ein wertvoller, massiv silberner Ehrenpokal als Siegerpreis vergeben werden.

Die Zucht des Islandshuhnes hat entschiedene Fortschritte gemacht, wurden doch vielfach ganz ausgezeichnete Tiere, namentlich Hähne von prächtiger Färbung, gezeigt. Vielfach wurde von den Mitgliedern Klage geführt über ungleichmäßige Bewertung der ausgestellten Tiere. Es ist ja nicht zu verkennen, daß die Bewertung einer bis dahin wenig gezeigten Rasse nicht immer zutreffend sein kann, da vielen Preisrichtern die Rasse zu wenig bekannt ist, um ein zutreffendes Urteil abzugeben. In Zukunft soll die Bewertung auf allen größeren Schauen möglichst durch unsere eigenen Spezialrichter erfolgen."

Mit dieser Aussage stellte sich der Züchterverein eine neue und in die Zukunft gerichtete Aufgabe, die zur Gründung einer eigenen Preisrichterorganisation für Rhode Island Reds führte.

In der von Hauptmann Wilhelm Cremat, Groß-Licherfelde, herausgegebenen Zeitschrift „Nutzgeflügelzucht" fand der Züchter-Verein ein gutes Sprachrohr für die neue Rasse. So wurde in der Ausgabe vom 3. März 1907 umfassend und ausschließlich über die Rhode Islands in Wort und Bild berichtet. Der amerikanische Standard wurde veröffentlicht, Vorsitzender G. L. Claaßen erläuterte die Ziele und Bestrebungen seines Vereins und Thos. F. Rigg schilderte die Entstehungsgeschichte der Rhode-Island-Hühner nach den Darstellungen von Dr. Aldrich. E. E. Beck aus USA gab Hinweise für die Paarung, Aufzucht und Züchtung der Rhode Islands und Philipp Caswell, New York, gute Ratschläge für die Beurteilung der roten Rhode Islands. Diese Ausgabe war eine echte Fundquelle für die Erforschung der Geschichte der Rhodeländer.

Da der amerikanische Standard Grundlage für die Züchtung und weitere Entwicklung der Rasse war, nachfolgend ein Abdruck aus der Ausgabe „Nutzgeflügel" vom 3. März 1907, Herausgeber Hauptmann a.D. W. Gremat, Groß-Lichterfelde:

14

Standard der Roten Rhode-Jslands.

Amerikanischer Standard. Soeben veröffentlicht.
(2 Bilder.)

Die roten Rhode-Jslands sind eine amerikanische Schöpfung und gelten als neue Rasse, obgleich sie im Staate Rhode Jsland, von welchem sie den Namen haben, schon seit langen Jahren für Nutzzwecke gezüchtet werden. Man glaubt, daß sie aus Kreuzungen zwischen Asiaten, Mittel= meerrassen und Kämpfern hervorgegangen sind. Jhre hauptsächlichsten charakteristischen Eigenschaften sind: Rote Farbe, rechteckig längliche Ge= stalt, kompakte Form und weiches Oberflächengefieder.

Disqualifikationen.

Ohrscheiben mehr als die Hälfte positiv weiß. Eine oder mehrere ganz weiße Federn in der äußeren Befiederung. Schenkel und Füße an= ders als gelb oder rötlich=hornfarben.

Standard = Gewicht.

Alter Hahn 7¹/₂ Pfund.   Alte Henne 6 Pfund.
Junger Hahn 6¹/₂ Pfund.   Junge Henne 4¹/₂ Pfund.
(Anm.: Die Gewichte sind hier in Deutsch umgerechnet.)

Hahn.
1. Form.

Kopf: mittelgroß und breit.

Schnabel: kurz, etwas gekrümmt.

Augen: hervorstehend.

Kamm: einfach, mittelgroß, fest aufgesetzt, gerade und aufrecht, mit fünf gleichmäßigen, gut ausgesprochenen Sägeschnitten, welche vorn und hinten kleiner sein müssen als in der Mitte.

Kehllappen: mittelgroß, gleich lang, mäßig gerundet.

Ohrscheiben: mehr klein, mandelförmig, mit feiner Körnung.

Hals: mittellang, Halsfedern reichlich über die Schultern fallend, nicht zu lose befiedert.

Rücken: breit, lang, fast horizontal, mit leicht konkavem Bogen zum Schwanz übergehend. Sattelfedern mittellang, reichlich.

Brust: tief, voll, gut gerundet.

Körper und Flaum: Körper breit, tief, lang; Kielknochen lang, gerade, sich gut nach vorne erstreckend und dem Körper ein längliches Aussehen gebend, die Federn eng am Körper. Flaum mäßig voll.

Flügel: ziemlich groß, gut gefaltet, horizontal getragen.

15

Schwanz : mittellang, gut gespreizt, in einem Winkel von 40⁰ zur Horizontal=
linie getragen, wodurch die Länge des Hahns noch größer er=
scheint. Sichelfedern mittellang und sich etwas über die Schwanz=
federn erstreckend; die unteren Schwanzfedern mittellang und
recht reichlich.

Beine und Zehen: Ober = Schenkel mittellang, groß, gut mit weichen
Federn bedeckt. Unter = Schenkel mittellang, groß, gut
gerundet, weich. Zehen mittellang, gerade, stark, gut gespreizt.
Schenkel und Zehen frei von Federn und Daunen.

2   Einfachkämmiger, roter Rhode-Island-Hahn, von Sewell gezeichnet.

2. Farbe.

Schnabel: rötlich=hornfarben.

Augen: rot.

Gesicht: glänzend rot.

Kamm, Kehllappen, Ohrscheiben: glänzend rot.

Flügel: A r m s c h w i n g e n: untere Fahne schwarz, obere Fahne rot. H a n d s c h w i n g e n: untere Fahne rot, obere Fahne schwarz. F l ü g e l = D e c k f e d e r n schwarz. Flügelbogen frei von Schwarz.

Schwanz: Hauptschwanzfedern und Sichelfedern schwarz mit grünlichem Glanz. Schwanzdeckfedern hauptsächlich schwarz und zum Sattel allmählich ins rötliche übergehend.

Schenkel und Zehen: S c h e n k e l gelb oder rötlich = hornfarben. Eine rötliche Linie an den Seiten ist wünschenswert. Z e h e n rötlich= hornfarben.

Gefieder: Allgemeine Oberfläche weiß, glänzend rot, ausgenommen da, wo schwarz vorgeschrieben ist; frei von mehliger Erscheinung. Ein ausgesprochenes Rot ist an den Flügelbogen und dem Rücken erlaubt, aber je geringer der Kontrast zwischen diesen Teilen und den Halsfedern und der Brust ist, desto besser. Eine harmonische Verschmelzung von Rot ist an allen Teilen erwünscht, wo diese Farbe vorgeschrieben ist. Normal=Tiere müssen von so glänzendem Schimmer sein, daß sie wie lackiert aussehen.

U n t e r f a r b e rot oder lachsfarbig, frei von schiefrigen oder rußigen Beimengungen. Bei sonst gleichen Exemplaren müssen diejenigen mit bester Unterfärbung einen Preis erhalten.

Henne.

Kopf: von mittlerer Größe und Breite.

Schnabel: kurz, leicht gekrümmt.

Augen: vorstehend.

Kamm: einfach, mittellang, fest aufgesetzt, gerade und aufrecht mit fünf gut ausgesprochenen Sägeschnitten.

Kehllappen und Ohrscheiben: K e h l l a p p e n mittelgroß, gleichlang= mäßig abgerundet. O h r s c h e i b e n ziemlich klein, mandel= förmig, mit feiner Körnung.

Hals: mittellang; H a l s b e h a n g mäßig voll.

Rücken: lang, fast horizontal getragen.

Brust: breit, tief, voll, gut gerundet.

Körper und Flaum: Körper breit, tief, lang; Kiel (Brustbein) lang, gerade, sich gut nach vorne erstreckend und dem Körper ein längliches Aussehen verleihend. Die Federn am Körper eng anliegend. Der Flaum mäßig voll.

Flügel: ziemlich groß, gut gefalten. Die Fronten*) gut mit Brustfedern bedeckt; die Schwungfedern fast horizontal getragen.

3   Einfachkämmige, rote Rhode-Island-Henne, von Sewell gezeichnet.

*) Unter Front versteht der Standard die vordere Ecke des Flügels an der Schulter. Wir werden die gebräuchlichen Fachausdrücke (termini technici) demnächst mit einer Abbildung versehen alphabetisch zusammenstellen.

18

Schwanz: ziemlich kurz, mäßig gespreizt in einem Winkel von 35⁰ zur Horizontallinie getragen.

Beine und Zehen: Oberschenkel mittellang, gut mit weichen Federn bedeckt; Unterschenkel mittellang, an den Knieen gut breit gestellt, gut gerundet, glatt.

Zehen: mittellang, gerade, stark, gut gespreizt. Schenkel und Zehen frei von Federn und Daunen.

Farbe der Henne.

Schnabel: rötlich=hornfarben.

Augen: rot.

Gesicht: glänzend rot.

Kamm, Kehllappen, Ohrscheiben: glänzend rot.

Hals: rot, die unteren Halsfedern mit schwarzen Spitzen endigend.

Flügel: Handschwingen (vordere Schwungfedern) untere Fahne schwarz, obere Fahne rot; Armschwingen (hintere Schwung= federn) unt. Fahne rot, ob. Fahne schwarz; Flügeldecken schwarz.

Schwanz: schwarz, mit Ausnahme der beiden Spitzenfedern, welche rote Kanten haben dürfen.

Beine und Zehen: Unterschenkel gelb oder rötlich = hornfarben, möglichst mit einer roten Linie an den Seiten; Zehen rötlich= hornfarben.

Gefieder: allgemeine Oberfläche rot, ausgenommen dort, wo schwarz vor= geschrieben ist; frei von schaftfarbigem*) oder mehligem**) Aussehen; Spulen rot. Unterfarben rot oder lachsfarben, frei von Schieferfarben oder Ruß. Ein harmonischer Glanz des Rot ist überall da erwünscht, wo diese Farbe vorgeschrieben ist. Bei Gleichheit von einzelnen Exemplaren soll dasjenige den Vorrang haben, dessen Unterfarbe am besten ist.

*) D. h. nicht wie die Farbe des Schaftes.
**) D. h. wie mit Mehl bestreut.

Es ist sicherlich auch von Interesse, welche Aussage der Vorsitzende des Züchter-Vereins, G. L. Claaßen, über die Ziele und Bestrebungen seines Vereins zu machen hatte. Nachfolgend einige Auszüge: „Das Islandhuhn soll sein ein allgemeines Gebrauchshuhn, welches sich vorzugsweise für den ländlichen Betrieb eignet. Um im ländlichen Betrieb Erfolge zu erzielen, ist erforderlich:

1. Daß die Küken sich möglichst rasch und ohne große Mühe aufziehen lassen.
2. Genügend widerstandsfähig sind, um die oft plötzlich auftretenden Witterungsunbilden ertragen zu können.
3. Die überzähligen Tiere rasch Fleisch ansetzen, um möglichst frühzeitig als Schlachttiere verwertet zu werden.
4. Die Zucht- und Nutzhennen früh mit dem Legen beginnen und im Herbst und Winter auch bei ungünstiger Witterung damit fortfahren.

Man kann wohl sagen, daß dieses Ziel sich mit dem Islandhuhn erreichen läßt. Die Island-Küken sind äußerst wetterfest, namentlich gegen Nässe unempfindlich und wachsen schnell und leicht heran.

Als emsige Futtersucher haben sie wohl kaum ihresgleichen. Wenn man den Jungtieren ihren Willen läßt, wandern sie weit weg, um erst abends mit vollgefülltem Kropf sich wieder einzufinden. Die Islands beginnen bei richtiger Pflege eher mit dem Legen als die anderen amerikanischen Rassen, für die ländlichen Betriebe ein großer Vorteil. Die Legetätigkeit ist ganz erheblich, die Eier, auch schon von Junghennen, sind groß und von prächtiger Färbung.

Alles in allem kann man die Rhode Islands als eine wertvolle Erwerbung für die deutsche Geflügelzucht betrachten. Sache der deutschen Züchter ist es nun, die in der Rasse steckenden Eigenschaften zu erhalten und zu vervollkommnen. Hoher Wert muß hierbei auf die der Rasse eigentümliche rote Farbe und den typisch langen Brustknochen gelegt werden.

Für die nächste Zuchtperiode hat der Vorstand des Züchter-Vereins die Einrichtung einer mustergültigen Zucht- und Versuchsstation in Aussicht genommen, die nur mit besten Tieren besetzt und nur an Mitglieder Bruteier und Zuchttiere abgegeben wird."

In der „Nutzgeflügelzucht" vom 17. März 1907 wurden der Entwurf der Satzungen des Züchter-Vereins roter Rhode Islands veröffentlicht, nachdem keine Aussichten bestanden, beide Spezialvereine zu vereinen:

Entwurf der Satzungen des „Züchtervereins roter Rhode Islands"

§ 1

Der „Züchterverein roter Rhodes Islands" bezweckt die allgemeine Verbreitung der Rhodes Islands, die Zucht auf Leistung und Schönheit nach einem bestimmten Standard.

§ 2

1. Zur Erreichung dieses Zweckes haben die Mitglieder folgende Pflichten:
   a) Jedes Mitglied muß Züchter der roten Rhode Islands sein.
   b) Jedes Mitglied verpflichtet sich, den vom Verein festgesetzten Mindestpreis für Bruteier und Zuchttiere einzuhalten.
   c) Mitglieder geben Bruteier innerhalb des Vereins mit 10 Proz. Ermäßigung ab.
2. Der Verein bietet folgende Vorteile:
   a) Wenigstens einmal im Jahr tritt der Verein mit einer Kollektivausstellung roter Rhodes-Islands, welche zweckmäßig mit einer größeren Ausstellung nach Vereinbarung mit der Leitung desselben, verbunden wird, hervor, garantiert die Klassen für rote Islands und stiftet Ehren- und Geldpreise nur für seine Mitglieder.
   b) Der Verein sucht für seine Mitglieder vorteilhafte Absetzung der Bruteier und Zuchttiere durch gemeinsame Annoncen.

§ 3

Mitglied des Vereins kann jede selbständige Person werden. Aufnahmeanträge sind beim Vorstand schriftlich einzubringen. Derselbe wird die Namen in der Vereinszeitung bekannt geben. Erfolgen innerhalb 14 Tagen keine Einwendungen, so beschließt der Vorstand die Aufnahme.

§ 4

Der Beitrag beträgt 3 Mark pro Kalenderjahr, sowie ein Eintrittsgeld von 2 Mark. Die Beiträge sind für das ganze Jahr im voraus zu zahlen und an den Kassierer franko einzusenden.

§ 5

Als Vereinsorgan ist die „Nutzgeflügelzucht" gewählt, welche von jedem Mitglied zu halten ist.

§ 6

Jedes Mitglied hat das Recht, schriftlich kurz gefaßte Anträge zu stellen, diese werden in der ersten Monatsnummer abgedruckt und zur Abstimmung gestellt. Diejenigen Mitglieder, welche dem Antrage widersprechen, müssen sich bis zum 20. beim Schriftführer melden. Stillschweigen gilt als Einverständnis. Das Ergebnis wird in der Vereinszeitung bekannt gemacht. Bei Stimmengleichheit entscheidet das Los.

§ 7

Der Austritt aus dem Verein kann nur zum Schluß des Kalenderjahres durch schriftliche Anzeige an den Vorsitzenden erfolgen.

§ 8

Der Verein hat seine eigenen Preisrichter bei Spezialausstellungen. Die Preisrichter werden durch die Vereinszeitung gewählt.

§ 9

Der Vorstand ist zusammengesetzt aus dem Vorsitzenden, Schriftführer und Kassierer und einen Ersatzmann. Ihre Bestallung erfolgt durch Wahl auf 2 Jahre.

§ 10

Der Vorstand hat im Januar jedes Jahres im Vereinsorgan Bericht über das abgelaufene Vereinsjahr zu erstatten, nachdem zuvor die Bücher und die Kasse durch 2 Revisoren geprüft worden ist.

§ 11

Die Auflösung des Vereins kann nur erfolgen, wenn ⅔ der Mitglieder dafür sind. Das vorhandene Vermögen wird unter den Mitgliedern verteilt.

§ 12

Die Annahme der Mitgliedskarte gilt als Erklärung, diese Satzungen als in jeder Beziehung für sich bindend zu betrachten.

Der Vorstand:

G. L. Claaßen, Ohmstede, Vorsitzender.
Frau M. Hausmann, Walle bei Braunschweig, Kassiererin.
O. F. Oltmanns , Jever, Schriftführer.
Friedr. Nassen, Waldbreitbach, Ersatzmann.

Im Deutschen Züchterverein kam es im Vorstand wegen des Verhaltens einiger Mitglieder bei den Einigungsverhandlungen zu Meinungsverschiedenheiten, was Anfang Januar 1907 zum Rücktritt des Vorstandes führte. Die Neuwahlen fanden am 17. März 1907 statt. Den Vorsitz im Vorstand behielt Clemens Steffen, Stellvertreter wurde Hermann Becker jun., Mülheim-Speldorf. Geschäftsführer blieb Heinz Hoster.

Beide Spezialklubs übernahmen nach ihrer Gründung jeweils den amerikanischen Standard. Der Züchterverein unverändert und der Deutsche Züchterverein mit der Änderung, daß das reinrote Tier möglichst ohne Schwarz angestrebt wurde. Sie empfanden das von den Amerikanern geforderte Schwarz bei einem roten Huhn als unrichtig und waren von Anbeginn an auf dessen Ausmerzung bedacht. Doch waren tatsächliche Erfolge in dieser Zuchtrichtung nicht beschieden, vielmehr hatte man in wenigen Jahren das Rot in Gelb verwandelt, das von dem anderer Rassen nicht viel abstach. Als unangenehme Begleiterscheinung trat der Kampf der beiden Spezial-Zuchtvereine mit ihren unterschiedlichen Zuchtrichtungen hinzu, was die ruhige Fortentwicklung der Rasse beeinträchtigte. Eine Abhilfe bestand nur in einem gegenseitigen Einvernehmen beider Spezialvereine über einen einheitlichen Standard oder über einen Zusammenschluß beider Vereine.

In einem in der Fachpresse veröffentlichten offenen Brief beklagte sich am 14. April 1907 der Geschäftsführer des Deutschen Züchtervereins, Heinz Hoster, über die nicht zustandegekommene Vereinigung und erinnerte daran, daß bereits am 17. September 1905 der Züchter-Verein dem Deutschen Züchterverein das Anerbieten einer Vereinigung gemacht hätte. In einem ebenfalls offenen Antwortbrief legte der Vorsitzende des Züchter-Vereins, G. L. Claaßen, dar, warum die Einigungsversuche im Jahr 1906 erfolglos abgebrochen wurden. Er hatte damals Kenntnis von einem Rundschreiben des Deutschen Züchtervereins erhalten mit dem Inhalt, daß ein neuer Standard für rote Isländer von den Vertretern beider Züchtervereine aufgestellt und beschlossen worden sei, was nicht den Tatsachen entsprach. Ohne dem Deutschen Züchterverein das Recht abzusprechen, für sich einen eigenen Standard aufzustellen, sei es, gelinde gesagt, eine nicht zu entschuldigende Irreführung gewesen, wenn der Deutsche Züchterverein ohne die geringste Andeutung und ohne jeden Auftrag des Züchter-Vereins einen neuen, angeblich gemeinsam beschlossenen Standard veröffentlicht habe. Dabei sei es ganz ohne jede Bedeutung, daß der veröffentlichte Standard allen Regeln und der Züchtungslehre des Züchter-Vereins widerspreche. Bezeichnend sei nur die Art und Weise, wie der Deutsche Züchterverein diesen Standard der Züchterwelt und auch seinem Verein aufdrängen wollte. Dem Geschäftsführer des Deutschen Züchtervereins empfahl G. L. Claaßen, zuerst einmal Einigkeit in seinen eigenen Reihen zu schaffen.

Bei der Hauptversammlung des Züchter-Vereins in Hannover am 19. Oktober 1907 wurden die Mitglieder von dem plötzlichen Ableben des Schriftführers O. F. Oltmanns, Jever, unterrichtet. Bis zu den allgemeinen Neuwahlen wurde als Schriftführer Robert Kuhn jun., Hainichen, gewählt. Einer eingehenden Besprechung wurden die ausgestellten Rhode Islands an den Käfigen unterzogen und dabei festgestellt, daß die Beschickung ganz vorzüglich war. Mit der Rasse wurden bedeutende Fortschritte erzielt. Auch die Besucher sahen die Rhode Islands durch die vielen aufklärenden Berichte in den Fachzeitschriften mit ganz anderen Augen und man begegnete ihnen mit mehr Aufgeschlossenheit als in früheren Jahren.

Daß auch die amerikanischen Züchterfreunde großen Anteil an der Entwicklung und Verbreitung der Rhode Islands nahmen und dem Spezialverein jedwede Unterstützung gewährten, bewies ein Aufsatz von Edward de Graff, New York, der in der „Nutzgeflügelzucht" vom 24. November 1907 veröffentlicht wurde.

Darin wurden die Rhode Islands als Amerikas populärste Hühnerrasse vorgestellt. Die Popularität sei nicht damit begründet, daß diese Rasse etwas ganz Neues darstelle, sondern in ihren vielen guten und praktischen Eigenschaften wie Härte, vorzügliches Legen im Winter, Frühreife und in der Schönheit des Gefieders zu sehen sei. Edward de Graff galt in Amerika als der Züchter der besten Rhode Islands und fügte seinem Bericht auch Fotos als Beweise für vorzügliche Formtiere aus seiner Zucht bei. In allen Entwicklungsphasen, vom Küken bis zum fertigen Ausstellungstier, wurden die Rhode Islands beschrieben. Die erwünschte Farbe der fertigen Henne wurde als ein reiches, dunkles Rotbraun vom Kopf bis zu dem Schwanzende mit schwarzen Schwanzfedern dargestellt, wobei auch ein Teil der Flügelfedern schwarz war. Die Hähne müßten ein unbeschreiblich glänzendes und leuchtendes Rot am ganzen Körper zeigen, das mit keiner anderen Rasse überboten werden könnte. Auch hier würden die Hauptschwanzfedern schwarz verlangt.

In einer Anmerkung der Redaktion, zu der sich der Herausgeber der „Nutzgeflügelzucht", die als Vereinsorgan galt, nicht nur bei diesem, sondern bei den meisten Berichten immer wieder veranlaßt sah, lesen wir, daß die schnelle Verbreitung dieser Rasse in Deutschland ihre Vortrefflichkeit beweise.

Zu Beginn des Jahres 1908 wurde in Düsseldorf ein weiterer Spezialklub unter dem Namen „Züchtervereinigung für die Rassezucht einfachkämmiger Rhode Islands" gegründet, der sich für ein intensiv rotes Gefieder einsetzte.

Wie fortschrittlich und modern die Vereinsführung des Züchter-Vereins unter der Leitung von G. L. Claaßen bereits zu jener Zeit war, ist bei einer Nachwahl zum Vorstand ersichtlich. Aus dem Vorstand war der Beisitzer Friedrich Nassen ausgeschieden. Die Nachwahl erfolgte durch eine schriftliche Abstimmung der Mitglieder, also durch Briefwahl. Der Vorstand hatte hierzu entsprechende Vorschläge unterbreitet. Als neuer Beisitzer zog Richard Wolf, Magdeburg, in den Vorstand ein.

Richard Wolf überraschte in der Fachpresse am 23. August 1908 mit der Mitteilung, daß bereits seit 1888 in Nordamerika auch weiße rosenkämmige Rhode Islands herausgezüchtet wurden, die in Deutschland durch ihn jetzt eingeführt wurden. Sie wurden mit Hilfe weißer Wyandotten erzüchtet und zeigten auch viel Ähnlichkeit mit letzteren. Der am 18. Oktober 1908 in der Fachzeitschrift „Allgemeiner Bayerischer Tierfreund" veröffentliche Standard des Züchter-Vereins enthielt keinen Vermerk über den weißen Farbenschlag.

Bruno Dürigen, Berlin, veröffentlichte im Jahr 1906 die 2. Auflage seines umfangreichen Werkes über Geflügelzucht. Darin erwähnte er die roten Rhode-Islands-Hühner nur beiläufig unter den amerikanischen Kreuzungsschlägen, die noch nicht durchgezeichnet seien. Ganz anders war dies in der 3. Auflage seiner „Kennzeichen unserer Hühnerrassen". Darin wurden die Rhode Islands im Jahr 1908 ausführlich und auch nur mit einem Farbenschlag beschrieben.

Während Dr. B. Blancke, Fredersdorf bei Berlin, selbst ein begeisterter Rhode-Islands-Züchter, in seinem großen Werk „Unser Hausgeflügel" im Jahr 1903 die Rhode Islands noch nicht erwähnte, wurden sie in der zweiten Auflage von 1908 auf mehreren Seiten mit Musterbeschreibung, nach dem amerikanischen Standard aufgestellt vom Züchterverein roter Rhode Islands, und mit einer ausführlichen Beschreibung ihres Ursprungs gewürdigt. Über die wirtschaftlichen Eigenschaften berichtete Dr. Blancke, daß die Rhode Islands zu den besten Nutzhühnern zählen würden, und zwar nicht zu denen, die sich einseitig als Lege- oder Fleischhuhn auszeichnen würden, sondern zu denen, die in beiden Richtungen gute Leistungen erbringen. Sie seien sehr fleißige Legehühner und vor allen Dingen auch vortreffliche Winterleger. Selbst in dem strengen Winter von 1906 auf 1907 hätten seine Rhode-Island-Hühner recht fleißig gelegt. Trotz ihres zutraulichen und ruhigen Temperamentes seien diese Hühner nicht etwa phlegmatisch und träge wie andere schwere Rassen, sondern beweglich und emsig im Futtersuchen.

Der Züchterverein roter Rhode Islands führte am 19. und 20. November 1908 in Magdeburg eine Sonderschau durch, die alle Erwartungen übertraf. Es war mit 63 Nummern mit je 1,1 Tieren die bis dahin größte Rhode-Islands-Schau in Deutschland. Die besten züchterischen Erfolge hatte Richard Wolf, Magdeburg, der auch drei der aus Amerika importierten weißen Rhode Islands außerhalb des Wettbewerbs zeigte.

In Magdeburg fand am 20. November 1908 auch die Jahreshauptversammlung statt. Vorsitzender G. L. Claaßen wies in seinem Jahres- und Zuchtstandsbericht besonders auf den Wert und die Bedeutung des roten bis lachsfarbigen Untergefieders hin. Auch warnte er vor unüberlegten Einkreuzungen anderer Rassen. Infolge des Mitgliederzuwachses soll der Vorstand durch Zuwahl eines zweiten Vorsitzenden erweitert werden. Diese Wahl sollte im Januar 1909 durch Stimmzettel, also durch Briefwahl, erfolgen, damit sich alle Mitglieder daran beteiligen konnten. In Abänderung der Satzung wurde beschlossen, daß ein Mitglied nicht auch gleichzeitig Mitglied eines anderen deutschen Vereins von Züchtern roter Rhode Islands sein darf. Als Berichtigung und Ergänzung der Musterbeschreibung beschloß die Versammlung, daß das Schwarz im Schwanz zwar vorgeschrieben sei, das Zuchtziel aber dahin gehe, ein in allen Teilen gleichmäßig rot gefärbtes Tier zu züchten. Schwarz in den Flügeln, soweit dies äußerlich nicht sichtbar sei, sowie kleine schwarze Spitzen der Halsfedern bei der Henne schlössen nicht von einer Bewertung aus. Weiter beschloß die Versammlung, daß zu keiner anderen Vereinigung von Züchtern roten Rhode Islands weitere Schritte unternommen werden, nachdem nunmehr der Standard endgültig festgestellt sei und der Verein die stärkste Mitgliederzahl aufweise.

Die amerikanische Geflügelzucht-Gesellschaft hatte die Rassen, die bei den 124 bedeutendsten amerikanischen Geflügelausstellungen 1907/1908 gezeigt wurden, zusammengestellt, um festzustellen, in welchem Verhältnis die Rassen in Amerika verbreitet sind. Das Resultat war folgendes:

Plymouth Rocks	14 514 Stämme
Wyandotten	12 320 Stämme
Italiener	8 740 Stämme
Rote Rhode Islands	5 812 Stämme
Orpington	2 857 Stämme
Langschan	2 153 Stämme
Minorka	1 709 Stämme
Zwerg-Cochin	1 590 Stämme
Kämpfer	1 277 Stämme
Brahma	1 181 Stämme
Cochin	1 010 Stämme

Es folgten dann noch 12 weitere Rassen mit 758 bis 104 Stämmen und schließlich noch 14 seltenere Rassen mit 95 bis zu 3 Stämmen.

Diese Zusammenstellung zeigte deutlich den starken Aufschwung der roten Rhode Islands in Amerika in den ersten sieben Jahren des 20. Jahrhunderts.

Für den Deutschen Züchterverein begann das Jahr 1909 mit einer kleinen Überraschung. Nach vorausgegangenen Besprechungen vereinigten sich am 17. Januar 1909 in Düsseldorf der Deutsche Züchterverein und die seit einem Jahr bestehende Züchtervereinigung einfachkämmiger Rhode Islands unter dem Namen „Deutscher Züchterverein Rhode Islands rot.".

Die neue Vereinigung zählte 34 Mitglieder. Die Neuwahlen brachten folgendes Ergebnis:

1. Vorsitzender:	Clemens Steffen, Düsseldorf-Wersten
2. Vorsitzender:	Hermann Becker, Mülheim-Speldorf
1. Schriftführer:	H. Rottenheußer, Elberfeld
2. Schriftführer:	Hermann Hoster jr., Düsseldorf
1. Kassierer:	Heinz Hoster, Mönchengladbach
2. Kassierer:	Mattheus Müller, Linnich.

Der Vorstand des Züchtervereins blieb nicht untätig. Das Ergebnis seiner Bemühungen ist in einer Presseveröffentlichung vom 28. Februar 1909 festgehalten, in der wir lesen: „Der Vorstand ist in der angenehmen Lage, eine hocherfreuliche Mitteilung von weittragender Bedeutung bekanntgeben zu können: Nach langen eingehenden Verhandlungen ist es dank dem Entgegenkommen der verschiedenen in Betracht kommenden Vereine gelungen, sämtliche in Deutschland und Österreich-Ungarn bestehenden Vereinigungen der Züchter roter Rhode Islands — mit Ausnahme des Deutschen Züchtervereins der Rhode

Islands reds, jetzt genannt Deutscher Züchterverein Rhode Islands rote — zu einer Vereinigung zusammenzufassen unter Zugrundelegung von Normal-Satzungen und des in Magdeburg aufgestellten einheitlichen Standards.

Seinem Umfang und seiner Bedeutung entsprechend wird die Vereinigung von nun ab den Namen führen: „Hauptverein der Deutschen und Öster.-Ungarischen Züchter roter Rhode Islands".

In diesem Hauptverein sind vereinigt:

1. der älteste und größte Stammverein, Züchterverein roter Rhode Islands, gegründet 1905;
2. Züchter-Verein roter Rhode Islands für Schleswig-Holstein und Umgebung;
3. der Österreichische Züchter-Klub roter Rhode Islands und
4. der Züchter-Klub roter Rhode Islands für Ungarn.

Die Mitgliederzahl beträgt z. Z. zirka 130 und ist im Laufe des Jahres ein erheblicher Zuwachs zu erwarten."

In der Folgezeit kam es in den Fachzeitschriften zu einem beiderseitigen regen Meinungsaustausch der Spezialklubs über die Form und Farbe der Rhode Islands, an dem sich auch amerikanische Züchter beteiligten. Die Oberhand behielt bei der Diskussion immer der sehr erstarkte Hauptverein. Vorsitzender G. L. Claaßen konnte in seinem Jahresbericht für das Jahr 1908 nur Erfreuliches berichten. So habe sich die Mitgliederzahl verdoppelt und die Rasse sei gut vorangekommen. Auch die Verbreitung sei infolge des hohen Nutzwertes enorm angestiegen. Die Verschmelzung sämtlicher deutscher und österreichisch-ungarischer Vereine, mit Ausnahme eines Vereins, zu einem einheitlichen Großverein lasse für die Zukunft das Beste erhoffen.

Nach alledem, was bisher berichtet wurde, war eigentlich anzunehmen, daß in den von beiden Spezialvereinen herausgegebenen Standards unüberbrückbare Gegensätze bestanden. Daß dies nur in einem ganz geringen Umfang der Fall war, zeigen die entsprechenden Gegenüberstellungen. Doch beide Spezialklubs bestanden auf ihren Abweichungen.

Im Standard des Hauptvereins war zu lesen:

„Farbe des Hahnes:

Schwanz: Hauptschwanzfedern und Sichelfedern schwarz mit grünem Glanz. Schwanzdeckfedern zum Sattel ins Rötliche übergehend.

Gefieder: Allgemeine Oberfläche weich, glänzend rot, frei von mehliger Erscheinung. Ein tieferes Rot ist an den Flügeldecken und dem Rücken erlaubt, aber je geringer der Kontrast zwischen diesen Teilen und den Halsfedern und der Brust ist, desto besser. Normaltiere müssen von so glänzendem Schimmer sein, daß sie wie lackiert aussehen.

Unterfarbe rot oder lachsfarbig, frei von schiefrigen oder rußigen Beimengungen. Bei sonst gleichen Exemplaren müssen diejenigen mit bester Unterfärbung einen Preis erhalten.

Farbe der Henne:

Schwanz: Schwarz, mit Ausnahme der beiden Spitzenfedern, welche rote Kanten haben dürfen.

Gefieder: Allgemeine Oberfläche rot, frei von schaftfarbigem oder mehligem Aussehen, Spulen rot, Unterfarben rot oder lachsfarben, frei von Schieferfarben oder Ruß. Ein harmonischer Glanz des Rot ist erwünscht. Bei Gleichheit von einzelnen Exemplaren soll dasjenige den Vorrang haben, dessen Unterfarbe am besten ist. Das Zuchtziel ist, ein in allen Teilen gleichmäßig rotgefärbtes Tier zu züchten. Schwarz in den Flügeln, soweit äußerlich nicht sichtbar, sowie kleine schwarze Spitzen der Halsfedern bei der Henne schließen nicht von der Prämiierung aus."

Der von dem Deutschen Züchterverein herausgegebene Standard hatte in den vorgenannten Positionen folgenden Wortlaut:

„Farbe des Hahnes:

Gefieder: Allgemeine Oberfläche tief glänzend rot, nicht braun oder gelb, frei von mehliger Erscheinung.

Bei den Hauptschwanz- und Sichelfedern grünglänzendes Schwarz zulässig. Tiere mit dem gleichmäßigsten Rot in allen Teilen der Befiederung und dem schönsten Glanze sind vorzuziehen.

Unterfarbe: Rot oder lachsfarbig, frei von schiefrigen oder rußigen Beimengungen. Bei sonst gleichmäßigen Exemplaren müssen diejenigen mit bester Unterfärbung den Vorrang haben.

Die Federkiele seien möglichst intensiv rot gefärbt bis zur Haut.

Farbe der Henne:

Gefieder: Allgemeine Oberfläche rot, frei von schaftfarbigem oder mehligem Aussehen. Unterfarbe rot oder lachsfarben, frei von Schieferfarbe oder Ruß. Gleichmäßige rote Färbung ist an allen Teilen des Gefieders erwünscht. Bei den Hauptschwanzfedern grünschwarz zulässig. Bei Gleichheit von einzelnen Exemplaren soll dasjenige den Vorrang haben, dessen Unterfarbe am besten ist.

Die Federkiele seien möglichst rot bis zur Haut."

Da bis Ende März 1909 noch kein 2. Vorsitzender von den Mitgliedern gewählt wurde, setzte sich der Vorstand des Hauptvereins wie folgt zusammen:

1. Vorsitzender:	G. L. Claaßen, Bünde/Ostfriesland
Schriftführer:	Robert Kuhn jun., Hainichen
Kassiererin:	Frau M. Hausmann, Walle bei Braunschweig
Beisitzer:	Richard Wolf, Magdeburg

Am 2. Mai 1909 traten Oberförster Hans Wedding, Scharfeldendorf bei Eschershausen, und Lehrer W. Wesche, Bessingen bei Bisperode, der sich seit 1902 mit der Zucht und Verbreitung von Rhode-Islands-Hühnern beschäftigte, dem Hauptverein als Mitglieder bei. Für die Junggeflügelschau in Hannover vom 23. bis 25. Oktober 1909 hatte der Vorstand des Hauptvereins zweimal zwei offene und zwei Clubring-Klassen beantragt, und zwar einmal unter der Bezeichnung „deutsch-amerikanische Zuchtrichtung" und zum anderen als „deutsche Zuchtrichtung". Die Mitglieder des Hauptvereins wurden vom Vorstand aufgefordert, nur in den beiden Klassen „deutsch-amerikanische Zuchtrichtung" auszustellen. Der historischen Entwicklung entsprechend, sollte der reine Islandstyp, wie er in Magdeburg festgelegt wurde, hochgehalten werden. In diesen Abteilungen wurden die Tiere dann auch von dem vom Hauptverein bestellten eigenen Preisrichter gerichtet.

Anläßlich der Nationalen Rassegeflügelschau in Berlin vom 18. bis 21. Februar 1910 hielt der Hauptverein eine Mitgliederversammlung ab. Seitens des Deutschen Züchtervereins war der Vorschlag gemacht worden, sich wegen der Bewertung bei den Ausstellungen der nächsten Saison zu einigen, um dem unerquicklichen Verhältnis wenigstens in dieser Beziehung ein Ende zu bereiten. Dies löste eine längere Debatte aus mit dem Endresultat, daß man sich im Prinzip damit einverstanden erklärte. Dem Vorstand blieb es überlassen, baldmöglichst in die nötigen Verhandlungen mit dem anderen Verein einzutreten. Weiter wurde beschlossen, die rosenkämmigen Rhode Islands in den Standard mit aufzunehmen. Damit wurde für die Züchter des rosenkämmigen Schlages die Gelegenheit geboten, dem Hauptverein beizutreten. Die erste Spezialschau nach dem großen Zusammenschluß des Hauptvereins wurde für den 19. bis 21. November 1910 nach Magdeburg vergeben. Die Ausrichtung wurde Richard Wolf, Magdeburg, übertragen, der in der Versammlung zum zweiten Vorsitzenden gewählt wurde.

Auch bei dem Deutschen Züchterverein gab es bei der Jahreshauptversammlung am 9. Januar 1910 in Düsseldorf einen Wechsel im Vorstand. Der bisherige Vorsitzende Clemens Steffen legte wegen eines Augenleidens den Vorsitz nieder. Neuer Vorsitzender wurde Oberbahnmeister H. Rottenheußer, Elberfeld.

Nach dem Beschluß der Mitgliederversammlung vom 20. Februar 1910 hat der Vorstand des Hauptvereins Verhandlungen mit dem Deutschen Züchterverein geführt, um eine einheitliche Bewertung der Rhode Islands bei allen Großschauen zu erreichen. Dies war für die Zucht und Verbreitung der Rasse von besonderer Bedeutung. Dazu kam noch, das Interesse der Nutzgeflügelzüchter an den Rhode Islands zu wecken, die sich zu einer eigenen Vereinigung zusammengeschlossen hatten. Für sie spielte aber nicht so sehr die Form und Farbe eine besondere Rolle, sondern nur die Leistung, die es weiterhin zu fördern galt. Bei den Verhandlungen der beiden Vorstände wurde daher immer deutlicher, wie unsinnig es war, ein gemeinsames Ziel auf zwei getrennten Wegen zu erreichen. So wurden die Gespräche immer mehr in die Richtung einer Vereinigung beider Spezialklubs gelenkt. Es wurde schließlich vereinbart, daß weitere Gespräche über die Einigungsfrage gemeinsam in Hannover fortgeführt werden sollten.

Bei der Junggeflügelschau in Hannover vom 21. bis 23. Oktober 1910 standen 58 Ausstellungsnummern der Rhode Islands in 7 Klassen, die von dem Vorsitzenden des Hauptvereins, G. L. Claaßen, bewertet wurden. In der Hauptversammlung des Hauptvereins gab Vorsitzender Claaßen einen Bericht über die ausgestellten Tiere. Er konnte feststellen, daß gegenüber dem Vorjahr gute Fortschritte zu verzeichnen waren. Um nicht bei jeder Nummer den Schwanz besonders beschreiben zu müssen, bemerkte Claaßen vorweg, daß bei den Hähnen der schwarze Schwanz die Regel war.

Zur Standardfrage hatte Richard Wolf, Magdeburg, einen Antrag eingebracht, der vom Vorstand in einer vorausgegangenen Sitzung etwas geändert wurde und nunmehr folgenden Wortlaut hatte: „Der Schlußsatz unseres Standards ist zu streichen. Bei Farbe der Henne unter ‚Hals‘ ist hinzuzufügen: ‚Kleine schwarze Spitzen der Halsfedern schließen nicht von der Prämiierung aus.‘ Bei Farbe des Hahnes ist unter ‚Schwanz‘ hinzuzufügen: ‚Sogenannte Bronzefarben im Schwanz sind zulässig und schließen nicht von der Prämiierung aus.‘“ Nach einer eingehenden Aussprache wurde dieser Antrag angenommen.

Zur Einigungsfrage gab Vorsitzender Claaßen einen Bericht über die Vorgespräche. Oberförster Hans Wedding sprach sich für eine Vereinigung aus und betonte, daß die vergangenen Streitigkeiten als erledigt angesehen werden sollten. Die Versammlung beschloß, daß sie eine Vereinigung für wünschenswert hält und auch bereit sei, Verhandlungen hierüber näher zu treten. Es soll in der vereinigten Versammlung, die für den nächsten Tag vorgesehen war, empfohlen werden, eine Kommission, bestehend aus Mitgliedern beider Vereine, zu wählen und für die weiteren Ausstellungen anzustreben, daß beide Vereine sich gemeinschaftlich an den größeren Ausstellungen beteiligen. Die Preisrichter sollten abwechselnd von beiden Vereinen gestellt werden. Allen Mitgliedern wurde dringend empfohlen, die vereinigende Versammlung zu besuchen. Bei den anstehenden Wahlen wurden der 1. Vorsitzende, der 1. Schriftführer und die 1. Kassiererin wiedergewählt.

Das große Ereignis der Hannoverschau war die Einigungsversammlung der Rhode-Islands-Züchter am 22. Oktober 1910, die den Zweck verfolgte, durch eine Aussprache alle Streitfragen aus der Welt zu schaffen. An der Versammlung nahmen etwa 50 Personen teil, davon waren 12 Züchter kein Mitglied eines Spezialklubs. Die Versammlung wurde von Oberlehrer E. Tiedge, Düsseldorf-Grafenberg, geleitet, der sich sehr um eine sachliche Aussprache und Einigung bemühte.

Gleich zu Beginn der Debatte ging es sofort um die Kernfrage, die Färbung des Schwanzes. Lehrer W. Wesche vom Hauptverein meinte, daß die Fortlassung des schwarzen Schwanzes einen Ruin für die Rhode-Islands-Zucht bedeute. Der Vorsitzende des Hauptvereins, Claaßen, gab die Beschlüsse der vorausgegangenen Hauptversammlung bekannt und verwies darauf, daß die Mitglieder des Hauptvereins fast einmütig für eine Einigung wären. Er empfahl, ein Komitee zu wählen, das die Einigung auf dieser Basis anstreben soll, daß beide Vereine sich gemeinschaftlich an den Ausstellungen beteiligen möchten und abwechselnd die Preisrichter stellten.

Nach den Worten des Vorsitzenden des Deutschen Züchtervereins, Rottenheußer, war auch dessen Mitgliedern sehr an einer Einigung gelegen, jedoch wollten sie an ihren Zuchtzielen, ein rein rotes Tier zu züchten, unbedingt festhalten. Wenn dieses Ziel sich vielleicht auch erst im Laufe der Jahre erreichen ließe, so könnte sein Verein jedoch nicht davon abgehen. Bis dahin ließe der Deutsche Züchterverein bronzene und schwarze Schwänze bei der Prämierung zu.

Nun griff auch einer der unparteiischen Züchter in die Debatte ein. Es war Paul Stolle aus Schneverdingen, der bedauerte, daß der Hauptverein gerade jetzt sein Zuchtziel geändert hätte, denn die bei der Junggeflügelschau gezeigten Tiere wiesen absolut keinen Unterschied auf. Die ausgestellten Hennen wären bei beiden Richtungen fast gleich rot. Auch die mit einer Medaille ausgezeichnete Henne des Züchters Wolf vom Hauptverein wäre ganz rot ohne Schwarz im Schwanz. Die Schwänze der Hähne wären längst nicht mehr vom Grunde auf schwarzgrün und es ließe sich der Anfang zum Übergang in Rot nicht von der Hand weisen. Wenn der Hauptverein Schwarz verlange, Bronze und Rot aber zulasse, und der Deutsche Züchterverein auf Rot loszüchte, Bronze und Schwarz aber auch prämiere, so könne man doch nicht mehr von einem Unterschied reden. Stolle bat, die Schwanzfrage ganz auszuschalten und nur nach den sonstigen Eigenschaften die Tiere zu bewerten. Auch weitere Unparteiische, darunter Rektor Heinrich Horstmann, Heiligenhaus bei Düsseldorf, schlossen sich den Ausführungen Stolles an und baten den Hauptverein, die alte Fassung des Standards beizubehalten. Vorsitzender Claaßen erklärte hierzu, daß hierüber erst die nächste Versammlung des Hauptvereins entscheiden könne.

Da den Verhandlungen dadurch der Stillstand drohte, machte Paul Stolle auf die Gefahr aufmerksam, wenn es wenigstens nicht zu einer Verständigung zwischen den beiden Spezialklubs komme, daß dann bestimmt noch ein dritter Klub gegründet würde, der diejenigen Züchter vereinigen würde, die eine Einigung ernstlich wollten.

Nach einer längeren Debatte wurde beschlossen, daß beide Klubs an ihre Mitglieder Fragebogen zu senden hätten, deren einheitlicher Wortlaut war: „Sind die Mitglieder damit einverstanden, daß der Standard folgende Fassung erhält: Es wird bestrebt, ein Tier mit möglichst sattem, glänzendem Rot zu züchten. Die Schwanzfrage soll bis auf weiteres ausscheiden. Wenn die Mitglieder hiermit einverstanden sind, wird in Kürze eine Kommission, bestehend aus je 3 Mitgliedern beider Vereine, zusammentreten." Am Ende der Versammlung gaben einige Züchter ihre Absicht bekannt, einen neuen Verein zu gründen, falls sich die beiden Spezialklubs nicht bald einigen würden.

Die erste Verbandsschau 1910

Die erste Verbandsschau des Hauptvereins der deutschen und österreichisch-ungarischen Züchter roter Rhode Islands war vom 19. bis 21. November 1910 in Magdeburg. Ausstellungsleiter war Richard Wolf, der von seiner Frau tatkräftig unterstützt wurde. Diese Ausstellung übte eine große Anziehungskraft auf die Züchter aus, die 200 Nummern, darunter 20 rosenkämmige Rhode Islands, zeigten. Das war ein Rekord seit dem Bestehen der Rasse in Deutschland. Auch im übrigen Europa gab es noch nie so viele Rhode Islands bei einer Schau. Damit hatte der Hauptverein seine besondere Stärke bewiesen und konnte mit einem Gefühl der Sicherheit in die Zukunft schauen. Am Sonntag, dem 21. November 1910, fand in Magdeburg eine Mitgliederversammlung statt, in der über die Einigungsversammlung berichtet wurde.

In der „Geflügel-Börse" vom 17. Februar 1911 brachte der Vorsitzende des Hauptvereins, G. L. Claaßen, einen aufklärenden Beitrag über rosenkämmige rote Rhode Islands. Darin begegnete er einem weitverbreiteten Irrtum, daß es sich bei den rosenkämmigen Rhode Islands um eine neu geschaffene Rasse handle. Er stellte fest, daß die Rosenkämmigen zur gleichen Zeit wie die Stehkämmigen entstanden seien. Amerika habe den deutschen Züchtern eine neue Hühnerrasse mit zwei verschiedenen Kammformen beschert, die gleichzeitig nach Deutschland kamen. Die praktischen Amerikaner hätten sofort erkannt, daß für ein Legehuhn, wie es das Rhode-Islands-Huhn nun doch unbestritten in hohem Maße sei, der Rosenkamm immerhin einen Vorzug bedeute. Die Rosen-kämmigen, die in Deutschland nicht so recht Fuß fassen konnten, hatten in Amerika eine ganz andere Verbreitung gefunden. Bei den Ausstellungen in New York, Boston und Chicago der Jahre 1900 bis 1911, es waren insgesamt 36 Ausstellungen, wurden 2137 rosenkämmige und 2099 einfachkämmige Rhode Islands ausgestellt. Danach waren also die Rosenkämmigen in Amerika noch beliebter als die Einfachkämmigen. In den angegebenen Jahren wurden in New York 825 Tiere mit Rosenkamm und 784 mit Einfachkamm, in Boston 642 zu 873 und in Chicago 672 zu 442 gezeigt.

Der Einigungsverein wird gegründet

Bei den Einigungsverhandlungen gab es bis Anfang April 1911 keine sichtba-ren Fortschritte. Dadurch erfolgte im gleichen Monat, nach einem Aufruf von Oberlehrer Tiedge, Düsseldorf, die angekündigte Gründung eines weiteren Spezialklubs, der sich „Verein der Züchter roter Rhode Islands (Einigungsver-ein)" nannte. Vorsitzender wurde Paul Stolle, Schneverdingen, ein sehr aktiver Züchter der Rhode Islands.

Vor der Neugründung des Einigungsvereins hatte das Vorstandsmitglied des Klubs deutscher und österreichisch-ungarischer Geflügelzüchter, Dr. Gastreich, Köln, in den Fachzeitschriften auf die Zerrissenheit der deutschen Züchter und der Organisationen hingewiesen. Als Beispiel hierfür nannte er die Rhode-Islands-Züchter. Durch derartige Kämpfe würden wertvolle Zeit und Kraft vergeudet. Noch viel schlimmer aber sei die Tatsache, daß im Ausland ein völlig falsches Bild von den Bestrebungen der deutschen Züchter entstehe.

Die Zerrissenheit der deutschen Züchter, die nicht nur bei den Rhode-Islands-Züchtern festzustellen war, hatte viele Gründe:

1. Die Nutzgeflügelzucht wurde vom Klub nicht anerkannt und ging seit 1900 eigene Wege.
2. Die Verbandsbildung der Spezialklubs wurde vom Klub abgelehnt.
3. Es gab keinen einheitlichen Standard für eine Rasse oder einen Farbenschlag. Die Musterbeschreibungen, nach denen die Preisrichter bei den Schauen richteten, wurden von einzelnen Züchtern, Vereinen oder Spezialklubs aufge-stellt und teilweise vom Klub für verbindlich erklärt.
4. Das Ausstellungswesen war reformbedürftig.
5. Es gab keine Standardkommission, die für eine einheitliche deutsche Zucht-richtung zuständig war, Neuzüchtungen zuließ und deren Benennung fest-legte.

6. Für eine Rasse oder einen Farbenschlag gab es mehrere Spezialklubs, die sich auch noch in regionale Klubs gespalten hatten.

Zu den Gründungsmitgliedern des Einigungsvereins gehörte auch die seitherige 1. Kassiererin des Hauptvereins, M. Hausmann, die nach den Satzungen aus dem Hauptverein ausschied. Dadurch wurden Umstellungen im Vorstand des Hauptvereins erforderlich, die anläßlich der Junggeflügelschau in Hannover vom 21. bis 23. Oktober 1911 vollzogen wurden. Die Wahlen erfolgten bei der Hauptversammlung am 21. Oktober 1911 und hatten folgendes Ergebnis:

1. Vorsitzender:	G. L. Claaßen, Bünde in Ostfriesland
2. Vorsitzender:	Hans Wedding, Scharfeldendorf
1. Schriftführer:	Robert Emskötter, Magdeburg
2. Schriftführer:	Prof. Dr. Kaselitz, Gandershausen
1. Kassierer:	Lehrer A. H. Wedde, Langde
2. Kassierer:	Lehrer W. Wesche, Bessingen

Zur Einigungsfrage stellte der Hauptverein fest, daß ein Ausscheiden der Schwanzfrage überhaupt nicht möglich sei.

Auch der Deutsche Züchterverein hatte in Hannover seine Generalversammlung, an der 13 Mitglieder und 6 Gäste von anderen Spezialklubs teilnahmen. Hauptthema war auch hier die Einigungsfrage, in der sich der Deutsche Züchterverein mit dem Einigungsverein und den regionalen Spezialvereinigungen einig war. Für eine am gleichen Tag vorgesehene Einigungsversammlung wurde die Gründung eines gemeinsamen Verbandes für die Rhode-Islands-Züchter vorgeschlagen.

Die Gründung
des Verbandes der Rhode-Islands-Züchtervereine

Bei der Einigungsversammlung am 21. Oktober 1911 in Hannover waren 40 Züchter anwesend, davon waren 16 vom Hauptverein, 12 vom Deutschen Züchterverein, 8 vom Einigungsverein und 4 vom Norddeutschen Verein, ehemals Schleswig-Holstein. Wortführer war der Deutsche Züchterverein durch seinen Vorsitzenden H. Rottenheußer, Elberfeld. Nach Bekanntgabe der Beschlüsse des Hauptvereins und einer eingehenden Diskussion stellte H. Rottenheußer das Scheitern der Einigungsbemühungen fest. Anschließend gab er die Gründung eines Verbandes der Rhode-Islands-Züchtervereine bekannt. Als Vorstand des neuen Verbandes wurden gewählt:

1. Vorsitzender:	Oberlehrer Tiedge, Düsseldorf
2. Vorsitzender:	Robert Kuhn jr., Hainichen
3. Vorsitzender:	Johann Thiedemann, Krempdorf
1. Schriftführer:	H. Rottenheußer, Elberfeld
2. Schriftführer:	Mattheus Müller, Linnich
1. Kassierer:	Paul Stolle, Schneverdingen
2. Kassierer:	A. Bühring, Hausbruch

Innerhalb des Verbandes wurden folgende Gauvereine gebildet:

Norddeutschland:	Schleswig-Holstein, Hamburg, Oldenburg, Pommern, Mecklenburg und nördliches Hannover;
Westdeutschland:	Rheinland, Westfalen und Hessen;
Ostdeutschland:	Ost- und Westpreußen sowie Schlesien;
Mitteldeutschland:	Brandenburg, Sachsen, Thüringen, Braunschweig und südliches Hannover;
Süddeutschland:	Bayern, Württemberg, Baden, Pfalz und Elsaß-Lothringen.

Mit dem Zustandekommen des Verbandes war eine Gemeinschaft entstanden, der sich fünf bisher selbständige Spezialklubs anschlossen:
1. Deutscher Züchterverein roter Rhode Islands, gegr. 1905.
2. Verein der Rhode-Island-Züchter (Einigungsverein).
3. Norddeutscher Züchterverein Rhode Islands (ehemals Schleswig-Holstein).
4. Bund pfälzischer Roter-Rhode-Islands-Züchter.
5. Spezialverein Rhode-Islands-Züchter Süddeutschland 1909.
Der Hauptverein der deutschen und österreichisch-ungarischer Züchter roter Rhode Islands trat dem neugegründeten Verband nicht bei.
Eine der ersten Aufgaben für den neuen Verband war das Ziel, den Rhode Islands auch die Anerkennung als landwirtschaftliche Nutzrasse zu verschaffen.
Der Hauptverein, der sich mit der eingeschlagenen Zuchtrichtung des Verbandes nicht abfinden konnte, bereitete sich nunmehr für seine 2. Rhode-Islands-Spezialschau in Magdeburg vor. Sie wurde von den vereinigten Magdeburger Geflügelzüchtervereinen im Wilhelmspark durchgeführt. Ihr war vom 25. bis 27. November 1911 die 2. Spezialschau angeschlossen. Sie war etwas besser beschickt worden als die im vergangenen Jahr. Der Hauptverein konnte sich dabei der Unterstützung des Magistrats der Stadt Magdeburg, des Klubs deutscher und österreichisch-ungarischer Geflügelzüchter und der beiden ausrichtenden Vereine, dem Magdeburger Verein für Geflügelzucht von 1873 und dem Geflügelzüchterverein Magdeburger Börse, erfreuen. Bei dem ausgestellten Tier-

material waren nach den Worten des Vorsitzenden Claaßen unter Wahrung der Form unverkennbare Fortschritte in der Farbe zu verzeichnen.

Bei einer Versammlung des Hauptvereins am 26. November 1911 in Magdeburg wurde die Herausgabe einer vierteljährlich erscheinenden Island-Zeitung beschlossen, die an die Fachzeitschrift „Süddeutsche Tier-Börse", Heilbronn, angeschlossen werden sollte.

Um den Wünschen der Züchter, der Preisrichter und der Spezialklubs gerecht zu werden, hat die Mitgliederversammlung des Klubs deutscher und österreichisch-ungarischer Geflügelzüchter anläßlich der 15. Nationalen Rassegeflügelschau am 10. Februar 1912 die Einsetzung einer Standard-Kommission beschlossen. Zum provisorischen geschäftsführenden Vorsitzenden wurde Dr. Gastreich, Köln, gewählt. Vorstand und Ausschuß des Klubs haben dann am 26. und 27. April 1912 in Kassel eine Satzung für die Standard-Kommission beraten, die bei der Herbstversammlung des Klubs in Hannover den Mitgliedern zur Beschlußfassung vorgelegt werden sollte. Der Satzungsentwurf wurde in der Fachpresse veröffentlicht. Dabei hatte der § 3 „Aufstellung der Musterbeschreibung" für die Sondervereine eine besondere Bedeutung. Danach hatte die Standard-Kommission bei den Sondervereinen innerhalb einer bestimmten Frist die von ihnen aufgestellte Musterbeschreibung anzufordern. In der Musterbeschreibung waren die besonderen Ziele der Zucht bezüglich Körperbau, Farbe usw. sowie die leichteren und schwereren Fehler mit Begründung anzugeben. Wenn zwischen Sondervereinen für dieselbe Rasse Meinungsverschiedenheiten wegen der Musterbeschreibung bestanden, suchte die Standard-Kommission durch Verhandlungen eine Einigung zu erzielen. Ließ sich eine Einigung der Sondervereine nicht herbeiführen, so bestimmte die Standard-Kommission nach Anhörung von Sachverständigen die Musterbeschreibung selbst.

Um keine Zeit zu verlieren, bat mit der Veröffentlichung der Satzung Präsident Heinrich Kreutzer die Sondervereine, die Musterbeschreibungen an ihn einzusenden. Dies geschah dann auch von den beiden Spezialklubs für Rhode Islands.

An der 46. Junggeflügelschau in Hannover vom 19. bis 21. Oktober 1912 beteiligten sich der Hauptverein deutscher und österreichisch-ungarischer Züchter roter Rhode Islands und der Verband der Rhode-Islands-Züchtervereine mit je einer Sonderschau. Als Preisrichter wurden vom Hauptverein G. L. Claaßen und Hans Wedding und vom Verband Hermann Nießen, Düsseldorf, benannt und auch eingesetzt. Die Preisrichter Claaßen und Wedding hatten 42 bzw. 38, zusammen 80 Rhode Islands, zu bewerten und der Preisrichter Nießen vom Verband 87 Tiere. Das beste Tier, ein Hahn, wurde von H. Becker jun., Mülheim-Speldorf, gezeigt und mit einer silbernen Medaille des Klubs ausgezeichnet.

Von besonderem Interesse für die beiden Spezialklubs der Rhode Islands war die einmütige Entscheidung der Mitgliederversammlung des Klubs in Hannover über die Satzung der Standard-Kommission. Nun konnte mit der ordnenden Arbeit begonnen werden. Da eine Einigung über den Standard und die Bewertungsgrundsätze zwischen den beiden Spezialklubs der Rhode Islands bisher nicht erzielt werden konnte, wurde dieser Fall als erster von der Standard-Kommission aufgenommen und bei der ersten Sitzung am 8. Dezember 1912 in Köln auf die Tagesordnung gesetzt. Als sachverständige Vertreter der beiden Zuchtrichtungen waren Oberförster Hans Wedding vom Hauptverein und Oberlehrer Tiedge vom Verband erschienen. Nach einer eingehenden Aussprache mußte die Kommission entscheiden, da sich die Vertreter der beiden Spezialvereine nicht einigen konnten.

Die einheitliche Musterbeschreibung von 1912

Es wurde eine einheitliche Musterbeschreibung festgelegt. Man einigte sich auf die „hirschrote" Farbe und umriß auch die Körperform genauer, indem nunmehr ein langer, waagerecht liegender Rücken ohne hervortretende Kissenbildung mit ebenfalls langem Brustbein gefordert wurde. Das reinrote Tier wurde als Ideal bezeichnet, aber das Schwarz im Schwanz bei beiden Geschlechtern, nicht äußerlich sichtbares Schwarz in den Flügeln und schwarzgespritzter Halsbehang der Hennen wurden für zulässig erklärt. Die Färbung des Untergefieders wurde mit rötlich bis lachsfarbig festgesetzt.

In der gleichen Sitzung beschäftigte man sich auch mit der Namensfrage. Auch hier gab es unterschiedliche Meinungen. Hierzu lesen wir in dem Sitzungsprotokoll: „Das alte Rhode Island ist wegen der Aussprache unzweckmäßig. Die deutsche Aussprache „Isländer" ist nicht richtig, da die Tiere mit Island nichts zu tun haben. Rote Eiländer ist ebenfalls nicht zutreffend und nichtssagend. Der Name muß auf die Heimat hinweisen. Wie man nun das ‚Grüne Land' Grönland nennt, die ‚heilige Insel' Helgoland, so könnte man Rhode Island als ‚Rhodeland' verdolmetschen. So einigte man sich auf den Namen ‚Rote Rhodeländer', der für uns Deutsche leicht auszusprechen und doch kennzeichnend für die Rasse sein dürfte."

Das Protokoll schließt mit den Worten: „Lange Jahre hat es gedauert, alle Vermittlungen, eine Einheit unter den Züchtern der Rhodeländer zu erzielen, sind gescheitert, um so erfreulicher ist es, daß sich die Parteien in einer sachlichen und vornehmen Weise nun endlich nahe gekommen sind. Dem Können deut-

scher Züchter aber schenken wir das Zutrauen, daß das Ziel, die roten Rhodeländer sollen kirschrot vom Kopf bis zum Schwanz sein, bald erreicht wird."

Die neue amtliche Musterbeschreibung für Rhodeländer begann mit einer
Beschreibung der geschichtlichen Entwicklung dieser Rasse in Amerika bis zu
ihrer Einführung nach Deutschland. Bei den Einzelfestlegungen lesen wir u. a.:

„Farbe des Hahnes:

Die Gefiederfarbe ist leuchtend kirschrot (nicht braun oder gelb) mit lebhaftem Glanz, frei von mehliger Erscheinung. Der Farbton des Obergefieders muß
möglichst gleichmäßig sein und von so glänzendem Schimmer, daß das Gefieder
wie lackiert aussieht. Das Untergefieder soll rötlich oder lachsfarbig sein,
möglichst frei von schiefrigen oder rußigen Beimengungen. Die Federkiele sind
bis zur Haut möglichst intensiv rot gefärbt.

Farbe der Henne:

Ähnlich wie beim Hahn. Es fehlt der hohe Lack des Gefieders, dessen Farbe
im allgemeinen der Brust des Hahnes entsprechen soll, auf keinen Fall aber darf
die Gefiederfarbe der Henne stumpf sein."

Als Fehler, die eine Prämiierung nicht ausschließen, sind aufgeführt:
„Schwarze Spitzen im Halsbehang der Henne, Schwarz im Schwanz bei Hahn
und Henne, Schwarz in den Flügeln, soweit es äußerlich nicht sichtbar, etwas
Ruß oder weißer Flaum im Untergefieder, wenn dabei der Schaft der Feder rot
bis zur Haut ist. Obergefieder etwas scheckig, namentlich bei älteren Hennen.
Blasse Ohrscheiben.

Fehler, die eine Prämiierung ausschließen, sind: Weiß in den Ohrscheiben,
weiße Federn im Gefieder, Federsäumung, Läufe anders als gelb oder rötlich.
Halszeichnung beim Hahn. Ganz graues Untergefieder."

Als Zuchtziel wurde in die Musterbeschreibung aufgenommen: „Die roten
Rhodeländer zeichnen sich ganz besonders durch große Eierablage in der kalten
Jahreszeit aus. Die Eier sind braunschalig, mittelgroß und wiegen 60 bis 70
Gramm. Das Fleisch der Tiere ist schmackhaft und sehr saftig. Die roten
Rhodeländer sind gute Futtersucher. Das zutrauliche Wesen zeichnet diese Rasse
besonders aus, sie sind als Glucken sehr sorgsam und gute, zuverlässige Führe-
rinnen. Die roten Rhodeländer können sowohl in der Stadt bei beschränktem
Auslauf, wie auf dem Lande mit gutem Erfolg gehalten werden."

Auch der rosenkämmige Schlag wurde in der Musterbeschreibung verankert. Weder durch die einheitliche Musterbeschreibung, noch durch den Zusammenschluß zu einem Verband, mit Ausnahme des Hauptvereins, waren die Zerrissenheit und Uneinigkeit beseitigt worden. So nannte sich der frühere Bund Rhode-Island-Züchter aus der Pfalz ab 1913 „Vereinigung der Süddeutschen Pfälzer Rote-Rhodeländer-Züchter." Am 16. Februar 1913 wurde in Grünstadt ein neuer Spezialklub gegründet, der sich „Verein der pfälzischen Züchter roter Rhodeländer" nannte.

Ein Sturmlauf gegen den neuen Namen

Gegen die neue Namensgebung „rote Rhodeländer" gab es aus den Kreisen des Hauptvereins eine Reihe von Protesten, der sich der Vorstand annahm. Er wurde mit einem Antrag an die Standard-Kommission, der an den Vorsitzenden Dr. Gastreich, Köln, gerichtet wurde, vorstellig und bat um Abänderung des häßlichen Namens. Für die Züchter eines Huhnes, das unter dem gleichen Namen über alle Erdteile verbreitet sei, wäre es vorteilhaft gewesen, es bei der altbewährten Benennung zu belassen. Als weitere Begründung wies der Vorstand noch darauf hin, daß die deutschen Züchter im Ausland nur wenig Verständnis für die Namensänderung finden würden.

Der Vorsitzende der Standard-Kommission gab dem Hauptverein über die „Süddeutsche Tier-Börse", Heilbronn, vom 16. April 1913 eine entsprechende Antwort als Schlußbemerkung zum Standard der Rhodeländer, nachdem in den letzten Ausgaben der Fachpresse keine Kritiken mehr über den schönen Namen erschienen waren. Dr. Gastreich stellte zunächst fest, daß der Name des kleinsten amerikanischen Staates Rhode Island schon falsch gewählt sei. Rhode Island sei nämlich eine Insel, die nach ihrem Entdecker, einem Mr. Rhode, benannt wurde. Der Staat Rhode Island sei aber keine Insel, sondern zu ihm gehörten noch weitere drei Inseln. Um also auszudrücken, daß es sich um den ganzen Staat und nicht um eine Insel handle, hätte man den Staat schon besser Rhodeland benennen müssen. Dies war aber nur eine Vorbemerkung, warum die Standard-Kommission gemeinsam mit den Sachverständigen diesen Namen gewählt hatte.

Dr. Gastreich schrieb u. a. weiter: „Die Standard-Kommission hat nicht das Recht, selbständig und entgegen den Wünschen der deutschen Züchter Änderungen zu bestimmen, sondern sie hat vor allem die Aufgabe, die Wünsche der Spezialklubs und der Einzelzüchter entgegenzunehmen und diese beim Bund zu vertreten. Auf der anderen Seite aber hat sie die Aufgabe, dafür zu sorgen, daß eventuelle Neuerungen im Sinne der Klubbestrebungen getroffen werden." Da die Heimat der Rasse aber der Staat und nicht die Insel Rhode Island sei, sei die Benennung Rhodeländer richtig und kennzeichnend. Die Standard-Kommission ließ aber einen Einwurf gelten, denn „rote Rhodeländer" klinge nicht schön. Deshalb lasse man das Wort „rote" fort, denn Rhodeländer seien ja rot. Mehr konnte die Standard-Kommission den Rhodeländer-Züchtern nicht zugestehen. Schließlich wurde noch abschließend bemerkt, daß nicht die Standard-Kommission allein, sondern diese mit den Vertretern der beiden Spezialklubs die Namensänderung beschlossen habe. Hierdurch sei der Verkauf nach dem Ausland nicht benachteiligt, denn die Ausländer würden bald wissen, daß unsere Rhodeländer englisch „Rhode Island reds" hießen. Die Entscheidung der Standard-Kommission lautete daher auf den Antrag des Hauptvereins, daß der Name „Rhodeländer" bestehen bleibt.

Zunächst wurde es einmal still um den Namen und um die Zucht der Rhodeländer. Lebhaft wurde es erst bei beiden Spezialklubs einige Wochen vor der Junggeflügelschau Hannover. Es wurde fleißig um eine rege Beteiligung geworben. Die jeweiligen Mitglieder wurden ermuntert, sich auch an dem weiteren Ausstellungsprogramm zu beteiligen.

Bei der Junggeflügelschau in Hannover vom 24. bis 26. Oktober 1913 standen in den Prämiierungsklassen 184 Rhodeländer, wobei ein allgemeiner Fortschritt in der Form, teilweise auch in der Farbe, zu erkennen war. Unter den Hühnern hatten die Rhodeländer das fünftbeste Meldeergebnis nach den 750 Italienern, 374 Wyandotten, 270 Orpington und 212 Plymouth Rocks. Als Preisrichter waren vom Hauptverein Hans Wedding und vom Verband Mattheus Müller, Linnich, eingesetzt, so daß jeder Preisrichter auch die Tiere der Mitglieder des anderen Spezialklubs zu bewerten hatte. Für die Rhodeländerzüchter gab es in Hannover erstmals keine getrennte Klassenaufteilung mehr, nachdem ein neuer Standard für die Rhodeländer vom Klub festgelegt war. Die Tiere der Mitglieder beider Spezialklubs standen friedlich nebeneinander. Der geschlossene Aufmarsch der Rhodeländer machte nicht nur einen guten Eindruck auf den Besucher, sondern stärkte auch die Hoffnung zu weiteren Gemeinsamkeiten.

Entgegen sonstiger Gepflogenheiten setzte auch der Berichterstatter der „Geflügel-Welt", Dietzsch, bei den Rhodeländern eine längere Vorbetrachtung vor seinen Ausstellungsbericht, wobei er sich besonders über die Gefiederfarbe, die Augenfarbe und die Kammformen äußerte. Den 1. und Siegerpreis errang Richard Wolf, Magdeburg.

Der Verband der Rhodeländer-Züchtervereine führte in Hannover seine Hauptversammlung durch, die von dem 2. Vorsitzenden Robert Kuhn geleitet wurde. Er berichtete, daß der Verband mit Rücksicht auf eine etwaige Vereinigung mit dem Hauptverein nach außen absichtlich wenig hervorgetreten sei. Er vertrat die Meinung, daß die Zeit für einen Zusammenschluß reif sei, denn der Hauptstreitpunkt, die Standardfrage, sei vom Klub deutscher Geflügelzüchter im Einverständnis mit den beiden Spezialklubs geschlichtet worden. Wenn nun weiterhin eine Vereinigung nicht zustande komme, werde der Verband wieder energisch mit der Werbearbeit beginnen. Zum neuen Vorsitzenden des Verbandes wurde Paul Stolle, Schneverdingen, gewählt.

Da es auch weiterhin zu Meinungsverschiedenheiten innerhalb der beiden Vorstände kam, bestand nur wenig Hoffnung auf eine baldige Vereinigung der beiden Spezialvereine. Da es bei einer Briefkasten-Notiz der „Geflügel-Welt" zu einer ungenauen Antwort über die Gliederung des Verbandes der Rhodeländer-Züchter-Vereine kam, nahm der Geschäftsführer des Verbandes, Otto Haupt, dies zum Anlaß, die Organisation seines Verbandes einer breiten Öffentlichkeit mitzuteilen. Danach gehörten dem Verbandsvorstand an:

1. Vorsitzender:	Paul Stolle, Schneverdingen
2. Vorsitzender:	Robert Kuhn jr., Hainichen
Schriftführer und Kassierer:	Otto Haupt, Fürstenwalde
Stellvertreter:	H. Rottenheußer, Elberfeld, und August Bühring, Hausbruch.

Der Verband gliederte sich in folgende Gaue:

1. Norddeutscher Gau: Er umfaßt Schleswig-Holstein, Oldenburg, Hamburg, Ostfriesland und das nördliche Hannover. Vorsitzender: August Bühring, Hausbruch.
2. Westdeutscher Gau: Er umfaßt Rheinland, Westfalen und Hessen. Vorsitzender: H. Rottenheußer, Elberfeld.
3. Mitteldeutscher Gau: Er umfaßt das Königreich und die Provinz Sachsen, die Thüringischen Staaten, Süd-Hannover und Braunschweig. Vorsitzender: Robert Kuhn jr., Hainichen.
4. Gau Brandenburg: Er umfaßt Berlin. Vorsitzender: Willy Stolle, Berlin-Mariendorf.
5. Ostdeutscher Gau: Er umfaßt Ost- und Westpreußen, Posen und Schlesien, Pommern und Mecklenburg. Vorsitzender: Felix Hasselberg, Heilsberg in Ostpreußen.
6. Südwestdeutscher Gau: Er umfaßt die Pfalz, Baden, südliches Hessen und Elsaß-Lothringen. Vorsitzender: H. Faßbänder, Münsterhopf.
7. Süddeutscher Gau: Er umfaßt das Königreich Bayern und Württemberg. Ein Vorsitzender ist noch nicht gewählt.

Außerdem hat der Verband eine große Zahl von Einzelmitgliedern, die über das ganze Reich verstreut wohnen. Alle Gaue stehen unter einer gemeinsamen Zentralleitung, dem Verbandsvorstand. Der Verband ist dem Klub deutscher Rassegeflügelzüchter angeschlossen.

Rhodeländer, die bis zum Jahr 1914 ausgestellt wurden, hatten oft den Fehler, daß sie bei guter, typischer Körperform nicht gleichmäßig in der Farbe waren oder bei guter Farbe die Figur zu kurz war. Obgleich man auf die Augenfarbe anfänglich keinen besonderen Wert legte, machte sich die Einkreuzung der perläugigen Malaien sehr oft durch ein viel zu helles Auge bemerkbar. Auch das Untergefieder, dessen Bedeutung man erst spät erkannte, entsprach nur bei ganz wenigen Tieren den einfachsten Ansprüchen. Der Fehler war, daß immer wieder Hähne mit schwarzgrauem Untergefieder zur Zucht verwendet wurden.

Bei der Beurteilung der von den Spezialklubs bisher geleisteten Arbeit darf trotz vereinsmäßiger Trennung festgestellt werden, daß sich beide Vereine maßgeblich um den Aufbau der Rasse bemühten. Nach den gesammelten Erfahrungen war dazu immer nur eine dünne Oberschicht von Züchtern auf beiden Seiten tätig, die sich auch durchsetzte. Es waren dies vorwiegend Personen, die auch die großen Ausstellungen beschickten oder dort die Tiere bewerteten. Sie waren, ohne Einschränkung, die Pioniere der Rhodeländerzucht.

Leider war die Zeitspanne bis zum Ausbruch des Weltkrieges im Jahr 1914 zu kurz, um die allgemeinen Auswirkungen der neuen Musterbeschreibung bis zu diesem Zeitpunkt beurteilen zu können. Das Ziel der Vereinheitlichung der Rhodeländerzucht wurde bis zum Beginn des Weltkrieges nicht erreicht.

Nach der starken Phase des Aufbruchs der Rhodeländer und ihres Aufbaues kam die Arbeit der Spezialvereine und die vieler Züchter durch den Ausbruch des Weltkrieges im Jahr 1914 ins Stocken. Es begann für die Rassegeflügelzucht eine sehr schwere Zeit. Für das Zuchtjahr 1915 sah Verbandsvorsitzender Paul Stolle nur wenig Aussicht auf eine Verbesserung, da der Krieg den Züchtern bereits mannigfache Schwierigkeiten und Verluste gebracht hatte. Auch die Futterversorgung wurde ein immer schwierigeres Problem. Er teilte weiter mit, daß die internen Angelegenheiten des Verbandes mit dem Hauptverein zunächst ruhen würden.

In den schweren Kriegsjahren mußte manche gute Zucht aufgegeben werden, weil einfach keine Möglichkeit mehr bestand, sie zu erhalten. Die Vorstände beider Spezialklubs versuchten, die Verbindung mit ihren Mitgliedern zu erhalten, soweit dies möglich war. Da Vorstandswahlen im Verband vorerst nicht möglich waren, wurden die notwendigen Änderungen vom Vorstand festgelegt. So übernahm Vorsitzender Paul Stolle noch die Aufgaben des Schriftführers und die Geschäfte des Kassierers, Lehrer August Bühring.

Am 16. März 1915 schrieb Paul Stolle in der „Geflügel-Welt" zu den Kriegsereignissen: „Unser Gau Ostdeutschland hat in seinem Teil Ostpreußen großen

Schaden durch den Einbruch der Kosakenhorden gehabt. Der ganze Grenzbezirk ist verwüstet und sämtliches Geflügel, manche vielversprechende Rhodeländerzucht unserer dortigen Mitglieder, ist dahin gewandert, wohin angeblich auch alle habhaft werdenden Dinge und ähnliche Delikatessen wandern. Die ganze Provinz ist jetzt ja erfreulicherweise vom Feinde frei ... Wir in sicheren Bezirken wohnenden Verbandsmitglieder haben nun die Pflicht, unsere dortigen geschädigten Mitglieder durch Stiftung von Bruteiern und evtl. Tieren zu unterstützen."

In einem Bericht der „Geflügel-Welt" vom 21. Januar 1916 über die Rhodeländer und ihre rasche Verbreitung in Deutschland lesen wir u. a.: Dies ist einerseits auf ihr eigenartiges Äußeres, andererseits auf ihre vorzüglichen inneren Eigenschaften zurückzuführen. Stehen sie doch in der Legetätigkeit mit an führender Stelle. Das 200-Eier-Huhn ist von ihnen längst überschritten. Allerdings müssen wir bekennen, daß bei der ausgesprochenen Sportzucht ihre Nutzeigenschaften nicht voll zur Geltung kommen, weil man dabei zu viel Rücksicht auf die Erhaltung ihrer Kondition nehmen muß. Wo dies aber nicht der Fall ist, kommt dem Züchter ihre leichte Mastfähigkeit und geringe Brutlust sehr zu nütze."

In seinen weiteren Ausführungen schreibt der nicht genannte Verfasser des Berichts, daß der größte Reiz der Rhodeländer in der Farbe liege. Dies sei es auch gewesen, was dieser Rasse so viele Freunde zugeführt habe. Wenn das farbliche Ideal auch nur in einzelnen Exemplaren anzutreffen sei, so habe es doch schon greifbare Gestalt angenommen.

Indes war Deutschland nicht das einzige Land, das die Rhodeländer in so hohem Maße aufgenommen hatte. England hatte sich ebenfalls für sie entschieden, doch haben sich die dortigen Züchter von Anfang an für eine wesentlich andere Richtung der Farbenzucht entschieden. Sie hatten zwar die amerikanische Musterbeschreibung übernommen, aber es zeigte sich, daß der Wortlaut gerade in der Farbbezeichnung sehr verschiedene Auslegungen ermöglichte. Die Engländer haben immer eine recht dunkle Tönung der roten Farbe bevorzugt, vielleicht unter dem Einfluß der roten Sussex. Jedenfalls wurden die englischen Rhodeländer in Deutschland als häßliche braune Vögel hingestellt. Die Engländer quittierten dies damit, daß sie die deutschen Tiere als schlechte gelbe Plymouth Rocks bezeichneten. Die dunkle englische Zuchtrichtung hatte aber den Vorzug, daß sie sich weit sicherer zur festen Vererbung bringen ließ als das deutsche Hirschrot, das nie zu einer gleichmäßigen Vererbung, insbesondere bei den Hennen, führte. Die dunklere Färbung wurde auch von den Holländern und den Dänen aufgenommen.

Der „Deutsche Rhodeländerverein" wird neu gegründet

Der Tiefstand der Rhodeländerzucht war sicherlich auch der Grund dafür, daß am 31. Januar 1918 in der Fachpresse, und zwar in der „Geflügel-Börse", der „Geflügel-Welt" und der „Süddeutschen Tier-Börse", Forstmeister Hans Wedding, Eschershausen, einen Aufruf an alle Rhodeländerzüchter richtete, den Boden für den Wiederaufbau der Zuchten nach Kriegsende vorzubereiten. Die früheren Meinungsverschiedenheiten und Streitigkeiten gehörten der Vergangenheit an. Die Streitaxt sei ein für allemal begraben. Für die Rhodeländerzüchter dürfe es nichts Trennendes mehr geben, denn alle stünden auf dem Boden der vom Bund Deutscher Geflügelzüchter festgelegten Musterbeschreibung. Wedding schlug vor, alle bisherigen Rhodeländer-Spezialklubs aufzulösen und einen großen Rhodeländer-Verein für ganz Deutschland zu gründen.

Er hielt den Zeitpunkt für besonders günstig, da doch alle bisherigen Spezialklubs nach dem Krieg neu anfangen müßten. Der Vorsitzende des Verbandes der Rhodeländer-Züchtervereine, Oberlehrer Tiedge, Düsseldorf, sei bereits am 26. Oktober 1913 aus dem Vorstand ausgeschieden und der Vorsitzende des Hauptvereins der Züchter roter Rhodeländer, G. L. Claaßen, Bunde in Ostfriesland, trete aus Gesundheitsrücksichten zurück. Damit seien alle persönlichen Gründe gegen einen Zusammenschluß aller Rhodeländerzüchter zu einem Verein fortgefallen. Forstmeister Wedding verbürgte sich für den Hauptverein, daß dessen Mitglieder einer Auflösung zwecks Neugründung eines alle Züchter umfassenden Rhodeländervereins zustimmen würden.

Auf diesen Aufruf meldete sich zuerst, speziell für die Züchter aus Württemberg, Pfarrer Beßler, Freudental. Er empfahl den württembergischen Züchtern, zur Vermeidung einer Kräftezersplitterung die noch bestehenden Vereine aufzulösen und eine einheitliche Reichsorganisation zu gründen. Allerdings sei es notwendig, in den Landesverbänden Unterorganisationen der Rhodeländerzüchter zu bilden. Er schlug die Gründung eines „Württembergischen Vereins für Rhodeländerzüchter" vor und bat um entsprechende Meinungsäußerungen. Auch aus Baden kam eine entsprechende Zustimmung durch Gustav Keller, Mannheim. Dieser empfahl die Bildung eines „Landesverbandes Baden der Rhodeländerzüchter". Hier war die Reaktion der Züchter so gering, daß von der Bildung eines eigenen Landesverbandes abgesehen wurde.

Am Ostermontag, dem 1. April 1918, wurde von Pfarrer Beßler zu einer Gründungsversammlung nach Stuttgart eingeladen. Der Verein für Württemberg wurde gegründet und Pfarrer Beßler zum Vorsitzenden gewählt. Da der zwischen Pfarrer Beßler und Forstmeister Wedding geführte Schriftwechsel den Eindruck hervorrief, daß der zu gründende Verein eine rein norddeutsche

Angelegenheit werde, behielt man sich vor, den Anschluß erst dann zu vollziehen, wenn diese Frage geklärt sei.

Nach Durchsicht der Äußerungen der Züchter aus dem ganzen Reichsgebiet wurde Ende März 1918 in Eschershausen der Deutsche Rhodeländerverein gegründet. Als vorläufiger geschäftsführender Vorstand wurden bestellt:

Vorsitzender:	Hans Wedding, Eschershausen, Kreis Holzminden
Schriftführer:	Robert Poensgen, Mülheim/Ruhr-Saarn
Rechnungsführer:	Paul Weinberg, Zossen-Berlin
Verkaufsvermittlung:	Hermann Schultz, Dresden.

Dem Deutschen Rhodeländerverein waren 50 Mitglieder beigetreten. Eine Auflösung der Spezialklubs erfolgte nicht.

Das erste Buch über die Rhodeländer

Trotz der großen wirtschaftlichen Schwierigkeiten, insbesondere im Buchdruckergewerbe, brachte gegen Ende des Krieges 1918 Forstmeister Hans Wedding im Verlag von Dr. Paul Trübenbach, Chemnitz, das erste Rhodeländerbuch mit 80 Seiten und 43 Abbildungen heraus. Es trug den Titel „Rote Rhodeländer — Ein Wegweiser in der Zucht für Anfänger und Fortgeschrittene". Die Anregung, die Geschichte der Rhodeländer niederzuschreiben, gab Dr. Trübenbach bereits bei der Junggeflügelschau 1913 in Hannover, doch der Kriegsausbruch 1914 verhinderte die Vollendung der bereits begonnenen Vorarbeiten. In seinem Vorwort schrieb Hans Wedding 1918 u. a.: „Möge meine Arbeit wieder aufbauen helfen, was der Krieg auch in der Zucht dieser schönen und nützlichen Rasse zerstört hat."

Über den Ursprung und die Geschichte der Rhodeländer wußte der Autor vieles zu berichten. So schrieb er: „Verworren und verschlungen sind die Pfade, die sie gewandelt sind, bevor sie das Licht der Ausstellungen erblickten, und so neu sie bei oberflächlicher Betrachtung als Rasse zu sein scheinen, so alt sind sie in Ansehung ihrer Vorfahren und Erzeuger. Und eigentümlich ist, daß die Rasse sich unabsichtlich entwickelte, indem die Züchter durch ein halbes Jahrhundert nur das männliche Geschlecht im Auge hatten und den Hennen keine besondere Beachtung schenkten. Und mehr noch als das! Berücksichtigt wurden bei der Auswahl der Hähne nicht die Form, die Herkunft oder die Abstammung, sondern ganz allein die Farbe. Rote Hähne waren es allein, die im Laufe langer Jahrzehnte die Rasse schufen, rote Hähne der verschiedensten Rassen."

Über die Entwicklung zu einem bestimmten Rassetyp schrieb der Verfasser: „Es ist verständlich, daß ein Hühnerschlag, denn als solcher konnten diese Stammhühner nur bezeichnet werden, mit solcher Vorgeschichte unmöglich eine Einheitlichkeit in allen äußeren Merkmalen zeigen konnte. Auf die Figur hatte man bisher ja überhaupt sein Augenmerk nicht gerichtet. Bei der Farbe hatte man immer nur an das männliche Geschlecht gedacht und rote Hähne mit Hennen aller möglichen Farben, wie sie auf den Bauernhöfen herumliefen, gepaart. Die natürliche Folge dieser fortgesetzten Zuführung der roten Farbe war, daß mit der Zeit in einem großen Teile von Rhode Island und dem benachbarten Massachusetts die Hühner bei oberflächlicher Betrachtung eine gewisse Einheitlichkeit im Farbton erkennen ließen und daß man von einem gewissen farblichen Typus der in dieser Gegend gezüchteten Hühner sprechen konnte. Mit dem Erscheinen eines gewissen Typus entstand allmählich auch ein einheitlicher Name, der ihrem Ursprungsland Rhode Island angepaßt wurde. Unter dem Namen ‚Rhode Islands Reds' werden sie zuerst erwähnt gelegentlich einer von dem Geflügelzuchtverein von Süd-Massachusetts veranstalteten Schau, auf welcher einige rote Hühner von einem Vorstandsmitglied des Vereins ausgestellt wurden. Auch unter anderem Namen, wie z. B. ‚Goldgelbe' wurden sie von verschiedenen Züchtern hie und da auf Ausstellungen gezeigt. Der Name ‚Rhode Islands Reds' fand jedoch mehr Anklang. Angemeldet wurden sie unter diesem Namen zum ersten Male im Jahre 1895 zu einer Ausstellung, die von dem Geflügelzuchtverein von Rhode Island veranstaltet wurde. Mit diesem ersten Erscheinen in der Öffentlichkeit unter einem bestimmten Namen hatte die Rasse sich die Gunst des amerikanischen Publikums erobert und ihre Verbreitung bei den Züchtern in Amerika nahm mit Riesenschritten zu. System in die Zucht brachte erst die Bildung eines Sondervereins, der im Jahre 1898 unter dem Namen ‚Rhode Islands Reds Club of Amerika' aus der Taufe gehoben wurde. Zur Aufstellung einer Musterbeschreibung kam es erst im Jahre 1901, die schließlich trotz des Widerstands vieler Plymouth-Rocks- und Wyandotten- züchter im Jahre 1904 als amerikanischer Standard anerkannt wurde."

Die richtungsweisende Schrift von Hans Wedding enthielt wertvolle Hinweise über Ursprung und die Geschichte der Rhode-Island-Hühner, die Entwicklung zu einem bestimmten Typ und ihre Einführung in Deutschland. Neben der Erläuterung der Musterbeschreibung sind auch Hinweise über die Form und die Gefiederfarbe, die Zusammenstellung der Zuchtstämme, den wirtschaftlichen Wert der Rhodeländer und ihre Zucht auf Leistung und Schönheit, die Aufzucht der Küken sowie über die Bewertung bei Ausstellungen enthalten.

Im Jahr 1922 erschien eine zweite Auflage, bearbeitet von Arthur Wulf, Leipzig.

Teil II

Die Entwicklung der Rhodeländerzucht
in Deutschland nach dem I. Weltkrieg
bis zum Ende der Weimarer Republik

Der Wiederaufbau nach dem Ersten Weltkrieg

Im Herbst 1919 begann wieder vereinzelt die Ausstellungtätigkeit und hier bestätigten sich teilweise die Befürchtungen des züchterischen Rückschritts während der Kriegsjahre von 1914 bis 1918. Die Rhodeländer hatten nach dem bis dahin gewonnenen Überblick in der Rassigkeit weit mehr eingebüßt als die schon länger in Deutschland gezüchteten anderen amerikanischen Rassen. Es hatte den Anschein, daß die Rhodeländer um zehn volle Jahre zurückgeworfen seien.

Daß dies nicht der Fall war, zeigte sich bei der ersten Nachkriegs-Großschau, der 48. Hannoverschen Junggeflügelschau vom 22. bis 25. Oktober 1920 in der Reithalle der Offizier-Reitschule in der Dragonerstraße. Die Schau brachte 2872 Tiere in die Käfige, darunter 86 Rhodeländer, bei denen die Körperform bereits als ziemlich gut bezeichnet wurde. In der Farbe mangelte es aber noch sehr. Sattes Rot war nur wenig anzutreffen. An der Hannoverschau beteiligten sich mit Sonderschauen der Hauptverein der Züchter roter Rhodeländer, der im Katalog noch als Hauptverein der Züchter roter Rhode Islands aufgeführt wurde, der Verband der Rhodeländer-Züchtervereine und der Verein der Rhodeländer-Züchter, Sitz Düsseldorf, der als Gau Westdeutschland dem Verband der Rhodeländer-Züchtervereine angeschlossen war. Als Preisrichter bewerteten Paul Stolle, Schneverdingen, 35 Hähne und Wilhelm Schirmer, Magdeburg, 51 Hennen.

Der im Wiederaufbau der Rhodeländerzucht besonders rührige Gau Westdeutschland zeigte bei einer Ausstellung vom 4. bis 6. Dezember 1920 in Duisburg 71 Rhodeländer. In dem Ausstellungsbericht des Gauvorsitzenden Heinrich Horstmann lesen wir über die Farbe: „In der Farbe ist die Sache theoretisch klar. Man wünscht ein rotes Tier als Ideal und dieses Rot soll an allen befiederten Körperteilen denselben Ton haben. In der Praxis aber ist das sehr schwer. Die in allen befiederten Körperteilen, und zwar im Untergefieder sowohl als im Obergefieder, in demselben roten Farbton erscheinenden Tiere sind eben bis heute noch nicht gezeigt worden. Daß aber schon heute Tiere dem Ideal nahekommen, das zeigte die Schau in Duisburg ganz deutlich. Doch die Vorstellung von Rot ist im allgemeinen noch so verschieden, daß eine Einigung der Ansichten über einzelne Tiere sehr schwer ist. Der eine liebt das dunklere Rot (mehr braun wie Schokolade), der andere das hellere Rot (mehr nach Gelb hin). Darüber besteht noch keine genügende Einigkeit, wenigstens nicht in bezug auf die Vererbung. Bei der Beurteilung der Tiere, die man zur Zucht einstellen will, sollte man vor allen Dingen auf das Untergefieder sehen."

Bei den Ausstellungen des Winters 1920/21 ließen sich fast überall, wenn auch vereinzelt, Tiere finden, die trotz gewisser Mängel einen hohen Zuchtwert bekundeten. Noch heute muß man anerkennen, daß die Züchter es vortrefflich verstanden hatten, die Zuchten mit guten Zuchttieren wieder aufzubauen. Auch die Beurteilung der Rhodeländer war gleichmäßiger geworden. Der starke Widerstreit der ehemaligen Zuchtrichtungen hatte bewirkt, daß insbesondere die Züchter, die das Schwarz aus der Zucht verdrängten, mit Tieren aufwarteten, die nicht mehr das satte Rot zeigten, sondern mit Tieren bei den Ausstellungen antraten mit einem lichteren Rotton.

Die erste Nationale nach dem Krieg

Die erste und zugleich 18. Deutsche Nationale Geflügelausstellung nach dem Krieg fand in München vom 28. bis 31. Januar 1921 statt. Sie wurde im Auftrag des Bundes Deutscher Geflügelzüchter vom Verein für Geflügelzucht München durchgeführt, der damit sein 50jähriges Bestehen feierte. Gleichzeitig beging der Bund Deutscher Geflügelzüchter sein 40jähriges Bestehen. In München waren 94 Preisrichter eingesetzt, die 6 174 Ausstellungsnummern zu bewerten hatten, das waren insgesamt 6 229 Tiere. Davon waren 124 Rhodeländer, die in 12 Klassen standen und von Preisrichter Wilhelm Schirmer, Magdeburg, bewertet wurden. Die Siegerhenne zeigte Friedrich Grundmann, Oldenburg, die mit „vorzüglich" bewertet wurde. Weitere V-Hennen zeigten Karl Noß, Langendiebach, und Karl Runge, Düsseldorf. Bei den Rhodeländern wurden auch 5,6 rosenkämmige Tiere von acht Züchtern gezeigt. Der Verband der Rhodeländer-Züchtervereine stiftete für diese Nationale 12 Ehrenpreise.

Der wieder aufgenommene Verkehr mit dem Ausland führte allmählich einen rassezüchterischen Umschwung herbei. Tiere englischer Herkunft wurden in größerer Zahl bei einer Ornis-Schau 1921 in Köln gezeigt. Diese Tiere schnitten zwar als zu dunkel schlecht ab, aber ihre prächtige Ausgeglichenheit in der Farbe, in Verbindung mit einer sehr guten Form, war einfach nicht zu übersehen.

Die von England eingeführten Rhodeländer zeigten eine durchaus gleichmäßige Farbe ohne äußerliches Schwarz und mit sattem rotem Untergefieder. Der Gesamtton war ein dunkles Rotbraun, das bei Hähnen und Hennen weniger Unterschiede zeigte als bei den deutschen Tieren. Als Vorzug galt bei den englischen Tieren ihre sehr gute und volle Rechteckform mit geradem Rücken.

Vereinzelt nach Deutschland gebrachte Tiere amerikanischer Abstammung zeigten bei den Hähnen ein tieferes Rot als erwünscht war. Die Hennen waren erheblich stumpfer im Gefieder. Rosenkämmige Rhodeländer gab es in den ersten Nachkriegsjahren in Deutschland sehr selten.

Der Hauptverein schließt sich dem Verband an

Das Vereinswesen in der Rhodeländerzucht hatte eine umfassende Ausbreitung erfahren. Der ehemalige Hauptverein schloß sich 1921 dem Verband der Rhodeländer-Züchtervereine an, der nunmehr nahezu 600 Mitglieder in seinen Reihen vereinigte. Vorsitzender blieb weiterhin Paul Stolle, Schneverdingen. Eine in sich geschlossene Organisation der Rhodeländerzüchter gab es aber noch immer nicht, denn es bestanden noch drei Züchtervereine im Westen und einer in Süddeutschland. Doch diese Splittergruppen konnten sich auf die Dauer gegenüber dem großen Verband nicht mehr halten.

Die Rhodeländer wurden von 1921 an als Nutzrasse von den meisten Landwirtschaftsministerien und Landwirtschaftskammern anerkannt. Dies war für die Weiterentwicklung der Rasse von besonderer Bedeutung.

Erstmals bei der Junggeflügelschau in Hannover vom 22. bis 24. Oktober 1921 traten die Rhodeländerzüchter geschlossen als ein Spezialklub auf. Der sichtbare Erfolg war, daß 178 Rhodeländer in den Käfigen standen. Preisrichter Paul Stolle bewertete 68 Hähne und Wilhelm Schirmer 110 Hennen. Den Siegerpreis errang Georg Wiescher, Mülheim-Saarn.

Beide Preisrichter gaben in der Generalversammlung am 22. Oktober 1921 ausführliche Berichte über den Zuchtstand, der als sehr gut bezeichnet wurde. Verbandsvorsitzender Stolle gab seiner Freude darüber Ausdruck, daß der Verband auf 600 Mitglieder angewachsen war.

Obwohl der Verband finanziell gesund war, wurde der Beitrag von 2 Mark auf 3 Mark erhöht. Vorsitzender Stolle erklärte abschließend, daß der Verband der Rhodeländer-Züchtervereine sich nunmehr über ganz Deutschland erstrecke, daß das Reich in fest begrenzte Gaue eingeteilt sei und daß dementsprechend sogenannte wilde Vereine in den Verband nicht aufgenommen würden. Auch eine Doppelmitgliedschaft wurde ausgeschlossen. Damit bestand Klarheit für alle deutschen Rhodeländerzüchter.

In der „Geflügel-Welt" vom 7. Januar 1922 gab Major a. D. Bruno Rhau, Sondershausen, seit 1907 Mitglied des Verbandes und zugleich Rhodeländerzüchter, wertvolle Ratschläge über die Zusammenstellung der Zuchtstämme. Das tägliche Beobachten nannte er als eine wesentliche Voraussetzung für das Einschätzen der Tiere. Der sattglänzende dunkle Farbton, der fast rotbraun erscheint, entspreche nicht dem noch gültigen Standard. Auch die Frage, nur bewährte Althennen in den Zuchtstamm einzustellen, wurde besprochen. Er vertrat aber diese Meinung nicht ausschließlich und empfahl auch in besonderen Fällen, Frühbruthennen einzustellen, wenn sie groß, stark, kerngesund und ausgereift seien. Das Zusammenstellen der Zuchtstämme bestehe aus Ausmerzen einerseits und gezielter Auswahl andererseits. Auf die Wahl des Hahnes mit guter Form und Farbe sei besondere Sorgfalt zu verwenden.

Anläßlich der 19. Nationalen Geflügelausstellung in Dresden vom 20. bis 23. Januar 1922 standen 200 Rhodeländer, ein sehr schöner Auftakt für das Jahr 1922. Die Bewertung erfolgte nach dem Verbandsprinzip, nicht zu hell und nicht zu dunkel. Als Sonderrichter waren zur Bewertung der Hähne Paul Stolle und für die Hennen Hermann Schultz, Dresden, eingesetzt. In Dresden fand am 21. Januar 1922 im Restaurant „Torwirtschaft" die Jahreshauptversammlung statt, bei der die beiden Preisrichter über die ausgestellten Rhodeländer berichteten. In der folgenden Aussprache über die gültige Musterbeschreibung wurde der Wunsch laut, über den Farbton eine genaue Regelung zu treffen. Der Vorstand hatte hierzu bereits Schritte unternommen, um gute Farbbilder zu bekommen, die aufklärend für die Rhodeländerzucht wirken sollten. Es wurde auch beschlossen, daß jeder Gau einen Betrag von 2 bis 3 Mark pro Mitglied für einen Preisrichter-Entschädigungsfonds bereitstellt, damit bei der derzeitigen Finanzlage es jedem Preisrichter möglich gemacht werden kann, mehrere Tage an dem Ausstellungsort zu verweilen.

Major a. D. Rhau hatte sich in der nun ausgelaufenen Ausstellungssaison umgesehen und seine Eindrücke in einem kritischen Bericht in der „Geflügel-Börse" vom 18. März 1922 zusammengefaßt. Er sah eine Krise in der Rhodeländerzucht, teils in der Form, teils in der Farbgebung, die er u. a. so beschrieb: „Früher hatten wir bekanntlich zwei Zuchtrichtungen, die im Hauptverein und im Deutschen Verein verkörpert waren, von denen erstere mit, letztere ohne Schwarz züchten wollte. Nach langem Streit einigte man sich endlich im Jahr 1912, indem man beiden recht gab und das Schwarz nicht forderte und nicht verbot, sondern zuließ. Dieser Friede hat sich als ein fauler Kompromiß erwiesen, denn der Streit geht weiter und eine dritte Richtung ist dazugekommen, um das Chaos fertig zu machen. Das sind die Leute mit dem ganz satten Farbton, wie ihn Amerika, England, Holland und die Schweiz bevorzugen. Mit anderen Worten, die braune Richtung. Wir haben also Züchter, welche ein rotes Tier züchten mit Schwarz an gewissen Punkten gebunden, wir haben solche, welche ein rotes Tier verlangen ganz ohne Schwarz, was allerdings bis jetzt noch keiner fertigbekommen hat, und wir haben solche, die das Schwarz nicht an gewisse Körperteile binden, sondern es wie ein geschickter Maler über das ganze Tier verstreichen, das sind die Anhänger der amerikanisch-englischen Richtung. Der deutsche Rhodeländerzüchter weiß also nicht, wie sein Ideal aussehen soll und die Richter wissen es auch nicht." Rhau meinte, daß dies eine traurige Krankheit in der Rhodeländerzucht sei, die den Streit und die Unzufriedenheit immer wieder entfache. Züchter und Preisrichter hätten keine Idealtiere vor Augen und es sei alles Geschmacksache. Das führe zur Zersplitterung und Abbröckelung der

Kräfte, was für die Rhodeländerzucht abträglich sei. So dürfe es nicht weitergehen. Der Verbandsvorstand sei nun gefordert, hier Klarheit zu verschaffen.

Über helle und dunkle Rhodeländer entwickelte sich eine rege Diskussion in der Fachpresse, wobei auch der Vorschlag gemacht wurde, Rhodeländer in verschiedenen Farbenschlägen zuzulassen.

Mit großen Erwartungen fand nun in der Stadthalle in Hannover die 50. Junggeflügelschau vom 20. bis 22. Oktober 1922 statt. Dabei hatten die fortschreitende Geldentwertung und die einsetzende Wirtschaftskrise deutliche Spuren hinterlassen. So gab es nur 3164 Ausstellungsnummern. Davon waren 108 Rhodeländer, die von Paul Stolle und Wilhelm Schirmer bewertet wurden. Das „Blaue Siegerband" errang mit einer V-Henne Carl Dohle, Hesserode. Im Katalog waren die Verkaufspreise zwar eingedruckt, meist zwischen 1000 und 10000 Mark, jedoch war dieser Preis durch die inflationistischen Erscheinungen nicht mehr mit den Gestehungskosten der Tiere und ihrem Rassewert in Einklang zu bringen. Bei der in Hannover durchgeführten Versteigerung von Zuchttieren am 20. Oktober 1922 wurde ein Umsatz von 3 Millionen Mark erzielt, eine Folge des an diesem Tag eintretenden Marksturzes und daß viele Tiere für ausländische Rechnung gekauft wurden.

Am 30. November 1922 mußte Dr. Paul Trübenbach, Chemnitz, die Herausgabe der "Geflügel-Welt" einstellen. Die Geldentwertung, Kostensteigerungen und die besonderen Schwierigkeiten im Druckgewerbe waren die Gründe hierfür.

Der Vorkriegszuchtstand ist wieder erreicht

Mit der 20. Deutschen Nationalen Geflügelausstellung in Leipzig vom 6. bis 9. Januar 1923 konnte der Vorkriegsstand in der Rhodeländerzucht wieder erreicht werden. Von da an ging es aufwärts, und zwar konnte als das erste Anzeichen die bessere Beachtung der Form verzeichnet werden. Die Preisrichter sahen nicht mehr fast ausschließlich nach der Farbe, sondern die Rhodeländer-Rechteckform wurde zu einem Begriff und auf ihre gute Ausprägung wurde verstärkt geachtet. Die Züchter und Preisrichter hatten überraschend schnell umgelernt.

Unter dem wirtschaftlichen Tiefstand des Jahres 1923 hatte auch die 51. Junggeflügelschau in Hannover vom 26. bis 28. Oktober 1923 zu leiden. Dort waren nur 2389 Ausstellungsnummern gemeldet, davon lediglich 60 Rhodeländer, zu deren Bewertung gleich zwei Preisrichter eingesetzt waren. Wilhelm Schirmer bewertete die Hähne und Hermann Schultz die Hennen. Das Siegerband errang mit einer Sg1-Henne Friedrich Appel, Hannover.

Auch die 21. Nationale fand wieder in Leipzig vom 4. bis 7. Januar 1924 statt. Hier waren die Rhodeländer mit 115 Tieren vertreten. Obwohl die Inflation den deutschen Himmel nicht mehr verfinsterte, war dies bei dem Katalog der Nationalen nicht festzustellen. Darin waren weder die Preisrichter noch die Bewertungen angegeben.

Nach dem Zusammenschluß beider Spezialvereine war man sich immer noch nicht über die Tönung des roten Gefieders einig. In Deutschland strebte man die rein roten Schwänze an, ohne bisherigen Erfolg, während im Ausland, besonders in Dänemark, England und Holland, der schwarze Schwanz noch beibehalten wurde.

Durch den Versuch des etwas schnellen Fortzüchtens des Schwarz ergaben sich in den deutschen Zuchten wieder etwas hellere Mantelgefiederfarben, die man kaum noch als Rot ansprechen konnte. Damit wurde erneut die Farbfrage akut, was eigentlich das Rhodeländerrot sei. Die Frage war hirschrot, kirschrot, mahagonirot oder kastanienrot? Man war sich darüber klar, daß zwischen Gelb und Braun nicht ein einzelner Farbton lag, der schlechthin mit Rot bezeichnet werden konnte.

Die Verbandsversammlung in Leipzig anläßlich der 21. Nationalen beauftragte den Gau Westdeutschland, sich mit der Farbfrage zu beschäftigen. Am 1. Juni 1924 gab der Gauvorstand das Ergebnis seiner Überlegungen bekannt. Es wurde empfohlen, einen vorurteilslosen Standpunkt einzunehmen, weil die Bezeichnung „rot" eine ganze Reihe von Tönungen enthalte. Es wurde eine satte Rotfärbung vorgeschlagen, wobei die Rolle des Schwarz nicht näher festgelegt wurde. Das deutsche Zuchtziel bleibe auf das reinrote Tier gerichtet. Das Schwarz wurde als Begleiterscheinung einer guten satten Rotfärbung mit in Kauf genommen.

Mit der 52. Hannoverschen Junggeflügelschau vom 24. bis 26. Oktober 1924 hatte der Verband der Rhodeländer-Züchtervereine wieder eine Sonderschau verbunden. Es wurden stattliche 256 Rhodeländer gemeldet, die von den Preisrichtern Wilhelm Schirmer (Hähne) und Paul Stolle (Hennen) bewertet wurden. Das Blaue Band errang mit einer V-Henne Julius Große, Kötzschenbroda.

Hamburg war der Austragungsort der 22. Deutschen Nationalen vom 16. bis 18. Januar 1925. Dort standen 202 Rhodeländer, bei denen die Hähne von Paul Stolle und die Hennen von Wilhelm Schirmer bewertet wurden. Die beste Bewertung erhielt ein V-Hahn aus der Zucht von Richard Gruß, Malschendorf.

Die farbliche Festigung

Der bekannte Rhodeländerzüchter, Rechtsanwalt Dr. J. Traberg aus Stroehe-
dingen in Dänemark, hielt bei der Hauptversammlung des Verbandes am 17.
Januar 1925 in Hamburg einen Vortrag über die dänische Rhodeländerzucht.
Dabei erbot er sich, den deutschen Züchtern gute dänische Tiere zu vermitteln.

Nun sah man ein, daß eine Überarbeitung der Musterbeschreibung aus dem
Jahr 1912 unumgänglich war. In Hamburg wurde daher ein neuer Wortlaut der
Musterbeschreibung in den Absätzen über die Färbung beschlossen, die sich
nunmehr wie folgt darstellte: „Gefieder saftig dunkelrot" (nicht braun oder gelb)
mit lebhaftem Glanz, frei von mehligen Erscheinungen. Der Farbton des Obergefieders muß möglichst gleichmäßig sein und von glänzendem Schimmer, daß
das Gefieder wie lackiert aussieht. Das Untergefieder wird rot oder rötlich
verlangt, frei von schieferigen oder rußigen Beimengungen. Die Federkiele sind
bis zur Haut möglichst rot gefärbt. Die Gefiederfarbe der Hennen entspricht der
Brust des Hahnes und darf nicht stumpf sein."

Zu diesen in Hamburg getroffenen farblichen Festlegungen haben dann die
dänischen Züchter einen hilfreichen Beitrag geleistet. Sie stellten bei einer
internationalen Sonderschau, die der Fortuna-Schau in Berlin im Frühjahr 1925
angeschlossen war und von dem Rhodeländerzüchter Robert Felschkow glänzend ausgerichtet wurde, mehr als 100 dänische Rhodeländer aus. Alle Tiere
waren in gleichmäßig dunkler Farbe und gingen durchweg in die Hände deutscher Züchter über. Damit begann in der Rhodeländerzucht in Deutschland der
große Umbruch in der Farbenzucht.

In der neu bearbeiteten Ausgabe von Dr. B. Blancke „Unser Hausgeflügel",
die im Jahr 1925 erschien, wurde die neue Musterbeschreibung für die Rhodeländer abgedruckt und auf mehreren Seiten erläutert. Paul Stolle schrieb dazu, daß
der Farbton unverkennbar dunkler geworden sei. Der Ausdruck „Hirschrot"
gehöre nunmehr der Vergangenheit an und sei auch nicht richtig gewesen. Die
Figur spiele bei den Rhodeländern eine große Rolle. Der Rücken muß lang sein
und erst kurz vor dem Schwanz etwas ansteigen. Die Hennen tragen den
Schwanz sehr flach und der Körper erscheint deshalb sehr lang. Die Figur muß
also rechteckig sein, erläuterte Paul Stolle. Über die besondere Bedeutung der
Gefiederfarbe schrieb der Verbandsvorsitzende: „Die Farbe muß möglichst
sattrot sein, also ein dunkleres Rot von gleichmäßiger Tönung und viel Glanz."
Zur Zucht sollte man Hähne und Hennen mit gleichmäßigem Farbton und
gutem Untergefieder ohne Schwarz und Ruß einstellen. Damit hatten die neuen
Grundsätze der Rhodeländerzüchtung auch in der Geflügelliteratur Eingang
gefunden.

Die Rhodeländer werden als Nutzgeflügelrasse anerkannt

Die Verbandsschau der Rhodeländerzüchter in Hannover bei der Junggeflügelschau vom 23. bis 25. Oktober 1925 brachte einige Überraschungen. So waren alle Tiere verkäuflich gemeldet. In der Abteilung der von den Preußischen Landwirtschaftskammern und der Deutschen Landwirtschafts-Gesellschaft anerkannten Nutzgeflügelrassen standen acht Rhodeländerstämme zu je 1,2 Tieren zu einem Verkaufspreis von 75 Mark pro Stamm und neun Einzeltiere zum Preis von 20 Mark. Diese Tiere wurden von dem Preisrichter E. Büsing, Wackerfeld, bewertet. In der allgemeinen Abteilung wurden 258 Rhodeländer gezeigt, zu einem Verkaufspreis von 30 bis 500 Mark. Die Bewertung der Hähne erfolgte durch Paul Stolle, die der Hennen durch Wilhelm Schirmer. In den 20 Rhodeländerklassen wurden 15 Ehrenpreise und 3 Medaillen vergeben. Das Siegerband errang mit einer V-Henne Wilhelm Knips, Fulda, ein Verbandsmitglied, das direkt dem Verband, aber keinem Gau angehörte.

Die größte Überraschung gab es erst bei der Mitgliederversammlung am 24. Oktober 1925. Nicht nur in der Zucht gab es Veränderungen, sondern auch in der Vereinsführung.

Paul Stolle legt den Vorsitz nieder – Forstmeister Hans Wedding wird sein Nachfolger

Der langjährige Verbandsvorsitzende Paul Stolle, Schneverdingen, legte nach 13jähriger Tätigkeit sein Amt nieder. Er hatte es verstanden, die noch vor wenigen Jahren auf zwei Verbände sich verteilenden Rhodeländerzüchter, die nach verschiedenen Musterbeschreibungen züchteten, in einem Verband zu vereinen und damit hatte er der Rhodeländerzucht einen großen Dienst erwiesen. Im Farbenstreit griff er wiederholt ein und trug zielsicher zur Klärung der Meinungen bei. Die Versammlung war dem scheidenden Vorsitzenden und Preisrichter für die richtungsweisende Aufbauarbeit zu großem Dank verpflichtet. Die Führung des Verbandes wurde in die Hände von Forstmeister Hans Wedding gelegt. Die Wahl hatte nur einen kleinen Formfehler, denn sie hätte nicht in Hannover, sondern erst bei der Jahreshauptversammlung durchgeführt werden dürfen.

Interessant ist auch, daß Forstmeister Hans Wedding zum Zeitpunkt seiner Wahl zum ersten Vorsitzenden noch kein Mitglied des Verbandes oder einer seiner Gaue war. Er selbst bestätigte zu einem späteren Zeitpunkt, daß er von 1919 ab weder Vorsitzender einer Rhodeländervereinigung noch des Verbandes oder eines Gaues war. Er stand bis 1925 völlig außerhalb der Rhodeländerzucht. Die erste Junggeflügelschau in Hannover hatte er nach dem Krieg im Jahr 1925 besucht und war auch Gast bei der Jahreshauptversammlung, die ihn als alten Bekannten zum Vorsitzenden wählte.

Dies hinderte jedoch den akademisch gebildeten Forstmann, der ja den Rhodeländerzüchtern als Verfasser des Werkes „Rote Rhodeländer" aus dem Jahr 1918 noch in guter Erinnerung war, nicht daran, das Amt des Vorsitzenden anzunehmen. Seine Wahl bot für die Mitglieder eine neue Gewähr für die planmäßige Fortführung der deutschen Rhodeländerzucht. Zum Abschluß der Versammlung entwickelte er das Programm für die nächsten Jahre, das sich kurz als Vereinheitlichung der Rhodeländerzucht bezeichnen läßt. So sagte er u. a.: „Züchterisch ist für den Verband das Ziel der nächsten Jahre die Einrichtung von Stammzuchten und es wird seine und der Gaue Aufgabe sein, den dafür zu bildenden Zuchtgruppen Zusammenhalt durch eine einheitliche Zuchtordnung und sonstige Forderungen zu verschaffen. Die Einzelheiten dieser Zuchtordnung sind durch eine Zuchtkommission in besonderer Ausarbeitung festzusetzen. Nach ihren Bestimmungen arbeitende Gau- oder Gruppenzuchten bzw. Einzelzuchten gelten im Rahmen der Verbandsarbeit als anerkannte Zuchten. Außerdem wünscht der Verband eine praktische und planmäßige Förderung der Kleinzuchten durch Gaumaßnahmen und unterstützt die Gaue für beide unter Umständen zusammenfallende Zwecke durch finanzielle Beihilfen zur Aufstellung von Zuchtstämmen des Gaues oder der Zuchtgruppen oder durch Erwerb guter Tiere für diese."

Es unterlag keinem Zweifel, daß die Einrichtung von Verbandsstammzuchten für die Förderung der Rhodeländer eine sehr wichtige Sache war. „Aber die Ausführung dieser Idee wird nicht ganz leicht sein, wenn man nur daran denkt, daß hierzu die Auswahl der Zuchtstammhalter besondere Schwierigkeiten bereiten wird." Zu der Übernahme einer solchen Aufgabe gehören eine große Portion Begeisterung, Uneigennützigkeit und peinlichst genaue Arbeit, aber auch eine große züchterische Erfahrung, meinte der neue Vorsitzende. Über dem weitsichtigen Programm, das der Forstmeister entwickelte, stand der Gedanke von Schönheit und Leistung in der Rhodeländerzucht. Hierüber konnte erst bei der Jahreshauptversammlung anläßlich der 23. Nationalen Rassegeflügelschau in Nürnberg vom 4. bis 6. Dezember 1925 entschieden werden.

Der neue Verbandsvorstand wird bestätigt

Bei der Jahreshauptversammlung in Nürnberg am 5. Dezember 1925 wurden die Grundzüge der künftigen Verbandsarbeit gutgeheißen. Der Verbandsvorstand bestand nunmehr aus dem

1. Vorsitzenden:	Hans Wedding, Forstmeister, Eschershausen/Kreis Holzminden, dem
2. Vorsitzenden:	Georg Schütz, Bankdirektor, München-Dachau, und
Verbandskassierer:	Robert Felschkow, Berlin-Mariendorf.

Außerdem wurde einstimmig beschlossen, eine Verbandsgeschäftsstelle einzurichten, die dem Gau Sachsen übertragen wurde. Sie sollte in Leipzig eingerichtet werden. Zu Geschäftsführern wurden Hans Günther und Paul Heerling, beide Leipzig, gewählt. Sie gehörten dem Vorstand als Mitglieder an. Weiter wurde beschlossen, eine neue Verbandssatzung zu erarbeiten, da die bisherige Satzung völlig veraltet war.

Herausgabe des eigenen Verbandsorgans seit 1926

Sofort nach den Neuwahlen bei der Junggeflügelschau 1925 in Hannover begann der neue Vorstand mit einer umfassenden, neuorientierten Verbandsarbeit. Bereits Mitte Januar 1926 wurde eine Rhodeländer-Verbandszeitschrift im Eigenverlag von der Geschäftsstelle in Leipzig herausgegeben. Die Erstausgabe in sehr guter Ausstattung erschien mit folgendem Geleitwort:

4   Eine Titelseite des Verbandsorganes „Der Rhodeländer-Züchter" aus dem Jahre 1926. ➤

Der
Rhodeländer=Züchter

Organ des Verbandes der Rhodeländer=Züchter=Vereine Deutschlands

Als Manuskript gedruckt. — Diese Zeitschrift erhalten
Mitglieder des Verbandes durch ihre Gaue kostenlos.

Alle Zuschriften, die Zeitung und Inserate betreffend, an: Geschäftsstelle des Verbandes
der Rhodeländer-Züchter-Vereine Deutschlands Paul Heerling, Leipzig, Königstraße 6.
Den Verband betreffend an: Forstmeister Hans Wedding, Eschershausen Krs. Holzminden.

Inserations-Preise: ¹/₁ Seite RM. 40.—, ¹/₂ Seite RM. 25.—, ¹/₄ Seite RM. 15.—,
¹/₈ Seite RM. 8.—. — Bei dreimaliger Aufnahme 20% Rabatt.

Jahrgang 1/1926.   Einzelpreis pro Nr. RM. —.50.   **Nummer 1.**

Geleitwort

Wenn „Der Rhodeländer=Züchter" mit dieser Ausgabe
den ersten Schritt in die Öffentlichkeit unternimmt, wird
er hoffentlich eine Aufnahme finden, die sein Erscheinen
rechtfertigt ⁕ Geboren aus dem Bedürfnis der Mitglieder
des Verbandes Deutscher Rhodeländerzüchtervereine, not=
wendig geworden durch das Verlangen breiter Kreise der
Züchter nach Aufklärung, unentbehrlich als ständiger Be=
rater in Zucht= und Verbandsangelegenheiten, soll er dem
Leser zusammengefaßt alles das bieten, wonach sonst in
der Fachliteratur gesucht werden muß ⁕ Sein Inhalt sei
stets die Meinung der Besten unter uns, gleichzeitig vom
Willen geführt, die Bestrebungen der Rhodeländerzüchter
vorwärts und aufwärts im Interesse der Deutschen Volks=
wirtschaft zu führen und zu fördern.

Dann wird auch gewünschter
und erhoffter Zweck erfüllt sein.

Wenn Erkenntnis des Notwendigen und Gemeinschaftsge=
fühl zusammengeführt Macht bekunden, muß auch unsere
Sache dem entsprechen.

Dies sei der Wunsch der mit der Herausgabe beauftragten

Geschäftsstelle Leipzig

Durch diese verbandseigene Zeitschrift erfuhr die Rhodeländerzucht in Deutschland eine besondere Förderung. Jetzt konnten die Gedanken der führenden Züchter dem großen Kreis der Mitglieder nähergebracht werden. Dies zeigte sich deutlich bei der ersten Ausgabe der Verbandszeitschrift. Neben einem Werbeaufruf für die Zucht und Haltung der Rhodeländer des Verbandsvorsitzenden Hans Wedding waren der Inhalt der Erstausgabe ein geschichtlicher Beitrag über die Rhodeländer, Betrachtungen über die Rhodeländerform, die Rhodeländer als Nutzrasse und ein Beitrag über die Rhodeländer im Farmbetrieb, alles Berichte, die der „Geflügel-Börse" des Jahrganges 1925 entnommen wurden. Einen breiten Raum nahmen die Verbands- und Gaunachrichten sowie Anzeigen aus dem Mitgliederkreis ein. Für das Jahr 1926 waren vier Ausgaben vorgesehen. Die Verbandszeitschrift war zunächst für die Mitglieder kostenlos, doch mußte man später zur Deckung der nicht unerheblichen Kosten eine andere Regelung finden.

Die Gaueinteilung

Die Organisation des Verbandes war in 13 Gaue unterteilt, flächendeckend über das ganze Reichsgebiet:

Gau Sachsen: Vorsitzender Hans Günther, Leipzig; Geschäftsführer Paul Heerling, Leipzig.

Gau Brandenburg und Schlesien: Vorsitzender Direktor O. Mertens, Berlin-Spandau; stellv. Vorsitzender Willy Radke, Berlin-Tegelort; Schriftführer Robert Felschkow, Berlin-Mariendorf; Kassierer Karl Borchmeyer, Weißensee.

Gau Südwestdeutschland: Vorsitzender Dipl.-Ing. B. Lorinser, Ludwigshafen; Schriftführer und Kassierer Paul Schornhäuser, Ludwigshafen.

Gau Norddeutschland: Vorsitzender Lehrer August Bühring, Hausbruch; Schriftführer Otto Holst, Hamburg; Kassierer Theodor Dehnert, Hamburg-Langenhorn.

Gau Nordwestdeutschland: Vorsitzender Stadtoberinspektor H. Rhode, Oldenburg; stellv. Vorsitzender Paul Barthold, Pye bei Osnabrück; Schriftführer Lehrer Friedrich Denter, Lengerich; Kassierer Justizobersekretär F. Kohlrenken, Oldenburg.

Gau Westdeutschland: Vorsitzender Rektor Heinrich Horstmann, Heiligenhaus/Kreis Mettmann; Schriftführer Heinz Zumbruch, Elberfeld; Kassierer Anton von der Ruhr, Linnich/Kreis Jülich.

Gau Lausitz: Vorsitzender Otto Stallknecht, Forst/Lausitz; Schriftführer Reinhold Nohke, Groß-Jamno bei Forst; Kassierer Max Radlow, Forst/Lausitz.
Gau Thüringen: Vorsitzender Major a.D. Bruno Rhau, Sondershausen; stellv. Vorsitzender Direktor Dr. Thienemann, Hochheim-Erfurt; Schriftführer Elfriede von Trotha, Weimar; Kassierer Otto Schumann, Erfurt.
Gau Württemberg und Hohenzollern: Vorsitzender Karl Binhammer, Sontheim bei Heilbronn; stellv. Vorsitzender Oberlehrer Hans Digel, Kleinsachsenheim; Kassierer Wilhelm Raichle, Sontheim bei Heilbronn.
Gau Magdeburg: Vorsitzender Wilhelm Schirmer, Magdeburg; Schriftführer und Kassierer Hermann Hangen, Magdeburg-Sudenburg.
Gau Hessen: Vorsitzender Otto Muhl, Reichelsheim (Wetterau); Geschäftsführer Anton Seibel, Hanau-Kesselstadt; Kassierer Fr. Lautenschläger, Hanau-Kesselstadt.
Gau Westfalen: Vorsitzender Gustav Müller, Hemer/Kreis Iserlohn; Geschäftsführer Karl Uhlmann, Hemer.
Gau Bayern: Vorsitzender Bankdirektor Georg Schütz, München-Dachau; Schriftführer Fanny Capitain, Steingaden; Kassierer Dr. med. W. Kirchhoff, Markt Rettenbach.
Vereinzelt waren die Gaue noch in Bezirke unterteilt.

In der zweiten Ausgabe der Verbandszeitschrift, die Mitte April 1926 erschien, wurde bereits der Entwurf einer neuen Verbandssatzung veröffentlicht und in der Nummer 3 der Entwurf einer Zuchtordnung. Diese sollte dem Zweck dienen, die Entwicklung des Rhodeländerhuhnes zu höchster Wirtschaftlichkeit und Schönheit nach einheitlichen Grundsätzen im Rahmen der Musterbeschreibung zu fördern. In den engeren Dienst dieses Zieles stellte der Verband den Zuchtausschuß, der aus drei Personen bestehen soll, das Zuchtamt, das die Geschäfte des Zuchtausschusses führt, die Zucht-, Kör- und Sonderschauen des Verbandes und den besonderen Schutz der Bruteier aus Zuchten, die in das Zuchtbuch eingetragen sind.

Da nicht alle Regelungen in eine Satzung aufgenommen werden konnten, fertigte der Vorstand noch den Entwurf einer Geschäftsordnung, die nicht in das Vereinsregister einzutragen war.

Der finanzielle Aufwand für die verbandseigene Zeitschrift konnte von der Verbandskasse nicht mehr allein aufgebracht werden. So wurden in der 3. Ausgabe 1926 Spenden von den Mitgliedern erbeten, die auch reichlich flossen. Die Züchter waren von der Notwendigkeit und dem Fortbestand der Verbandszeitschrift überzeugt; man stellte auch eine Belebung der Verbandsarbeit und eine stets steigende Mitgliederzahl fest.

In der 4. Ausgabe 1926 waren wieder wertvolle Beiträge enthalten, so auch über die schon längere Zeit in der Diskussion befindlichen Frage der Halszeichnung der Rhodeländer, von Paul Barthold verfaßt, über die Farbe der Augen, Haut und Beine der Rhodeländer berichtete Major a.D. Rhau. Bankdirektor Ernst Mosimann, Vorsitzender des Rhodeländer-Klubs der Schweiz, stellte in einem Beitrag die Rhodeländerzucht in seiner Heimat vor. Die Schweizer Zucht hatte in jüngster Zeit eine farbliche Umstellung erfahren. Durch eine Neuorientierung der Schweizer Geflügelzucht auf eine größere Legeleistung sei das Rhodeländerhuhn dazu berufen, unter den offiziell anerkannten zehn Nutzrassen eine führende Rolle zu übernehmen. Zur Farbfrage meinte Ernst Mosimann, der auch Mitglied im deutschen Verband war, daß sich die Rhodeländerzucht mit der gelbroten Standardfarbe auf einem Irrweg befunden habe. Die Schweizer Züchter hätten sich auf eine dauerhafte und konstant vererbende Farbe, das Dunkelrot, umgestellt. Damit sei man einen Weg gegangen, den auch die dänischen Züchter anläßlich der internationalen Rhodeländerschau in Berlin den deutschen Züchtern empfohlen hätten. Nachdem für die Schweizer Züchter die Nutzleistung so in den Vordergrund gerückt wurde, sei der Schritt zur dauerhaften dunklen Farbe bei den Rhodeländern direkt eine Lebensnotwendigkeit geworden. Die dunkelrote Farbe beherrsche die Rhodeländerzucht schon seit vielen Jahren in der französischen Schweiz. Dort seien die zwei- und dreijährigen Tiere farblich unverändert dunkelrot geblieben, bei einer durchschnittlichen Legeleistung von 180 Eiern. Mosimann betonte aber auch, daß dunkelrote Rhodeländer ohne jegliches Schwarz theoretisch und praktisch unmöglich seien, denn ein dauerhaftes Dunkelrot sei nun einmal an Schwarz gebunden.

Im gleichen Sinne äußerte sich Mosimann auch in der Schweizer Geflügelzeitschrift mit dem Anfügen, daß die Übergangszeit von der alten helleren zur neuen dunkleren Farbe bis Ende 1927 andauert und ab 1. Januar 1928 nur noch dunkelrote Tiere bewertet würden.

Schlechte Lichtverhältnisse in Hannover

Die 54. Hannoversche Junggeflügelschau mußte um eine Woche auf den 29. bis 31. Oktober 1926 verlegt werden. Die schlechten Lichtverhältnisse in der für eine Schau von internationalem Ruf und Bedeutung unmöglichen Halle machte den Preisrichtern erhebliche Schwierigkeiten bei der Bewertung der Farbe der Rhodeländer. Die Preisrichter Paul Barthold, Pye, und Hans Wedding, Eschershausen, stellten übereinstimmend fest, daß der Durchschnitt der über 140 Rhodeländer gegenüber dem Vorjahr erheblich verbessert war. Das Schweizer Verbandsmitglied Ernst Mosimann zeigte eine Anzahl Sg-E-Tiere in bester

Form, feinster Farbe und sattem Untergefieder. Den Siegerhahn stellte Wilhelm Knips, Fulda.

Die Verlegung der Hannoverschau wirkte sich nachteilig auf die Rhodeländer-Verbandsschau vom 5. bis 7. November 1926 in Frankfurt am Main aus. Diese Schau war im Verhältnis zur Stärke des Verbandes und der Verbreitung der Rasse mit 221 Tieren nur schwach beschickt worden. Viele Züchter, die ihre Tiere für Hannover gemeldet hatten, konnten sie eine Woche später nicht schon wieder in Frankfurt am Main zeigen. Eine wesentliche Ursache für die schlechte Beschickung der Verbandsschau war auch nach den Worten des Verbandsvorsitzenden Hans Wedding, daß verschiedene Gaue, ohne Rücksicht auf die Verbandsschau, ihre Ausstellungen auf den gleichen Termin gelegt hatten. Dies bedeute eine Zersplitterung der Kräfte. Künftig werde auch die Verbandsschau nicht von einem Gau, sondern vom Verband durchgeführt und finanziert.

Die in Frankfurt ausgestellten Rhodeländer wurden im Durchschnitt als gut und besonders in bezug auf die Form als ausgeglichen beurteilt. In Frankfurt fand am 6. November 1926 die Jahreshauptversammlung des Verbandes statt, bei der wieder entscheidende Schritte in die Zukunft getan wurden. Die Geschäftsordnung wurde angenommen und der seitherige Vorsitzende Paul Stolle wurde einstimmig zum Verbands-Ehrenvorsitzenden ernannt. Bei den anstehenden Wahlen wurde für den ausgeschiedenen stellvertretenden Vorsitzenden, Bankdirektor Georg Schütz, München-Dachau, der Oberlehrer Hans Digel, Kleinsachsenheim in Württemberg, einstimmig gewählt. Als Beisitzer zogen Dipl. Ing. B. Lorinser, Ludwigshafen, und Stadtoberinspektor H. Rhode, Oldenburg, in den Vorstand ein. Ein Schriftführer und Kassierer wurden nicht mehr gewählt, da diese Aufgaben der wiedergewählte Geschäftsführer Paul Heerling, Leipzig, übernahm. Über die Beibehaltung der Geschäftsstelle in Leipzig und den Fortbestand des Verbandsorganes „Der Rhodeländer-Züchter" wurde ein besonderer Beschluß gefaßt, nachdem zuvor die Beiträge wie folgt aufgeteilt wurden: Von dem Beitragaufkommen in Höhe von 8 Mark erhalten der Verband 2 Mark, weitere 2 Mark sind für die Verbandszeitschrift bestimmt, die Geschäftsstelle erhält eine Mark, um eine Hilfskraft für Schreibarbeiten bezahlen zu können, und 3 Mark erhalten die Gaue zu ihrer Verfügung. Es wurde noch eine personelle Veränderung im Vorstand des Gaues Südwestdeutschland mitgeteilt; dort war Dipl. Ing. B. Lorinser als Vorsitzender zurückgetreten. Sein Nachfolger wurde Eisenbahninspektor a. D. Heinrich Werle, Mutterstadt. Lorinser verblieb im Gauvorstand als stellvertretender Vorsitzender und Schriftführer.

Die Rhodeländer waren bei der 24. Nationalen Rassegeflügelausstellung in Köln vom 3. bis 5. Dezember 1926 mit 135 Hähnen und 151 Hennen sehr gut vertreten. Dies bedeutete allerdings für die eingesetzten beiden Preisrichter eine sehr starke Belastung. Die Hähne wurden von Paul Barthold und die Hennen von Hans Wedding bewertet, denen als Beirichter noch Heinrich Horstmann,

Vorsitzender des Gaues Westdeutschland, hilfreich zur Seite stand. Das beste Tier bei den Rhodeländern zeigte Artur Riedel, Groß-Kölzig, mit einer V-Henne, die von dem Preisrichter Hans Wedding so beurteilt wurde: „Hochfeine, typische Figur, hochfeine, saftige rote Farbe, Untergefieder erstklassig, dunkelrote Augen, dunkelgelbe Beine."

Zur Leipziger Geflügelausstellung, der Lipsia-Schau, vom 7. bis 9. Januar 1927, war eine Sonderschau des Verbandes angeschlossen. Zur Beteiligung hierfür hatte die Geschäftsstelle kräftig die Werbetrommel gerührt. Das Ergebnis waren über 300 Rhodeländer von durchweg erstklassiger Qualität. Hier konnte man feststellen, daß die Rhodeländerzucht in Deutschland auf dem Vormarsch war.

Die Preisrichtervereinigung für Rhodeländer wird beantragt

Für den 8. Januar 1927 hatte der Vorstand zu einer außerordentlichen Generalversammlung nach Leipzig eingeladen. Dabei wurde die neue Verbandssatzung mit einer Gegenstimme angenommen. Die Gegenstimme kam von dem früheren Verbandskassierer Robert Felsckow, Berlin-Mariendorf, der durch die Wahl eines Geschäftsführers seine Position im Vorstand aufgeben mußte.

Die Preisrichter-Vereinigung des Bundes Deutscher Geflügelzüchter hatte anläßlich der 24. Nationalen in Köln beschlossen, daß kein Preisrichter des Verbandes Deutscher Rhodeländer-Züchter richten darf, wenn er nicht Mitglied der Preisrichter-Vereinigung des BDG und damit anerkannter Preisrichter oder Sonderrichter ist. Paul Barthold, Pye, erinnerte an seinen früheren Vorschlag, innerhalb des Verbandes eine Vereinigung von Preisrichtern für Rhodeländer zu bilden, die sich der Preisrichter-Vereinigung des BDG anschließen könne. Nun stellte er in der Generalversammlung seinen Antrag erneut. Da ein diesbezüglicher Beschluß einer gründlichen Vorbereitung bedurfte, wurde der Vorsitzende beauftragt, den Antrag dem Verwaltungsrat des Verbandes, der aus dem Verbandsvorstand und den Gauvorsitzenden oder deren Vertretern bestand, bei der Junggeflügelschau in Hannover vorzulegen.

Die Mitgliederzahl beträgt 650 Züchter

Unverkennbar waren der Fortschritt in der Rhodeländerzucht und die Verbesserungen, Fortschritte und Festigung der Organisation in dem nun auslaufenden Zucht- und Ausstellungsjahr festzustellen. Der Verbandsvorstand mit dem Ehrenvorsitzenden Paul Stolle, den beiden Vorsitzenden Hans Wedding und Hans Digel, insbesondere auch der rührige Geschäftsführer Paul Heerling und die beiden Beisitzer B. Lorinser und R. Rohde, haben tatkräftig an allen züchterischen und organisatorischen Neuerungen und Verbesserungen mitgewirkt. Die Mitgliederzahl war nunmehr auf über 650 angestiegen, darunter waren auch Mitglieder aus Dänemark, der Schweiz und Ungarn. Der Verein hatte zum Jahresbeginn 1927 fünf Ehrenmitglieder, und zwar waren dies

Paul Stolle, Schneverdingen,
Robert Felsckow, Berlin-Mariendorf,
Magnus Streul, Podelwitz,
Hermann Schultz, Dresden, und
Hans Günther, Leipzig.

Bernhard Grzimek und die Nutzprobe

Ein bekannter und erfolgreicher Rassegeflügelzüchter namens Bernhard Grzimek, Neiße, der spätere Direktor des Frankfurter Zoos, trat mit der „Nutzprobe" im Jahr 1926 an die Öffentlichkeit. Er hätte seine Untersuchungen, die er mit Unterstützung des Bundes Deutscher Geflügelzüchter und der „Geflügel-Börse" durchführte, auch „Leistungsprüfungen für alle Geflügelrassen" nennen können. Nun bat er alle Rhodeländerzüchter, in der Nummer 6/1927 der Verbandszeitschrift, sich an der Nutzprobe 1928 zu beteiligen. Dazu sei erforderlich, monatlich einen Fragebogen auszufüllen und darin Angaben zu machen über die Legeleistung eines Zuchtstammes. Dabei ging es nicht um die Legeleistung einzelner Hennen mit Hilfe eines Fallnestes, sondern um die jeweilige Eiablage eines gesamten Zuchtstammes. Festzustellen waren auch das Eigewicht und das Schlupfergebnis der Küken. Die Nutzprobe hat die wichtige Aufgabe zu erfüllen, die durchschnittliche Nutzleistung der Geflügelrassen festzustellen. Für die Rhodeländer war die Nutzprobe eine günstige Gelegenheit, sich ihre guten Legeleistungen bestätigen zu lassen.

Aus der Arbeit des Verwaltungsrates

Verbandsvorsitzender Hans Wedding hatte den Verwaltungsrat zu einer Sitzung am 23. Oktober 1927 nach Hannover eingeladen. Gleichzeitig hatte er in der Einladung darauf hingewiesen, daß der Verwaltungsrat keine Beschlüsse fassen könne, für die die Generalversammlung zuständig sei. Der Zusammentritt der Gauvertreter sei in solchen Fragen nur eine Vorbereitung für die Generalversammlung.

Von den einzelnen Gauen kamen nun eine Reihe von Anträgen, die sich mit Grundsatzfragen der Organisation befaßten. Auch von einzelnen Züchtern kam die Anregung, den deutschen Rhodeländer-Standard an die internationale Musterbeschreibung anzugleichen. Ein anderer Antrag sah vor, die Verbandsschau alljährlich in einer zentral gelegenen Stadt durchzuführen. Dafür wurde Leipzig vorgeschlagen.

Als wichtige Entscheidungshilfe für einen internationalen Standard wurden in der Nr. 6/1927 der Verbandszeitschrift die Musterbeschreibungen von Deutschland, der Schweiz, Dänemark, Amerika und England abgedruckt und erläutert. Zur Aufstellung eines Weltstandards für Rhodeländer äußerten sich u.a. Paul Barthold und Ernst Mosimann sehr zuversichtlich.

Der Gau Norddeutschland
wendet sich gegen den Beitragsschlüssel

Das Meldeergebnis für die Junggeflügelschau in Hannover vom 21. bis 23. Oktober 1927 war mit 335 Rhodeländern höher als erwartet. Mit besonderer Spannung wurde die Sitzung des Verwaltungsrates am Samstag, dem 22. Oktober 1927, erwartet, zu der außer dem Gauvorstand alle 13 Gauvertreter erschienen waren. Dabei wurde in großer Einmütigkeit die Bildung einer Preisrichter-Vereinigung innerhalb des Verbandes als wichtiges Instrument der einheitlichen Bewertung der Rhodeländer anerkannt. Mit der Gründung wurden die Preisrichter Paul Barthold, Pye; Major a.D. Bruno Rhau, Sondershausen, und Gustav Müller, Hemer, beauftragt.

Die Debatte über einen Weltstandard verlief in einer ruhigen und sachlichen Art. Heinrich Horstmann erläuterte den von ihm eingebrachten Antrag, der eine Standardänderung erforderlich machte. Jegliche schwarze Halszeichnung bei den Hennen müsse dann von einer hohen Bewertung ausschließen. Die höchste

Bewertungsnote sei dann nur noch „gut", wenn sich noch Halszeichnung zeige. Major Rhau kommentierte das dann so: „Der Weltstandard ist ja seit Jahr und Tag angenommen, nur die Frage der Halszeichnung war festzulegen und das doch wohl am besten so, beim Hahn verboten, bei der Henne gestattet, jedoch je weniger, um so besser." Es folgte eine lange Debatte und dann die übliche Vertagung. Die Frage soll zunächst einmal in den einzelnen Gauversammlungen beraten werden, womit alle Anwesenden einverstanden waren.

Ernste Unstimmigkeiten gab es mit dem Gau Norddeutschland, der nicht bereit war, die Beschlüsse der Verbandsversammlung vom 6. November 1926 in Frankfurt am Main über die Höhe und Verteilung des Beitrages in Höhe von 8 Mark anzuerkennen. Der Gau war nur für einen Gesamtbeitrag von 6 Mark und dementsprechend einen anderen Verteilerschlüssel. Er begründete dies mit der Selbständigkeit der Gaue. Gauvorsitzender August Bühring gab Bedingungen bekannt, unter denen der Gau bereit sei, die noch restlichen Verbandsbeiträge zu zahlen. Verbandsvorsitzender Hans Wedding und der Verbandsvorstand konnten sich auf ein solches Diktat eines Gaues nicht einlassen, Rechte zu geben, wenn die Pflichten nicht erfüllt seien. Die sich anschließende rege Aussprache führte zu keinem Ergebnis, zumal der Gau Norddeutschland von seinen Forderungen nicht abging. Es wurde Vertagung bis zur nächsten Generalversammlung beantragt, damit die Gauleitung sich schlüssig wird, ob sie den Beschluß der Generalversammlung erfüllt oder aus dem Verband ausscheiden will oder ausgeschieden wird.

Auch in der Gaueinteilung gab es Veränderungen, die von den Gauen selbständig, ohne Mitwirkung des Verbandes, vorgenommen wurden. Die Änderungen wurden vom Vorstand nicht gebilligt. Auch über einen Antrag des Vorstandes über eine Beitragserhöhung, den Beitragseinzug und die Finanzierung der Verbandsschauen gab es sehr lange und erfolglose Diskussionen. Alle Anträge wurden zur Beratung der Generalversammlung überwiesen, ohne daß ein entsprechender Vorschlag über ihre Behandlung gemacht wurde. Eines wurde aber deutlich herausgestellt: Die meisten Gauvertreter drängten auf mehr Selbständigkeit der Gaue und einige waren sogar der Meinung, daß der Verband die Gaue erdrosseln wollte. Die Stimmung innerhalb des Verbandes war also mehr als gespannt.

Nach der herben Kritik am Verbandsvorstand legte Beisitzer B. Lorinser sein Mandat im Vorstand nieder. An seine Stelle trat Carl Runge, Düsseldorf.

Hans Wedding legt den Vorsitz nieder

In der Nummer 7/1927 der Verbandszeitschrift teilte der Verbandsvorsitzende Hans Wedding seinen Rücktritt unter ausführlicher Darlegung seiner Gründe für diesen Entschluß mit. Er war nicht mehr bereit, mit Vertagung von verbandswichtigen Entscheidungen und faulen Kompromissen den Verband weiterhin zu führen. Die Vorbereitung für die notwendigen Neuwahlen eines Vorsitzenden und eines Geschäftsführers, der gleichfalls seinen Rücktritt ankündigte, wurden für die Generalversammlung gelegentlich der Verbandsschau in Leipzig noch durch den seitherigen Vorstand vorgenommen.

Das nächste Großereignis für die Rhodeländerzüchter war die 25. Nationale Rassegeflügel-Ausstellung vom 2. bis 4. Dezember 1927 in Dresden. Dort standen 322 Rhodeländer in den Einzelkäfigen, wozu sich noch sechs leistungsgeprüfte Zuchtstämme mit jeweils 1,3 Tieren und acht Zuchtstämmen mit 1,2 gesellten. Zusammen standen bei dieser Jubiläumsschau 370 Rhodeländer. Als Preisrichter waren eingesetzt Hermann Schultz, Dresden, bei den Hähnen, Magnus Streul, Podelwitz, bei Hähnen und Hennen und Wilhelm Schirmer, Magdeburg, bei den Hennen.

Die Verbandsschau 1927 war der Lipsiaschau vom 6. bis 8. Januar 1928 angeschlossen. Es war eine stolze Rhodeländerschau mit nahezu 600 Tieren; davon standen 526 in den Einzelklassen und 18 Zuchtstämme und zwei Herden gesellten sich dazu. Es war die bisher bestbeschickte Verbandsschau, die auch die Beschickungen der Nationalen und Hannoverschauen in den Schatten stellte. Fünf Sonderpreisrichter waren eingesetzt, und zwar Carl Runge, Düsseldorf; Hans Wedding, Eschershausen; Willy Stolle, Berlin-Charlottenburg; Julius Große jr., Kötzschenbroda, und Hans Digel, Heutigsheim. Diese Preisrichter wurden sich in einer Besprechung am Abend vor der Prämiierung darüber einig, daß nur ein einheitliches und strenges Richten, entsprechend der gültigen Musterbeschreibung, der Rasse weiter voranhelfen würde.

Heinrich Horstmann wird neuer Vorsitzender

Mit der Lipsiaschau war am 7. Januar 1928 die Generalversammlung des Verbandes verbunden, wobei es darum ging, einen neuen Vorstand zu wählen. Die Versammlung wurde von dem stellvertretenden Vorsitzenden, Oberlehrer Hans Digel, geleitet. Der Antrag, die Verbandsschau dauernd in Leipzig durchzuführen, wurde von den Gauvorsitzenden mit 7 gegen 5 Stimmen angenommen. Die Grundregeln für die Beteiligung der Rhodeländerzüchter an Ausstellungen, aufgestellt von Artur Riedel, Groß-Kölzig, und Otto Stallknecht, Forst/Lausitz, wurden einstimmig angenommen. Danach müssen die Rhodeländer-Preisrichter der Vereinigung des Verbandes der Rhodeländer-Preisrichter angehören. Nach den neuen Grundregeln sind auch die Preisrichter-Entschädigung, das Standgeld und die Benennung der Preisrichter entsprechend geregelt. Auch der Käfigaufbau für die Rhodeländer soll möglichst einreihig sein.

Der Jahresbeitrag wurde ab 1928 auf 10 Mark festgelegt. Zum neuen Verbandsvorsitzenden wurde nach einer Stichwahl Rektor Heinrich Horstmann, Heiligenhaus bei Düsseldorf, gewählt. Neuer Schriftleiter der Verbandszeitschrift wurde Postmeister Carl Danzmann, Derneburg bei Hannover, und neuer Geschäftsführer Richard Schlitzberger, Dresden-Leuben.

Auf Antrag der Gauvorsitzenden von Hannover, Leipzig und Dresden wurde Forstmeister Hans Wedding, Eschershausen, in Anerkennung seiner großen Verdienste um den Verband einstimmig zum Ehrenvorsitzenden ernannt.

Die neue Organisation des Verbandes

Nach den Neuwahlen bestand der Vorstand des Verbandes Deutscher Rhodeländer-Züchter aus folgenden Personen:

Ehrenvorsitzender Paul Stolle, Schneverdingen,
Ehrenvorsitzender Hans Wedding, Eschershausen,
Vorsitzender Heinrich Horstmann, Heiligenhaus,
stellv. Vorsitzender Hans Digel, Heutigsheim,
Geschäftsführer Richard Schlitzberger, Dresden-Leuben,
Beisitzer Hermann Rohde, Oldenburg, und Carl Runge, Düsseldorf.

Nach verschiedenen Neuregelungen bestehen nunmehr folgende Gaue und Bezirke:

Gau Brandenburg, Pommern und die Grenzmark: Vorsitzender Willy Stolle, Berlin-Charlottenburg.
Gau Schlesien: Vorsitzender Paul Käbe, Görlitz.
Gau Südwestdeutschland: Vorsitzender Heinrich Werle, Mutterstadt.
Gau Norddeutschland: Vorsitzender Anton Bühring, Hausbruch.

Gau Nordwestdeutschland: Vorsitzender Hermann Rohde, Oldenburg.

Gau Westdeutschland: Vorsitzender Heinrich Horstmann, Heiligenhaus.

Gau Lausitz: Vorsitzender Reinhold Nohke, Groß-Jamno

Gau Thüringen: Vorsitzender Major a.D. Bruno Rhau, Sondershausen.

Bezirk Dresden: Bezirksleiter Julius Große jr., Dresden-Radebeul.

Bezirk Leipzig: Bezirksleiter Karl Pfundheller, Leipzig-Reudnitz.

Gau Württemberg und Hohenzollern: Vorsitzender Hermann Brütsch, Jungingen.

Gau Magdeburg: Vorsitzender Wilhelm Schirmer, Magdeburg.

Gau Hessen: Vorsitzender Friedrich Bauer, Gießen.

Gau Westfalen: Vorsitzender Gustav Müller, Hemer.

Gau Hannover-Braunschweig: Vorsitzender Carl Danzmann, Derneburg.

Gau Ostpreußen: Vorsitzender R. Harjes, Königsberg.

Bezirk Schwaben-Allgäu: Bezirksleiter Dr. med. W. Kirchhoff, Markt Rettenbach.

Bezirk Mittel-, Ober- und Unterfranken: Bezirksleiter Heinrich Frisch, Erlangen.

Gau Saar: Vorsitzender W. Müller, Fechingen.

Bericht von Heinrich Horstmann über seine Aufgaben

Die erste Ausgabe der Verbandszeitschrift im Januar 1928 erschien mit neuer Titelseite und im DIN-A4-Format. Sie sollte nunmehr monatlich erscheinen. Vorsitzender Heinrich Horstmann schrieb in der Januar-Ausgabe u. a: „Die Generalversammlung des Verbandes Deutscher Rhodeländer-Züchter hat am 7. Januar in Leipzig mich zum ersten Vorsitzenden des Verbandes gewählt. Daß die Aufgabe, die dem Verbandsleiter zufällt, eine nicht leichte ist, weiß ein jeder, der mit innerer Anteilnahme die Entwicklung der Rhodeländer in den letzten Jahren verfolgt und sich mit dem Werdegang des Verbandes näher beschäftigt hat. Doch sind die vorhandenen Schwierigkeiten, die zum Teil nur Meinungsverschiedenheiten sind, durchaus nicht derart, daß sie als unüberbrückbar angesehen werden müßten. Im Gegenteil habe ich die feste Überzeugung, daß die Meinungsverschiedenheiten bei offener Aussprache und gutem Willen auf beiden Seiten auf eine gemeinsame, alle Züchter befriedigende Formel gebracht werden können, denn wo ein Wille ist, da ist auch ein Weg."

An anderer Stelle schrieb Heinrich Horstmann: „Es ist nun meine vornehme Pflicht, an dieser Stelle den Männern zu danken, die Kraft, Zeit, Mühe und Geld eingesetzt haben, um den Aufstieg der Rhodeländer und die Festigung des Verbandes Deutscher Rhodeländer-Züchter zu bewerkstelligen." Hier nannte der Vorsitzende besonders Hans Wedding und seinen treuen Mitarbeiter Paul Heerling.

Der neue Vorsitzende gab der Hoffnung Ausdruck, daß es den Nachfolgern, zu denen er auch gehöre, gelingen möge, den Verband in dem alten Geist des gesunden Vorwärtsstrebens weiterzuführen. Er stellte den Züchtern dann sein Programm vor:

1. Festlegung des Standards auf lange Sicht.
2. Prüfung der Verbandssatzung auf ihre praktische Durchführbarkeit.
3. Die Gaue müssen zur freudigen und tätigen Mitarbeit gewonnen werden.
4. Klare Trennung der Zuständigkeiten zwischen Verwaltungsrat und Generalversammlung.
5. Unterstützung und Ausbau des Verbandsorgans mit allen Kräften.

Nunmehr konnten der Verband, die Gaue und Bezirke, besonders aber die Mitglieder mit neuer Kraft und Zuversicht einer gesunden Aufwärtsentwicklung entgegensehen. Die erste Festlegung war die Trennung der Zuständigkeiten von Verwaltungsrat und Generalversammlung.

Der Verwaltungsrat

besteht aus dem Verbandsvorstand und den Gauvorsitzenden oder deren Stellvertretern. Jeder hat eine Stimme. Er tagt jährlich bei der Junggeflügelschau in Hannover und berät und beschließt über

1. den Standard (die Musterbeschreibung),
2. Vererbungsforschung (Zuchtring),
3. Ausstellungswesen,
4. Verhältnis zum Bund Deutscher Geflügelzüchter und
5. Verhältnis zum BGB (als Rechtsperson).

Die Jahreshauptversammlung

wird von dem Verbandsvorsitzenden geleitet. Jeder Gau hat so viele Stimmen, als er volle 10 Mitglieder hat. Das Stimmrecht ist übertragbar. Sie tagt jährlich an der Verbandsschau, vorläufig in Leipzig und berät und beschließt über

1. Organisationsfragen (Verband, Gaueinteilung, Abstimmung),
2. Festsetzung der Höhe des Jahresbeitrages,

3. Verwendung der dem Verband zufließenden Geldmittel,
4. Entgegennahme der Rechnungsablage,
5. Einziehung rückständiger Beiträge und
6. Neuwahlen innerhalb des Vorstandes.

Außerdem steht jeder dieser beiden Körperschaften das Recht zu, zu den Gebieten der anderen Körperschaft Vorschläge zu machen. Das Recht, an den Versammlungen teilzunehmen und sich an den Debatten zu beteiligen, steht jedem Mitglied des Verbandes zu. An der Abstimmung können sich nur die stimmberechtigten Gauvertreter beteiligen.

Ehrenvorsitzender Paul Stolle †

Am 17. Juni 1928 schloß der Ehrenvorsitzende Paul Stolle, Schneverdingen, für immer die Augen. Der Verband widmete dem treuen und unvergessenen Rhodeländerfreund folgenden Nachruf:

Am 17. Juni starb plötzlich und unerwartet unser verdienstvoller Ehrenvorsitzender, der langjährige 1. Vorsitzende unseres Verbandes

In dem Verstorbenen verliert der Verband eines seiner ältesten und erfahrensten Mitglieder. Auf dem Posten als 1. Vorsitzender hat er Jahre hindurch den Verband geführt und sich sowohl durch seine stete Opferbereitschaft als auch durch seine ausgezeichneten Kenntnisse die Hochachtung aller Mitglieder erworben. Diejenigen unter uns, die ihn näher kennen lernten, werden seinen Verlust schmerzlich empfinden. Der Verband wahrt ihm ein ehrendes Andenken.

**Der Vorstand des Verbandes
Deutscher Rhodeländer-Züchter**

J. A. Horstmann, 1. Vorsitzender.

Unzufriedenheit
über die Stationierung der Verbandsschau

In der Folgezeit wurde deutlich, daß der Rhodeländerverband von einem gesunden und lebendigen Geist durchdrungen war. Über viele aktuelle Themen wurde in der Verbandszeitschrift und der Fachpresse berichtet und rege diskutiert. So waren einige Gaue mit der ständigen Stationierung der Verbandsschau in Leipzig nicht einverstanden und forderten sie als Wanderschau. Der Gau Württemberg und Hohenzollern stellte hierzu den Antrag. Der Antrag wurde begründet mit der großen Entfernung von Süddeutschland nach Leipzig. Der einfache Züchter sei nicht in der Lage, künftig eine Verbandsschau und die angeschlossene Generalversammlung zu besuchen. Der Gau Brandenburg stellte den gleichen Antrag, wobei die Begründung von der geschichtlichen Seite des Verbandes ausging. Damals habe man Süddeutschland damit für den Verband gewonnen, daß sowohl die Verbandsschau als auch die Generalversammlung abwechselnd in Nord- und Süddeutschland stattfinden sollten. Auch der Gau Westdeutschland war für eine Wanderschau. Verbandsvorsitzender Horstmann erklärte sich bereit, die Anträge auf die Tagesordnung in Hannover zu setzen.

Damit nicht der Eindruck entsteht, daß in der Verbandszeitschrift „Der Rhodeländer-Züchter" nur über Organisationsfragen berichtet wurde, muß auf die vielen Beiträge erfahrener Züchter und Preisrichter wie Paul Barthold, Friedrich Bauer, Dr. L. Cron, Carl Danzmann, Robert Felsckow, Paul Heerling, Heinrich Horstmann, Dr. med. W. Kirchhoff, Major a.D. Bruno Rhau, Artur Riedel, H. Rohde, August Seibel, Otto Stallknecht, Hans Wedding, Heinz Zumbruch u.a. hingewiesen werden. Der Verband war nun einmal in der glücklichen Lage, sachverständige Berichterstatter über die Rhodeländer in großer Zahl zu besitzen, die immer wieder zur Feder griffen. Dazu kamen noch umfangreiche und ausführliche Ausstellungsberichte der Preisrichter und die Berichte über die Verbands- und Gautätigkeiten. Die Verbandszeitschrift wurde für jeden Rhodeländerzüchter ein hilfreiches und für die Zucht förderndes Organ. Auch die Fachpresse, insbesondere die „Geflügel-Börse", brachte eine Reihe ausgezeichneter Fachbeiträge und Werbeartikel über die Rhodeländer aus der Feder von Major a.D. Bruno Rhau, August Seibel, Heinrich Horstmann und einer Reihe nicht genannter Verfasser, wobei alle Berichte mit wertvollem Bildmaterial ausgestattet waren.

Die 56. Junggeflügelschau vom 26. bis 28. Oktober 1928 war mit 413 Rhodeländern wieder einmal sehr gut beschickt worden. Für die Bewertung waren die Preisrichter Willy Stolle, Paul Barthold, Hans Wedding und der Vorsitzende des Schweizer Rhodeländer-Klubs, Ernst Mosimann, eingesetzt. Der Einsatz eines ausländischen Preisrichters wurde durch das Entgegenkommen der hannoverschen Ausstellungsleitung ermöglicht. Es war dies aber auch eine Dokumentation dafür, daß die aufstrebende deutsche Rhodeländerzucht sich grundsätzlich zum internationalen Standard bekannte. Die Höchstnote und das Blaue Band wurden von Preisrichter Mosimann auf eine Henne von Hermann Brütsch, Jungingen, Vorsitzender des Gaues Württemberg und Hohenzollern, vergeben.

Für die sachverständigen Besucher war es eine erstaunliche Feststellung, wie rasch und vollendet die deutschen Rhodeländerzüchter die Umstellung von der hellen zur dunklen Farbe vollzogen hatten. Nach der Meinung des Schweizer Preisrichters Mosimann verfügten die deutschen Züchter jetzt teilweise über ein derart vollwertiges Zuchtmaterial, daß sie auf weitere Importe verzichten können und bald selbst als Exportland in Frage kommen. Die deutschen Rhodeländerzüchter hätten in wenigen Jahren eine Arbeit geleistet, die sie mit Stolz erfüllen dürfe. Die Früchte ihrer Arbeit zeigte sich in Hannover schon darin, daß dort ihre Rasse am weitaus stärksten vertreten war.

Der bekannte dänische Rhodeländerzüchter Dr. Traberg war auch einer der vielen ausländischen Ausstellungsbesucher. Er fand Worte höchster Anerkennung für die farbliche Umstellung der deutschen Rhodeländerzucht. Er und der Vorsitzende des dänischen Rhode-Island-Clubs hatten den deutschen Züchtern in den vergangenen Jahren in kameradschaftlicher Weise dänische Spitzentiere vermittelt und damit den Grundstock zu der beispiellosen Entwicklung farblich guter roter Tiere geschaffen.

Die Verbandsschau wird wieder eine Wanderschau

Am Samstag, dem 27. Oktober 1928, fand abends im Kasino-Restaurant in Hannover eine außerordentliche Generalversammlung statt, der eine Sitzung des Verwaltungsrates über schwebende Tagesfragen vorausging. Die Versammlung beschäftigte sich zunächst mit der neuen Satzung, die im Entwurf im Verbandsorgan Nr. 9 vom September 1928 veröffentlicht und nunmehr beschlossen wurde. Die Eintragung des Verbandes in das Vereinsregister Hannover wurde damit gleichzeitig genehmigt. Damit hatte der Vorstand sein Versprechen eingelöst, die Satzungen des Verbandes zu überprüfen und zu verbessern.

Zu dem Antrag, die Verbandsschau wieder zu einer Wanderschau umzugestalten, entspann sich eine längere Debatte. Von den anwesenden Gauen stimmten acht für eine Wanderschau und fünf waren für eine stationäre Schau in Leipzig. Die nicht anwesenden Gauvertreter sollten noch um ihre Meinung gehört und das Endergebnis dann den Gauen mitgeteilt werden. Als Orte für die Verbandsschauen wurden Leipzig, Berlin und Frankfurt am Main in Aussicht genommen. Der Antrag des Gaues Nordwestdeutschland, den Pflichtbezug der Verbandszeitschrift für Mitglieder abzuschaffen, wurde abgelehnt.

Von der Versammlung wurde der Gedanke, die Preisrichter-Vereinigung der Rhodeländer als einen zwanglosen Zusammenschluß der vom Bund Deutscher Geflügelzüchter anerkannten Preisrichter innerhalb des Verbandes der Rhodeländerzüchter anzusehen, befürwortet. Aus den Reihen der Preisrichter war hierzu schon eine gewisse Vorarbeit getätigt worden. Sinn dieser Vereinigung war, eine einheitliche Bewertung der Rhodeländer bei allen Schauen zu gewährleisten.

Mit dieser Entscheidung war sichergestellt, daß sich die Rhodeländerpreisrichter nicht außerhalb des Verbandes Deutscher Preisrichter-Vereinigungen mit der von ihnen geschaffenen Einrichtung stellen wollten. Hierzu sind einige klärende Worte notwendig, um alles im rechten Licht erscheinen zu lassen.

Nach der von der ordentlichen Mitgliederversammlung des Bundes Deutscher Geflügelzüchter am 27. Oktober 1928 beschlossenen Satzung wurden die vielen Preisrichtervereinigungen in den Bund verankert. Der Verband Deutscher Geflügelpreisrichter-Vereinigungen unter dem Vorsitz von Georg Jung, Düsseldorf, anerkannte nur die Preisrichtervereinigungen der Landesverbände. Die Preisrichter mußten Mitglied in ihrer jeweiligen Landesvereinigung sein. War dies nicht der Fall, galten sie als „wilde" Preisrichter, die bei Ausstellungen des BDG und der nachgeordneten Organisationen kein Richteramt ausüben durften. Auch die Bewertung von Tieren mit nicht anerkanntem Fußring wurde den Preisrichtern untersagt. Wenn bei einer Ausstellung ein Preisrichter von der Ausstellungsleitung eingesetzt war, der nicht einer Preisrichterorganisation des BDG angehörte, durften die anerkannten Preisrichter des BDG nicht richten. Die entscheidende Festlegung in den Allgemeinen Ausstellungs-Bestimmungen des BDG lautete hierzu: „Die Richter sind verpflichtet, nicht mit solchen Personen zusammen zu richten, welche die Ehre und das Ansehen des BDG geschädigt haben oder die einem den BDG bekämpfenden Verband als Mitglied angehören."

Die von den Sondervereinen vorgeschlagenen Preisrichter für die Nationalen Geflügelschauen bedurften der Anerkennung durch den Verwaltungsrat des BDG. Die Sondervereine durften für Ausstellungen nur solche Richter vorschlagen, die seit mindestens sechs Jahren erfolgreiche Züchter der in Frage kommenden Rasse waren. Im Fall erstmaliger Richtertätigkeit mußte der betreffende Preisrichter mindestens dreimal als Preisrichter-Anwärter für die betreffende Rasse beschäftigt gewesen sein.

Der zwanglose Zusammenschluß der Rhodeländerpreisrichter war also der Grund dafür, nicht gegen die Satzungen des BDG und die Anordnungen des

Verbandes Deutscher Preisrichter-Vereinigungen zu verstoßen, zumal alle Preis-
richter Mitglied der Preisrichtervereinigung ihres Landesverbandes waren.
Die 26. Nationale Rassegeflügelschau wurde vom 30. November bis 2.
Dezember 1928 in der Nordostseehalle in Kiel durchgeführt. Die Preisrichter
Willy Stolle und Richard Felsckow hatten 197 Rhodeländer und vier Zucht-
stämme zu bewerten.

Nahezu 600 Rhodeländer in Leipzig 1929

Die 6. Rhodeländer-Verbandsschau war wieder der Lipsia-Schau vom 3. bis 5.
Januar 1929 angeschlossen. Mit 567 Einzelnummern Rhodeländer, sieben
Zuchtstämmen und einer Voliere war diese Schau glanzvoll beschickt. Die
Aussteller wurden für ihren Züchterfleiß mit vielen Preisen belohnt, was man
von der Ausstellung in Hannover nicht sagen konnte. In Hannover gab es bei
einem weit höheren Standgeld keinen einzigen Leistungspreis für die Rhodeländer, in Leipzig dagegen elf solcher wertvollen Preise.

Wenn auch in Leipzig durch die plötzlich einsetzende erhebliche Kälte sich
manche Tiere nicht in ihrer besten Stellung zeigten, so war doch nach der
Meinung des Verbandsvorsitzenden Heinrich Horstmann, im Einvernehmen mit
den anderen Preisrichtern Hans Wedding, Willy Stolle und Magnus Streul, eine
stattliche Menge erstklassiger Tiere in Leipzig vorhanden, wie noch kein Richter
sie bei irgend einer Schau angetroffen hatte. Den Grund für das starke Aufgebot
und den gewaltigen züchterischen Fortschritt, insbesondere bei den Hennen, sah
Heinrich Horstmann in der aufklärenden Verbandsarbeit, der Einstellung bester
ausländischer, dunkelroter und gut geformter Tiere aus Dänemark und der
Schweiz, aber auch durch eine gewissenhafte Auslese und die Anwendung der
Grundregeln der Vererbungsgesetze. Besonders hervorgehoben wurde die Tatsache, daß in den Klassen mit den 34 Alttieren solche Tiere gezeigt wurden, die
tatsächlich die rote Farbe in hervorragendem Glanz behalten hatten. Das Ziel,
ein rotes Huhn zu züchten, das weder durch Legetätigkeit, Mauser, noch durch
das Alter in seiner Farbe beeinträchtigt wird, schien nunmehr erreicht.

Der Verband zählt 800 Mitglieder

Bei der ordentlichen Generalversammlung am 4. Januar 1929 anläßlich der
Lipsia-Schau, der auch die Verbandsschau angeschlossen war, waren die zahl-
reich erschienenen Mitglieder erfüllt von tiefer Dankbarkeit gegenüber der
Ausstellungsleitung, die eine glanzvolle Schau aufgebaut hatte. In seinem Jahresbericht hob Vorsitzender Heinrich Horstmann hervor, daß der Fortschritt in der
modernen Zuchtrichtung und der vorbildlichen Werbearbeit der einzelnen Gaue
reiche Früchte getragen habe. Dadurch konnte die Mitgliederzahl auf 800
angehoben werden. Auch das Verbandsorgan „Der Rhodeländer-Züchter", das
in einem Hildesheimer Verlag erscheint, erfreue sich großer Beliebtheit und
werde nicht nur im Inland, sondern auch im Ausland, und zwar in Polen,
Rußland, Ungarn und in der Schweiz, gelesen.

Wegen der Beitragshöhe hatte der Vorstand des Gaues Franken seinen Austritt
aus dem Verband erklärt. Da die Mitglieder dieses Gaues mehrheitlich gegen
diesen Schritt des Gauvorstandes waren, erschien es notwendig, daß sich der Gau
neu konstituiert. Bei der Versammlung hielt Preisrichter Paul Barthold einen
Vortrag über die Bedeutung der Halszeichnung, der allseitiges Interesse fand.
Der versierte Preisrichter stellte fest, daß bei den Hähnen sich in diesem Jahr der
helle Hals vielfach gezeigt habe und daß die meisten Zuchten ohne Halszeichnung der Henne wohl zu Mißerfolgen führen würde. Damit wurde deutlich, daß
auch künftig die Frage der Halszeichnung ein Dauerbrenner als Diskussionsthema bleiben würde.

Bei der Versammlung in Leipzig wurde noch festgelegt, daß die Verbandsschau als Wanderschau durchgeführt wird. Die nächste Verbandsschau wird der
Nationalen Rassegeflügelschau in Frankfurt am Main am 17. bis 19. Januar 1930
angeschlossen. Dort findet dann auch die Jahreshauptversammlung statt. Ferner
wurde noch bekannt, daß der lose Zusammenschluß zur Preisrichtervereinigung
des Rhodeländerverbandes nunmehr vollzogen ist. Zum Obmann wurde Paul
Barthold, Pye, gewählt.

Eine erfolgreiche Werbetagung für Rhodeländer

Einen besonders schönen Erfolg hatten die Leipziger Rhodeländerzüchter mit
einem Rhodeländer-Werbetag am 5. Juni 1929 im Kristallpalast in Leipzig, der
von über 150 Personen besucht wurde. Die Leipziger Rhodeländerzüchter

hatten schon immer das Glück, organisatorisch und züchterisch begabte Mitglieder in ihren Reihen zu haben. Bei dem Werbetag hielten Vortrage Otto Stallknecht, Forst; Arthur Wulf, Mitarbeiter der „Geflügel-Börse" Leipzig; Karl Lenk, Leipzig; Paul Heerling, Leipzig; der die Organisation der Rhodeländerzüchter in die rechten Bahnen lenkte, und Preisrichter Karl Fischer, Leipzig.

Otto Stallknecht schilderte die Entwicklung der Rhodeländer bis zum heutigen wirtschaftlichen Rassehuhn, das Weltgeltung habe. Erfreulich für ihn war die Feststellung, daß durch den Umschwung der deutschen Zuchten ein Import nicht mehr nötig sei. Im Gegenteil seien zahlreiche Zuchten schon zum Export übergegangen. Hier nannte er insbesondere den Züchter Artur Riedel, der in Groß-Kölzig die Ri-Ro-Farm betreibe und in den letzten Jahren Tiere und Bruteier nach Indien, Moskau und in die Balkanländer verschickt habe. Es sei auch zum Segen der Rasse gewesen, daß sich die deutschen Züchter rechtzeitig dem Weltstandard angepaßt hätten.

Arthur Wulf, der bereits mehr als 100 Fachbücher über Rassegeflügel geschrieben hatte, berichtete über Form und Farbe der Rhodeländer und das stets wachsende Interesse an der Rasse bei Landwirten, Wirtschafts- und Rassezüchtern.

Karl Lenk sprach über die Rhodeländer bei den Ausstellungen aus der Sicht des Preisrichters und Schaubesuchers und betonte das ständige Überwiegen der Rasse bei den großen Schauen.

Studienrat Karl Fischer, der sich berufsmäßig stark mit den Vererbungsgrundlagen beschäftigte, hatte die Aufgabe, die ausgestellten Rhodeländer zu besprechen. Artur Riedel hatte zwei Zuchtstämme und eine Herde hierzu zur Verfügung gestellt. Doch damit konnte sich der bekannte Preisrichter Karl Fischer nicht zufrieden geben. So ging er im Anschluß an die Tierbesprechung dazu über, auf die Schwierigkeiten in der Farbzüchtung des Rhodeländerhuhnes einzugehen. Zu den anstehenden Fragen der Bekämpfung der schwarzen Partien im Federkleid der Rhodeländer gab er Antworten unter besonderer Berücksichtigung der zur Zeit anerkannten wissenschaftlichen Forschungsergebnisse über das Wesen und die Wirkung der Farben Rot, Schwarz und Weiß. Er schilderte die Herrschaft der roten Farbe und ihren naturgewollten, teilweise recht wechselvollen Kampf mit dem feindlichen Schwarz und Weiß. Er sprach weiter von der Verwandlungskunst des Rot, im Saum des glänzenden Deckgefieders als Gold zu erscheinen und damit die Nöte der Züchter zu vermehren.

Obwohl die für die rote Gefiederfarbe verantwortlichen Gene noch nicht gefunden seien, könne doch mit großer Wahrscheinlichkeit angenommen werden, daß vorhandenes, verdecktes Schwarz die rote Gefiederfarbe nicht beeinträchtige, sondern unterstütze, im Gegensatz zu Weiß, das es gefährde. Die Farbabstufungen bei den Rhodeländern seien früher besonders deutlich gewesen, was nun durch die übernommene dunkelrote Gefiederfarbe sichtbar beseitigt worden sei. Der Unterschied der Intensität des Gefiederglanzes, der zwischen den beiden Geschlechtern bestehe, sei auf die Wirkung von Geschlechtshormonen zurückzuführen.

Sodann ging Fischer noch auf die Dominanzerscheinungen in der Färbung der Läufe und des Auges ein, die sich vielfach den züchterischen Bestrebungen entgegenstellten. Zum Schluß warnte er eindringlich vor der Bewertung zu junger Tiere, da vielfach von der Erreichung der geforderten Körperform keine Rede sein könne und daß unfertige Tiere meist matt und unvorteilhaft in der Farbe seien.

Bei der Aussprache wurde von Otto Stallknecht angeregt, daß der Verband dem Beispiel von Leipzig folgen möge. Er schlug vor, Sommertagungen in das Programm des Verbandes aufzunehmen, um den Züchtern Wissenswertes zu vermitteln und die Bande der Freundschaften enger zu schließen.

Eifrige Beobachter der Rhodeländer waren seit vielen Jahren August Seidel, Hanau-Kesselstadt, und Major a. D. Bruno Rhau, Sondershausen, die auch laufend in der Fachpresse berichteten. August Seidel schrieb in der „Geflügel-Börse", daß die auffälligste Erscheinung des Ausstellungsjahres 1928/1929 für ihn war, daß qualitativ hochwertige Hennen bei den Ausstellungen und nur wenig erstklassige Hähne anzutreffen waren. Zwei Gründe nannte er als Ursachen: 1. Akklimatisationserscheinungen, also schwierige Anpassung der aus dem Ausland eingeführten Tiere an die Umgebung und das Klima, 2. Überfeinerung durch starke Inzucht.

Die neue Zuchtrichtung der deutschen Rhodeländer habe viel Auslandsblut nach Deutschland gebracht, das sich erst einmal eingewöhnen mußte. Die Blutunruhe habe sich besonders bei den Hähnen gezeigt. Die Reaktion der in Deutschland noch wenig bodenständigen Auslands-Rhodeländer habe nunmehr eingesetzt und wirke sich folgerichtig zuerst bei dem am vollkommensten entwickelten Geschlecht aus, und das seien nun einmal die Hähne. Dazu komme, daß mit den Importen vielerorts schärfste Inzucht getrieben wurde oder werden mußte, da geeignetes Einkreuzungsmaterial fehlte. Die Inzucht bringe zwar eine schnellere Verfeinerung, damit aber auch gleichzeitig unerwünschte Nebenerscheinungen oder Rückschläge. Auch dies zeige sich bei den Hähnen deutlicher als bei den Hennen.

Für die Hannoversche Junggeflügelschau 1929 wurde von der Geschäftsstelle eine Rhodeländer-Werbeschrift gefertigt, die 70 Seiten umfaßte. Auch künstlerisch ausgeführte Rhodeländer-Postkarten in Vierfarbendruck wurden von der Geschäftsstelle angeboten.

Jubiläumsschau in Hannover mit 455 Rhodeländern

Mit der Junggeflügelschau Hannover vom 18. bis 20. Oktober 1929 feierte der ausrichtende Hannoversche Geflügelzuchtverein von 1869 in der Stadthalle sein 60jähriges Bestehen. Der Ausstellungskatalog war zugleich eine Festschrift mit vielen Beiträgen aus der Vereinsgeschichte. Der Verband Deutscher Rhodeländer-Züchter hatte sich der Jubiläumsschau mit einer Sonderschau angeschlossen. Ausgestellt wurden 432 Rhodeländer und acht Zuchtstämme mit je 1,2 Tieren. Als Preisrichter waren Hans Digel, Heinrich Horstmann, Hermann Rhode und Willy Stolle eingesetzt. Von den insgesamt 40 Blauen Bändern mit einem Barpreis von jeweils 20 Mark standen zwei den Rhodeländern zur Verfügung. Sie wurden von Wilhelm Knips, Fulda, mit einem Sg1-Hahn und Otto Liebscher, Frankfurt an der Oder, mit einer V-Henne errungen. Eine weitere V-E-Henne zeigte noch Hanns Schellein, Brand in der Oberpfalz. Alle Tiere waren verkäuflich gemeldet. Die Einstufung in die 31 Klassen der Rhodeländer richtete sich nach dem angegebenen Verkaufspreis. So gab es Klassen bis 30, 50, 75, 100, 150, 200, 250 und 300 Mark.

Verbandsvorsitzender Heinrich Horstmann hatte die Verbandsmitglieder und Rhodeländerfreunde für den 19. Oktober 1929 in das Hotel „Hannover" zu einer Rhodeländer-Werbeversammlung eingeladen. Hier hielt Major a. D. Bruno Rhau einen Vortrag über die Rhodeländer mit einer Fülle von Aufklärungen und Belehrungen. Rhau galt als Meister der Rhodeländerzucht, der das Problem der Farben- und Formenzucht in einer für Anfänger und Fortgeschrittene so lehrreichen Weise behandelte, daß jeder Besucher sein Wissen ungemein bereichern konnte.

Anschließend fand im gleichen Hotel die Generalversammlung statt. Die Versammlung mußte für eine Eintragung in das Vereinsregister den Verbandsvorstand nochmals bestätigen, was auch einmütig erfolgte. Ein Antrag des Gaues Württemberg und Hohenzollern auf Aufhebung des Pflichtbezuges der Verbandszeitschrift wurde gegen eine Stimme abgelehnt.

Aus dem vom Geschäftsführer erstatteten Kassenbericht war zu entnehmen, daß einzelne Gaue bis Ende Dezember 1928 mit insgesamt 1 500 Mark an Beiträgen im Rückstand waren. Davon konnten im Laufe des Geschäftsjahres 1929 nur 500 Mark eingezogen werden, so daß immer noch 1 000 Mark rückständig waren. Die Versammlung beschloß daher, die Geschäftsstelle zu beauftragen, die rückständigen Beiträge erforderlichenfalls zwangsweise beizutreiben. Ein weiterer Beschluß hierzu war, künftig die Beiträge von der Geschäftsstelle einzuziehen. Doch dieser Beschluß war mit einer Einschränkung gefaßt, und zwar, daß es den Gauen unbenommen bleiben soll, die Beiträge von ihren Mitgliedern wie seither einzuziehen, wenn sie sich verpflichten, die Beitragsanteile für den Verband termingemäß abzuführen. Als Termine wurden der 15. Dezember bzw. 15. Juli festgesetzt.

Verbandsvorsitzender Horstmann berichtete der Versammlung über seine Bemühungen beim Bund Deutscher Geflügelzüchter, die dem Zweck dienten, eine bessere Unterstützung durch den Bund zu erwirken. Es wurde allseits sehr bedauert, daß die Sondervereine nach der neuen Bundessatzung kaum noch irgendeinen Einfluß ausüben konnten. Der Verband erwartete vom BDG, so war die Meinung der Generalversammlung, daß die Bundesleitung eine ausreichende Unterstützung der Sondervereine sicherstelle.

Von der Rhodeländer-Werbeschrift stellte Otto Stallknecht 10 000 Exemplare dem Verband kostenlos zur Verfügung. Sie sollen den Gauen zum Preis vom 15 Pfennig das Stück überlassen werden. Der Erlös sollte als Ehrenpreise bei Sonderschauen des Verbandes zur Verfügung gestellt werden.

Jubiläumsschau in Leipzig mit 765 Rhodeländern

Der Leipziger Geflügelzüchter-Verein konnte im Jahr 1929 auf sein 60jähriges Bestehen zurückblicken. Die Jubiläumsfeier wurde mit der Lipsia-Schau vom 3. bis 5. Januar 1930 verbunden. Der Verband der Rhodeländerzüchter hatte eine Reichsschau für Rhodeländer angeschlossen, die vom Bezirk Leipzig ausgerichtet wurde und mit 710 Einzeltieren, 16 Zuchtstämmen und einer Voliere die bisher größte Rhodeländerschau in Deutschland war. Als Preisrichter waren in Leipzig tätig Paul Barthold, Pye; Robert Felsckow, Berlin-Mariendorf; Heinrich Horstmann, Heiligenhaus; August Seibel, Hanau-Kesselstadt, und Albert Teubel, Leipzig. Für die Preisrichter waren besondere Klassen eingerichtet. Die Rhodeländer wurden von Karl Lenk und Karl Pfundheller, beide vom Leipziger Verein, gemeinsam bewertet.

Die Höchstnote „vorzüglich" wurde zweimal vergeben, und zwar jeweils auf eine Henne von Ernst Mosimann, Riehen (Schweiz), und der Ri-Ro-Farm von Artur Riedel, Groß Kölzig. Die Ausstellungsleitung hatte für die Rhodeländer neben einer silbernen und einer bronzenen Staatsmünze des Sächsischen Wirtschaftsministeriums auch acht Leistungspreise und 15 Bundesehrenpreise zur Verfügung gestellt. Sechs Bundespreise konnte Artur Riedel für seine Rhodeländer in Empfang nehmen, der auch in 12 von insgesamt 48 Rhodeländerklassen das beste Tier zeigte. In der Preisrichterklasse stellten Paul Barthold und August Seibel die besten Tiere.

Nach dem gewaltigen Aufmarsch der Rhodeländer in Leipzig war mit einer geringen Beteiligung bei der Verbandsschau, die der 27. Nationalen Rassegeflü-

5 Führende Persönlichkeiten der deutschen Rhodeländer-Zucht 1930: 1 Heinrich Horstmann, 1. Vorsitzender des Verbandes; 2 Carl Danzmann, Geschäftsführer des Verbandes;
3 Otto Stallknecht, Preisrichtervereinigung und Leiter der Werbestelle; 4 Paul Heerling,
Geschäftsführer vom Gau Sachsen.

gelschau in Frankfurt am Main vom 17. bis 19. Januar 1930 angeschlossen war,
zu rechnen. Wenn trotzdem noch 303 Rhodeländer, 14 Zuchtstämme und eine
Voliere in Frankfurt am Main standen, so konnte dies doch noch als eine gute
Beschickung angesehen werden. Die meisten Tiere stellten dabei die süddeutschen Züchter. Eine V-Henne aus der Zucht von Hermann Brütsch, Jungingen,
holte sich den höchsten Preis.

Zu Beginn des Jahres 1930 mußte Postmeister Carl Danzmann, Geschäftsführer des Verbandes und Schriftleiter des Verbandsorganes, durch Versetzung
seinen Wohnsitz nach Hildesheim verlegen.

6 Das bekannte Knochenhauerhaus in Hildesheim wird besichtigt.

Am 24. Februar 1930 starb nach einem langen und schweren Leiden der Mitbegründer des Verbandes und dessen Ehrenmitglied, Hermann Schultz, Kaufmann in Dresden, im Alter von 62 Jahren.

Erster Rhodeländer-Züchtertag in Hildesheim

Einer Anregung von Otto Stallknecht, Forst (Lausitz), nachgehend, hat der Verbandsvorstand für den 9. und 10. August 1930 zu einem Rhodeländer-Züchtertag nach Hildesheim eingeladen. Als wichtigstes Ziel dieses Treffens nannte Vorsitzender Heinrich Horstmann in einem Aufruf zur Teilnahme die Beseitigung überbrückbarer Gegensätze und das harmonische Zusammenarbeiten aller Gaue. Die freien Kräfte der Mitglieder sollten zur Hebung der Rhodeländerzucht in Deutschland und über die Grenzen hinaus eingesetzt werden. Die bisherigen Zusammenkünfte hätten stets darunter gelitten, daß sie mit einer

7   Eine Gruppe der Rhodeländer-Züchtertagung in Hildesheim vor dem Dom.

Großschau in Hannover, Leipzig oder der Nationalen Rassegeflügelschau verbunden waren. Meist fanden dort aber auch Tagungen des Bundes Deutscher
Geflügelzüchter oder anderer großer Vereinigungen statt, so daß für den Besuch
der Ausstellungen oft nur wenig Zeit verblieb. Dazu kam auch noch, daß die
Versammlungen der Rhodeländerzüchter zu einer Tageszeit stattfanden, zu der
die Teilnehmer schon mehr oder weniger abgespannt waren.

Ein weiterer Grund für ein Zusammentreffen der Rhodeländerzüchter war,
daß der Verband sein 25jähriges Bestehen feiern konnte. Hierzu muß man
allerdings auch auf die Gründung der beiden Spezialvereine im Jahr 1905
zurückgreifen, die ja heute eine Einheit darstellen.

Die Einladung zu einem Züchtertag nach Hildesheim fand bei den Mitgliedern
freudige Aufnahme. Bereits am Freitag, dem 8. August 1930, trafen 80 Tagungsteilnehmer in Hildesheim ein. Am Abend saßen die Vertreter der Gaue im
kleinen Saal des „Europäischen Hofes" zu einer unverbindlichen Vorbespre-
chung zusammen. Der großartigen Taktik des Vorsitzenden Heinrich Horstmann war es zu verdanken, daß alle Fragen, gewissermaßen mit etwas Humor
gewürzt, behandelt werden konnten. Er führte alle Rhodeländerfreunde auf die
Bahn der sachlichen Verständigung.

8   Besichtigung des 1000jährigen Rosenstocks an der Außenmauer des Doms.

Die in der Diskussion stehende Punktebewertung wurde am folgenden Sams-
tagvormittag durch ein sogenanntes Wettrichten erprobt, und zwar durch ein
allgemeines Richten nach den Grundsätzen der AAB, ein Punktrichten nach
einigen großen Grundzahlen und schließlich ein wirkliches Punktrichten in allen
Details, wie z. B. in der Schweiz. Bei allen Versuchen, die den ganzen Vormittag
in Anspruch nahmen, konnten die Mitglieder den Preisrichtern bei der Arbeit
zuschauen und sich selbst davon überzeugen, welcher Bewertungsarbeit der
Vorzug zu geben sei.

Die Preisrichter Paul Barthold, Artur Riedel und Otto Stallknecht bewerteten
die Tiere unabhängig voneinander. Das Resultat wurde allseitig mit großer
Spannung erwartet. Schließlich walteten drei Prominente ihres Amtes. Ohne auf
die Vorzüge oder Nachteile eines Systems einzugehen, ergab sich folgendes Bild:
Die Bewertung nach dem Punktsystem nahm mehr Zeit in Anspruch, was ganz
selbstverständlich war, denn es mußte jedes Tier in allen Punkten bewertet
werden. Bei manchen Tieren herrschte Einstimmigkeit in der Beurteilung, bei
manchen aber auch nicht. Daraus folgerte der Vorsitzende, gleich nach welchem
Prinzip die Tiere bewertet würden, das Urteil eines Preisrichters nicht zu
kritisieren, denn Menschen seien nun einmal keine Maschinen.

In der Versammlung am Nachmittag wurde ein Vorstand für die Vereinigung der Rhodeländer-Preisrichter gebildet. Otto Stallknecht wurde erster Vorsitzender, zu weiteren Vorstandsmitgliedern wurden Paul Barthold, Heinrich Horstmann, Karl Lenk und Willy Stolle gewählt. Verbandsvorsitzender Heinrich Horstmann ging auf die Geschichte des Verbandes ein und gedachte bei seiner Begrüßungsrede der Taten der Männer, die in den vergangenen 25 Jahren ihr Bestes für die Entwicklung der Rhodeländervereinigung getan hatten. Als Vertreter des BDG sah Herr Herbst in dem Verband der Rhodeländerzüchter eine der kräftigsten und stärksten Organisationen im Bund Deutscher Geflügelzüchter. Als Vertreter des Magistrats der Stadt Hildesheim entbot Senator Fahrenholz, selbst ein Rhodeländerzüchter, die Grüße der Stadt.

Der Gau Dresden, der gegen den Willen der Mitglieder seinen Austritt aus dem Verband erklärt hatte, wurde dem Gau Leipzig zugeschlagen, der nunmehr den Namen Gau Sachsen führte.

Am Sonntagvormittag fand eine Abschlußtagung statt, bei der auch die Richtlinien für die Preisrichter zur einheitlichen Bewertung der Rhodeländer festgelegt wurden. Der Vorsitzende dankte für die wohlgelungene Tagung und gab seinem Stellvertreter Hans Digel das Wort, der über die Zukunftsaufgaben der deutschen Rhodeländerzucht in seinem urschwäbischen Dialekt sprach. Viele haben wenig verstanden, spendeten aber um so herzlicheren Beifall. Am Nachmittag wurde als Tagungsabschluß ein Stadtbummel veranstaltet, an dem noch viele Tagungsteilnehmer beteiligt waren. Hildesheim war ein wohlgelungener Auftakt für die Einführung von Rhodeländer-Züchtertagungen, die beibehalten werden sollten, war die Meinung der Mitglieder. Für eine nächste Sommertagung wurde deshalb Koblenz zum Austragungsort gewählt.

Ein Reichsverband für alle Hühnerrassen wird gegründet

Am 26. Oktober 1930 wurde anläßlich der Hannoverschen Junggeflügelschau der Reichsverband der Züchtervereine aller Hühnerrassen gegründet. Vorsitzender wurde Studienrat Karl Fischer, Leipzig. Die Geschäftsführung wurde dem Rhodeländerzüchter Paul Heerling, Leipzig, übertragen.

Nach der Gründungsversammlung konnte im gleichen Raum der Vorsitzende des Verbandes Deutscher Rhodeländerzüchter, Heinrich Horstmann, mit geringer Verspätung die sehr gut besuchte Generalversammlung eröffnen. Nach der Erledigung einiger Anträge wurden die Vorteile der Abhaltung einer Generalversammlung im Sommer, verbunden mit einer Rhodeländer-Sommertagung, allgemein begrüßt und beschlossen. Den in der Tagesordnung ausgedruckten Fachvortrag mußte der Vorsitzende selbst halten, da es ihm nicht gelungen war, einen der ersten Züchter oder ein anderes Vorstandsmitglied hierfür zu gewinnen. Er wählte für seinen Vortrag das Thema „Schönheitszucht und Wirtschaftlichkeit". Horstmann stellte fest, daß die deutsche Rhodeländerzucht nach dem Urteil des Auslandes, was Form und Farbe anbelange, auf der Höhe sei. Auch die vielen Nutzproben und Leistungsprüfungen hätten ergeben, daß die Rhodeländer zu den besten Wirtschaftshühnern gehörten. Die Schönheit der Rasse sei bei den vergangenen Ausstellungen immer wieder bestätigt worden. Beides könne aber immer noch verbessert werden, wenn sich noch mehr Züchter an dem Zuchtring beteiligen würden.

Otto Stallknecht gab bekannt, daß die Preisrichter-Vereinigung des Verbandes 42 Mitglieder zähle. Über die Ergebnisse der Punktbewertung bestand Einmütigkeit, daß diese besonders für die Rhodeländer sich günstig auswirken kann. Es gab aber auch Meinungen, das bisherige Bewertungssystem beizubehalten, zumal eine Änderung nur von der Bundesversammlung beschlossen werden könne.

In der Fachpresse und dem Verbandsorgan wurden Detailfragen der Rhodeländerzucht von sachverständigen Berichterstattern ausführlich behandelt. Besonderen Raum stellte die „Geflügel-Börse" den Rhodeländerzüchtern in jeder zweiten Ausgabe von einer ganzen Seite zur Verfügung. Gefüllt wurden die Seiten meist von Paul Barthold, Heinrich Horstmann, Major a. D. Bruno Rhau und August Seibel.

Das „Goldene Jubiläum" des BDG wurde vom 9. bis 11. Januar 1931 mit der Nationalen Geflügelschau in Leipzig eingeleitet. Der Leipziger Geflügelzüchter-Verein vollbrachte das Wunder, zu dieser Jubiläumsschau 16 500 Tiere in den Ausstellungshallen unterzubringen. Dies war bis dahin die größte aller deutschen Geflügelausstellungen. Da wollten und konnten auch die Rhodeländerzüchter nicht zurückstehen. Der Verband Deutscher Rhodeländer-Züchter beteiligte sich mit einer Reichs-Rhodeländerschau, die zugleich die 8. Verbandsschau war. Dem Ruf des Verbandes folgten die Mitglieder mit 702 Einzeltieren, 15 Zuchtstämmen und 5 Volieren. Als Preisrichter für die Rhodeländer waren eingesetzt Willy Stolle, Berlin; Albert Teubel, Leipzig; Otto Stallknecht, Forst; Wilhelm Knips, Fulda, und August Seibel, Hanau-Kesselstadt. Die höchste Bewertungsnote „vorzüglich" und zwei Ehrenpreise errang zugleich mit dem Siegertitel eine Althenne von Otto Muhl, Reichelsheim in der Wetterau.

Am Abend des 10. Januar 1931 fand in Leipzig eine Tagung der Rhodeländerzüchter statt. Verbandsvorsitzender Heinrich Horstmann und Geschäftsführer Carl Danzmann waren aus dienstlichen Gründen an der Teilnahme verhindert. Da auch sonst kein Vorstandsmitglied anwesend war, leitete Paul Heerling, Leipzig, der am Vormittag als Geschäftsführer des Reichsverbandes für Hühner wieder bestätigt worden war, die Tagung. Bei seinen Grußworten erinnerte er an die erste Einführung der Rhodeländer in Deutschland vor 30 Jahren. Das war am 12. Januar 1901 durch Willy Radke, Berlin. Der Vorsitzende der Preisrichtervereinigung des Verbandes, Otto Stallknecht, berichtete über das Ergebnis der Preisrichterprüfungen, die am Vortag anläßlich der Jubiläums-Nationalen stattfanden. Vier Anwärter, und zwar Erich Mehlig, Cunnersdorf; Paul Heerling, Leipzig; Max Pinkes, Chemnitz, und Wilhelm Hertel, Raumetengrün, hatten die allgemeine Prüfung bestanden. Otto Stallknecht erläuterte sodann die zukünftigen Aufgaben der Preisrichter-Vereinigung des Verbandes. Er betonte ausdrücklich, daß die im Verband gebildete Organisation kein überorganisiertes Gebilde sei oder werde, sondern ein Faktor, dessen Wirken sich zum Wohle der Verbandsgemeinschaft gestalten würde und zu dem alle Züchter volles Vertrauen haben dürften. Weiter vertrat Heinz Zumbruch die Auffassung, daß die Vereinigung nur solche Rhodeländerkenner umfassen dürfe, die man als Spezialrichter ansehen könnte. Die Vereinigung dürfe kein Schwammgebilde werden, in das sich jeder Preisrichter aufnehmen lassen könne, um sich den Anschein eines Spezialkenners für Rhodeländer zu geben. Es sollten daher nur solche Preisrichter in die Vereinigung aufgenommen werden, denen der Gau das Zeugnis ausstellt, daß sie als Spezialrichter anerkannt sind.

Wie richtig der Gedankengang von Heinz Zumbruch war, bewies die erneute Anmeldung von 13 Preisrichtern als Mitglied der Preisrichtervereinigung.

Die Berichte der bei der Jubiläums-Nationalen eingesetzten Preisrichter für die 702 Rhodeländer nahmen einen breiten Raum ein. Bei den Hähnen wurde von allen Preisrichtern der meist helle Halsbehang bemängelt, der sich bei dieser Ausstellung ganz besonders augenfällig bemerkbar gemacht hatte. Nach der Meinung des Preisrichters August Seibel, Hanau-Kesselstadt, sei der helle Halsbehang beim Hahn darauf zurückzuführen, daß in den letzten Jahren immer nur Hennen ohne Halszeichnung zur Zucht eingestellt wurden. Solche Hennen wurden auch meist bevorzugt bewertet. Das Hennenmaterial war wieder als erstklassig anzusprechen. Hier wurden an die Preisrichter hohe Anforderungen bei der Bewertung gestellt, die besten Tiere herauszustellen. Die Hennen zeigten sich nach den Worten der Preisrichter nicht nur in vorzüglicher Form, sondern auch im Farbkleid als eine Augenweide. Otto Stallknecht meinte hierzu, daß Form und Farbe fast nicht mehr zu überbieten seien.

Der am 7. Oktober 1928 gegründete Klub der Zwerg-Rhodeländer-Züchter nannte sich nunmehr „Verband der Zwerg-Rhodeländer-Züchter Deutschlands" mit dem Sitz in Eilenburg. Vorsitzender war Artur Eugling, Leipzig, Geschäftsführer Walter Moritz, Eilenburg. Die Verbandszeitschrift „Der Rhodeländer-Züchter" nahm seit einiger Zeit alle Bekanntmachungen und Veröffentlichungen der Zwerg-Rhodeländer regelmäßig mit auf. Bei der Jahreshauptversammlung der Zwerg-Rhodeländer-Züchter am 11. Januar 1931 in Leipzig wurde einstimmig beschlossen, sich dem großen Verband Deutscher Rhodeländer-Züchter anzuschließen. Bei der nächsten Tagung in Koblenz sollte Geschäftsführer Walter Moritz diesen Wunsch dem Verband unterbreiten.

Der 2. Rhodeländer-Züchtertag war für den 8. und 9. August 1931 in Koblenz vorgesehen. Es wurde auch ein umfassendes Programm ausgearbeitet mit Fachvorträgen, Meinungsaustausch und einer Rheinfahrt. Bereits im Juni 1931 wurden alle guten Hoffnungen und Wünsche auf ein baldiges Wiedersehen in den Wind geschlagen. Die Rhodeländerzüchter mußten schwere Zeiten entgegensehen und wegen der anhaltenden Wirtschaftskrise auf das Treffen am schönen Rhein für dieses Jahr verzichten. Die mangelnde Bereitschaft der Mitglieder, in dieser Notzeit an einem Züchtertreffen teilzunehmen, gab letztlich für den Vorstand den Ausschlag, das Treffen abzusagen. Die Züchter wurden auf das nächste Treffen bei der Junggeflügelschau in Hannover hingewiesen.

Die Aufnahme der Preisrichter-Vereinigung in den Verband Deutscher Geflügelpreisrichter-Vereinigungen

Der Antrag der Preisrichtervereinigung des Verbandes, in den Verband Deutscher Geflügelpreisrichter-Vereinigungen aufgenommen zu werden, wurde von dem Vorstand in Düsseldorf abgelehnt. Damit gab sich Otto Stallknecht aber nicht zufrieden. Er richtete seine Bitte um Aufnahme nunmehr an den Präsidenten des Bundes Deutscher Geflügelzüchter, Emil Schachtzabel, der diesen Antrag dem Verwaltungsrat des BDG vorlegte. Dieser traf am 6. Juli 1931 folgende Entscheidung:

„Preisrichtervereinigungen von Sondervereinen, die mehr als 750 Mitglieder zählen und deren Preisrichtervereinigung mehr als 30 Mitglieder beträgt, werden grundsätzlich anerkannt und können dem Verband Deutscher Geflügelpreisrichter-Vereinigungen angeschlossen werden."

Auf Grund dieser Entscheidung wurde die Preisrichter-Vereinigung des Verbandes mit ihren 56 Mitgliedern in die Vereinigung des BDG und dessen Preisrichter-Vereinigung aufgenommen.

Die Preisrichter-Vereinigung des Verbandes Deutscher Rhodeländerzüchter stellte nunmehr Grundsätze für die Ausbildung und Tätigkeit von Rhodeländer-Preisrichtern auf, die auch für die Preisrichter des Verbandes der Zwerg-Rhodeländer-Züchter galten, die sich mit dem großen Verband zu einer Arbeitsgemeinschaft zusammengeschlossen hatten. Diese Arbeitsgemeinschaft betraf aber nur die Preisrichter.

Als erstes Mitglied der jungen Preisrichter-Vereinigung schloß am 31. August 1931 Robert Felsckow, Berlin-Mariendorf, für immer die Augen. Er war einer der ältesten Preisrichter für Rhodeländer, der sich auch beim Aufbau des Verbandes Deutscher Rhodeländerzüchter große Verdienste erworben hatte.

Karl Stein wird Verbandsgeschäftsführer

Wenn bei der 59. Junggeflügelschau in Hannover vom 23. bis 25. Oktober 1932, in einer Zeit wirtschaftlicher Not, 6 000 Tiere gezeigt wurden, so war dies ein Beweis dafür, daß die deutsche Rassegeflügelzucht trotz innerer Zerwürfnisse nach wie vor lebte und wirkte. Die Rhodeländer marschierten wieder an der Spitze mit rund 400 Tieren. Was in Hannover gezeigt wurde, war in blendender Verfassung und hochwertiger Qualität. Etwa 60 % der Rhodeländer wurden mit „sg" bewertet. Das Blaue Band errang Arnold Becker, Mülheim-Styrum, mit einem Hahn. Allgemein wurde die gute Farbe der ausgestellten Rhodeländer gelobt, die nach der Meinung des Berichterstatters, Major a. D. Rhau, kaum mehr zu überbieten war. Als negativ wurden bei einigen Tieren Sperrschwingen, also Flügellücke, festgestellt.

Bei der Sitzung des Verwaltungsrates des Rhodeländer-Verbandes gab es personelle Veränderungen. Am 24. Oktober 1931 erfolgte im Restaurant Knickmeyer die Wiederwahl des ersten Vorsitzenden Heinrich Horstmann und seines Stellvertreters Hans Digel. Geschäftsführer Carl Danzmann, Postmeister in Hildesheim, zugleich Schriftleiter der monatlich erscheinenden Verbandszeitschrift „Der Rhodeländer-Züchter", erklärte, daß er die beiden Ämter nicht behalten könne. Zum neuen Geschäftsführer wurde Karl Stein, Hildesheim, gewählt. Die Schriftleitung der Verbandszeitschrift blieb bei Carl Danzmann. Der Verfechter der rein roten Rhodeländer, Dr. L. Cron, Heidelberg, wurde zum Ehrenmitglied ernannt. Der Arbeitsgemeinschaft mit den Zwerg-Rhodeländern wurde zugestimmt, ohne daß eine Verschmelzung beider Verbände erfolgte.

Eine Sache, die nur Unfrieden unter den Züchtern verbreitete, wurde abgeschafft: Erstmals im Jahr 1930 wurde vom Verband für den erfolgreichsten Züchter ein Meistertitel vergeben. Erringer war Artur Riedel, Groß-Kölzig, Inhaber der Ri-Ro-Farm. Dieser hatte in Verkaufsanzeigen und Berichten im Verbandsorgan und in der Fachpresse den errungenen Titel „Deutscher Rhodeländermeister" angegeben. Der Verwaltungsrat beschloß in Hannover, diesen Titel nicht mehr zu vergeben.

Zu vermerken ist noch, daß ab 1. Januar 1932 die Zwerg-Rhodeländer-Züchter zu den Pflichtbeziehern der Verbandszeitschrift gehörten.

Hannover gab den Auftakt und Leipzig bildete den Abschluß mit der Lipsia-schau vom 8. bis 10. Januar 1932 für das Ausstellungsjahr. Zahlenmäßig waren die Rhodeländer bei dieser 3. Reichs-Rhodeländerschau mit knapp 500 Tieren vertreten. Gegenüber der Vorjahresschau waren es etwa 200 Rhodeländer weniger, aber immerhin noch die am stärksten vertretene Rasse.

Der Legerekord einer Rhodeländerhenne

In der „Geflügel-Börse" Nr. 100 vom 15. Dezember 1931 wurde von Güterdirektor a. D. M. Hoffmann über eine hervorragende Legeleistung auf dem Gebiet der Hühnerzucht berichtet. Nach einer Mitteilung der Landwirtschaftskammer Westfalen ergab die Legeprüfung von rund 350 Hennen in der Zeit vom 15. Oktober 1930 bis 14. Oktober 1931 eine Durchschnittleistung von 201 Eiern bei einem Durchschnittgewicht von 58 g. Den Rekord stellte eine Rhodeländerhenne aus der Zucht von Frau Grete Lügger, Rittergut Engar, Kreis Warburg, mit 308 Eiern und einem Durchschnittgewicht von 63,8 g auf. Die Sachverständigen waren der Meinung, daß diese Henne nicht nur einen deutschen Legerekord unter der Kontrolle der Landwirtschaftskammer aufgestellt habe, sondern daß dies einen Weltrekord darstelle. Frau Lügger hatte aus den kleinsten Anfängen heraus die Rhodeländerzucht vor Jahren begonnen und mit viel Arbeit, Liebe, Sachverstand, Auslese und züchterischem Können ihre Zucht auf diese Höhe gebracht.

Ein Rückblick auf zehn Jahre Zuchtarbeit

Von besonderem Interesse war auch ein Rückblick von Major a. D. Bruno Rhau über den Zeitraum von 1921 bis 1931, den er im Verbandsorgan veröffentlichte. Darin lesen wir, daß das deutsche Rhodeländerhuhn in den letzten 10 Jahren systematisch herausgearbeitet wurde. Die davorliegenden 20 Jahre seien fast nutzlos vertan worden, denn man habe um Kleinigkeiten gestritten und verlor dabei das große Ziel aus dem Auge.

Wenn sich je eine Einfuhr von Rassegeflügel gelohnt habe, so Bruno Rhau, so waren es die Rhodeländer aus Dänemark. Das Glück der Rasse war auch, daß sie von einem rührigen Sonderverein, der größten Sonderorganisation der Hühnerzüchter, dem Verband Deutscher Rhodeländerzüchter, betreut und gefördert wurde. Diese Organisation umfaßte im Jahr 1931 über 900 Mitglieder.

In der Fachpresse erschienen laufend Berichte über die Rhodeländer und ihre Zucht. Die Sonderbeilage der „Geflügel-Börse" wurde regelmäßig als besondere Werbung für die Rhodeländerzucht in vollem Umfang ausgenutzt durch wertvolle Beiträge besonders schriftbegabter Züchter und Preisrichter. So machte Lehrer August Seibel, Hanau-Kesselstadt, auf die Flügelschwingen der Rhodeländer in Farbe, Form und Struktur aufmerksam, da hier ein Geheimnis der Farbenzucht liege. Der geübte Züchter würde sofort von der Farbe der Schwingen seine Rückschlüsse ziehen auf das Obergefieder und noch viel treffsicherer auf die Ausfärbung des Untergefieders. Hier einige Auszüge aus dem eine Seite umfassenden Bericht:

„Wir wissen längst, daß Schwarz bei den zielbewußten in- und ausländischen Züchtern das A und O einer satten, kräftigen roten Farbe ist. Wir wissen aber auch, daß dieses gewünschte Schwarz zum Teil recht gern gesehen, an unerlaubten Stellen aber auch bestens gehaßt wird. Jedoch hat es der Züchter so ziemlich in der Hand, durch geeignete Zuchtwahl hier regulierend eingreifen zu können, womit nicht gesagt sein soll, daß die Rechnung stets bis auf das Tüpfelchen stimmt. Auch wer mit den Gesetzen der Vererbung einigermaßen gut vertraut ist, kennt nie mit Sicherheit die rezessiven (verdeckten) Eigenschaften der Tiere. – Wer mit und ohne Schwarz Zuchtversuche gemacht hat, weiß, daß Schwarz mit den Jahren gewissem Schwanken unterworfen ist. Schwarz neigt zum allmählichen Schwinden. Und mit ihm schwindet das saftige Rot schon in einigen Generationen. Der Abgang des Schwarz bringt ein allmähliches Abgehen des Rot bis hin zum Gelb, ja zum Weiß mit sich. Die Farbe der Schwingen spielt in der Reinrotzucht eine außerordentlich große Rolle. Deshalb muß der Irrweg der Reinrotzucht, wie ihn auch unser Freund Moritz in Eilenburg für die Rhodeländerzwerge so treffend schilderte, miterwähnt werden. Wir unterscheiden also zweierlei farbliche Flügelschwingen, solche ohne jegliches Schwarz und solche mit Schwarz."

Die Schwingen besprach Lehrer Seibel, der sich eingehend mit dem Studium der Rhodeländerfarbe beschäftigte, in den verschiedenen farblichen Variationen, und zwar: 1. Schwingen mit zuviel Schwarz, 2. Flügelschwingen mit gutverteiltem Schwarz, 3. Flügelschwingen mit Pfeffer und schwarzen Flecken, 4. Flügelschwingen ohne jegliches Schwarz, 5. fahle Schwingen und 6. Flügelschwingen mit Weiß. Die Form und Struktur der Flügelschwingen beschrieb er nach folgenden Gesichtspunkten: 1. Recht breite Schwingen bis zur letzten Armschwinge, 2. mittelbreite Schwingen, 3. schmale Schwingen, 4. Sperrschwingen und 5. Drehschwingen.

Carl Danzmann beschäftigte sich in der „Geflügel-Welt" mit der aktuellen Frage „Schwarz bei Rhodeländern?" und kam zu dem Schluß, daß der Züchter bei der Zusammenstellung der Zuchtstämme mit viel Fingerspitzengefühl ausgleichend wirken muß. Fein aufgeteiltes Schwarz sah er als Farbverbesserer und schiefrige bis weiße Ansätze im Gefieder als Farbzerstörer an.

Die 29. Nationale Deutsche Geflügelausstellung in Essen vom 22. bis 24. Januar 1932 wurde von den Rhodeländerzüchtern schlecht beschickt. Dort standen nur 76 Hähne, 153 Hennen, vier Zuchtstämme zu jeweils 1,2 und 2 Stämme Wirtschaftsgeflügel mit 1,3 Rhodeländern. Die „Lipsia" vor und die „Cypria" nach der Nationalen hatten ihren Einfluß ausgeübt. Die Preisrichter Paul Barthold, Heinrich Horstmann und Karl Runge waren nicht ganz ausgelastet.

In dieser turbulenten Zeit hatte der Verband etwa 950 Mitglieder, die von 21 Gauen betreut wurden. Die genaue Angabe der Mitgliederzahlen war in einem so großen Verband immer etwas schwierig, da nicht alle Gaue ihre Mitgliederzahlen den Vorschriften entsprechend dem Verbandsvorstand meldeten. Bei Nichtmeldung der Mitgliederzahl wurde jeweils der Vorjahresstand angenommen. Die Verbandsorganisation bestand im September 1932 aus dem Verbandsvorstand mit Heinrich Horstmann, Heiligenhaus; Geschäftsführer Karl Stein, Hildesheim, und dem Schriftleiter der Verbandszeitschrift, Carl Danzmann, Hildesheim. Die nachgeordneten Gaue waren:

Gau Bayern: Vorsitzender Hauptlehrer Schellein, Brand.
Gau Brandenburg: Vorsitzender Willy Stolle, Malow/Bezirk Potsdam.
Gau Dresden: Vorsitzender Richard Gruß, Malschendorf.
Gau Hannover-Braunschweig: Vorsitzender Ernst Katenhusen, Adenbüttel.
Gau Hessen: Vorsitzender Friedrich Bauer, Gießen.
Gau Lausitz: Vorsitzender Alfred Krebs, Forst.
Gau Magdeburg: Vorsitzender O. Meier, Hohenwarte.
Gau Minden-Ravensberg: Vorsitzender Heinrich Krumme, Minden.
Gau Norddeutschland: Vorsitzender August Bühring, Hausbruch bei Harburg.
Gau Nordwestdeutschland: Vorsitzender Hermann Rohde, Oldenburg.
Gau Ostpreußen: Vorsitzender R. Logsch, Allenstein.
Gau Pommern: Vorsitzender A. Streibel, Zingst.
Gau Saar: Vorsitzender W. Müller, Fechingen.
Gau Sachsen: Vorsitzender Karl Pfundheller, Leipzig.
Gau Schlesien: Vorsitzender Paul Köbe, Görlitz.
Gau Südwestdeutschland: Vorsitzender Heinrich Werle, Mutterstadt.

Gau Thüringen-Nord: Vorsitzender Otto Schumann, Erfurt.
Gau Thüringen-Süd: Vorsitzender Professor August Sauerteig, Meiningen.
Gau Westdeutschland: Vorsitzender Heinrich Horstmann, Heiligenhaus.
Gau Westfalen: Vorsitzender Gustav Müller, Hemer i. W.
Gau Württemberg: Vorsitzender Hermann Brütsch, Jungingen.

Fortschritte bei den Rhodeländern

Mit besonderer Spannung, aber auch mit großer Zuversicht, wurde nun die Junggeflügelschau in Hannover vom 21. bis 23. Oktober 1932 erwartet. Dabei ging es nicht nur um die weltweit bekannte Ausstellung, sondern um die Bundestagung und die Hauptversammlung des Verbandes. Bei der Hannoverschau standen nur 390 Rhodeländer, die von den Preisrichtern Heinrich Horstmann, Carl Runge, Gustav Müller und Willy Stolle bewertet wurden. Für drei Hennen gab es die Höchstnote „vorzüglich".

Die rückläufige Beschickungszahl mußte dem wirtschaftlichen Tiefstand zugeschrieben werden. Der Fortschritt in der Zucht war aber unverkennbar. Als Gründe für die Verbesserungen in Form und Farbe nannte Heinrich Horstmann die Tatsache, daß die Einfuhren fremden Blutes nach Deutschland in den letzten Jahren stark zurückgegangen seien und dadurch eine größere Beruhigung in den einzelnen Zuchten eingetreten sei. Bedingt durch die wirtschaftliche Notlage, seien die meisten Züchter gezwungen gewesen, von der Einstellung fremden Blutes Abstand zu nehmen. Horstmann bedauerte wieder einmal, daß für die oberen 10 Klassen nicht einmal so viele Ehrenpreise zur Verfügung standen, daß jedes Spitzentier einen erhalten konnte. Doppelt traurig stimmte ihn, daß auch der Bund trotz enormer Einnahmen nicht in der Lage war, die Schau besser zu unterstützen.

Schriftleiter Carl Danzmann nimmt Abschied

In der November-Ausgabe des „Rhodeländer-Züchters" nahm Carl Danzmann Abschied von seinem Amt als Schriftleiter der Verbandszeitschrift.

Heinrich Horstmann übernahm neben seiner vielen Arbeit als Rektor, Verbandsvorsitzender, Preisrichter und Beauftragter des Bundes für die Neuerstellung der Satzungen nun auch noch die Schriftleitung des „Rhodeländer-Züchters". Er dankte seinem treuen Weggefährten und Mitarbeiter für die vielen Mühen und Opfer sowie die geleistete Arbeit.

Die Benachteiligung der Sonderrichter

Die Nationale Rassegeflügelschau in Frankfurt am Main vom 4. bis 6. Dezember 1932 mit 340 Rhodeländern war einreihig aufgebaut und gab einen guten Überblick über den Zuchtstand. Dabei konnte man feststellen, daß die Hennen den Hähnen sowohl in der Form als auch in der Farbe ein ganz besonderes Stück voraus waren. Bei den Hähnen waren die Figuren zu wenig ausgeglichen. Auch die waagerechte Rückenlinie war kein Allgemeingut bei den Hähnen. Mit den 54 Zwerg-Rhodeländern waren für die insgesamt 394 Nummern nur drei Preisrichter eingesetzt, was sich teilweise negativ auf die Einzelbewertung auswirkte. Die Zuteilung dieser hohen Bewertungsaufträge war aber kein Verschulden der Ausstellungsleitung, sondern eine Folge der unverständlichen Bundesbestimmungen, wonach die Spezialrichter als Preisrichter zweiter Klasse angesehen wurden. Diese erhielten nur in dem Fall eine volle Entschädigung, wenn sie mindestens 120 Nummern zu bewerten hatten. In seinem Bericht über die Nationale meinte Preisrichter Paul Barthold, daß dieser Übelstand möglichst bald beseitigt werden müsse, denn der Leidtragende sei in jedem Fall der Züchter und Aussteller, der bei dem sehr hohen Standgeld nicht die Gewähr erhalte, daß seine Tiere in ruhiger Weise bewertet würden. Es sei eine Aufgabe des Verbandes, die Spezialrichter zu gleichberechtigten, vollwertigen Bewertern zu machen, denn die Nationalen Rassegeflügelschauen seien ohne die Sondervereine nur eine lokale Angelegenheit.

Teil III

Die Rhodeländerzucht im III. Reich
bis zum Ende des II. Weltkrieges

Das Verbandsorgan erscheint im Selbstverlag

Zu den Ereignissen nach dem 30. Januar 1933 kam noch, daß der Verleger und Drucker der Verbandszeitschrift, Herr Kuckuck, Hildesheim, den Verbandsvorstand mit der Mitteilung überraschte, daß er den Druck der Zeitschrift unter den geltenden Bedingungen nicht mehr vornehmen könne. Hierzu schrieb Verbandsvorsitzender Heinrich Horstmann, der zugleich verantwortlicher Schriftleiter war, u. a. in der Februar-Ausgabe 1933: „Weil ein schriftlicher Vertrag mit Herrn Kuckuck seinerzeit nicht getätigt worden ist und die Vereinbarungen nur mündlicher Natur waren, weil wir weiter von unserer Generalversammlung keine Ermächtigung haben, einen höheren Preis als den vereinbarten auszugeben, so waren wir gezwungen, einschneidende Änderungen in bezug sowohl auf den Betrag als auf den Druck vorzunehmen. Wir haben im festen Vertrauen auf den Zusammenhalt aller Gaue unseres Verbandes unseren ‚Rhodeländer-Züchter' in Selbstverlag genommen und einen neuen Drucker engagiert, eine Lösung, bei der wir begründete Hoffnung haben, mit dem in der Generalversammlung in Hannover dafür festgesetzten Preis auszureichen. Es ist aber damit nicht allein die Verantwortung des Vorstandes, vor allen Dingen des Unterzeichneten, bedeutend gestiegen, sondern auch die zu leistende Arbeit, die in der Hauptsache darin besteht, den Inseratenteil des Blattes zu besorgen. Das Unternehmen, so wie es Herr Kuckuck zu erledigen unternommen hatte, ist aller Wahrscheinlichkeit nach daran gescheitert, daß der Inseratenteil nicht den finanziellen Erfolg brachte, den man der Kalkulation zugrunde gelegt hatte, wenigstens im letzten Jahre nicht mehr."

Auch Geschäftsführer Karl Stein richtete an die Mitglieder die dringende Bitte zur Mitarbeit im redaktionellen Teil und durch Unterstützung im Anzeigenteil. Die immerhin 1 000 Rhodeländerzüchter seien an dem Erhalt der Verbandszeitschrift interessiert.

Die Zukunft des Rhodeländer-Verbandes

Um die Zukunft des Verbandes Deutscher Rhodeländer-Züchter machten sich die führenden Züchter große Sorgen. Das Verbandsorgan war künftig nur noch zu halten, wenn die Verbandstreue auch weiterhin bestehen blieb. Schwerwiegend in dieser Hinsicht war das Verhalten des Vorstandes des Gaues Nordwestdeutschland unter dem Vorsitz von Stadtoberinspektor Hermann Rohde,

Oldenburg. Der Vorstand dieses Gaues hatte am 7. April 1933 bei einer Sitzung seine Ämter niedergelegt und eine „Freie Vereinigung der Rhodeländerzüchter Nordwestdeutschlands" gegründet. Nach deren Amtsniederlegung hatte der Verbandsgeschäftsführer Karl Stein vergeblich versucht, die Abrechnung zu erhalten. Die Herren weigerten sich allerdings, bis sie durch einen Rechtsanwalt gezwungen wurden. Durch das Verhalten des alten Vorstandes und die Neugründung kam es, daß in einer Zeit, in der eine Zusammenarbeit nötiger und dringender war als je zuvor, eine unbegründete Zersplitterung begann. Für den Verbandsvorsitzenden Horstmann war es daher ein Gebot der Stunde, den Quertreibereien und Verbandsschädigungen die Stirn zu bieten. Der Kampf um die Einheit aller Rhodeländerzüchter begann erneut, wenn auch diesmal unter anderen Vorzeichen.

Mit der Tatsache der Gleichschaltung des BDG und den künftigen Aussichten für die Erhaltung der Rhodeländer-Züchtergemeinschaft beschäftigten sich in der Verbandszeitschrift wiederholt Heinrich Horstmann, Heinz Zumbruch und Bruno Rhau.

In einem Aufruf des Vorsitzenden des Reichsverbandes der Geflügelwirtschaft, Karl Vetter, veröffentlicht in der Juni-Ausgabe der Verbandszeitschrift, der im Auftrag des Amtes für Agrarpolitik bei der Reichsleitung der NSDAP erfolgte, wurde zu einem großzügigen Einigungswerk in der Geflügelwirtschaft aufgefordert. Hierzu gab es folgende Anordnung:

„Die Fachgruppen verwalten sich im Rahmen des Reichsverbandes selbständig und werden länderweise, in Preußen provinzweise in Gaue zusammengefaßt. Jede Fachgruppe stellt ein Mitglied in den Gauvorstand. Die Gauvorstände bilden zusammen den Gesamtvorstand des Reichsverbandes. Sämtliche Vorstandsmitglieder werden von den Fachgruppen vorgeschlagen und vom Präsidium des Reichsverbandes ernannt. Wahlen finden nur noch in den Ortsvereinen statt.

Alle Vereine, Klubs und Verbände der Geflügelwirtschaft, die den Willen haben, an diesem Einigungswerk und am Aufbau des neuen Deutschland mitzuhelfen, beweisen dies durch ihre Eingliederung in eine der vier Fachgruppen, zu den vom Reichsverband gestellten Bedingungen. Wer sich nicht bis zum 15. Juni 1933 eingegliedert hat, stellt sich bewußt außerhalb dieser Einheit und hat kein Recht mehr auf Anerkennung und auf die damit verbundenen Vergünstigungen."

Nach diesem Aufruf hat der Verbandsvorsitzende Heinrich Horstmann, nach Anhörung der Vorstandsmitglieder, die Erklärung zur Eingliederung in die Fachgruppe 2 Rassegeflügelzucht beantragt. Die Generalversammlung in Hannover hat dann, wie Horstmann in der Fachpresse schrieb, von dieser Tatsache Kenntnis zu nehmen. Er vertrat weiterhin die Meinung, daß die Verbandsvorstandsmitglieder in Hannover von ihren Ämtern zurücktreten müßten, um überprüfen zu können, ob sie ihre Ämter im Sinne der nationalsozialistischen Regierung zum Segen des Verbandes und der gesamten deutschen Geflügelwirtschaft auszufüllen geeignet sind. Wie sich die künftige Verbandsarbeit gestalten würde, so Heinrich Horstmann, ersehe man aus der Zusammensetzung der Leitung des Reichsverbandes, Fachschaft Rassegeflügelzüchter. Vorsitzender der Gruppe Hühner wurde Otto Höpping, Maua, stellvertretender Vorsitzender Heinrich Horstmann, Heiligenhaus. Beisitzer wurden Jean Dörr, Neuenstein im Taunus; Ernst Rübenstrunk, Köln-Klettenberg, und Erich Klein, Vaihingen an der Enz. Beisitzer in der Gruppe Zwerghühner wurde Paul Heerling, Leipzig, und im Ausschuß für das Preisrichterwesen Otto Stallknecht, Forst. Die Rhodeländerzüchter waren also durchweg im Führungsaufgebot sehr gut vertreten.

Schönheit und Leistung als oberstes Ziel

Nach wie vor wurde im Verband Deutscher Rhodeländer-Züchter besonderer Wert auf Schönheit und Leistung der Rasse gelegt. Hier konnte Heinrich Horstmann auf die Erfolge im Gau Westdeutschland verweisen. Er nannte Einzelleistungen von 250 und mehr Eiern im Jahr und nachgewiesene Durchschnittsleistungen von 175 Eiern im Jahr. Zwei Rhodeländerstämme des Züchters Ahrens aus Gladbeck, die im vergangenen Jahr am staatlichen Wettlegen in Krefeld beteiligt waren, erreichten sogar eine Durchschnittsleistung von 212 Eiern bei einem Durchschnittseigewicht von 63,5 g.

Aufgabe des Spezialvereins für Rhodeländer sollte es auch weiterhin sein, die Mitglieder durch die eigene, monatlich erscheinende Verbandszeitschrift über wichtige züchterische Probleme zu informieren und dadurch in wirtschaftlicher Hinsicht zum Nutzen des Vaterlandes beizutragen. Neben der Arbeit des Spezialvereins und seiner Bedeutung meinte Vorsitzender Horstmann, daß der Verband Deutscher Rhodeländer-Züchter für die deutsche Geflügelzucht, innerhalb der Rassezucht, eine Säule und Stütze von unschätzbarem Wert sei. Ohne die Spezialvereine sei an eine grundlegende Wiederbelebung der Rassegeflügelzucht nicht zu denken.

Die Neuorganisation der Sondervereine

Über die künftige Organisation der Sondervereine wurde im August 1933 im Verbandsorgan von dem Vorsitzenden der Fachschaft Rassegeflügel, Artur Riedel, Richtlinien veröffentlicht. Danach durften in Zukunft grundsätzlich für eine Rasse bzw. für einen Farbenschlag nur noch ein Sonderverein bestehen, der lediglich die züchterischen Belange zu vertreten hat. Sofern für die Zucht einer Rasse bzw. eines Farbenschlages zur Zeit mehrere Sondervereine bestanden, mußte deren Zusammenschluß erfolgen. Seitens der Fachschaft Rassegeflügelzucht wurde nur der älteste Sonderverein anerkannt.

Für die Besetzung führender Positionen konnten Züchter, die sich marxistisch betätigt hatten, nicht mehr vorgeschlagen werden. Auch die Benennung der Sondervereine wurde durch die Richtlinien einheitlich geregelt. Sie durften sich in Zukunft nur noch „Sonderverein der Züchter . . ." nennen. Die großen Sondervereine, wie der Sonderverein der Züchter der Rhodeländer, konnten sich in Bezirke gliedern, die aber keine Selbständigkeit besaßen, sondern nur noch Untergliederungen darstellten. Die Fachschaft Rassegeflügel erklärte sich gegenüber den Sondervereinen bereit, für ihre Ausstellungen eine finanzielle Unterstützung in Form von Ehrenpreisen zur Verfügung zu stellen, wobei als Grundlage der Berechnung der Bezug der Bundesringe für die betreffende Rasse galt. Die Finanzierung der Sondervereine wurde diesen selbst überlassen.

Der 5. Weltgeflügelkongreß vom 7. bis 15. September 1933 war für die neuen Führungskräfte des Reichsverbandes der Geflügelwirtschaft eine gute Möglichkeit, Vertrauen im Ausland zu erwerben. Darum war man bemüht, eine besonders gute Vorbereitung für die Weltausstellung zu treffen. Hierzu wurde in München vom 1. bis 3. September 1933 eine Vorschau für Rom veranstaltet. Dort wurden die Tiere ausgewählt, die den weiten Weg über die Alpen nach Rom antreten konnten. Die 17 Nummern Rhodeländer waren unterschiedlich im Wert, die besten aber hochfein. Ehrenpreise wurden in München an die Ri-Ro-Farm, Groß-Kölzig; Major a. D. Bruno Rhau, Sondershausen; Ernst Böhle, Kassel; Otto Ständel, Oberneuland, und Friedrich Peine, Berlin-Karow, vergeben, die mit ihren Tieren auch die Reise nach Rom antraten. Bei der Weltgeflügelausstellung in Rom standen 216 deutsche Tiere, die allgemeine Beachtung und Anerkennung fanden.

Veränderungen in Hannover seit 1933

Ausstellungsmäßig bot Hannover in der Stadthalle vom 20. bis 22. Oktober 1933 das gewohnte Bild. Ungewohnt war, daß jetzt die Vertreter des neuen Reichsverbandes der Geflügelwirtschaft das „Herzliche Willkommen in Hannover" in den Fachzeitschriften entbot. Der Geist von Hannover schien auch verändert, denn von den hohen Fahnenmasten flatterten im Herbstwind Fahnen mit dem Hakenkreuz und die neuen Machthaber erschienen teilweise in Uniform. Nach dem Willen der Fachschaft 2 sollte Hannover nicht nur die deutsche Rassegeflügelzucht, sondern auch den Reichsverband als Vertreter der Geflügelzucht in Deutschland mit einer Großkundgebung repräsentieren. Die meisten Züchter feierten ihre Junggeflügelschau in altgewohnter Weise. Für sie blieb Hannover uneingeschränkt das große Fest der Rassegeflügelzüchter.

Bei den Rhodeländern waren die meisten Hähne fertig und boten einen herrlichen Anblick. Die Hennen waren im Gewicht ausgeglichen, zeigten aber meist ein stumpfes Gefieder. Das begehrte Blaue Band errang ein Hahn des Grafen von der Schulenburg, Schloß Hehlen, der allerdings aus der Zucht von Georg Wiescher, Mülheim/Ruhr-Saarn, stammte.

Der Sonderverein Deutscher Rhodeländer-Züchter hielt am Sonntag in Hannover seine Generalversammlung ab. Dabei wurde die Namensänderung in „Sonderverein" bekanntgegeben. Die Mitgliederzahl betrug nunmehr 654, war also beträchtlich zurückgegangen. Der Vorstand wurde nach einem Vortrag über die Führung von Zuchtbüchern von Frl. Burckhardt, Leiterin des Zuchtbetriebes von Dr. Reinhardt, Gütergroß, beauftragt, die Einführung eines Herdbuches für die Rhodeländer in die Hand zu nehmen.

In der Organisation des Sondervereins hatten sich folgende Änderungen in den früheren Gauen und jetzigen Bezirksvorständen ergeben: Bezirk Norddeutschland, Vorsitzender Theodor Dehnert, Hamburg; Bezirk Nordwestdeutschland, Vorsitzender Heinrich Geffert, Achim bei Bremen. Neu hinzugekommen ist der Thüringisch-Fränkische Bezirk, Vorsitzender Gustav Brehm, Sonneberg in Thüringen. Bei den Wahlen zum Vorstand wurde Heinrich Horstmann, Heiligenhaus, wieder einstimmig gewählt. Von ihm wurden gemäß den neuen Richtlinien als weitere Vorstandsmitglieder Karl Runge, Düsseldorf; Willy Stolle, Malow, und Karl Stein, Hildesheim; ernannt.

Da bei der Herausgabe eines eigenen Fachblattes keine Zuwendungen mehr an den Sonderverein vergeben wurden, beschloß die Versammlung, das Fachblatt „Der Rhodeländer-Züchter" im Monat November letztmalig erscheinen zu lassen. Es sollen dafür monatlich zwei Seiten in einer Fachzeitschrift über die Belange der Rhodeländerzucht erscheinen. Der Vorsitzende wurde beauftragt, mit der „Geflügel-Börse", dem „Norddeutschen Geflügelhof" und der „West-

9   0,1 Rhodeländer von 1933.
Züchter: Georg Schank.

deutschen Geflügelzeitung" Verhandlungen aufzunehmen. Der Beitrag der Bezirke pro Mitglied an den Sonderverein betrug ab 1. Januar 1934 durch den Wegfall der SV-Zeitschrift nur noch 2 Mark für das Jahr.

Viele gute alte Gewohnheiten waren Veränderungen unterworfen, so auch der Bundesring, der in einen Ausstellungsring (AR) umbenannt wurde. Auch Meinungen änderten sich. So schrieb SV-Vorsitzender Heinrich Horstmann in der letzten Ausgabe des „Rhodeländer-Züchters": „Wenn die Junggeflügelschau Hannover 1933 wirtschaftlich mancher ihrer Vorgängerinnen auch nachgestanden hat, so war sie doch in ihrer Bedeutung für die Allgemeininteressen der deutschen Geflügelzucht von ganz überragender Bedeutung. Hatte sie doch mit allem Drum und Dran, was nun einmal mit ihr organisch verbunden ist, die Aufgabe, den gewaltigen politischen Umschwung, der sich im Laufe des Jahres in Deutschland vollzogen hat, auch für die gesamte Geflügelzucht wenigstens noch äußerlich zu bestätigen. Die Gleichschaltung war zwar durchgeführt, aber die neuen führenden Männer wollten von der Allgemeinheit einmal gesehen und gehört werden. Und das geschah in recht eindrucksvoller und zufriedenstellender Weise."

Unter die Vergangenheit wurde ein dicker und deutlicher Strich gezogen. So wurde dem bisherigen Präsidenten des Bundes Deutscher Geflügelzüchter, Emil Schachtzabel, mit der Ernennung zum Ehrenpräsidenten der Fachschaft 2 eine

10 1,0 Rhodeländer von 1933.
Züchter: Georg Schank.

bedeutungsvolle Anerkennung für geleistete treue Dienste an der deutschen Rassegeflügelzucht zuteil.

Abschied vom SV-Organ

Die letzte Ausgabe des Mitteilungsblattes „Der Rhodeländer-Züchter" war eine Doppelnummer 11 und 12/1933. Acht volle Jahrgänge hat der „Rhodeländer-Züchter" als unentbehrliches Verbandsorgan erlebt. Nun mußte er aus finanziellen Gründen mit recht wehmütigen Gefühlen zu Grabe getragen werden. Für die Mitglieder war dies ein schmerzlicher Verlust, für den Schriftleiter Horstmann eine schwere Trennung von seiner liebgewordenen Arbeit. Er hat in den Mühen, Lasten und Sorgen des SV-Organs etwas mehr gesehen als nur Arbeit. Er sah in der vereinseigenen Zeitschrift die Fäden des inneren Zusammenhaltes und ein Stück Gemeinsamkeit aller Rhodeländerzüchter. Das gemeinsame Ziel war, die Zucht der Rhodeländer zu fördern und eine Brücke zu bauen zwischen dem Vorstand und allen Züchtern.

Um den wertvollen Meinungsaustausch nicht einschlummern zu lassen, galt es, eine Fachzeitschrift zu finden, die diese Aufgabe übernahm. Da die „Geflügel-Börse" seit geraumer Zeit bereits mindestens monatlich eine oder zwei Seiten den Rhodeländerzüchtern zur Verfügung stellte, erschien dem Vorstand die Erfüllung des Auftrages durch die Generalversammlung nicht allzu schwer. Die „Geflügel-Börse" übernahm für die Zukunft die Aufgaben der ehemaligen Verbandszeitschrift zu Beginn des Jahres 1934.

Abschied von der Nationalen

Mit der 31. Nationalen Deutschen Geflügel-Aussstellung in den Städtischen Gewerbehallen in Stuttgart nahmen die deutschen Rassegeflügelzüchter vom 5. bis 7. Januar 1934 Abschied von einer seit 1893 bestehenden traditionellen Rassegeflügelausstellung. Auch hier wurden seit der Machtergreifung durch die Nationalsozialisten entscheidende Veränderungen vorgenommen. An die Stelle der ruhmreichen Nationalen, die 31mal die deutschen Züchter in der mehr als 50jährigen Geschichte des alten Bundes Deutscher Geflügelzüchter erfreuten, traten nunmehr die Reichsschauen.

Bei dieser letzten Nationalen sollten die Rhodeländer besonders herausgestellt werden. Für sie waren 83 Klassen vorgesehen, die nach den Verkaufspreisen von 20,– bis über 200 Mark gestaffelt waren. Besetzt wurden aber nur 42 Klassen, teilweise nur mit einem Tier. Insgesamt standen in Stuttgart in den Einzelkäfigen nur 179 Rhodeländer, wozu noch 7 Zuchtstämme zu 1,3 Tieren kamen. Die Preisrichter Heinrich Horstmann und Bruno Rhau waren bei den Bewertungen nicht überfordert. Den besten Hahn zeigte Paul Schönian, Melverode, die beste Henne Hermann Brütsch, Jungingen. Hätte der SV-Bezirk Württemberg und Hohenzollern dieser Nationalen keine Sonderschau angeschlossen, wäre es um die Rhodeländer sehr schlecht bestellt gewesen.

Über 550 Rhodeländer bei der Reichsschau 1934

Zwei Wochen nach der letzten Nationalen fand in Leipzig vom 19. bis 21. Januar 1934 eine Reichsschau des Reichsverbandes der Geflügelwirtschaft mit über 20 000 Tieren von 3 000 Ausstellern statt. In großartiger Aufmachung hatte man diese Schau bereits als 1. Reichsschau angekündigt. Mit einer Kundgebung der Fachschaft Rassegeflügel wurde die Ausstellung eröffnet. Am Vorstandstisch saß in SS-Uniform der Vorsitzende der Fachschaft, Artur Riedel, und neben ihm der greise Ehrenpräsident, Emil Schachtzabel. Bei der Eröffnungsrede gab Artur

11 1,0 Rhodeländer, Hannover 1933. Züchter: Wiescher, Mülheim-Saarn.

12   0,1 Rhodeländer, Reichsschau Leipzig 1934. Züchter: H. Horstmann, Heiligenhaus.

Riedel bekannt, daß unter allen deutschen Geflügelausstellungen künftig herausragen sollen:

1. Die Deutsche Junggeflügelschau in Hannover, die damit den Zusatz „Deutsche" bekam.
2. Die Internationale Taubenschau in Berlin.
3. Die Nationale, für deren Nachfolge noch kein neuer Name gefunden war.
4. Die Reichsschau, die in Leipzig durchgeführt werden soll.

Bei der Eröffnungsfeier wurden die ersten drei neuen Ehrenabzeichen des Reichsverbandes vergeben, und zwar an Ehrenpräsident Emil Schachtzabel, den verdienten Förderer der deutschen Taubenzucht, Direktor Hermann Müller, Berlin, und an den Vorsitzenden der Rassegeflügelzüchter des Saarlandes, Wilhelm Schäfer, Brebach.

In Leipzig waren die Rhodeländer mit 508 Einzeltieren vertreten, davon standen 19 in der Preisrichterklasse. Den Siegerhahn stellte die Ri-Ro-Farm von Artur Riedel, Groß-Kölzig. Züchtern, die einen Siegertitel errungen hatten, wurde das Recht zuerkannt, den Siegertitel bei der Werbung zu verwenden.

Die erste Deutsche Junggeflügelschau

Nach der neuen Namensgebung fand die erste Deutsche Junggeflügelschau vom 12. bis 14. Oktober 1934 in den Ausstellungshallen der Stadthalle Hannover statt. Die Rhodeländer waren mit 397 Tieren in 44 Klassen gut vertreten. Sie waren allerdings nur die zweitstärkste Gruppe, denn diesmal führten die rebhuhnfarbigen Italiener die Hühnerrassen an. Die Qualität der Rhodeländer war nach der Meinung der Preisrichter wieder gestiegen. Die Preisrichter Ernst Katenhusen, Adenbüttel; Paul Barthold, Pye; Karl Runge, Düsseldorf; Willy Stolle, Berlin W 15, und Wilhelm Knips, Fulda, hatten sich verpflichtet, nach einem vom SV-Vorsitzenden Heinrich Horstmann festgelegten Punktsystem zu richten. Weiter wurde vor dem Richten festgelegt, die Sg-Flut etwas einzudämmen, um die feinsten Tiere wirkungsvoller aus der Masse herauszuheben. Wenn die Zahl der Sg-Tiere dennoch sehr hoch war, so sprach dies für die gehobene Qualität der Rhodeländer. Die Hähne waren so gleichmäßig wie noch nie, aber ein Spitzentier war nicht dabei. Bei den Hennen gab es dafür eine Reihe von Spitzentieren, die besonders gefallen konnten. Den besten Rhodeländer-Hahn zeigte Otto Ständel, Oberneuland, der mit sg Blaues Band ausgezeichnet wurde. Die beste Henne erhielt die Traumnote „vorzüglich" und das Blaue Band; sie gehörte dem Züchter Arnold Becker, Mülheim/Ruhr-Styrum.

Bei der ersten Deutschen Junggeflügelschau wurde insgesamt 19mal die Höchstnote vergeben, und zwar einmal auf Rhodeländer, einmal auf Zwerg-Rhodeländer, einmal auf Laufenten und 16mal auf Tauben.

In Hannover fand auch eine Hauptversammlung statt, bei der mehrheitlich gewünscht wurde, den „Rhodeländer-Züchter" wieder ins Leben zu rufen. Die Mitgliederzahl war um 40 Prozent gesunken, was auf das Ausbleiben des „Rhodeländer-Züchters" zurückgeführt wurde. Doch hier mußte Vorsitzender Horstmann mitteilen, daß die Genehmigung für die Herausgabe einer eigenen

SV-Zeitschrift nicht erteilt würde. Bezüglich des Punktesystems beim Richten gab Horstmann die Erklärung ab, daß er sich in Zukunft jeden Druckes auf die anderen Preisrichter in dieser Sache enthalten würde.

Die Rhodeländer waren nunmehr auf einer sehr hohen Stufe angelangt, so daß es nicht mehr erforderlich war, allgemeine Belehrungen an die Aussteller zu richten. Eher war nach der Meinung des Vorstandes eine Mahnung an die Preisrichter berechtigt, daß irgendwelche Rücksichten auf schwächere Tiere, die aber „vielversprechend" sind, nicht mehr angebracht seien.

Als Ersatz für die Nationale Rassegeflügelschau schuf die neue Reichsgruppe Ausstellungsgeflügelzüchter die Deutsche Rassegeflügelschau. Die erste ihrer Art fand vom 4. bis 7. Januar 1935 in Essen statt. Von den 20134 Ausstellungs-Nummern besetzten die Rhodeländer 735 Käfige in 52, meist vollbesetzten Klassen. Als Preisrichter waren eingesetzt Karl Stein, Hildesheim; Otto Stallknecht, Forst; Hans Schellein, Brand; Karl Runge, Düsseldorf; Paul Barthold, Pye, und Heinrich Horstmann, Heiligenhaus. Die Höchstnote „vorzüglich" errangen Gerhard Fischer, Düsseldorf-Flingern, und die Ri-Ro-Farm, Artur Riedel, Groß-Kölzig, jeweils mit einer Henne. In der Siegerklasse wurden ein Hahn von Karl Wallrabe, Dortmund-Hörde, als Sieger und eine Henne aus der Ri-Ro-Farm herausgestellt.

Für die Verbandsführung begannen etwas ruhigere Zeiten. Die „Geflügel-Börse" brachte laufend Berichte in der Sonderbeilage für Rhodeländerzüchter, meist aus der Feder von Heinrich Horstmann, Bruno Rhau, Ernst Katenhusen, Paul Barthold u. a. Aber auch die „Süddeutsche Tier-Börse" Ulm brachte monatlich einen Sonderdruck für Rhodeländerzüchter heraus, in dem von bekannten Züchtern über alle möglichen Themen und Probleme der Rhodeländer ausführlich berichtet wurde. In der Januar-Ausgabe 1935 brachte die „Süddeutsche Tier-Börse" den Bericht „Heinrich Horstmann 25 Jahre Rhodeländerzüchter", den wir nachfolgend zum Abdruck bringen:

Es sind in diesem Jahre 25 Jahre verstrichen, seit sich der heutige Vorsitzende des Sondervereins der Rhodeländerzüchter der Zucht dieser Rasse verschrieben hat. Er züchtete vorher rote Italiener, die er auch im Jahre 1914 auf der letzten Vorkriegsnationalen noch zeigte. Die älteren unter uns werden sich noch an die erbitterten Kämpfe erinnern, die vor dem Kriege zwischen den Anhängern der deutschen und der amerikanischen Zuchtrichtung der Rhodeländer ausgefochten wurden. Während die amerikanische Zuchtrichtung an bestimmten Gefiederstellen das Auftreten von Schwarz zulassen wollte, suchte die deutsche – vielleicht allzu gründliche – Zuchtrichtung reinrote Rhodeländer zu erzielen. Die Streitereien um diese Frage haben sicher nicht dazu beigetragen, der Zucht der Rhodeländer zu dienen. Mit Recht setzten sich schon damals weitsichtige Züchter dafür ein, zwischen den auseinanderstrebenden Zuchtrichtungen eine Einigung herbeizuführen. An diesen Einigungsverhandlungen nahm auch Herr Horstmann bereits teil. Seine Verbindliche Art machte ihn hierzu besonders geeignet und er hat es wohl seinem Eintreten

13 Heinrich Horstmann,
Vorsitzender des Sondervereins
der Rhodeländer-Züchter
seit 1928.

für die Einigkeit unter den Rhodeländerzüchtern zu danken, daß er seit dem Jahre 1920 zum Vorsitzenden des Gaues Westdeutschland der Rhodeländerzüchter gewählt wurde. Heute leitet er den gesamten Sonderverein der Rhodeländerzüchter, an dessen Spitze er 1928 berufen wurde.

Wenn auch Herr Horstmann heute zu den ältesten Züchtern der Rasse gehört, so ist doch bei der Rüstigkeit des 57jährigen damit zu rechnen, daß er noch viele Jahre der Rhodeländerzucht dienen kann.

Wir glauben im Sinne aller Rhodeländerzüchter zu sprechen, wenn wir Herrn Horstmann zu seinem Jubiläum die herzlichsten Glückwünsche aussprechen und der Hoffnung Ausdruck geben, daß er uns allen noch recht lange erhalten bleiben möge.   E. K.

Die 2. Deutsche Junggeflügelschau vom 11. bis 13. Oktober 1935 in der Stadthalle zu Hannover brachte 364 Rhodeländer in 42 Klassen und zwei Zuchtstämme in die Käfige. Die Tiere wurden von den Preisrichtern Paul Barthold, Karl Runge, Willy Stolle und Heinrich Horstmann bewertet. Die höchsten Bewertungen und Auszeichnungen errangen mit sg Blaues Band ein

14   0,1 Rhodeländer, Magdeburg 1936. Züchter: Alfred Hinz.

Hahn von Heinrich Mohrschladt, Brinkum, und eine Henne von Arnold Becker, Mülheim/Ruhr-Styrum.

In der Generalversammlung im Restaurant der Ausstellungshalle am 12. Oktober 1935 gab Geschäftsführer Karl Stein seinen ersten Jahres- und Kassenbericht. Der Mitgliederstand war auf 448 zurückgegangen, obwohl im Laufe des Jahres eine besonders aktive Werbung für die Rhodeländer betrieben wurde. Werbeträger waren das viermal erschienene Nachrichtenblatt des Sondervereins, dann die Sonderbeilagen in der „Süddeutschen Tier-Börse", Ulm, die monatlichen Sonderbeilagen der „Geflügel-Börse" und der anderen Fachzeitschriften. An der Erstellung der Fachberichte beteiligten sich alle namhaften Preisrichter und Rhodeländerzüchter. Um eine noch bessere Verbindung mit den Mitglie-

15   Ein Rhodeländer-Bild, gemalt von Kurt Zander, Berlin 1935.

dern des Sondervereins herzustellen, wurde beschlossen, das Nachrichtenblatt des Sondervereins ab 1. Januar 1936 monatlich erscheinen zu lassen, mit Ausnahme der Monate Mai, Juni und Juli. Der Beitrag wurde in der Versammlung auf 5,– RM festgelegt, davon erhielt der Sonderverein 3,– RM und die Bezirke 2,– RM.

Einen sehr interessanten Vortrag hielt Paul Barthold zum Thema: „Wie steht es um den Grundsatz ‚Durch Rasse zur Leistung' oder ‚Durch Leistung zur Rasse' bei den Rhodeländern?" Dabei stellte Paul Barthold klar und unmißverständlich heraus, daß es nur einen Weg gibt: Durch Rasse zur Leistung. Die Form der Rhodeländer sei bedingt durch die Leistung. Die Rhodeländerzüchter richteten aus wirtschaftlichen Gründen ihr Augenmerk auf eine gute durchschnittliche Leistung, gepaart mit der Schönheit der Tiere. Rekordlegezahlen gingen fast immer auf Kosten der Gesundheit der Tiere. Wichtiger als hohe einzelne Leistungen sei ein guter Durchschnitt der Legeleistung eines Zuchtstammes.

113

Die 2. Deutsche Rassegeflügelschau vom 10. bis 12. Januar 1936 in Magdeburg wurde mit 502 Rhodeländern, einer Voliere und drei Zuchtstämmen zu je 1,2 Tieren beschickt. Als Preisrichter waren Heinrich Horstmann, Karl Runge, Willy Stolle, Karl Lenk und Eric Elm, Ishöj-Taastrup (Dänemark) eingesetzt. Die Höchstnote errang mit einer Henne Alfred Hinz, Wesselburnerkoog. In den Siegerklassen standen 42 Rhodeländer. Die Siegertitel holten sich bei den Hähnen mit sg E Friedrich Bauer, Gießen, und bei den Hennen mit sg E H. Hoppe, Badbergen.

In der 56 Seiten umfassenden Doppelausgabe der „Geflügel-Börse" Nr. 9 und 10 vom 31. Januar 1936 wurde auf 35 Seiten über die Ausstellung, die Eröffnungsfeier und die Ziele der Reichsfachschaft berichtet. Der Vorsitzende des Sondervereins der Rhodeländerzüchter, Heinrich Horstmann, schrieb in dieser Ausgabe, daß nach übereinstimmendem Urteil aller Preisrichter die Hennen durch die Bank hervorragend waren und die Hähne dagegen weit zurücklagen, sowohl in der Form als auch in der Farbe. Bei den Hähnen fehlte es an der Einheitlichkeit des Typs. Da nur der Typ das wesentliche Erscheinungszeichen der Rhodeländer sei, müsse man sich sagen lassen, daß das Wesentliche an den Rhodeländern, soweit es das Hahnenmaterial angehe, noch fehle.

Ausschlaggebend für diese Darlegungen war das Bewertungsergebnis des dänischen Rhodeländer-Sonderrichters Elm, der keinen allzugroßen Gefallen an den deutschen Rhodeländern gefunden hatte. Er verteilte bei der Bewertung der Hähne, die ihm zugeteilt waren, 16mal einen „Strich", 7mal „b", 11mal „gut" und 6mal die Note „sehr gut". Etwas besser schnitten die Hennen ab, bei denen es 10mal einen Strich gab und 14mal „b". Bei den Hennen erteilte Preisrichter Elm einem Tier von Alfred Hinz die Höchstnote, übrigens das einzige „vorzüglich" bei den Rhodeländern. Zum besseren Vergleich sei noch erwähnt, daß dem dänischen Preisrichter Elm 40 Hähne und 99 Hennen zur Bewertung übertragen wurden.

Vorsitzender Heinrich Horstmann empfahl daher eine Überprüfung der Musterbeschreibung für die Rhodeländer und eine eventuelle Ergänzung der Bestimmungen der Bewertungsfaktoren nach Form, Figur, Gesundheit, Haltung, Temperament und Kondition, was bisher fehlen würde. Die Nachbarländer England, Dänemark und die Schweiz, in denen die Rhodeländer stark vertreten seien, hätten in einem Punktsystem diese Regelung längst getroffen.

Betrachtungen über die Hahnenfigur

Die „Süddeutsche Tier-Börse" in Ulm brachte monatlich einen Sonderdruck „Der Rhodeländerzüchter" als Mitteilungen an die Mitglieder des Sondervereins heraus. Darin wurden Erfahrungen, Beobachtungen und Betrachtungen in der Rassezucht der Rhodeländer veröffentlicht, die vom Vorsitzenden Heinrich Horstmann gesammelt wurden. Er war es auch, der sich in der Februar-Ausgabe 1936 Gedanken darüber machte, was Magdeburg gelehrt habe.

„Seit etwa zwei Jahren habe ich der Figur unserer Rhodeländer eine erhöhte Aufmerksamkeit gewidmet, und zwar besonders deshalb, weil fast alle Sonderrichter in ihren Kritiken den Satz brachten: ‚Leider boten die Figuren der Hähne noch kein einheitliches Bild.' Unsere Beschlußfassung in Essen im Januar 1935 über diesen Punkt hat an dem Bild, das sich uns in diesem Jahr auf den Ausstellungen bot, noch wenig oder gar nichts geändert. Es scheint also notwendig geworden zu sein, daß wir etwas deutlicher werden. Nach meinen auf die Figur gerichteten Beobachtungen bin ich zu der Auffassung gekommen, daß wir bei den Hähnen unserer Rhodeländer leider auf mehrere grundverschiedene Typen stoßen, und zwar gibt es deren, wie Magdeburg in aller Deutlichkeit zeigte, sage und schreibe vier, die aber mehr oder weniger in einzelnen Exemplaren eine Überbrückung von dem einen zum anderen Typ bieten.

Ich will zunächst die vier Typen näher bezeichnen. Ohne Anspruch auf allseitige Zustimmung zu erheben, nenne ich den Dreieckstyp, den Laufententyp, den Wyandottentyp und den Standardtyp.

Der Dreieckstyp ist eine alte Erscheinung, die darauf zurückzuführen ist, daß das Tier zu wenig Brust hat. Es gibt dabei solche, die einen langen Rücken haben, die einen tragen den Rücken waagerecht, die anderen abfallend. Solche Hähne müssen unter allen Umständen bei der Bewertung einen Strich bekommen, da sie gegen die wichtigste Forderung des Standards – volle Brust – verstoßen.

Der Laufententyp ist jüngeren Datums. Ein solcher Hahn hat eine schöne volle Brust, langen oder kurzen Rücken, aber abfallende Rückenlinie. Dieser Typ ist seit Jahren wegen hervorragender Farbe hoch bewertet worden. Man drückte wegen des abfallenden Rückens zwei Augen zu und entschuldigte die Sg-Note mit der Aufgeregtheit des Tieres (vielfach vielleicht mit Recht). Dieser Typ trat gleichzeitig mit der verbesserten Farbe auf und man wurde ebenso gleichzeitig aufmerksam auf die schmale Feder. Der Zuchtweg war der umgekehrte gewesen. Man züchtete die schmale Feder, um die bessere Farbe zu erreichen und bekam als unangenehme Beigabe den neuen Typ. Man hat die schmalere Feder bestimmt nicht mit einem für diesen Zweck besorgten Rhodeländer erreicht, sondern mit einem leichteren Typ, sagen wir mal mit einem Italiener. Der Laufententyp wurde ja auch von manchen Richtern gleich mit

16   Werbung für den VI. Weltgeflügelkongreß in Leipzig 1936.

Italienertyp bezeichnet. Der große Erfolg, den wir nicht vergessen dürfen, war die erreichte Farbkonstanz und zuletzt die wirkliche Gleichmäßigkeit der Außenfarbe auch im Halsbehang. Solche Hähne dürfen aber, wenn wir streng sein wollen, kein ‚sg', sondern im günstigsten Falle ein ‚g' haben. Eine Übergangszeit wäre zu empfehlen.

Der dritte Typ, den ich mal Wyandottentyp genannt habe, ist wieder alten Datums. Der Hahn zeigt eine waagerechte Rückenlinie, volle Brust, breite Beinstellung, robuste Gesundheit, aber seine Rückenlinie ist zu kurz, meist auch seine Stellung zu tief. Mit ihm würde unsere Rasse kleiner und gedrungener werden, die flotten, schönen, harmonischen Linien des Bildes würden verschwinden. Das Urteil müßte auf ‚b' bis ‚g' lauten, auf keinen Fall ‚sg'. Der Typ hat natürlich meist eine große Widerstandskraft, er wäre geeignet für den Bauernhof, da er auch Vernachlässigung ertragen würde.

Der vierte Typ endlich ist der, den unser Standard will, der waagerechte, lange Rücken, die volle kräftige Brust und die Schenkel aus der unteren Körperlinie heraustretend. Diese drei wesentlichen Merkmale sind die Grundlagen des Bildes, das uns von jeher gefallen hat und auch heute noch gefällt. Es muß bloß davor gewarnt werden, daß die Stellung nicht zu hoch wird. Dieser Typ ist der alleinige Sg-Typ."

Der in Magdeburg tätige Preisrichter aus Dänemark erkannte an, daß die deutschen Rhodeländer in der Farbe voraus sind, die Figuren dagegen abfielen. Daß die Figuren bei den Hähnen sehr im Rückstand waren, davon waren alle in Magdeburg eingesetzten Preisrichter überzeugt. Es mußte also züchterisch sehr viel getan werden, um hier Änderungen herbeizuführen.

In geradezu mustergültiger Weise wurden der Weltgeflügelkongreß und die damit verbundene internationale Ausstellung vorbereitet. Für die deutschen Züchter war dies eine einmalige Gelegenheit, in einen Vergleichswettbewerb mit anderen Nationen einzutreten. An dem Kongreß vom 24. bis 30. Juli 1936 und dem angehängten Besuch der Olympischen Spiele in Berlin nahmen 41 Nationen teil. Die internationale Tierausstellung wurde von 16 Staaten beschickt. Es waren dies Belgien, Dänemark, Frankreich, Großbritannien, Italien, Jugoslawien, Kanada, Niederlande, Norwegen, Österreich, Schweden, Schweiz, Tschechoslowakei, Ungarn, Vereinigte Staaten von Nordamerika und Deutschland als Gastgeberland. Außer Belgien und Italien hatten alle Länder auch Rhodeländer zur Schau gestellt. Die deutschen Rhodeländerzüchter zeigten ihre Tiere in den Abteilungen Leistungsgeflügel und Rassegeflügel. Die Leistungsgeflügelzüchter zeigten 19 gekörte Junghähne, 7 Jungtierstämme mit gekörten Junghähnen, 6 Hennen aus anerkannten Leistungszuchten und 11 Jungherden mit jeweils 5 Hennen.

Die Rassegeflügelzüchter besetzten 9 Volieren, 108 Zuchtstämme und in den Eingangshallen noch 5 Herden, alle mit hochfeinen Rhodeländern besetzt. Von der Reichsfachschaft Ausstellungsgeflügelzüchter beteiligten sich 1724 Züchter an der internationalen Geflügelschau, davon 77 Rhodeländerzüchter. In der Abteilung Rassegeflügel standen die Tiere nicht, wie das die deutschen Züchter bei ihren großen Ausstellungen gewohnt waren, in Einzelkäfigen, sondern die Tiere waren in Stämmen ausgestellt. Neben dem Hahn, der in einem Einzelkäfig stand, standen die beiden zu ihm gehörenden Hennen in einem besonderen Käfig. Für die deutschen Aussteller war dies auch deshalb etwas ungewohnt, denn die drei Tiere mußten in Form, Farbe und Federstruktur übereinstimmen. Die 108 Rhodeländer-Zuchtstämme waren in vier Klassen mit insgesamt 324 Einzeltieren vertreten, die von den Preisrichtern Karl Stein, Hildesheim, und Willy Stolle, Berlin, bewertet wurden. Sie vergaben an 45 Zuchtstämme die Bewertung sg E, wobei der beste Stamm von Graf von der Schulenburg, Hehlen, gestellt wurde. 20 Zuchtstämme wurden mit sg Z und 13 mit sg bewertet.

Einen Weltsiegertitel errangen die deutschen Rhodeländerzüchter nicht. Dieser wurde in zwei Gruppen ausgetragen und von den fünf Preisrichtern den Schweizer Züchtern Fr. Scherer, Killwangen/Aargau, und Ernst Mosimann, Riehen bei Basel, zugesprochen. An die zweite Stelle wurden jeweils die deutschen Züchter Hans Riedel, Sohn von Artur Riedel, Groß-Kölzig, und Friedrich Peine, Berlin-Karow, gesetzt.

Wenn die deutschen Rhodeländerzüchter auch keinen Siegertitel verbuchen konnten, so war das allgemeine Abschneiden in jeder Hinsicht als besondere Leistung anzuerkennen. Auch der Vorsitzende des Sondervereins, Heinrich Horstmann, war mit der großartigen Vorstellung der Rhodeländer tief beeindruckt und dankte in aller Öffentlichkeit den Züchtern für die starke Beteiligung und das großartige Abschneiden bei dieser internationalen Begegnung.

Mit dem guten Ergebnis von Leipzig traten die Rhodeländerzüchter bei der 3. Deutschen Junggeflügelschau in Hannover vom 16. bis 18. Oktober 1936 an. Sie brachten 443 Rhodeländer und einen Zuchtstamm in die Käfige. Die Bewertung erfolgte durch die Preisrichter Heinrich Horstmann, Heiligenhaus; Ernst Katenhusen, Adenbüttel; Fritz Lühmann, Calbe, und Willy Stolle, Berlin. Den besten Hahn zeigte Otto Schenker, Welzow, der mit sg BB bewertet wurde. Gleich zwei Hennen erhielten die Höchstnote, eine von Rohrbecks Geflügelhof, Berlin-Buckow, mit v BB und eine von Arnold Becker, Mülheim/Ruhr-Styrum, mit v RFE ausgezeichnet.

Bei der Generalversammlung am 17. Oktober 1936 in Hannover wurde der Vorstand mit Heinrich Horstmann als Vorsitzender und Karl Stein als Geschäftsführer einstimmig wiedergewählt. In seinem Jahresbericht beschäftigte sich der Vorsitzende mit der in der Fachpresse stark diskutierten Frage der Hahnenfigur. Obwohl sich die Meinungen nicht immer mit den Auffassungen des dänischen Preisrichters Elm und des Vorsitzenden Horstmann im Einklang befanden, konnte Horstmann mit Genugtuung feststellen, daß die Hähne in bezug auf die Figur einen hervorragenden Fortschritt gemacht hatten. In einer weiteren Aussprache beschäftigte sich die Versammlung wieder einmal mit dem Mitteilungsblatt für Rhodeländerzüchter in der „Süddeutschen Tier-Börse" Ulm, das nach seinem Inhalt als recht dürftig bezeichnet wurde. Das lag aber nicht an dem Vorsitzenden, der diesen Vorwurf gelassen hinnahm, sondern es fehlte an der früher so aktiven Mitarbeit einer Reihe von begabten Züchtern. Horstmann konnte sich aber nicht dazu entschließen, an die literarischen Freunde Bettelbriefe zu schreiben und sie um Beiträge zu bitten, was er auch in Zukunft nicht beabsichtigte. Daß auch eine Erweiterung der Mitteilungsblätter die finanziellen Kräfte der Sondervereinskasse übersteigen würde, wurde klar herausgestellt.

Mit einem Bericht über die Rhodeländer in Hannover in der Ausgabe der „Geflügel-Börse" Nr. 92 vom 13. November 1936 aus der Feder von Major a. D. Bruno Rhau, Sondershausen, feierte dieser ein kleines Jubiläum. Seit zehn Jahren berichtete er über Hannover, das Erntefest der Rassegeflügelzüchter und insbesondere der Rhodeländerzüchter.

Nach dem Bericht von Bruno Rhau waren die sehnsüchtig erwarteten feinen Hähne diesmal da. Mit sechs Aufnahmen von Tierfotograf Zacharias erläuterte er kritisch die Rhodeländer und die Preisrichter. Der als „best" ausgezeichnete Hahn (Bild 1) war nach der Meinung von Rhau sogar reif für ein „vorzüglich". Er trug als einwandfreies Tier seinen Titel zu Recht und der Preisrichter hat den Richtigen herausgefunden. Es sei aber auch noch ein Hahn vorhanden gewesen, der nach seiner Meinung für höchste Ehren reif gewesen wäre und mit sg E bewertet wurde (Bild 2).

Mit der Bewertung sg E für den Hahn auf Bild 3 hätte der Preisrichter eine weniger glückliche Entscheidung getroffen, denn dieser Hahn sei ein sogenannter langbeiniger Storch, bei dem ein Strich viel mehr am Platze gewesen sei, als

118

17 In seinem Bericht über die Rhodeländer in Hannover 1936 bewertet Bruno Rhau kritisch die Entscheidungen der Preisrichter anhand der abgebildeten Tiere.

wenn ein sonst feiner Hahn blasse Ohrlappen oder einige kleine Fußstoppeln zeigen würde. Zu Recht habe eine Ablehnung durch den Preisrichter der Hahn auf Bild 4 erfahren, ein viel zu tief stehendes Tier. Die beiden Hennen Nr. 5 und 6 wurden in Hannover mit der Höchstnote bewertet.

Die Verbandsschau wurde der Lipsia-Schau vom 8. bis 10. Januar 1937 angeschlossen. Zum 61. Male öffneten sich in Leipzig die Tore zu einem wahren Mittelpunkt der Rassegeflügelzüchter. Die Größe und Aufmachung der Leipziger Ausstellungen wurde durch die starke Beteiligung der Sondervereinigungen

119

erreicht und diese Tatsache hatte die Reichsfachschaft Ausstellungsgeflügelzüchter anerkannt, indem sie die Lipsia-Schau zur Schau der Sondervereinigungen ernannte. Mit rund 200 Rhodeländern war diese Ausstellung etwas dürftig beschickt.

Bei der vom Bezirk Leipzig am 9. Januar 1937 veranstalteten Rhodeländerzüchter-Versammlung hielt Paul Barthold einen Vortrag zum Thema: „Die Auslands-Rhodeländerzüchter und wir." Barthold, einer der besten Sachkenner der Rhodeländer, führte u. a. aus, daß sich die Züchter daran gewöhnt hätten, den Standard für die Rhodeländer als international, ja als Weltstandard anzusehen und auch danach zu züchten. Durch die laufende falsche Bewertung der Hähne bei den großen Schauen, was sich ja auf die Zucht auswirken mußte, kamen mit der Zeit Hähne zu den Ausstellungen, die nur Karikaturen des Weltstandards waren. Dadurch wurden sämtliche früheren ausländischen Bezieher von deutschen Rhodeländern veranlaßt, keine Tiere mehr von deutschen Züchter zu kaufen. Da eine Einfuhr ausländischer Tiere für die deutschen Züchter nicht mehr möglich war, hätten sie vor der schweren Aufgabe gestanden, den Weltstandard zu verlassen und eigene Zuchtgrundsätze aufzustellen. Das Ergebnis zeigte sich dann bei der Weltgeflügelausstellung. Die deutsche Sonderschau sollte den Ausländern den Hochstand der deutschen Rassezucht vor Augen führen, was auch in vielen Rassen gelungen sei. Die Rhodeländer hätten aber keinen überzeugenden Eindruck erwecken können. Es sei dies aber nicht der Stand der Rhodeländerzucht in Deutschland gewesen, der zu einem ziemlich einstimmig abfälligen Urteil des Auslandes beitrug, sondern der Regiefehler, der es verhindert habe, daß in einer Vorschau die zueinander passenden besseren Tiere von einer Kennerkommission ausgesucht wurden. Wäre dies der Fall gewesen, hätten die deutschen Rhodeländerzüchter nach der Meinung von Paul Barthold gesiegt.

In seinen weiteren Ausführungen wurde deutlich hervorgehoben, daß bei solchen internationalen Begegnungen auch der Blick über die Grenzen hinaus erforderlich ist, denn die einzelnen Länder haben Zuchtrichtlinien herausgegeben, die neben dem Weltstandard eine gewisse Beachtung finden müssen. Auch hier wurde wieder darauf verwiesen, daß im Ausland fast durchweg das Punktsystem gilt, das solche Abweichungen, wie sie zuletzt bei den Rhodeländerhähnen in Deutschland aufgetreten seien, nicht zuließ. Unser Qualitäts-Bewertungssystem habe abgewirtschaftet, aber ein Ersatz sei noch nicht da. Solange die deutschen Züchter sich dem Ausland in der Art der Bewertung nicht annähern würden, erklärte Barthold, würden wir bei späteren internationalen Begegnungen immer wieder Rückschläge erfahren.

Die Reichssiegerschau in Berlin

Die 3. Deutsche Rassegeflügelschau fand im Rahmen der Grünen Woche in Berlin vom 29. Januar bis 4. Februar 1937 statt und war als Reichssiegerschau ausgeschrieben. Dies hatte zur Folge, daß nur Züchter als Beschicker zugelassen waren, die bei den vorhergehenden führenden Schauen und den Landesfachgruppenausstellungen mit ihren Tieren den Titel „best" errungen hatten. Die Ausstellung umfaßte daher auch nur 4000 Nummern. Die Rhodeländer waren mit 62 Tieren vertreten. Die Bewertung der Tiere erfolgte jeweils durch zwei Preisrichter, die unabhängig voneinander arbeiteten. Für die Rhodeländer waren dies Willy Stolle und Heinrich Horstmann. Nach Beendigung der getrennt vorgenommenen Bewertungsarbeit wurde eine nahezu völlige Übereinstimmung festgestellt. Dies galt auch für die Festlegung der Spitzentiere, also für die Vergabe des Reichssiegertitels. Den Siegerhahn stellte der Züchter Wiesner aus Forst und die Siegerhenne Arnold Becker, Mülheim/Ruhr-Styrum.

Die 4. Deutsche Junggeflügelschau 1937

Die 4. Deutsche Junggeflügelschau, zugleich die 65. Junggeflügelschau, in Hannover vom 15. bis 17. Oktober 1937 wurde in der Fachpresse groß angekündigt. Die Stadthalle, in der die Ausstellung stattfand, hatte den neuen Namen „Niedersachsenhalle" erhalten.

Unter der großen Schar des hochwertigen Rassegeflügels standen wieder 428 Rhodeländer und zwei Zuchtstämme, die von den Preisrichtern Heinrich Horstmann, Ernst Katenhusen, Karl Runge und Karl Stein bewertet wurden. Die höchsten Bewertungen und Auszeichnungen errangen ein Hahn von Heinz Zumbruch, Elberfeld, mit „vorzüglich" Blaues Band und SE und eine Henne von Arnold Becker, Mülheim/Ruhr-Styrum, mit sg E und SE. Erstmals gab es auf Rhodeländer nur ein Blaues Band von Hannover.

Schönheit und Leistung der Rhodeländer

Das Jahr 1938 stand unter dem züchterischen Begriff „Schönheit und Leistung". Die Überlegungen, daß das Rhodeländerhuhn ein Zwiehuhn sein soll, das eine Augenweide auf grünem Rasen wie auch im Ausstellungskäfig ist und trotzdem eine hohe Eierleistung und schließlich noch einen guten Braten abgibt, sind Grundsätze in der Zucht. Die Schönheit der Rasse wird immer wieder bei den Rassegeflügelschauen besonders hervorgehoben und die Leistung durch Fallnestkontrolle und bei den staatlichen Wettlegen nachgewiesen. Seit vielen Jahren haben die Rhodeländerzüchter bei den Wettlegen in Krefeld ihre hohe Leistungsfähigkeit unter Beweis gestellt, so auch im Jahr 1937/38. Der Hamburger Rhodeländerzüchter Bruno Henneberg erbrachte in Krefeld mit seinem Zuchtstamm eine durchschnittliche Legeleistung von 229,2 Eiern, wobei es die beste Henne auf 273 Eier brachte.

Fünf Höchstnoten in Hannover 1938

In Hannover konnten die Rhodeländerzüchter eine reiche Ernte einfahren. Fünfmal wurde die Höchstnote „vorzüglich" und dreimal das Blaue Band bei den Rhodeländern vergeben. Dies gab es bisher in der 37jährigen Geschichte der deutschen Rhodeländerzucht noch nie. Die unermüdliche Zuchtarbeit des Sondervereins und die uneigennützige Tätigkeit der Preisrichter hatten sich gelohnt.
Bei der 5. Deutschen Junggeflügelschau vom 21. bis 23. Oktober 1938 standen 410 Rhodeländer in den Einzelkäfigen, die von den Preisrichtern Paul Barthold, Heinrich Horstmann, Ernst Katenhusen und Karl Stein bewertet wurden. Sie vergaben an fünf Rhodeländer die Höchstnote, und zwar an H. Bracksiek jr., Bielefeld-Schildesche, auf einen Hahn, mit v RFE bewertet, Arnold Becker, Mülheim/Ruhr-Styrum, auf eine V-RFE-Henne, Rohrbecks Rhodeländerhof in Berlin auf einen Hahn mit v Blaues Band, Arnold Becker auf eine Henne mit v Blaues Band und E und an Friedrich Bauer, Gießen, auf eine Henne, die mit v best ohne einen Preis bewertet wurde.
In der Abteilung „Leistung und Schönheit" zeigten die Rhodeländerzüchter 10 Herden zu je 1,4 Tieren, die von den Preisrichtern Paul Golenhofen und Ernst Schmidt gemeinsam bewertet wurden. Hier errang Arnold Becker mit einer hochfeinen Herde sg Blaues Band. In der Abteilung Zuchtstämme beteiligten sich die Züchter des Sondervereins mit 13 Rhodeländer Zuchtstämmen mit

18   Der v-Althahn des Jahres 1938. Das schönste Bild, das bisher von einem Rhodeländer-Hahn gebracht werden konnte (Westdeutsche Allgemeine Geflügelzeitung, Bochum).

jeweils 1,2 Tieren, die von den Preisrichtern Arnold Becker und Wilhelm Bremer einer gemeinsamen Bewertung unterzogen wurden.

In einem Ausstellungsbericht in der „Geflügel-Börse" bedauerte Vorsitzender Heinrich Horstmann und die eingesetzten Sonderrichter, daß eine so große Zahl von gemeldeten Rhodeländern zurückgewiesen wurden. Die Einheitlichkeit in dem Gesamtbild sei bei den Rhodeländern deutlich gewesen. Die Farbe der Rhodeländer sei von keinem anderen Land bisher erreicht worden. Die Devisen-schwierigkeiten hätten seit der Machtübernahme den Zustrom ausländischen Blutes gestoppt und dadurch sei die Rhodeländerzucht zur Ruhe und zu dem Erfolg gekommen. Auch die Forderung der Leistung sei von dem Sonderverein an die Spitze der Zuchtziele gestellt worden und das Ergebnis von Hannover zeige, daß die Rhodeländerzucht in Deutschland auf dem richtigen Wege sei, der nicht mehr verlassen werden dürfe. Das würde sich bei den Rhodeländern in wenigen Jahren so auswirken, daß Leistung und Schönheit fest in der Zucht verankert seien.

Eine einmalige Leistung von Arnold Becker

Leipzig war der Austragungsort der 4. Reichsgeflügelschau vom 6. bis 8. Januar 1939, die zugleich die Reichssiegerschau war. Mit 19000 Tieren, darunter über 400 Rhodeländer, war diese Ausstellung sehr gut beschickt und wurde ein großartiger Erfolg. Die Rhodeländerzüchter beteiligten sich wieder mit 18 Herden in der Abteilung „Leistung und Schönheit" und brachten lobenswerte Ergebnisse zustande. Die Züchter Hans Riedel, Groß-Kölzig; Otto Liebscher, Frankfurt an der Oder; Alfred Hinz, Wesselburnerkoog, und Max Greiner, Mellenbach, errangen mit ihren Rhodeländerherden jeweils „vorzüglich" und RFE. In der Siegerklasse holte sich den Titel mit vorzüglich Sieger Arnold Becker mit seinen prachtvollen Tieren, gefolgt von den nicht minder hervorste-chenden Rhodeländern von Hans Riedel, Groß-Kölzig, bewertet mit vorzüglich RFE.

In den allgemeinen Klassen standen 323 Rhodeländer, die von den Preisrich-tern Heinrich Horstmann, Karl Stein und Willy Stolle bewertet wurden. Sieger auf der ganzen Linie war hier Arnold Becker mit seinen hochfeinen Rhodelän-dern. Er errang mit vorzüglich E bei den Althähnen, vorzüglich E bei den Junghähnen, vorzüglich RFE bei den Junghennen alle Preise und krönte seine züchterische Arbeit noch mit beiden Siegertiteln mit jeweils sg Sieger. Diese wohl einmalige Leistung in der Rhodeländerzucht wurde von allen Rhodelän-derzüchtern vorbehaltlos anerkannt und gewürdigt.

Aus finanziellen Gründen mußte die „Süddeutsche Tier-Börse" in Ulm den Sonderdruck der Mitteilungen für Rhodeländerzüchter einstellen. Über die Herausgabe eines neuen Mitteilungsblattes wurde nicht mehr nachgedacht, da dies finanziell vom Sonderverein nicht verkraftet wurde.

Die letzte Großschau vor dem Zweiten Weltkrieg

Die Cypria-Schau in Berlin im Rahmen der „Grünen Woche" vom 27. bis 31. Januar 1939 war das letzte Großereignis der deutschen Rassegeflügelzüchter. Danach gab es eine siebenjährige Zwangspause, ausgelöst durch den Beginn des zweiten Weltkrieges. Die Rhodeländerzüchter hatten sich schon immer gerne an der Ausstellung anläßlich der „Grünen Woche" in Berlin beteiligt, denn dort konnten sie ihre Zuchtergebnisse eine Besucherstrom von etwa 400 000 Menschen präsentieren. Unter den bei der Cypria-Schau gezeigten 4000 Tieren standen 103 Einzelnummern und 8 Zuchtstämme der Rhodeländer. Ihre fachmännische Bewertung erfolgte durch Paul Barthold, Pye. Den besten Hahn, bewertet mit sg E Grünes Band, zeigte Rohrbecks Rhodeländerhof, Berlin-Buckow, und die beste Henne, mit sg RFE ausgezeichnet, stellte Willy Stolle, Berlin.

Die Organisation des Sondervereins

Der Vorstand des Sondervereins der Züchter des Rhodeländerhuhnes bestand im August 1939 aus dem Vorsitzenden Heinrich Horstmann, Heiligenhaus, und Geschäftsführer Karl Stein, Hildesheim. Der Sonderverein war in folgende 21 Bezirke unterteilt:

1. Baden: Vorsitzender Leonhard Otto, Weinheim
2. Bayern: Vorsitzender Hans Schellein, Brand
3. Dresden: Vorsitzender Julius Grosse, Radebeul
4. Hessen: Vorsitzender Friedrich Bauer, Gießen
5. Kurhessen: Vorsitzender Heinrich Schäfer, Eschwege
6. Kurmark: Vorsitzender Willy Stolle, Berlin
7. Lausitz: Vorsitzender Otto Schenker, Welzow
8. Magdeburg: Vorsitzender Wilhelm Palis, Gardelegen
9. Minden: Vorsitzender Heinrich Bracksiek, Bielefeld
10. Niedersachsen: Vorsitzender Ernst Katenhusen, Adenbüttel
11. Norddeutschland: Vorsitzender Fritz Kahl, Altona
12. Nordwestdeutschland: Vorsitzender Ernst Gabriel, Delmenhorst
13. Saar: Vorsitzender Willi Ehricke, Bischmisheim
14. Sachsen: Vorsitzender Karl Pfundheller, Leipzig

15. Schlesien: Vorsitzender Albert Rost, Waldenburg
16. Sudetenland: Vorsitzender Alfred Jäger, Eulau
17. Thüringen: Vorsitzender Eugen Schmidt, Neuhaus
18. Thüringen-Nord: Vorsitzender Willy Ritter, Oppurg
19. Westdeutschland: Vorsitzender Heinrich Horstmann, Heiligenhaus
20. Westfalen: Vorsitzender Heinrich Kleiböhmer, Hamm
21. Württemberg: Vorsitzender A. Maisenhölder, Münsingen

Bei dieser Aufstellung, die von dem Vorstand des Sondervereins in einem Sonderdruck der „Westdeutschen Allgemeinen Geflügelzeitung", Bochum, veröffentlicht wurde, fehlt der Bezirk Südwestdeutschland, Vorsitzender Heinrich Werle, Limburgerhof.

In der „Geflügel-Börse" vom 18. August 1939 wurde noch in Großaufmachung das Programm der Deutschen Junggeflügelschau 1939 veröffentlicht. Sie sollte vom 13. bis 15. Oktober stattfinden. Für die Rhodeländer waren 21 Klassen vorgesehen. Doch alles blieb nur ein Traum: Am 1. September 1939 brach der unselige Krieg aus. Neben Hannover wurden auch alle anderen Großschauen abgesagt. Die meisten jüngeren Züchter wurden eingezogen. Die gesamte deutsche Rassegeflügelzucht kam in große Bedrängnis. Die Arbeit des Sondervereins konnte nur noch unter erschwerten Umständen fortgesetzt werden. Die Fachzeitschriften mußten sich im Umfang wesentlich einschränken, einige konnten überhaupt nicht mehr erscheinen. In der „Geflügel-Börse" des Jahrganges 1940 konnten Heinz Zumbruch, Elberfeld; Major a. D. Bruno Rhau, Heinrich Horstmann, Julius Große, Radebeul; Ernst Katenhusen u. a. noch wertvolle Beiträge für die Rhodeländerzüchter unterbringen. Auch Arnold Becker, Mülheim/Ruhr-Styrum, brachte einen wertvollen Beitrag über „Unsere Rhodeländer in Gegenwart und Zukunft". Von besonderem Interesse für die Rhodeländerzüchter draußen an der Front und in der Heimat war ein Beitrag in der „Geflügel-Börse" vom 22. August 1941 über die Geschichte und Entwicklung der Rhodeländer im Ausland und bei uns in Deutschland. Leider ist der Verfasser dieser Rhodeländer-Kurzchronik nicht genannt. Diese Berichte waren ein starkes Bindeglied zwischen den Züchtern an der Front und ihrem Sonderverein.

B e z u g s c h e i n

Der Geflügel züchter Heiz Möller, Wesermünde-G., Kammerweg 44,
ist berechtigt, gegen diesen Bezugschein 13 Stück Eier für
Brutzwecke (Bruteier) zu beziehen.
Dieser Bezugschein gilt bis 10. Mai 1941.
Der Bezugschein ist bei der Lieferung von Bruteiern dem
Lieferanten auszuhändigen und spätestens nach Ablauf der
Gültigkeit dem Bezugsberechtigten zurückzugeben. Dieser hat
auf dem Bezugschein die erhaltenen Mengen zu bestätigen und
den Bezugschein umgehend dem zuständigen Eierwirtschaftsver-
band einzusenden.

Wesermünde, den 4. März 1941

	Bestätigung der Lieferung oder Teillieferung		
Bruteier in	Tag der	Unterschrift des	Unterschrift
Stück *11*	Lieferung	Lieferanten	d. Empfängers
	6.3.41	Timmel Lemke.	Möller
			8. März 1941

19 Die Auswirkungen des Krieges:
Ein Bezugsschein für die Lieferung von Bruteiern 1941.

Willy Stolle übernimmt den Vorsitz des Sondervereins

Aus der gleichen Ausgabe der „Geflügel-Börse" konnte man entnehmen, daß
es in der Sondervereinsführung einen Wechsel gegeben hat. Unter einer Sonder-
vereinsmitteilung war als Unterschrift zu lesen: „Willy Stolle, komm. Vorsitzender". Wann und aus welchen Beweggründen Rektor Heinrich Horstmann das
ihm ans Herz gewachsene Amt niederlegte, konnte nicht ergründet werden. Zum
Zuchtwart wurde Friedrich Joppich, Brieselang/Osthavelland, ernannt.

127

Die neue Musterbeschreibung von 1942

Ein besonderes Ereignis fällt in das Jahr 1942. Trotz der Kriegswirren genehmigte die Reichsfachgruppe Ausstellungsgeflügelzüchter eine neue Musterbeschreibung für die Rhodeländer und veröffentlichte ein neues Musterbild, das für die künftigen Ausstellungen maßgebend war. Die neue Musterbeschreibung wurde in der Ausgabe 1943 der Musterbeschreibungen des Groß- und Wassergeflügels, der Hühner und Zwerghühner mit aufgenommen, die von der Reichsfachgruppe zusammengestellt und von dem Verlag der „Geflügel-Börse" gedruckt wurde.

Rhodeländer

Herkunft: Amerikanische Züchtung, seit 1903 bei uns eingeführt.

Zuchtziel: Ein für alle Verhältnisse passendes kräftiges Zwiehuhn, vollfleischig, mit einer Legeleistung von mindestens 180 Eiern im ersten Jahre und 150 Eiern im zweiten Jahre, wetterhart, fleißige Futtersucher, Eier kunstbrutfest, Küken unempfindlich und frohwüchsig.

Musterbeschreibung: Für die Beurteilung auf Ausstellungen ist die nachstehende Musterbeschreibung und das Musterbild der Reichsfachgruppe maßgebend.

Äußere Merkmale und Kennzeichen:

I. Form, Kopf und Stellung:

a) beim Hahn: Abgerundete Rechteckform, Rücken lang, waagerecht, breit in den Schultern, Brust breit, voll und tief angesetzt, reicher Halsbehang. Volle Bauchpartie, Schwanz mittellang, leicht angehoben getragen mit reicher, schön gebogener Besichelung. Kopf mittelgroß, kräftiger mittellanger Schnabel, einfacher Stehkamm, Auge lebhaft, rot oder orangerot, Ohrlappen rot. Mittelhohe und breite Beinstellung mit sichtbaren Schenkeln, Läufe feinknochig. Glattes anliegendes Gefieder ohne jede Kissenbildung.
b) der Henne: Im allgemeinen der Form des Hahnes entsprechend, nur mit den Abänderungen, die geschlechtlich bedingt sind, mit vollem Legebauch. Schwanz breit angesetzt, leicht angehoben getragen.

II. Farbe:

Gleichmäßiges, sattes, glanzreiches Rot. Schwingen rot oder rot mit schwarzem Längsstrich am Federkiel. Schwarz im Schwanz sowie schwarze Spritzer in den unteren Halsbehangfedern sind gestattet. Die Hennenfarbe soll der Brustfarbe es Hahnes entsprechen, Untergefieder rot, Läufe gelb, auch mit braunen Schuppen und roten Streifen.

Einzelbewertung: Vor allem Kraft, Gesundheit und Temperament sowie lebhafter Gesichtsausdruck. Typische Form, richtige Größe, gleichmäßige Farbe, ohne dem Untergefieder eine besondere Bedeutung beizumessen. Glanzreiches glattes Gefieder ohne Kissenbildung.

Herdenbewertung: Ausschlaggebend ist abgeschlossene Entwicklung, Gesundheit, Lebhaftigkeit, Ausgeglichenheit in Größe und Form, einheitliches Farbbild. Fehler im Gefiederwachstum (offene, lose Flügel, verkümmerte Schwingen, Struppfedern) sind zu strafen.

Grobe Fehler: Fehlende Lebenskraft, müder oder matter Gesamteindruck, grobknochiger Bau, zu schwerer Körper, zu tiefe oder zu hohe Stellung, zu leere Hinterpartie, kurzer Körper, durchgebogener Rücken, Steilschwanz, starke Kissenbildung, grober Kopf, ungleichmäßige oder Fischaugen, Weiß in den Ohrlappen, matte, glanzlose und ungleichmäßige Farbe, Ruß oder Weiß im Untergefieder.

Gewicht: Hahn 2500–3500 g, Henne 2000–3000 g.
Bruteier-Mindestgewicht: 55 g.
Schalenfarbe der Eier: bräunlich.
Bruttrieb: vorhanden.
Ringgröße: Hahn II, Henne III.

Zu dieser neuen Musterbeschreibung machte der Zuchtwart des Sondervereins, Friedrich Joppich, einige Anmerkungen, die hier nur in stark gekürzter Form wiedergegeben werden können. Diese Musterbeschreibung faßte in einfacher, kurzer Form alles zusammen, was für die Rhodeländerzüchter von Bedeutung war. Sie wurden durch das beigegebene Musterbild so trefflich ergänzt, daß sich jeder Züchter Klarheit über die Rasse verschaffen konnte. Die Federstruktur wird danach glatt verlangt, ohne jede Kissenbildung. Bei der Farbe gab es eine Neuerung. Während bisher nur bei der Henne schwarze Spritzer im Halsbehang zulässig waren, sind sie nun auch beim Hahn in den unteren Halsbehangfedern gestattet. Bei sonst gleichwertigen Hähnen wird der Hahn mit farbreinem Halsbehang, also ohne Halsspritzer, in der Preiszuteilung bevorzugt. Eine weitere Forderung bleibt bestehen, daß die Farbe des Mantelgefieders am ganzen Körper gleichmäßig satt und glanzreich ist. Die Farbe des Untergefieders wurde bei der Einzelbewertung zweitrangig betrachtet, indem es hier heißt, „Ohne dem

20   Das Musterbild der Rhodeländer von Kurt Zander von 1938.

Untergefieder eine besondere Bedeutung beizumessen". Daß aber die Ausfärbung des Untergefieders für die Farbvererbung eine große Bedeutung hat, blieb
nach wie vor ein Zuchtgrundsatz. Auch die Schwingenfarbe steht neuerdings
mehr im Vordergrund. Das Schwarz der Schwingen muß bei angelegtem Flügel
äußerlich unsichtbar bleiben.

Im Verlag der „Geflügel-Börse" erschien im Jahr 1942 eine kleine Broschüre
über das Rhodeländerhuhn mit Zuchtgrundsätzen für Leistung und Schönheit.
Autor war Major a. D. Bruno Rhau, Sondershausen, der in kurzen Zügen die
Entstehungsgeschichte beschrieb, die Musterbeschreibung erläuterte und als
Preisrichter sich über die Bewertung ausließ. Hinweise über die Auswahl der
Zuchttiere, Unterbringung, Aufzucht und Fütterung sowie die Verbreitung der
Rhodeländer und ihre Vorbereitung für die Schauen rundeten die Schrift ab. Als
besonders verdiente Rhodeländerzüchter dachte er an Forstmeister Wedding,

Robert Felsckow, den dänischen Preisrichter und Rechtsanwalt Traberg, an Artur Riedel und Arnold Becker.

Durch das Kriegsgeschehen haben sich beim Sonderverein bemerkenswerte Veränderungen ergeben. Im Laufe des Jahres 1942 wurden sechs neue Bezirke gebildet und über 200 Neuaufnahmen getätigt. Den neuen Mitgliedern ging es meist nicht um die Zucht, sondern um Zuteilung der rationierten Futtermittel.

Der Sonderverein hatte Ende des Jahres 1942 30 Bezirke und über 1200 Mitglieder.

Teil IV

Der Wiederaufbau der Zucht nach 1945
und die Entwicklung
in der Bundesrepublik Deutschland

Der Wiederaufbau nach 1945

Nach dem Kriegsende begann eine Zeit der großen Ungewißheit. Die große und einst stolze Organisation der Rassegeflügelzüchter war zerschlagen. Viele der alten Züchterfreunde kehrten nicht mehr in ihre angestammte Heimat zurück. Sie waren gefallen, vermißt oder in Kriegsgefangenschaft geraten. Unser Vaterland wurde in vier Besatzungszonen aufgeteilt und Ostgebiete wurden völlig von uns abgetrennt. Wer konnte da noch an einen Neubeginn, an eine Wiederbelebung der Rassegeflügelzucht und des Sondervereins der Rhodeländerzüchter denken! Militärregierungen waren eingesetzt, die in ihren Besatzungszonen unterschiedlich reagierten, wenn Geflügel- oder Kleintierzuchtvereine sich wieder zusammenschließen wollten. Mit den wenigen Tieren, die in Kriegs- und Nachkriegszeit durchgehalten wurden, versuchten auch die Rhodeländerzüchter einen Neubeginn.

Gegen Ende des Jahres 1945 kamen deutliche Impulse von Rhodeländerzüchtern aus der englischen Besatzungszone. Hier war es insbesondere der Geschäftsführer des Sondervereins der Rhodeländerzüchter, Karl Stein, Hildesheim, der mit weiteren Freunden wie Hans Wiegel, Hannover; Wilhelm Walther, Oldenburg; Wilhelm Sehlhoff, Wuppertal-Elberfeld, und Otto Steen, Silzen, einen Vorstoß unternahmen, die Organisation der Rassegeflügelzüchter wieder auf die Beine zu stellen. Aus dieser Zeit hat uns Karl Stein wertvolle Aufzeichnungen und Protokolle hinterlassen, die es uns ermöglichten, Genaueres über den Wiederaufbau der Rassegeflügelzucht zu berichten.

Die Gründung des Verbandes der Sondervereine

Bevor irgendwo innerhalb der vier Besatzungszonen eine Dachorganisation für Geflügelzüchter entstand oder genehmigt wurde, ging Karl Stein einen mutigen Weg. Er gründete am 1. Dezember 1945 in Hildesheim nach Absprache mit einigen Freunden den Verband der Sondervereine für Hühner, Groß- und Wassergeflügel für den Bereich der britischen Zone, ohne hierfür die Zustimmung der Militärregierung einzuholen. Er wurde auch bei der Gründungsversammlung zum Vorsitzenden gewählt. Zu den Gründungsvereinen gehörte auch der Sonderverein der Rhodeländerzüchter, dessen Geschäftsführer Karl Stein ja war.

Heinrich Horstmann †

Aus Mitteilungen des Landesverbandes Westfalen vom 25. April 1946 konnten wir entnehmen, daß der langjährige Vorsitzende des Sondervereins, Preisrichter und Schriftleiter der SV-Zeitschrift „Der Rhodeländer-Züchter", Rektor Heinrich Horstmann, Heiligenhaus, für immer die Augen geschlossen hat. Er war in den Aufbaujahren des Sondervereins ein unermüdlicher Motor und Gestalter der modernen Rhodeländerzucht. Ihm hatte der Sonderverein viel zu verdanken.

In der gleichen Mitteilung erfuhren wir auch von dem Hinscheiden des Sonderrichters Karl Runge, Düsseldorf, der die Rhodeländer bei vielen Großschauen zu bewerten hatte. Nähere Einzelheiten, wann die beiden Rhodeländerzüchter verstorben sind, wurden nicht angegeben. Fachzeitschriften gab es zur damaligen Zeit noch nicht.

Heinz Zumbruch wird Vorsitzender des Sondervereins der Rhodeländerzüchter

Aus dem Mitteilungsblatt der Landesverbände Rheinland und Westfalen vom 6. Juli 1946 entnahmen wir einer Veröffentlichung des Sondervereins der Rhodeländerzüchter, daß auf Wunsch und im Einvernehmen mit dem seitherigen Vorsitzenden Willy Stolle, Berlin, für das britisch besetzte Gebiet Heinz Zumbruch, Wuppertal-Elberfeld, den Vorsitz im Sonderverein übernommen hat. Karl Stein behielt auf besonderen Wunsch von Heinz Zumbruch das Amt des Geschäftsführers auch weiterhin. Es war weder der Wunsch noch die Absicht, daß die beiden bewährten Rhodeländerzüchter und Organisatoren sich ein Amt im Sonderverein anmaßten, sondern dies geschah nur in der Absicht, daß der Sonderverein seine Arbeit wieder aufnehmen konnte.

Sobald es die Verhältnisse wieder zuließen, sollte eine Generalversammlung des ganz Deutschland umfassenden Sondervereins einberufen und ein neuer Vorstand gewählt werden. Die kommissarische Verbandsführung brachte es zuwege, daß in den verschiedenen Bezirken die Arbeit wieder aufgenommen wurde.

Im Bezirk Westdeutschland fand am 17. August 1946 in Düsseldorf ein Rhodeländerzüchtertreffen, das erste nach Kriegsende, statt, bei dem auch Neuwahlen durchgeführt wurden. Hier wurden Heinz Zumbruch, Wuppertal-Elberfeld, zum ersten Vorsitzenden und Wilhelm Ziebertz, Duisburg-Hamborn, zum zweiten Vorsitzenden gewählt. Geschäftsführer wurde August Eickmann, Duisburg. Bei dieser Versammlung wurde beschlossen, daß der Zuchtaufbau grundsätzlich nach Leistung und Schönheit erfolgen soll. Der Verband hatte 100 Mitglieder.

Nun hatte Heinz Zumbruch den Rückhalt seines eigenen Bezirks und er konnte sich dafür einsetzen, daß der Sonderverein auf breiter Basis arbeiten konnte, bis Neuwahlen stattfanden. Am 18. Mai 1947 konnte Heinz Zumbruch zu einer ersten Nachkriegs-Generalversammlung aller westdeutschen Rhodeländerzüchter nach Braunschweig in die Gaststätte „Schönstedt" einladen. Die meisten Bezirke waren vertreten und wer nicht nach Braunschweig reisen konnte, hatte eine Vollmacht ausgestellt, daß ein anderer Vertreter für ihn abstimmen konnte. Bei dieser Versammlung wurden Willy Stolle, Berlin, zum Ehrenvorsitzenden und Paul Barthold, Pye; Hermann Niessen, Düsseldorf, und Fritz Kahl, Hamburg-Altona, auf Grund ihrer 40jährigen aktiven Tätigkeit als Rhodeländerzüchter zu Ehrenmitgliedern des Sondervereins gewählt. Die Bezirke der westlichen Zonen hatten 700 Mitglieder. Bei den Wahlen zum Vorstand gab es folgende Ergebnisse:

1. Vorsitzender:	Heinz Zumbruch, Wuppertal-Elberfeld
2. Vorsitzender:	Theodor Kurth, Köln
Schriftführer:	Ernst Katenhusen, Adenbüttel
Geschäftsführer:	Karl Stein, Hildesheim
Beisitzer:	Paul Barthold, Pye,
	Heinrich Schäfer, Eschwege
	Bruno Henneberg, Hamburg-Poppenbüttel.

Im Mai 1947 gab der Sonderverein wieder sein erstes Mitteilungsblatt „Der Rhodeländerzüchter" heraus. Dies war nur möglich, weil ein edler Spender das hierzu erforderliche Papier zur Verfügung stellte. Die Schriftleitung übernahm Heinz Zumbruch und für den Vertrieb sorgte Geschäftsführer Karl Stein.

Die neuen Fachschriften nach 1946

Am 15. Juni 1946 erschien als erste Fachzeitschrift für die Kleintierzucht nach Kriegsende durch eine Lizenz der französischen Militärregierung der „Süddeutsche Kleintier-Züchter" im Verlagshaus Oertel und Spörer in Reutlingen. Es war ein illustriertes Fachblatt für alle Kleintierarten.

Zwei Tage später gab die sowjetische Militär-Administration in Berlin-Karlshorst die Lizenz frei für die Herausgabe der altbekannten „Geflügel-Börse" in Leipzig. Die erste Ausgabe erschien am 5. Juli 1946 mit der Abbildung von 2,2 Rhodeländern unterschiedlicher Qualität auf der Titelseite. Ein Wort zum Geleit schrieb der Rhodeländerzüchter Bruno Rhau.

In der Folgezeit erschienen dann noch weitere Geflügelzeitschriften wie „Der Geflügelzüchter" in Frankfurt am Main, der „Deutsche Geflügelhof" in Oldenburg und die „Allgemeine Geflügel-Zeitung" in Bochum.

Alle Fachzeitschriften gaben dem Sonderverein der Rhodeländerzüchter die Möglichkeit einer verstärkten Werbung, die auch weidlich ausgenützt wurde.

Hannover 1947 wird abgesagt

Große Hoffnungen gab es bei allen Rassegeflügelzüchtern durch die Ankündigung der ersten Nachkriegs-Hannoverschau für den 21. bis 23. November 1947. Es sollte die 67. Hannoversche Junggeflügelschau werden. Doch die Zeitverhältnisse waren stärker als der Wille des Hannoverschen Geflügelzuchtvereins. Die Ausstellung mußte im Oktober 1947 abgesagt werden wegen unüberwindlicher Schwierigkeiten in der Beschaffung einer geeigneten Halle.

Zu einem zweitägigen Schulungstreffen mit Generalversammlung trafen sich die Rhodeländerzüchter aus allen Besatzungszonen am 17. und 18. April 1948 in Hamm. Anwesend war auch der Ehrenvorsitzende Willy Stolle, der am 18. April 1948 seinen 70. Geburtstag und sein 40jähriges Jubiläum als Rhodeländerzüchter feierte. Außerdem war Willy Stolle seit 37 Jahren Mitglied des Sondervereins und seit 36 Jahren Sonderrichter für Rhodeländer. Dies alles war für ihn Anlaß, mit seinen Rhodeländerfreunden gemeinsam zu feiern.

Der 17. April war ein reiner Arbeitstag mit vielen Vorträgen. Geschäftsführer Karl Stein referierte über die „Kritiken der Sonderrichter" und forderte zu gewissenhafter Arbeit auf, um dem Züchter zu helfen und der Rasse zu dienen. Sonderrichter Paul Barthold berichtete über „Wertvolles aus der Zucht der Rhodeländer" und Arnold Becker ergänzte mit dem Hinweis, möglichst frühreife Tiere zu züchten. Bezirksvorsitzender Friedrich Bauer sprach über „Fragen der Leistung" und Heinrich Schäfer über das Thema „Bewertung nach Punkten".

Am nächsten Tag begann in den frühen Morgenstunden die Hauptversammlung des Sondervereins mit den Wahlen zum Vorstand. Unter der Versammlungsleitung von Willy Stolle wurde der gesamte Vorstand einstimmig wiedergewählt. Anschließend berichtete Heinz Zumbruch über den vollzogenen Zusammenschluß aller Sondervereine der westlichen Besatzungszonen, an dem die Rhodeländerzüchter Wilhelm Ziebertz, Heinrich Schäfer und Karl Stein großen Anteil hatten.

Die erste Nachkriegsschau in Hannover

Nach zehnjähriger Unterbrechung wurde nunmehr die 67. Junggeflügelschau in Hannover vom 22. bis 24. Oktober 1948 auf dem Messegelände erwartet. Die Arbeitsgemeinschaften der westlichen Besatzungszonen unterstützten tatkräftig das Unterfangen des Hannoverschen Geflügelzuchtvereins und ermutigten die Züchter, dort auszustellen und die Schau zu besuchen. Der Erfolg blieb nicht aus. In Hannover standen rund 7 600 Tiere, davon waren auch 562 Rhodeländer und 14 Zuchtstämme, also über 600 Rhodeländer, mit von der Partie. Es wurden 50 Blaue Bänder vergeben, dazu kamen jeweils noch 20 DM. Auf die Rhodeländer fielen gleich zwei Blaue Bänder, und zwar auf einen Hahn von Arnold Becker und eine Henne von Paul Barthold. Bewertet wurden die Rhodeländer von den Sonderrichtern Heinz Zumbruch, Wuppertal-Elberfeld; Friedrich Joppich, Hamburg-Bergedorf; Bernd Hillmann, Delmenhorst; Heinrich Schäfer, Eschwege, und Willy Stolle, Wald bei Markt-Oberdorf.

Das allgemeine Preisrichterurteil war, daß die Rhodeländer zu leicht geworden sind, wohl eine Folge der Kriegs- und Nachkriegszeit. Sonderrichter Heinrich Schäfer fertigte über alle in Hannover stehenden Rhodeländer eine Übersicht der Beanstandungen.

Beanstandungen	Figur	Farbe	Untergefieder	Schwingen	Kopf
Hähne	47 %	7 %	16 %	17,5 %	15,5 %
Hennen	40 %	16 %	7 %	20 %	14 %

Daraus wurde ersichtlich, daß bei den Rhodeländern noch viel Zuchtarbeit notwendig ist.

In einer kritischen Betrachtung der Rhodeländer machte Wilhelm Ziebertz in seiner Eigenschaft als Sonderrichter in einem längeren Beitrag der „Allgemeinen Geflügel-Zeitung" nach Hannover darauf aufmerksam, die Rhodeländer als anerkannte Wirtschaftsrasse nicht auf Abwege geraten zu lassen. Die Rhodeländerzüchter müßten sich befleißigen, die Ziele der Reinrassigkeit und Schönheit mit der geforderten Leistung in Einklang zu bringen. „Es sollte keine Mühe machen," schrieb Wilhelm Ziebertz, „wenn wir das Schwergewicht unserer Züchtungskunst, wie letzthin auf die Farbe, jetzt auf die Wirtschaftlichkeit unserer Rasse verlegen." In letzter Zeit sei auf die typische Form nicht genügend geachtet und die Farbe bei der Bewertung bevorzugt worden.

Ehrenvorsitzender Willy Stolle †

Kurz vor den Weihnachtsfeiertagen 1948 unternahm der Ehrenvorsitzende und Sonderrichter des Sondervereins Willy Stolle noch eine Rundreise zu befreundeten Rhodeländerzüchtern. Kaum war er zurück, befiel ihn eine nur zweitägige Krankheit, dann hörte sein treues Züchterherz auf zu schlagen. Tief erschüttert mußte Vorsitzender Heinz Zumbruch am 26. Dezember 1948 die Nachricht von dem so plötzlichen Tod seines Freundes zur Kenntnis nehmen.

In einem Nachruf erinnerte Heinz Zumbruch an die großen Verdienste des Verstorbenen um den Sonderverein, dem seine ganze Liebe galt. Er erinnerte aber auch an die harten Schicksalsschläge, die Willy Stolle in den letzten Jahren seines Lebens hinnehmen mußte. Erst wurden ihm die Berliner Heimat und seine Existenz genommen und dann auch noch seine Gattin von seiner Seite gerissen. In seiner neuen Wahlheimat Wald bei Markt-Oberdorf im Allgäu fand er seine letzte Ruhestätte.

Eine weitere Trauerbotschaft kam aus Heutingsheim in Württemberg. Dort starb nach einem erfüllten Leben der langjährige zweite Vorsitzende des Sondervereins, Oberlehrer Hans Digel, im Alter von 73 Jahren.

Die Gründung des Bundes Deutscher Rassegeflügel-züchter in Frankfurt am Main

Nach gründlicher Vorbereitung durch die Arbeitsgemeinschaft der westzonalen Rassegeflügelzüchter fand am 16. März 1949 in dem notdürftig wieder hergerichteten Schneider-Innungsheim in der alten historischen Stadt Frankfurt am Main die Gründungsversammlung des Bundes Deutscher Rassegeflügelzüchter statt. Den Vorsitz der Versammlung übernahm mit allseitigem Einvernehmen der Rhodeländerzüchter Wilhelm Ziebertz. Nach dem offiziellen Zusammen-

21   Im März 1949 wurde in Frankfurt am Main der Bund Deutscher Rassegeflügelzüchter
wiedergegründet.

schluß der westlichen Landesverbände zum „Bund Deutscher Rassegeflügelzüchter" wurde Wilhelm Ziebertz, Duisburg-Hamborn, einstimmig zum Präsidenten gewählt. Großen Anteil an der Gründung des BDRG hatten auch die
Rhodeländerzüchter Gottlieb Keppler, Pfullingen; Heinrich Schäfer, Eschwege,
und Karl Stein, Hildesheim.

Eine Ringprovision für Sondervereine wird beantragt

Für den 11. Juni 1949 hatte SV-Vorsitzender Heinz Zumbruch zu einer Hauptversammlung nach Kassel eingeladen. Nahezu alle Bezirke waren vertreten. Die Vorstandswahlen hatten folgendes Ergebnis:

1. Vorsitzender:	Heinz Zumbruch, Wuppertal-Elberfeld
2. Vorsitzender:	Heinrich Schäfer, Eschwege
Kassierer:	Karl Stein, Hildesheim
Schriftführer:	Ernst Katenhusen, Adenbüttel
Beisitzer:	Paul Barthold, Pye bei Osnabrück
Beisitzer:	Bruno Henneberg, Hamburg-Poppenbüttel
Beisitzer:	Wendelin Weinbrecht, Durmersheim/Baden

Die Versammlung beschloß, eine Reisekasse zu bilden, um entfernt liegende Bezirke nicht zu sehr mit Reisekosten zu belasten. Der Beitrag pro Mitglied für den Hauptverein wurde auf 1,– DM festgelegt. Es wurde weiter angeregt, einen Antrag an den Bund zu stellen, aus den Ringgeldeinnahmen einen Pfennig pro Ring an die Sondervereine abzuführen. Es wurde auch über das Gewicht der Rhodeländer diskutiert, das nach den Angaben im Standard von 1943 beim Hahn mit 2500 bis 3500 g und bei der Henne mit 2000 bis 3000 g angegeben ist. Hier wurde eine Änderung beschlossen, und zwar gilt künftig beim Hahn ein Gewicht von 3000 bis 3500 g und bei der Henne 2500 bis 3000 g. Bei Jungtieren sind 250 g als Untergewicht und für Alttiere bis 500 g als Übergewicht zulässig. Für das Jahr 1949 soll beim Bund beantragt werden, daß für die Hennen die Ringgröße III zugelassen wird, da verschiedene Ringverteilerstellen nur die Größe III für Rhodeländerhennen ausgegeben haben.

Der Hauptvorstand des BDRG beschäftigte sich bei seiner Sitzung am 15. September 1949 in Koblenz-Pfaffendorf mit dem Antrag des Sondervereins der Rhodeländerzüchter, den Sondervereinen eine Ringprovision zu gewähren. Der Obmann für die Sondervereine, zugleich Geschäftsführer des Sondervereins der Rhodeländerzüchter, Karl Stein, begründete ausführlich die Notwendigkeit der Ringprovision für die Sondervereine. Nach einer lebhaften Debatte, insbesondere der Vorsitzenden der Landesverbände, die für ihre Verbände die Ringgeldüberschüsse kassierten, war der Hauptvorstand bemüht, eine ideale Lösung zu finden, um die Sondervereine an dem Erlös der Ringgelder zu beteiligen. Schließlich wurde für das Jahr 1949 dem Antrag des Sondervereins der Rhodeländerzüchter entsprochen, daß Hennen mit der Ringgröße III bewertet werden können, wenn der Ring nicht abzustreifen ist.

Die glanzvolle Hannoverschau von 1949

Die Deutsche Junggeflügelschau in Hannover am 22. und 23. Oktober 1949 wurde wieder zu einem großartigen Fest der Rassegeflügelzüchter. Über 10 000 Ausstellungsnummern mit etwa 10 400 Tieren waren in den Messe- und Ausstellungshallen zur Schau gestellt. Die Rhodeländer waren mit 649 Einzeltieren und 8 Zuchtstämmen wieder besonders stark vertreten. Als Preisrichter waren bei den Rhodeländern tätig Heinrich Schäfer, Wilhelm Ziebertz, Paul Barthold, Bernd Hillmann, Karl Stein, Heinz Zumbruch und Wendelin Weinbrecht. Den besten Hahn zeigte mit sg E best Ernst Ginzel, Dinslaken-Hisfeld, die besten Hennen mit v E Blaues Band Josef Hohenbrink, Münster, und mit v E Heinrich Bartels, Dassel. In der Übersicht der V-Tiere wurde der Sg-E-best-Hahn von Gibzel als V-Hahn aufgeführt, ebenso auch in allen Berichten der Fachzeitschriften.

Für Hannover waren über 1 100 Rhodeländer gemeldet worden, von denen nahezu 450 gestrichen werden mußten. Trotzdem lagen die Rhodeländer wieder an der Spitze. Mit einer Ausnahme hatten alle Preisrichter bei der Bewertung einen sehr strengen Maßstab angelegt. Dies war auch erforderlich, denn an die Form mußten höhere Anforderungen gestellt werden, um der Rasse weiter voranzuhelfen. Farbliche Wünsche wurden sehr wenig geäußert, sie entsprachen dem Stand der Zucht.

Bei der Hauptversammlung des BDRG in Hannover wurden die Rhodeländerzüchter Bruno Henneberg, Hamburg-Poppenbüttel; Gottlieb Keppler, Pfullingen; Heinrich Schäfer, Eschwege; Karl Stein, Hildesheim; Wilhelm Ziebertz, Duisburg-Hamborn, und Heinz Zumbruch, Wuppertal-Elberfeld, mit der goldenen Ehrennadel des Bundes ausgezeichnet.

Beim Verband der Sondervereine wurde Karl Stein, Hildesheim, wieder als 1. Vorsitzender gewählt. Stellvertreter wurde Heinz Zumbruch.

Freundschaft mit Schweizer Züchtern

Die „Große Frankfurter Geflügelausstellung" vom 10. bis 12. Dezember 1949 bot den Rhodeländerzüchtern eine gute Vergleichsmöglichkeit über den Zuchtstand. Der Sonderverein der Züchter des Rhodeländerhuhnes hatte dieser Schau eine Sonderschau angeschlossen. Es wurden 260 Rhodeländer ausgestellt. Bei der Eröffnungsfeier konnte Ausstellungsleiter Ernst Rhumbler den Präsidenten des

BDRG, Wilhelm Ziebertz, den Schweizer Rhodeländer-Sonderrichter und Vorsitzenden des Schweizer Geflügelzucht-Verbandes, Ernst Mosimann, und den Direktor der Schweizer Geflügelzucht-Hochschule, Dr. Engler, begrüßen. Die beiden Schweizer Gäste erhielten von dem BDRG-Präsidenten die goldene BDRG-Ehrennadel. Hoher Ehrengast war auch Graf Hanno von Welczek, der frühere deutsche Botschafter in Frankreich.

Die 260 Rhodeländer waren eine gewaltige Leistung des Sondervereins. Für die Aussteller und Besucher war eine besondere Anziehungskraft, daß die Tiere teilweise von dem Schweizer Sonderrichter Ernst Mosimann bewertet wurden. Der Durchschnitt war bei den Rhodeländern von recht guter Qualität. Eine besondere Freude für die Rhodeländerzüchter war die Vergabe wertvoller Schweizer Ehrenpreise. Durch diese noble Geste der Schweizer Rhodeländerfreunde wurde wieder ein festes Freundschaftsband zwischen beiden Ländern und ihren Rhodeländerorganisationen geschlossen.

In der gesamten deutschen Fachpresse und in dem Mitteilungsblatt des Sondervereins berichtete Ernst Mosimann über seine in Frankfurt am Main gewonnenen Eindrücke. Letztmalig sah er in Deutschland die Rhodeländer bei dem Weltgeflügelkongreß 1936 in Leipzig. Die langjährige gänzliche Unterbrechung der früheren gegenseitigen engen Beziehungen zwischen den deutschen und Schweizer Rhodeländerzüchtern ließen Mosimann nach seinen eigenen Worten Überraschungen erwarten. Eine Überraschung für Mosimann war die allgemein hohe Qualität der Rhodeländerzucht in Deutschland. Diese erfreuliche Feststellung verdiene angesichts der verschiedenen züchterischen Schwierigkeiten eine um so höhere Anerkennung. Im einzelnen machte der Schweizer Sonderrichter in seinem Bericht wertvolle Angaben über Form und Typ, Stellung und Gewicht der Rhodeländer. Nach seinen Feststellungen fehlte den Hähnen vielfach die typische Rechteckform und die tiefe, volle Brust, während bei den Hennen die Form durchaus befriedigte. Die in Frankfurt gezeigten Tiere hatten meist die richtige mittelhohe Stellung. Am stärksten überrascht war Mosimann von der einheitlich satten, prächtigen dunkelroten Gefiederfarbe, was ihn tief beeindruckte. Das fast ausnahmslos hervorstechende Lackgefieder fand er erstaunlich. Auch die Farbe des Untergefieders imponierte Mosimann bei den Tieren. Das Gewicht der Hähne und Hennen war ihm zu unterschiedlich, denn es gab zu viele Tiere mit Über- und Untergewicht. Zur Orientierung teilte er die gegenwärtigen Standardgewichte anderer Länder für Rhodeländer mit:

	Schweiz	Luxemburg	USA
Junghahn	2,9 – 3,4	3,0 – 3,5	3,4 kg
Althahn	3,3 – 3,8	3,3 – 4	3,7 kg
Junghenne	2,3 – 2,7	2,4 – 2,7	2,5 kg
Althenne	2,5 – 2,9	2,6 – 3	2,9 kg

22 Prominente Besucher der 1. „Großen Frankfurter Geflügelschau" 1949. V. l. n. r.: die
Herren Dr. Engler, Mosimann, Graf Welczek, Ziebertz und Rhumbler.

Mosimann empfahl den deutschen Rhodeländerzüchtern, daß ausgewachsene
Junghennen im Interesse einer guten Legeleistung das mittlere Normalgewicht
von ca. 5 Pfund haben sollten. Ein Junghahn sollte im allgemeinen nicht
schwerer als 7 Pfund sein, schon der Befruchtung wegen.

Mit dieser Frankfurter Rassegeflügelschau wurden die Bande der Freundschaft
zwischen den deutschen und Schweizer Rassegeflügzüchtern wieder erneuert
und gefestigt. Auch die alte Rhodeländerfreundschaft zwischen beiden Ländern
lebte wieder auf und führte zu einer wertvollen züchterischen Zusammenarbeit.

Das Züchtertreffen in Koblenz 1950

In Koblenz fand am 10. und 11. Juni 1950 ein großes Sommertreffen der
Rhodeländerzüchter statt, an dem auch der Präsident des BDRG, Wilhelm
Ziebertz, teilnahm. Bei der Versammlung wurde der Vorstand ohne Verände-
rung einstimmig wiedergewählt. Der Beitrag an den Hauptverein wurde auf 2,50

145

DM festgelegt. Paul Barthold berichtete über den Stand der Zucht und forderte die Mitglieder auf, hartfedrige Tiere für die Zucht zu benützen. Die züchterische Aussprache dauerte mehrere Stunden und wurde vorbildlich und diszipliniert geführt. Der Sonderverein hatte nunmehr in Westdeutschland zirka 1 000 Mitglieder, in der Ostzone sind es etwa 500.

Bei einem großen Teil der Aussprache ging es um die Bewertungsrichtlinien für die Rhodeländer. Der Sonderverein hatte einen eigenen Bewertungsbogen für die Sonderrichter ausgearbeitet, der künftig anzuwenden war, um eine einheitliche Bewertung zu erreichen. Arnold Becker, Mülheim/Ruhr-Styrum, lehnte eine Bewertung nach den vom Sonderverein herausgegebenen Punktrubriken ab, weil sonst jeder Sonderverein ein besonderes Bewertungssystem herausbringen könnte. Das stehe nun einmal nicht im Einklang mit den AAB. Der Vorsitzende der Preisrichtervereinigung im BDRG, Rudolf Reymers, Hamburg-Ochsenwerder, stellte dagegen fest, daß der Sonderverein über die Bewertung verfügen könne und die Sonderrichter hätten sich zu fügen. Auf Antrag des Bezirks Nordwestdeutschland wurde dann der Beschluß gefaßt: „Sonderrichter des Sondervereins sind verpflichtet, auf sämtlichen Schauen die Bewertungsbogen und die Bewertungsrichtlinien anzuwenden. Sonderrichter, die hiergegen verstoßen, sind vom Sonderverein zu verwarnen und im Wiederholungsfalle in den Listen der Sonderrichter des Sondervereins zu streichen."

Hannover brachte für die Rhodeländerzüchter wieder ein sehr gutes Ergebnis. Bei der Deutschen Junggeflügelschau vom 20. bis 22. Oktober 1950 standen 581 Rhodeländer und 7 Zuchtstämme, die von den Sonderrichtern Wilhelm Ziebertz, Heinrich Schäfer, Karl Stein, Heinz Zumbruch, Rudolf Reymers und Bruno Henneberg bewertet wurden. Viermal wurde die Höchstnote vergeben, und zwar mit v BB an einen Hahn von Friedrich Kehmeier, Delmenhorst, v BB auf 0,1 von Arnold Becker, Mülheim/Ruhr-Styrum, v SE auf 0,1 von Karl Pollack, Bayreuth, und v E auf 0,1 von B. Russmann, Delmenhorst.

An der Jahreshauptversammlung in Hannover nahm auch der Präsident des BDRG, Wilhelm Ziebertz, teil. Er verlieh dem verdienten Rhodeländerzüchter Paul Barthold die goldene Ehrennadel des Bundes. Alle Sonderrichter hatten bei der Bewertung die Form in den Vordergrund gestellt, was allgemein begrüßt wurde. SV-Vorsitzender Heinz Zumbruch faßte die Meinung der Preisrichter so zusammen: „Das Urteil des Schweizer Zuchtfreundes Mosimann deckte sich mit unserem Urteil voll und ganz. Farblich werden wir von niemand übertroffen, dagegen ist in Figur und Ausgeglichenheit noch manches zu tun." Nach den Berichten der Preisrichter gab Vorsitzender Zumbruch interessante Hinweise über die Federstruktur. Dr. Kühn, Frankfurt am Main, hielt einen Vortrag über Rhodeländer-Kennküken, der aufmerksame Zuhörer fand.

Die Rhodeländer in der Schweiz

Mit großen Erwartungen besuchten Paul Barthold und Karl Stein die Schweizer Nationale vom 25. bis 27. November 1950 in Basel, um die Rhodeländer in der Schweiz einmal in Augenschein zu nehmen. Beide berichteten über ihre Eindrücke im „Rhodeländerzüchter" vom 5. Januar 1951. Der Aufbau der Ausstellung und die Unterbringung der Tiere war für die beiden deutschen Rhodeländerzüchter etwas Neues und ein ungewohntes Bild. In der Schweiz werden nur wenige Einzeltiere ausgestellt, meist nur Stämme zu 1,2, Herden zu 1,5 und Einzelkollektionen zu 1,8 Tieren. Bewertet werden die Tiere einzeln nach einem Punktsystem. Die Summe der Punkte ergibt den errungenen Preis.

Über die Qualität der Rhodeländer wurden die deutschen Preisrichter unangenehm überrascht. Hierzu schrieb Karl Stein: „Stellen Sie sich die Tiere vor, wie wir sie bis 1925 hatten und Sie haben das rechte Bild. Die Hähne, an und für sich wohl in dem Gewicht wie die unsrigen, hatten wohl den richtigen Kasten und vor allem, sie standen nicht zu hoch. Die Federn waren sehr locker und die Farbe alles andere als gleichmäßig. Abgesetzter Hals und helle Brust waren bei sehr vielen Hähnen zu monieren. In der Farbe allgemein waren sie etwas dunkler als die Hennen. Die Köpfe waren in Ordnung, vor allem hatten die Tiere in der Mehrzahl die schönen, in der Musterbeschreibung der Schweiz geforderten rubinroten Augen.

Die Hennen standen teilweise schon sehr tief, hatten zwar die abgerundete Kastenform, aber viel zu lockeres und bauschiges Gefieder, durch welches, von oben gesehen, auch die breiten Rücken vorgetäuscht wurden. Die Köpfe mit den teilweise sehr schönen Augen hatten durchweg für unsere Verhältnisse einen etwas reichlich großen Kamm und wirkten damit etwas plump. Die Farbe des Obergefieders war reichlich hell. Die Aussteller klagten sehr darüber, daß die Farbe im zweiten Jahr recht fleckig und strohig aussähe. Viele Hennen hatten den dunklen Hals. Jedes Schwarz, und war es noch so wenig im Halsbehang, wurde gestraft. Tiere mit hellem After waren mehrfach da. Das Untergefieder war im allgemeinen wohl sauber, aber nicht intensiv genug. Die Schwingen zeigten nur selten den zusammengezogenen schwarzen Streifen, litten aber allgemein auch an Farbstoff und waren nicht intensiv genug. Die Federn der Hennen waren recht breit."

Die erste Nachkriegs-Nationale in Düsseldorf

Nach 17jähriger Unterbrechung wurde in Düsseldorf vom 19. bis 21. Januar 1951 wieder eine Nationale Rassegeflügelschau mit 7603 Ausstellungsnummern durchgeführt. Die Rhodeländer waren mit 149 Hähnen und 300 Hennen sowie 3,6 Tieren aus anerkannten Leistungszuchten vertreten. Die Bewertung erfolgte durch die Sonderrichter Paul Barthold, Karl Stein, Heinrich Schäfer, Wendelin Weinbrecht und Heinz Zumbruch im weißen Kittel und schwarzen Zylinder. Durch die sehr gute Qualität der Tiere benötigten die Sonderrichter bei den Hähnen sehr viel Zeit, um sich auf den Siegerhahn zu einigen. Es wurde schließlich der Blaue-Band-Hahn von Hannover des Züchters Friedrich Kehmeier, Delmenhorst. Der zweitbeste Hahn wurde durch die Bewertung mit sg E + E, also der Zuteilung von zwei Ehrenpreisen, besonders herausgestellt, der dem Züchter Arnold Becker, Mülheim/Ruhr-Styrum, gehörte. Drei Hennen errangen die höchste Bewertungsnote, eine mit v SE von Walter Heitkämper, Patthorst, und zwei von B. Rußmann, Delmenhorst, mit v E + E und v E bewertet.

Nach dem allgemeinen Urteil der Berichterstatter hatte die Mehrzahl der Rhodeländer, was Form und Farbe anbelangte, das Ziel erreicht. Bei den Spitzentieren hätte kaum noch etwas verbessert werden können.

Präsident Ziebertz äußert sich zu Bewertungsfragen

Unter der Überschrift „Wetterleuchten am Himmel der Rhodeländer" veröffentlichte Präsident Wilhelm Ziebertz, zugleich Sonderrichter für Rhodeländer, in der „Geflügel-Börse" vom 8. Juni 1951 einen Beitrag, in dem er sich mit Grundsatzfragen der Bewertung beschäftigte. Ein Rhodeländer könne nur seinen Typ verkörpern, wenn er das aufweise, was die Musterbeschreibung besage. „Zurück zum alten Rhodeländertyp war immer mein Gedanke. Bei meinen verschiedenen Bewertungen habe ich den Züchtern immer wieder meine diesbezüglichen Wünsche offenbart und ich habe mit Freude und Genugtuung in diesem Jahr feststellen können, daß wir in vielen Dingen auf dem richtigen Weg sind. Wie treffend berichteten unsere Freunde Barthold und Stein von ihrem Besuch in der Schweiz und ganz besonders über die schöne Farbe unserer Rhodeländer, bezüglich des Gewichtes und auch der Form bestanden aber

Differenzen. Diese auszugleichen, muß auch in Zukunft unsere größte Aufgabe sein", schrieb Wilhelm Ziebertz.

Auf sein eigentliches Anliegen, die Bewertung der Rhodeländer, eingehend, berichtete der BDRG-Präsident: „Zuerst möchte ich doch den Herren Preisrichtern ans Herz legen, nicht Fehler an Tieren zu suchen, wenn solche nicht erkennbar sind. Vor allem aber auch stets bei der Bewertung der augenblicklichen Kondition des Tieres besondere Beachtung zu schenken. Es ist doch eine Selbstverständlichkeit, daß z. B. eine Henne, die kurz vor dem Legen steht, im Käfig nicht die elegante Form aufweist, wie eine solche, die überhaupt noch nicht gelegt hat. Gesundheit und Lebenskraft sind die Vorbedingungen, die wir als Preisrichter zu suchen haben. Wie viele Artikel sind schon in den letzten Jahren über die verschiedensten Bewertungen und Systeme geschrieben worden, wie viele Meinungsverschiedenheiten sind in dieser Beziehung auch schon aufgekommen und mußten beigelegt werden. Selbstverständlich ist z. B. der Ausdruck ‚kleine Wünsche‘ keine Bezeichnung als Grundlage für eine Kritik, sondern man sollte diese auch entsprechend nachweisen. Also bitte keine Ausreden suchen, wenn man etwas nicht genau bezeichnen kann, bitte keine Tiere bestrafen, weil sie vielleicht schon etwas voller sind."

Wilhelm Ziebertz ging dann noch auf Einzelbewertungen bei Großschauen ein und schloß seinen längeren Beitrag mit einem besonderen Anliegen: „Einen ganz besonderen Wunsch bringe ich hiermit der Öffentlichkeit näher, und zwar nicht allein für die Rhodeländer, sondern für alle Rassen müßte es eine Selbstverständlichkeit sein, daß der Richter, der einmal auf einer großen führenden Schau, ich denke dabei an Hannover, das Preisrichteramt durchgeführt hat, es in der gleichen Rasse und Farbe bei der nächsten großen Schau, ich denke dabei an die Nationale oder sonstwo, nicht mehr übernimmt. Wir Sonderrichter der Rhodeländer wollen einmal mit einem typischen Beispiel allen anderen Sondervereinen vorangehen und sagen, daß wir jedem Preisrichterkollegen, der sich stark genug fühlt, auch einmal die Möglichkeit geben wollen, an einer solchen großen Schau als Aussteller tätig zu sein. Hierdurch hat auch mancher Preisrichter, der durch das viele Richten leider keine Möglichkeit hatte, in den letzten Jahren bei den führenden Schauen züchterisches Können unter Beweis zu stellen."

Die erste Schrift über Rhodeländer nach 1945

Im Jahr 1950 erschien in der „Schriftenreihe für Geflügelkunde" der Neuen Druck- und Verlags-GmbH in Frankfurt am Main eine Lehrschrift über die Rhodeländer.

23 Das Titelbild der Lehrschrift über die Rhodeländer von 1950.

Der Schrift wurde ein Geleitwort des BDRG-Präsidenten Wilhelm Ziebertz vorangestellt, in dem er den alten „Kapitänen" für die treue und gute Mitarbeit dankte. Er wünschte, daß es so weitergehen möge. Vor allem müsse neben der schönen Form und Farbe die Lebenskraft und die gute Legeleistung der Rhodeländer nicht nur erhalten, sondern weiter gefördert werden. Der Vorsitzende des Sondervereins, Heinz Zumbruch, schrieb im Vorwort, daß dieses Büchlein kein wissenschaftliches Werk darstellen soll, sondern es soll vielmehr allen Züchtern und Interessenten darlegen, warum die Rhodeländer eine so verbreitete und beliebte Rasse geworden sind. Das Titelbild zeigte 1,1 mustergültige Rhodeländer, allerdings konnte der Künstler, der dieses Bild malte, nicht festgestellt werden. Nun noch einige kurze Bemerkungen über den Inhalt: Nach einer kurzen Einführung in die Rhodeländerzucht folgte ein geschichtlicher Rückblick über die Entstehung der Rhodeländer als Rasse, wie sie 1913 aussahen und was der Züchter besonders wissen muß über Haltung, Pflege, Fütterung, das Brüten und die Aufzucht der Küken. In dem Büchlein sind auch Abbildungen von hochbewerteten Tieren enthalten, ohne die Namen der Züchter zu nennen. Auch die neueste Musterbeschreibung fehlte nicht.

Der Vorstand des Sondervereins hatte die Mitglieder für den 19. und 20. November 1951 nach Hildesheim zur Frühjahrstagung eingeladen. Die meisten Bezirke waren vertreten und wählten einmütig den Vorstand wieder. Zum

Leidwesen der Rhodeländerzüchter wurde mitgeteilt, daß sich die deutschen Züchter an der internationalen Ausstellung anläßlich des Weltgeflügelkongresses in Paris nicht beteiligen konnten. Der Mangel an Devisen war der Grund. In Hildesheim wurden wieder lehrreiche Vorträge gehalten, wobei sich die Referenten vorwiegend mit Bewertungsfragen beschäftigten. Der Vorsitzende der Preisrichter-Vereinigung im BDRG und Rhodeländer-Sonderrichter Rudolf Reymers, Hamburg, sprach für allgemeine Aufgaben und Pflichten der Sonderrichter und forderte, daß unter allen Umständen zu einer Einheitlichkeit in der Bewertung gefunden werden muß.

Erlaubtes und unerlaubtes Schwarz

Im „Deutschen Kleintier-Züchter" Nr. 20 vom 20. Oktober 1951 brachte Arnold Becker, seit 1929 erfolgreicher Rhodeländerzüchter, einen Bericht über erlaubtes und unerlaubtes Schwarz bei den Rhodeländern. Auch stellte er die Frage, ob eine hohe Legeleistung an eine Federstruktur gebunden sei. In weiten Kreisen der Züchter bestehe immer noch Unkenntnis über die Schwarzfärbung der Rhodeländer. Die seit vielen Jahren unveränderte Musterbeschreibung sagt zur Farbe: „Gleichmäßiges, sattes, glanzreiches Rot. Schwingen rot oder rot mit schwarzem Längsstrich am Federkiel. Schwarz im Schwanz sowie schwarze Spritzer in den unteren Halsbehangfedern sind gestattet. Die Hennenfarbe soll der Brustfarbe des Hahnes entsprechen. Untergefieder rot. Danach ist Schwarz im Schwanz eine selbstverständliche Sache. So sind die Steuerfedern meist schwarz mit roter Bänderung, während die Sicheln, vor allem die größeren, schwarz sind mit grünem Lack. Bei den Hennen sehen wir nur die Steuerfedern ganz oder teilweise in Schwarz, während die Deckfedern des Schwanzes sich meist reinrot präsentieren. Schwarze Spritzer im Halsbehang der Hennen kommen nur noch selten vor. Die Handschwingen werden rot oder rot mit schwarzen Strichen längs des Federkiels verlangt. Wir lassen die rote Schwinge mit oder ohne schwarzen Längsstrich gleichwertig gelten. Jedoch verlangen wir die Schwingen intensiv rot und streben die Hand- und Armschwingen möglichst in einer Färbung an. Die Farbe des Untergefieders soll reinrot sein. Ruß oder Schwarz ist ebenso wie Weiß ein grober Fehler."

Daß die Legeleistung nicht an die Federstruktur gebunden ist, konnte Artur Becker belegen. Bei einem Wettlegen in Krefeld 1938 wurden zwei Stämme von Rhodeländern geprüft. In beiden Stämmen wurden bei der Einzelbewertung der Hennen je eine mit „vorzüglich" bewertet. Die eine Henne gehörte zu dem

Legestamm von Bruno Henneberg, Hamburg, und hatte eine schöne breite Feder, die es auf 233 Eier brachte, und die andere Henne gehörte zu dem Stamm von Arnold Becker, Mülheim/Ruhr-Styrum, hatte eine schmale Feder und brachte es auf 225 Eier. Dies war für Arnold Becker der schlüssige Beweis, daß es nicht auf besondere Merkmale im Leistungstyp ankommt, sondern auf die individuelle Leistungsveranlagung.

Ein starkes Rhodeländeraufgebot in Hannover

Mit der Deutschen Junggeflügelschau vom 19. bis 21 Oktober 1951 feierten die im Jahr 1901 in Deutschland eingeführten Rhodeländer ihr goldenes Jubiläum. Aus diesem Grund hatte der Hannoversche Verein den Rhodeländern in einer Beilage zum Katalog einen besonderen Aufsatz gewidmet. Unter den über 11 000 ausgestellten Tieren waren die Rhodeländer mit insgesamt 663 Tieren erneut die am stärksten vertretene Rasse. Unter den Einzeltieren standen 187 Hähne und 447 Hennen. Dazu gesellten sich noch ein Zuchtstamm mit 1,2 Tieren und in der Leistungsgruppe noch 7,19. Wer die Rhodeländer gerichtet hat, wurde im Katalog nicht angegeben. Es bewerteten Paul Barthold (Hennen), Ulrich Biermann, Minden (Hennen), Heinrich Schäfer (Hennen), Karl Stein (Hähne und Hennen), Wendelin Weinbrecht (Hennen) und Heinz Zumbruch (Hähne). Den besten Hahn, mit sg BB bewertet, zeigte Hans Kaselitz, Hann.-Münden, und die beste Henne, mit sg BB ausgezeichnet, gehörte Richard Schäfer, Mühlacker. Obwohl 663 Rhodeländer ausgestellt waren, gab es keine Höchstnote.

In Hannover fand auch eine Versammlung statt. Hierbei war den Preisrichtern die Möglichkeit geboten, über ihre Bewertungsarbeit zu berichten. Den Hähnen fehlte teilweise Käfigdressur. Die Farbe war durchschnittlich sehr gut, die Größe der Tiere im allgemeinen einheitlich und figürlich stellten die Sonderrichter einen Fortschritt fest.

Das „Goldene Buch" des Sondervereins

Der 50. Geburtstag der Einführung der Rhodeländer in Deutschland war für den Sonderverein ein besonderer Anlaß, die Mitglieder zu ehren, die dazu

24 Das „Goldene Buch des Sondervereins der Züchter des Rhodeländer-Huhnes".

beigetragen haben, die Rhodeländer in die führende Stellung zu bringen, um das Ziel „Leistung und Schönheit" zu erreichen. Alle Mitglieder sollen in ein Ehrenbuch, das „Goldene Buch des Sondervereins der Züchter des Rhodeländerhuhnes", eingetragen werden, die länger als 25 Jahre den Rhodeländern und dem Sonderverein die Treue gehalten haben. Die erste Eintragung blieb Willy Radke, Berlin, vorbehalten, der im Jahr 1901 die Rhodeländer, damals noch Rhode-Island-Hühner genannt, nach Deutschland brachte.

Die 33. Nationale Rassegeflügelschau vom 11. bis 13. Januar 1952 wurde ein glanzvolles Fest der Rassegeflügelzüchter. Über 10 000 Tiere waren ausgestellt, darunter wieder stolze 512 Rhodeländer und fünf Zuchtstämme. Als Sonderrichter für Rhodeländer waren eingesetzt Karl Stein, Heinz Zumbruch, Bruno Henneberg, Gottlieb Keppler und Wendelin Weinbrecht. Den Siegerhahn stellte mit sg E und E Arnold Becker, der auch mit v E und SE die Siegerhenne stellte. Mit einer weiteren Henne konnte Becker v BE erringen. Josef Westendorf zeigte noch eine V-E-Henne.

Über die Rhodeländer bei der 33. Nationalen berichteten bei der Sondervereins-Versammlung am Samstag die eingesetzten Sonderrichter. Vorsitzender Heinz Zumbruch und der Schweizer Gast Ernst Mosimann, Riehen bei Basel, vertraten übereinstimmend die Meinung, daß alle Rhodeländer eine erstaunlich gleichmäßige tiefdunkle Farbe mit intensivem Lack zeigten. Im Gegensatz zur Farbe waren die Formen bei den Hähnen teilweise unbefriedigend. Bei den Hennen war ganz hervorragendes Material zu sehen. Beide Geschlechter zeigten durch ein satt anliegendes Gefieder mit straffer Feder eine ausgeprägte schlanke Form. Das Gewicht war nach der Meinung beider Sonderrichter unterschiedlich. Hierzu stellte Ernst Mosimann fest, daß gegenüber vor zwei Jahren die Tiere allgemein schwerer geworden sind. Er schätzte das Gewicht der Siegerhenne auf ca. 6 Pfund. Damit sei sie als Junghenne an der Höchstgrenze des Gewichtes angelangt.

Wie alljährlich, hielt der Sonderverein wieder vom 7. bis 8. Juni 1952 in Dortmund-Brackel eine sehr gut besuchte Frühjahrsversammlung ab. Geschäftsführer und Sonderrichter Karl Stein referierte dabei über die Pflichten eines Sonderrichters, dessen Aufgabe es ist, die Zuchten zu fördern und den Züchtern die notwendigen züchterischen Hinweise zu geben. Es wurde aber auch über Geflügelkrankheiten und Federfressen sowie über Zuchtfragen und Bewertungen eingehend unterrichtet. Bei den anstehenden Wahlen wurde den seitherigen Vorstandsmitgliedern wieder das Vertrauen ausgesprochen.

154

Ein Europa-Standard für Rhodeländer wird gefordert

Am 16. Februar 1952 wurde bei einer Vorstandssitzung der Europa-Vereinigung der Bund Deutscher Rassegeflügelzüchter als Mitglied aufgenommen. Bei der Tagung der Europa-Vereinigung am 21. Juni 1952 in Luxemburg wurde der BDRG durch den Präsidenten Wilhelm Ziebertz vertreten. Auf Vorschlag des Schweizer Geflügelzucht-Verbandes wurde einstimmig beschlossen, die einheitliche Bewertung der Rhodeländer schnellstens durchzuführen. Zur Vorbereitung dieser Aufgabe wurde Wilhelm Ziebertz als Rhodeländer-Sonderrichter in den hierfür gebildeten zuständigen Ausschuß gewählt. Allgemein wurde bei den Rhodeländern der Farbton bemängelt, der in den einzelnen Ländern unterschiedlich sei. Ganz besonders wurde darauf hingewiesen, daß der Farbton in Deutschland nicht mehr, wie es die Musterbeschreibung verlange, rot sei, sondern fast schwarz.

100 Jahre Rassegeflügelzucht in Deutschland

Vor 100 Jahren, am 18. Oktober 1852, gründete der Görlitzer Kaufmann Robert Oettel mit 18 Freunden den „Hühnerologischen Verein". Mit dieser Gründung begann die eigentliche Rassegeflügelzucht in Deutschland. Dies war für alle Rassegeflügelzüchter in beiden Teilen des Vaterlandes Grund und Anlaß zu einem besonderen Gedenken.

Hannover bot in den Tagen vom 17. bis 19. Oktober 1952 mit der Deutschen Junggeflügelschau eine gute Gelegenheit, sich des besonderen Tages zu erinnern. Von diesem Schaufenster der deutschen Rassegeflügelzucht hatten sich die Rhodeländerzüchter stark zurückgezogen, denn dort standen nur 283 Rhodeländer, und zwar 105 Hähne und 178 Hennen. Von den vorgesehenen sieben Sonderrichtern konnten nur drei eingesetzt werden. Dies waren Ulrich Biermann, Heinrich Schäfer und Paul Barthold. Das Blaue Band wurde auf einen Sg-Hahn von Walter Heitkämper, Patthorst bei Steinhagen, und eine V-Henne von Friedrich Vorderbrügge, Peckeloh bei Versmold, vergeben. Bei den Hennen gab es noch ein v BE für Ludwig Nickel, Niederaden bei Kamen.

Bei der Hauptversammlung in Hannover erläuterten die Sonderrichter die Bewertungen. Die Urteile bei den Hähnen waren nicht besonders günstig und bei den Hennen war ein Großteil noch nicht fertig. Die Federstruktur und die schmale Feder wurden wiederholt gerügt. Allgemein löste die geringe Meldezahl große Enttäuschung aus. Bei der Versammlung wurden die ersten Ehrenurkunden über die Eintragung in das „Goldene Buch" überreicht. Der Vorstand teilte mit, daß der Sonderverein 34 Sonderrichter in 17 Bezirken hat.

Der Aufbau des Sondervereins Ende 1952

Der Vorstand des Sondervereins bestand aus

1. Vorsitzender:	Heinz Zumbruch, Wuppertal-Elberfeld
2. Vorsitzender:	Heinrich Schäfer, Velmeden
Geschäftsführer:	Karl Stein, Hildesheim
Beisitzer:	Paul Barthold, Pye bei Osnabrück
Beisitzer:	Bruno Henneberg, Hamburg-Poppenbüttel
Beisitzer:	Wendelin Weinbrecht, Durmersheim/Baden

Der Hauptverein gliedert sich in 17 Bezirke:

1. Bayern: Vorsitzender Karl Pollack, Bayreuth
2. Hannover-Braunschweig: Vorsitzender Ernst Katenhusen, Adenbüttel
3. Hessen: Vorsitzender Fritz Bauer, Gießen-Wieseck
4. Norddeutschland: Vorsitzender Rudolf Reymers, Hamburg-Ochsenwerder
5. Nordwestdeutschland: Vorsitzender Fritz Kehmeier, Delmenhorst
6. Westdeutschland: Vorsitzender Heinz Zumbruch, Wuppertal-Elberfeld
7. Westfalen: Vorsitzender Karl Vennhaus, Langenberg
8. Osnabrück: Vorsitzender Paul Barthold, Pye
9. Kurhessen: Vorsitzender Heinrich Schäfer, Velmeden
10. Aachen: Vorsitzender Josef Joussen, Aachen-Krummerrück
11. Weserbergland: Vorsitzender Bernhard Schäfer sen., Bösingfeld bei Rinteln
12. Schleswig-Holstein: Vorsitzender H. Luttmann, Kiel
13. Pfalz: Vorsitzender Otto Stepp, Kandel
14. Südwest: Vorsitzender Karl Schmid, Stuttgart-Wangen
15. Baden: Vorsitzender Alois Brümmer, Mannheim-Friedrichsfeld
16. Mosel: Vorsitzender Hans Weis, Idar-Oberstein
17. Ostzone: Vorsitzender Bruno Radefeld, Sömmerda in Thüringen

Das Musterbild nach Schweizer Art

Der BDRG teilte in der Fachpresse Anfang Februar 1953 die Zusammensetzung der Standardkommission für die Ausarbeitung eines internationalen Einheitsstandards für Rhode Island Reds mit. Ihm gehörten an

Präsident und Vertreter
von Luxemburg: Albert Roller, Luxemburg
Vertreter von Belgien: noch nicht bekannt
Vertreter
von Deutschland: Wilhelm Ziebertz, Duisburg-Hamborn
Vertreter von Frankreich: M. Basquin, Montfort l'Amanry
Vertreter von Holland: M. G. de Vries, Utrecht
Vertreter der Schweiz: Ernst Mosimann, Riehen/Basel

Gleichzeitig veröffentlichte der Schweizer Geflügelzuchtverband in seiner und der deutschen Fachpresse ein neues Musterbild und die Bewertungsrichtlinien.

Dieses Musterbild wurde auch in dem Mitteilungsblatt des Sondervereins veröffentlicht. Hierzu schrieb der SV-Vorsitzende Heinz Zumbruch u. a.: „Wenn wir die Bilder betrachten, so mögen sie uns zuerst etwas fremd vorkommen, bei längerer Betrachtung aber erkennen wir den Sinn der Bilder. Es sind Musterbilder, die einen bestimmten Zweck verfolgen, sie sollen in uns ein Idealbild erzeugen. Wir erkennen zunächst einmal ganz deutlich die Backsteinfigur, wir sehen die gerade und waagerechte Rückenlinie. Der Rückenlinie parallel läuft die untere Linie, die genau so lang sein muß wie die Rückenlinie. Dadurch wird die Tatsache hervorgerufen, daß die beiden Seitenlinien auch parallel laufen und ein richtiges Rechteck entsteht. Ist aber die untere Linie zu kurz, dann entsteht kein Rechteck, sondern ein Trapez.

Wenn wir bei einer großen Ausstellung die langen Reihen der Rhodeländer nach dieser Richtung hin betrachten, so werden wir feststellen können, daß nur ganz wenige Tiere die Idealform besitzen. Bei den meisten Tieren, ganz besonders bei den Hähnen, ist die untere Linie zu kurz. Es gibt sogar Tiere, bei denen die untere Linie ganz fehlt. Das sind dann die bekannten Dreieckshähne, die ab und zu auch noch gezeigt werden.

Züchter und Preisrichter müssen der unteren Linie ganz besondere Beachtung schenken. Sie ist viel bedeutungsvoller als alle anderen Punkte, auch als die ganze Schwanzpartie. Wie die Schwanzpartie beschaffen sein muß, können wir auch auf den vorstehenden Bildern erkennen. Wir wünschen keine langen Sichelfedern. Es sollen keine Italiener-Schwänze und auch keine Rheinländer-Schwänze

25   Das Musterbild des Schweizer Geflügelzuchtverbandes von 1953.

entstehen. Die Schwänze sollen vielmehr eine vollbesichelte Kuppe bilden, mit vielen Nebensicheln."

Im Gegensatz zur Deutschen Junggeflügelschau in Hannover standen bei der 34. Nationalen Rassegeflügelschau in Frankfurt am Main insgesamt 632 Rhodeländer, davon 602 in Einzelkäfigen. Mit der Bewertung waren beauftragt Karl Stein, Heinz Zumbruch, Heinrich Schäfer, Gottlieb Keppler und Wendelin Weinbrecht. Es wurde auch erstmalig eine Voliere mit Rhodeländern gezeigt. Die Höchstnoten errangen bei den Hähnen mit v E Sieger Adam Gesser, Offenbach am Main-Bieber, bei den Hennen mit v E Sieger ein Alttier von Arnold Becker, Mülheim/Ruhr-Styrum. Eine weitere V-E-Henne zeigte Heinrich Becker, Dupe-Harpendorf.

Die Vorbereitung des Einheitsstandards für Rhodeländer

Die Namen der Kommissionsmitglieder für die Ausarbeitung eines internationalen Einheitsstandards für Rhodeländer bzw. Rhode Island Reds wurden zu Beginn des Jahres 1953 von dem Europäischen Verband für Geflügel- und Kaninchenzucht bekanntgegeben. Die Kommission trat am 26. und 27. Juni 1953 in Luxemburg zusammen. Nach den Berichten der Kommissionsmitglieder Wilhelm Ziebertz und Ernst Mosimann konnten sich die Vertreter der europäischen Standardkommission über die Form und den Typ rasch einigen. Die Länder Belgien, Frankreich, Deutschland, Holland, Luxemburg und die Schweiz hatten ihrerseits bereits die Ländervorschläge für den geplanten Einheitsstandard eingereicht. Durchweg stützten sich diese Anträge auf den amerikanischen Standard of Perfection, so daß im Prinzip alle Ländervorschläge von einer gleichen Basis ausgingen. Es war aber auch bekannt, daß man in der Schweiz die Rhodeländer etwas niedriger gestellt wünschte als in Frankreich und Deutschland.

Eine lebhafte Diskussion entstand in Luxemburg über die Rhodeländerfarbe, wobei sich die Vertreter Hollands und Belgiens für den Wortlaut der amerikanischen Farbbeschreibung einsetzten. Dieser lautete: „Sattes glänzendes Rot, nicht braun oder schokoladenfarbig, aber auch nicht orangefarbig." Es konnte jedoch angenommen werden, daß diese amerikanische Farbbeschreibung bereits überholt war, was Importe aus den USA seit Jahren bewiesen, denn es wurden meist dunkelrote Tiere geliefert. Demnach bestanden die Differenzen in der Auffassung über die Farbe mehr auf dem Papier als in der Farbe selbst.

26   Korrekte, einwandfreie Hahnenschwingen.·

Bei den Beratungen in Luxemburg hatte sich die europäische Standardkommission auf die Bezeichnung „sattes Rot bis Dunkelrot, ohne Schokoladenbraun" geeinigt, allerdings ein sehr dehnbarer Farbbegriff, der stark von der
persönlichen Auffassung des Preisrichters abhängig war.

Die Farbbeschreibung mußte daher präzisiert werden für einen internationalen Standard. Nach eingehender Beratung wurde folgende Formulierung festgelegt: „Gleichmäßig, dauerhaftes, sattes Rot bis Dunkelrot mit reichem Glanz,
nicht schwarzbraun. Bei Hennen leicht schwarze Spitzen bei den Halsfedern
statthaft. Keine hellen Schaftstriche und ohne Federsäumung. Federkiele bis zur
Haut kräftig rötlich-hornfarbig. Hals, Rücken, Sattel, Brust, After und Schwingen gleichmäßig satt rot bis dunkelrot. Bei Handschwingen Außenfahnen und
Deckfedern teilweise schwarz oder rot gerändert. Bei Armschwingen Innenfah-
nen teilweise schwarz. Beim Hahn Schwanzsicheln grünschwarz. Beisicheln rot.
Bei Hennen Schwanzfedern schwarz mit roter Säumung." Diese genauere Farbbeschreibung stimmte inhaltlich mit den deutschen Anforderungen völlig überein. Die deutsche Rhodeländerzucht mit der dunklen Lackfarbe war bereits an

27   Bereits von Degeneration befallene Hahnenschwingen.

der obersten Grenze angelangt, bot aber eine Beständigkeit und Sicherheit in der Vererbung.

Dies wurde auch von dem Schweizer Rhodeländer-Fachmann Ernst Mosimann bestätigt, der aber auch auf eine ernste Gefahr in der Federstruktur hinwies, indem er schrieb: „In den Beratungen über die künftige internationale Rhodeländerfarbe wurde zwangsläufig auch die Gefiederstruktur besprochen. Bekanntlich besitzt Deutschland heute einen neuen Farbtyp der Rhode Islands, indem es dort gelang, eine erstaunlich gleichmäßig tief dunkelrote Lackfarbe ohne Ruß, Pfeffer und Halszeichnung zu erzielen. Die heutigen deutschen Tiere machen in der neuen, sehr haltbaren Farbe einen bestechenden Eindruck. Dieses ‚Farbwunder' erzielten die deutschen Züchter einzig mit der schmalen Feder. Die Zucht mit sehr dunklen, schmalfedrigen Tieren zeitigte einerseits eine erstaunliche Farbsättigung, andererseits aber eine schlimme Gefiederdegeneration. Demzufolge besitzen die deutschen Rhode Islands fast durchweg schmale, zerschlissene, haarige Federn mit oft struppigem Gefieder, federarme und verkümmerte Schwänze sowie eine schlechte Befiederung. Herr Becker, der füh-

28 Einwandfreie Hennenarmschwingen. Die Handschwingen zeigen durch die Wellung die ersten Zeichen der Degeneration.

rende und erfolgreiche Züchter des neuen deutschen Rhodeländertyps, nennt diese Degenerationen ‚Kinderkrankheiten der Idealfarbe' und forderte rigoroses Ausmerzen aller Tiere mit solchen Gefiedermängeln. Tatsache ist jedoch, daß diese Degeneration des Gefieders die heutige deutsche Rhodeländerzucht trotz ihrer vorzüglichen neuen Farbe im Ausland in Mißkredit gebracht hat. Deshalb ist von der internationalen Standardkommission auch mit Nachdruck eine normale, breite, gerundete Feder gefordert worden. Aus diesen Tatsachen sollten die eifrigen deutschen Rhodeländerzüchter die nötigen Folgerungen ziehen. Die Umstellung auf die normale, breite Feder dürfte wohl die abwegige schwarzbraune Gefiederfarbe zurückdämmen."

Der Vorsitzende des Sondervereins der Züchter des Rhodeländerhuhnes vertrat die Meinung, daß die deutsche Rhodeländerzucht nach Inkrafttreten des neuen Einheitsstandards vor keinen allzugroßen neuen Aufgaben stehen würde. Wichtig sei nur, die bestehende Musterbeschreibung mehr zu beachten. Besonders gelte dies für die mittelhohe, abgerundete Backsteinform mit schöner Brust- und Bauchpartie, mit breitem, langem Rücken sowie vollen, breit angesetzten, angehobenen, sichelreichen Schwänzen. Glattes, festanliegendes Gefieder, das

162

29 Von Degeneration befallene Hennenschwingen.

eine glatte Rückenlinie ohne jede Kissenbildung und lockere Federn gewährlei-
ste, sei sehr wichtig. An der gleichmäßig durchgezüchteten dunkelroten Lackfarbe bei normalen Federn soll festgehalten werden. Würden diese Forderungen
erfüllt, so entspreche man dem Einheitsstandard.

In der Fachpresse ernteten die deutschen Rhodeländerzüchter großes Lob. Die
hochfeine Farbe wurde allgemein als die Weltfarbe angesehen. Die Preisrichter
Artur Becker und Heinrich Schäfer übten gemeinsam Kritik an der Feder und an
den oft zerzausten Armschwingen, denn dies bedeutete nach ihrer Meinung eine
Gefahr für die Zucht. Durch die Vernachlässigung eines alten Zuchtgrundsatzes:
„Schöne breite dunkle Schwingen haben einen hohen Zuchtwert" seien die
Schwingenfedern sehr schmal und fast struppig geworden. Auch die ersten
Nacktküken kündigten sich bereits an und es war höchste Zeit, daß sich der
Sonderverein um die Abstellung dieser Fehler bemühte.

Um den Degenerationsgefahren zu begegnen, wurden vom Sonderverein in
einer Bilddokumentation gute und schlechte Federstrukturen gezeigt, um die
Züchter auf den richtigen Weg zu weisen.

30 Degenerationserscheinungen
an Hand- und Armschwingen,
stark verschlissene Federn
von Rhodeländern.

Anläßlich der 34. Nationalen in Frankfurt am Main wurde am 17. Januar 1953 beschlossen, die nächste Sonderschau nicht der Deutschen Junggeflügelschau in Hannover, sondern der Westdeutschen Junggeflügelschau in Essen vom 9. bis 11. Oktober 1953 anzuschließen. Die SV-Mitglieder wurden auch zur Jahreshauptversammlung am 10. Oktober 1953 nach Essen eingeladen. In Essen lagen bereits über 300 Meldungen für Rhodeländer vor, als am 2. Oktober 1953 aus Düsseldorf ein Schauverbot wegen der aufgetretenen Hühnerpest eintraf. Die Ausstellung mußte daher kurzfristig abgesagt werden. Hannover hatte schon längst den Meldetermin abgeschlossen und so kam es, daß dort nur 65 Rhodeländerhähne und 138 Hennen standen. Sie wurden von den Sonderrichtern Ulrich Biermann und Heinrich Schäfer bewertet. Das Blaue Band errangen mit einem Hahn B. Rußmann, Delmenhorst, und mit einer Henne Walter Heitkämper, Patthorst bei Steinhagen.

31   1,0 Rhodeländer, Stuttgart 1953. Züchter: Arnold Becker, Mülheim.

DDR-Preisrichter bei der 35. Nationalen in Hamburg

Die 35. Nationale Rassegeflügelschau in der St.-Pauli-Halle in Hamburg vom 15. bis 17. Januar 1954 war von den Rhodeländerzüchtern wieder in gewohnter Anzahl beschickt worden. Neben einer Voliere standen 202 Hähne und 326 Hennen in den Käfigen. Für die Bewertung waren die Sonderrichter Fritz Joppich, Brieselang/DDR; Heinz Zumbruch, Gottlieb Keppler, Wendelin Weinbrecht und Karl Stein eingesetzt. Der DDR-Sonderrichter Tredup aus Berlin assistierte bei dem SV-Vorsitzenden Heinz Zumbruch. Das SV-Mitglied Josef Westendorf, Lohne, war mit 68 Rhodeländern angetreten und errang mit drei Tieren die Höchstnote „vorzüglich" und den Siegertitel.

Beklagt wurde von den Sonderrichtern, daß die Tiere am Morgen vor der Bewertung nicht ausreichend gefüttert wurden. Dadurch fehlte den Tieren die richtige Haltung und die Preisrichter hatten viel Mühe, ihren Bewertungsauftrag durchzuführen. Die vorgestellten Rhodeländer wurden in der allgemeinen Qualität viel besser gefunden als in Hannover. Die Hennen waren in der Form den Hähnen, wie immer, überlegen. Probleme gab es aber mit dem Gewicht.

Bei der Bundesversammlung des BDRG in Hamburg sprach Präsident Wilhelm Ziebertz in seinem Jahresbericht auch die Rhodeländer an. Farblich könnten sie jeder Konkurrenz standhalten. Man sollte jedoch nicht nach Fehlern suchen und nicht Forderungen aufstellen, die in der Musterbeschreibung nicht enthalten seien.

Der Sonderverein der Züchter des Rhodeländerhuhnes hielt am 16. Januar 1954 in Hamburg eine Versammlung ab, bei der die Preisrichter über ihren Bewertungsauftrag berichteten. An der Versammlung nahmen auch die beiden Preisrichter aus der DDR, Friedrich Joppich und Richard Tredup, teil. Beide stellten fest, daß es in der Beurteilung der Rhodeländer keine Unterschiede in den beiden deutschen Staaten geben würde. Jedenfalls sei man bemüht, gemeinsam Schritt zu halten. Die Formen in der DDR seien mit den Rhodeländern in der BRD gleichwertig, der Lack sei im Osten nicht ganz erreicht. Der Austausch von Preisrichtern trage viel zur gegenseitigen Verständigung über die züchterischen Zielsetzungen bei.

In der Neuauflage der „Züchtungs- und Vererbungslehre" von Professor Dr. Otto Bartsch, bearbeitet von Dr. Robert Gleichauf, Leiter der Dienststelle Genetik der Bundesforschungsanstalt für Kleintierzucht in Celle, wurde sehr viel über Rhodeländer berichtet. So ist in dem lehrreichen Buch geschrieben, daß das Leghornweiß nicht dominant ist über die Farbe der Rhodeländer. Die Befiederungsgeschwindigkeit sei bei den Hühnern sehr unterschiedlich, besonders bei Rassen, die asiatische Rassen zu ihren Vorfahren zählten, also auch die Rhodeländer, die selten den Faktor für schnelle Befiederung besäßen. Die Hennen seien von der Gefiederbremse weniger betroffen als die Hähne, was als eine erbliche Erscheinung angesehen wurde. Nur durch eine gründliche Auslese der sich schlecht befiedernden Tiere könne das Übel beseitigt werden. Von besonderem Interesse für die Rhodeländerzüchter ist wohl der Hinweis anzusehen, daß die Gene für die rote Farbe noch nicht gefunden wurden.

Sehr ausführlich berichtete Dr. Gleichauf in dem Buch über die Daunenzeichnung der Rhodeländer, die wohl die größte Variationsbreite zeige. Die Variabilität reiche von hellcremefarbenen Küken, bei denen nur wenige rötlichbraune, fleckenartige Bezirke auftreten, bis zur dunkelrotbraunen Farbe, so daß man alle Schattierungen antreffen könne.

Die Rhodeländer seien die typischen Vertreter der roten Gefiederfarbe. Diese werde von einem Faktor bewirkt, der eine mehr oder weniger starke Reduzierung der schwarzen Farbe bewirke und deren Ausbreitung auf den Halsbehang, die Schwingen und die Schwanzfedern beschränkt bleibe.

Dr. Gleichauf
lobt die Farbe der deutschen Rhodeländer

Am 29. Mai 1954 fand in Duisburg die Frühjahrs-Hauptversammlung des Sondervereins statt. Vorsitzender Heinz Zumbruch konnte dabei Dr. Robert Gleichauf, BDRG-Präsident Wilhelm Ziebertz, den Obmann der Leistungsgruppe, Paul Golenhofen, und weitere Ehrengäste begrüßen. In seinem Jahresbericht ging der Vorsitzende auf besondere züchterische Probleme der Rhodeländer ein. So breite sich langsam der Vollschwanz zu einer „Seuche" aus und bringe formenmäßige Rückschläge, die sich in hohem Rücken und zu kurzer Rückenlinie zeige. Den Sonderrichtern falle die Aufgabe zu, die Züchter wieder auf den richtigen Weg zu führen.

Über die Ziele und Aufgaben der Leistungsgruppe sprach Paul Golenhofen. Er forderte, daß Leistung und Schönheit im Vordergrund der Betrachtungen eines jeden Rhodeländerzüchters stehen sollten. Auch Präsident Wilhelm Ziebertz sprach über den Leistungsgedanken und die hohen ethischen Werte der Rassegeflügelzucht. Einer Änderung des deutschen Rhodeländer-Standards würde er nicht zustimmen.

Anschließend sprach Dr. Robert Gleichauf über die Probleme der Rhodeländerzucht in einer für jeden Züchter leichtverständlichen Form. Er stellte fest, daß Deutschland die farblich unbestreitbar besten Rhodeländer besitze. Trotzdem dürften sich die Züchter gegenüber dem Ausland nicht verschließen, denn in

Form und Befiederung sei noch viel nachzuholen. Die bereits geschilderten besonderen Hinweise für Rhodeländerzüchter wurden nochmals ausführlich besprochen, was für die künftige Zuchtarbeit wertvoll war.

Trotz der vielen und hochinteressanten Fachvorträge fand die Hauptversammlung noch Zeit und Gelegenheit, die fälligen Vorstandswahlen durchzuführen. Es wurden wiedergewählt oder gewählt:

1. Vorsitzender:	Heinz Zumbruch, Wuppertal-Elberfeld
Geschäftsführer:	Karl Stein, Hildesheim
Schriftführer:	Kurt Steinert, Braunschweig
Beisitzer:	Paul Barthold, Pye
Beisitzer:	Heinrich Schäfer, Eschwege
Beisitzer:	Bruno Henneberg, Hamburg-Poppenbüttel
Beisitzer:	Wendelin Weinbrecht, Durmersheim

Wertvolle Verbesserungen in Hannover

Die Deutsche Junggeflügelschau in Hannover vom 15. bis 17. Oktober 1954 brachte für die Rhodeländerzüchter sowie für alle Aussteller und Besucher einige Neuerungen. So stand den vier Sonderrichtern der Rhodeländer erstmals ein besonderer Obmann zur Seite, der Hilfe und Unterstützung bei der Bewertungsarbeit leistete und bei der Auswahl der besten Tiere die Sonderrichter unterstützte. Als Sonderrichter waren eingesetzt Heinz Zumbruch, Paul Barthold, Heinrich Schäfer und Kurt Steinert. Als Obmann für die Rhodeländer war vom Sonderverein Karl Stein benannt, der seine ihm zufallenden Aufgaben glänzend erledigte. Die Höchstnote wurde an vier Tiere der Züchter Wendelin Weinbrecht, Durmersheim, mit v BB auf 1,0, Walter Heitkämper, Patthorst bei Steinhagen, mit v BE auf 1,0 und v SE auf 0,1 und Fritz Schmidt, Hasbergen bei Osnabrück, mit v BB auf 0,1 vergeben. Lobenswert war der einreihige Aufbau und daß bei einigen Rassen versuchsweise die Kritiken an den Käfigen angebracht waren.

Über die vielen Sg-Tiere bei den Rhodeländern sagte Präsident Wilhelm Ziebertz: „Man kann nicht von einer Sg-Seuche sprechen, wenn bei einer alten, durchgezüchteten Rasse viele Tiere mit ‚sg' bewertet werden. Viele Sg-Tiere sind in einem solchen Falle ein Beweis für deutschen Züchterfleiß."

In seinem Ausstellungsbericht schrieb Vorsitzender Heinz Zumbruch, daß von den zu leichten Tieren nur ganz wenige vorhanden waren. Die vier herausge-

32   1,0 Rhodeländer, Frankfurt 1955. Züchter: Josef Westendorf, Lohne.

stellten „Perlen" seien in der Form, Oberfarbe, Unterfarbe und den Schwingen ganz vorzüglich gewesen. Alle E-Tiere zeigten eine tiefe Brust, die gewünschte untere Linie und damit die geforderte Backsteinform. Die Diskussion im Sonderverein und im Mitteilungsblatt hatte wohl dazu beigetragen, daß von dem richtigen Weg, die Kastenform zur Hauptforderung zu erheben, nicht abgewichen wurde. Wie ernst Obmann Karl Stein das ihm zugedachte Amt ausübte, ist dadurch bewiesen, daß die beiden V-Hähne stundenlang nebeneinander im Käfig saßen, damit sie von dem Obmann und den Sonderrichtern immer wieder beobachtet werden konnten, um festzustellen, wer das Blaue Band erhalten sollte.

Die 36. Nationale vom 14. bis 16. Januar 1955 auf dem Frankfurter Messegelände war mit 383 Rhodeländern, einer Voliere, 10 Zuchtstämmen und drei Hennen in den Leistungszuchten nicht allzu stark beschickt. Als Preisrichter waren eingesetzt Heinz Zumbruch, Paul Barthold, Wendelin Weinbrecht und Karl Pollack. Als Obmann war wieder Karl Stein tätig. Die beiden höchsten Auszeichnungen errang Josef Westendorf, Lohne, mit v StE Sieger bei den Hähnen und v E Sieger bei den Hennen.

Über die bei der 36. Nationalen gezeigten Rhodeländer wurde von den Sonderrichtern und dem Obmann ausführlich in der Mitgliederversammlung am 16. Januar 1955 berichtet. An der Versammlung nahmen auch Züchter aus der DDR teil. Sonderrichter Arnold Becker berichtete über die Rhodeländer bei verschiedenen ausländischen Ausstellungen und betonte, daß man sich auch im Ausland darüber einig sei, den deutschen Rhodeländern eine gute Form und Farbe zu bescheinigen.

Den vom Sonderverein gestifteten Wanderpreis errang für Hannover nach Auslosung Walter Heitkämper und den der Nationalen Josef Westendorf.

Am 14. und 15. Mai 1955 besuchte Geschäftsführer Karl Stein die Rhodeländerzüchter der DDR anläßlich der Tagung der Spezialzuchtgemeinschaft in Berlin. Dabei stellte er die wunderbare Kameradschaft der Züchter aus Ost und West fest. In der Zucht der Rhodeländer gebe es keine Unterschiede, denn Form und Farbe würden in der DDR genauso verlangt wie bei uns in der BRD. Auch die Preisrichter würden so geschult, daß die Musterbeschreibung genau wie in Westdeutschland ausgelegt wird.

Das Frühjahrstreffen mit der Jahreshauptversammlung am 11. und 12. Juni 1955 in Delmenhorst war gut besucht. Als besondere Gäste konnte Vorsitzender Zumbruch den Vorsitzenden des Landesverbandes Weser-Ems, Herbert Peters, Oldenburg, und den Sonderrichter Richard Tredup, Berlin-Karlshorst (DDR), begrüßen. Viel Beifall gab es für die Auszeichnung des Vorsitzenden Heinrich Zumbruch zum Meister der rheinischen Rassegeflügelzucht. Der Vorstand wurde einstimmig wiedergewählt. Der zweite Tag galt der züchterischen Aussprache. Über den Stand der Rhodeländerzucht berichtete Heinz Zumbruch. Die Farbe sei überall anerkannt und an der Form gebe es hier und da nur noch geringfügige Verbesserungen. An der lebhaften Aussprache konnte man erkennen, wie sehr allen Züchtern die einheitliche Linie der Rhodeländer am Herzen lag.

Die Befiederung der Küken, ihre Frohwüchsigkeit und die Frühreife war das Thema, über das Lorenz Asmussen, Elmshorn, referierte. Auch die Organisation und Werbung für den Sonderverein war ein Diskussionsthema. Zum Werbeleiter des SV wurde Fritz Kehmeier, Delmenhorst, gewählt. Den Abschluß des zweiten Tages bildete eine Tierbesprechung, die von Sonderrichter Karl Stein durchgeführt wurde.

33 0,1 Rhodeländer, Frankfurt 1955. Züchter: Josef Westendorf.

Für Hannover brachten die Rhodeländerzüchter wieder ein gutes Meldeergebnis zustande. Dort standen vom 14. bis 16. Oktober 1955 144 Hähne und 288 Hennen. Als Preisrichter waren eingesetzt Richard Tredup (DDR), Paul Barthold, Heinz Zumbruch und Kurt Steinert. Der Obmann für Rhodeländer, Karl Stein, wurde von der Ausstellungsleitung verpflichtet. Die Siegertiere stellten bei den Hähnen Wendelin Weinbrecht mit sg BB und bei den Hennen Arnold Becker mit v BB.

Die Mitgliederversammlung am 15. Oktober 1955 war wieder sehr gut besucht. Die Preisrichter standen den Züchtern über die Bewertungsarbeit Rede und Antwort. In der Form wurden gute Ansätze zu weiteren Verbesserungen festgestellt, doch müsse auf die richtige Schwanzpartie geachtet werden. Wiederholt wurde die Augenfarbe kritisiert.

Die 37. Nationale Rassegeflügelschau in Köln vom 6. bis 8. Januar 1956 war Auftakt zum 75jährigen Bestehen des BDRG, für den Sonderverein der Züchter des Rhodeländerhuhnes der Abschluß des 50jährigen Bestehens des Sondervereins, für das es keine besondere Jubiläumsfeier gab. Der Sonderverein hatte der Nationalen eine Sonderschau angeschlossen. Die Rhodeländerzüchter beteiligten sich daran mit 181 Hähnen und 334 Hennen und 3,4 Tieren in den Leistungszuchten. Als Preisrichter waren Karl Stein, der zugleich Obmann für die Rhodeländer war, Heinz Zumbruch, Kurt Steinert, Franz Kemper und Gottlieb Keppler tätig. Die Siegertitel wurden bei den Hähnen an Arnold Becker (v SB) und an Willy Schröder (v SB) vergeben.

In Köln fand auch eine Versammlung statt, bei der Vorsitzender Heinz Zumbruch wieder Gäste aus der DDR begrüßen konnte. Die anläßlich der Eröffnungsfeier zu Ehrenmeistern des BDRG ernannten Rhodeländerzüchter und Sonderrichter Paul Barthold, Pye, und Karl Stein, Hildesheim, wurden gemeinsam mit Ernst Katenhusen, Adenbüttel, zu Ehrenmitgliedern des Sondervereins ernannt.

Den Schaubericht gab Obmann Karl Stein für alle ausgestellten Tiere. Er stellte Verbesserungen in der Figur, besonders bei den Hennen, fest. Die Augenfarbe bei den Hähnen bezeichnete er als gut, die der Hennen wurde intensiver gewünscht. An der Farbe sei nicht mehr viel zu verbessern. Zur Auswahl der Sonderrichter für die Großschauen wurde von den Mitgliedern beschlossen, daß es künftig dem Vorstand vorbehalten bleiben soll, diese den Ausstellungsleitungen zu benennen. Es wurde auch gewünscht, daß Sonderrichter aus der DDR zu den großen Schauen verpflichtet werden, da sich dies für eine weitere gute Zusammenarbeit nur positiv auswirken könne. Der bei der Nationalen in Köln zu vergebende Wanderpreis, gestiftet von Wendelin Weinbrecht, wurde dem Züchter Arnold Becker zuerkannt. Zum Abschluß der Versammlung hielt Kurt Steinert einen Lichtbildervortrag über eine im Sommer durchgeführte Züchterfahrt.

Der internationale Standard für Rhodeländer

In der ersten Maiausgabe 1956 der Fachpresse wurde von Präsident Wilhelm Ziebertz der internationale Standard für Rhodeländer veröffentlicht. Darin wurde die Farbe des Obergefieders, der Hand- und Armschwingen und das Untergefieder des Hahnes wie folgt beschrieben:

Obergefieder: Gleichmäßiges, dauerhaftes, sattes Dunkelrot (nicht schokoladenbraun) mit reichem Glanz. Keine hellen Schaftstriche und ohne Federsäumung. Federkiele bis zur Haut kräftig rötlich-hornfarbig. Kopf, Hals, Rücken, Sattel, Brust und After gleichmäßig satt dunkelrot. Flügeldecken ohne Schwarz.

Handschwingen: Dunkelrot. Außenfahne und Deckfedern teilweise schwarz und rot gerändert.

Armschwingen: Außenfahne dunkelrot, Innenfahne teilweise schwarz.

Schwanz: Steuer- und Sichelfedern schwarz mit grünem Glanz. Deckfedern grünschwarz, gegen den Sattel hin rot.

Untergefieder: An allen Körperteilen lebhaft rot, möglichst mit dem Obergefieder übereinstimmend.

Die Farbe der Henne ist wie beim Hahn, jedoch warme, dunkelrote Farbe, die Spitze der längsten Federn des Halsbehanges mit oder ohne kleine schwarze Flecken; der Hals ist rot. Bei der Einzelbewertung zählen vor allem Kraft, Gesundheit und Temperament, sowie lebhafter Gesichtsausdruck. Typische Form, richtige Größe, gleichmäßige Farbe, glanzreiches, glattes Gefieder ohne Kissenbildung.

Streit um eine Beitragserhöhung

Bei der Frühjahrsversammlung am 26. und 27. Mai 1956 in Weinheim an der Bergstraße wurde neben der Wiederwahl des Vorstandes eine Beitragserhöhung beschlossen, die besonders bei den süddeutschen Züchtern auf Mißfallen stieß. Dies wurde deutlich bei der Sommerversammlung der Gruppe Südwest mit dem Sitz in Stuttgart am 29. Juli 1956. Dabei wurde heftige Kritik am Hauptverein geübt. Eine Hauptversammlung des Sondervereins anläßlich der Nationalen würde vollauf genügen. Dadurch könnte der Mitgliedsbeitrag sogar gesenkt werden. Diesen Vorwurf konnte der SV-Vorsitzende Heinz Zumbruch nicht unwidersprochen hinnehmen. Damit kein falsches Bild aufkomme, bat er, den Bezirksmitgliedern mitzuteilen, daß alle Vorstandsmitglieder ehrenamtlich arbeiten und ihre Auslagen aus eigener Tasche bezahlen würden. Wenn die Preisrichter von Mittwoch bis Sonntag bei einer Großschau richten und verweilen würden, erhielten sie vom Sonderverein keinen Pfennig für die zusätzlichen Kosten, wenn sie Versammlungen besuchten und über ihre Bewertungsarbeit berichten würden. Zumbruch erinnerte auch daran, daß Vorstandsmitglieder für

Hannover und die Nationale Wanderpreise gestiftet hätten, die sie aus eigener Tasche bezahlten. Auch für den Besuch bei den Bezirken, Sommertagungen oder Züchterfahrten hätten die Vorstandsmitglieder vom Sonderverein kein Geld bekommen. Das Beitragsaufkommen werde ausschließlich für Ehrenpreise bei großen Schauen und für den Druck des Mitteilungsblattes, aber nicht für Sitzungsgelder und Reisekosten, verwendet.

Nachdem der Bezirk Südwest dem SV-Vorsitzenden Zumbruch zusicherte, daß der Meinungsaustausch zur beiderseitigen Aufklärung und Annäherung der Standpunkte geführt habe, mußte man annehmen, daß die Angelegenheit erledigt sei. Doch weit gefehlt. Bei der Hauptversammlung des Bezirks Südwest anläßlich der Landesverbandsschau in Stuttgart am 9. Dezember 1956 wurde der Beschluß gefaßt:

„Angesichts der Tatsache, daß durch die in Weinheim beschlossene Beitragserhöhung noch mehr Geld an den Hauptverein abzuführen wäre, ohne daß wir Züchter Süddeutschlands irgendwelchen Nutzen (Ehrenpreise oder dergleichen) hätten, beschlossen wir, per 31. Dezember 1956 aus dem Hauptverein auszutreten und fortan als eigener Sonderverein den Bezirk weiterzuführen."

Dieser Beschluß wurde dem SV-Vorsitzenden Heinz Zumbruch am 16. Dezember 1956 vom Schriftführer Dieter Weinmann, Nürtingen, mitgeteilt.

In Hannover feierte der GZV von 1869 seine 75. Junggeflügelschau vom 19. bis 21. Oktober 1956. Dort standen 156 Hähne und 315 Hennen der Rhodeländer, die von Heinz Zumbruch, zugleich Obmann für Rhodeländer, Wendelin Weinbrecht, Bruno Henneberg, Heinrich Schäfer und Ernst Brink aus Dresden bewertet wurden. Fritz Schmidt, Hasbergen, holte sich mit einem Sg-BB-und-E-Hahn und Heinrich Becker, Düpe-Harpendorf, mit einer V-BB-Henne die höchste Auszeichnung.

Die unterschiedliche Größe der Rhodeländer fiel besonders ins Auge. Viele Tiere waren zu groß und zu schwer. Bei der Bewertung mußten die Sonderrichter teilweise bis zu 50 Prozent der Tiere wegen Übergewichts auf „g" und tiefer setzen. Um die Wirtschaftlichkeit der Rhodeländer zu erhalten, waren die Preisrichter gezwungen, die zu schweren und grobknochigen Tiere zu strafen. Das Standardgewicht für Junghähne beträgt 3 bis 3,5 kg und bei Junghennen 2,4 bis 2,7 kg, nicht viel weniger und auch nicht viel mehr. Darauf hatten die Sonderrichter ein besonderes Augenmerk gerichtet.

Bei der Versammlung in Hannover waren etwa 120 Rhodeländerzüchter anwesend, darunter wieder Freunde aus der DDR. Nach den Berichten des Obmannes und der Sonderrichter über ihre Bewertungsarbeit begann eine lebhafte Aussprache, wobei kritisiert wurde, daß nicht alle eingesetzten Preisrichter anwesend waren.

Eine Werbeschau mit 520 Rhodeländern

Der im Vorjahr in Hannover gewählte Werbeleiter des Sondervereins hatte für den 16. bis 18. November 1956 zu einer Rhodeländer-Werbeschau nach Menden im Sauerland eingeladen. Dieser erste Versuch soll künftig als Wanderschau beibehalten werden. Es war die erste reine Rhodeländerschau, die in Deutschland durchgeführt wurde. An ihr beteiligten sich 78 Aussteller mit 520 Tieren. Die Ausstellung war in dem geräumigen Saal der „Wilhelmshöhe" einreihig aufgebaut und mustergültig untergebracht. Die Funktion der Sonderrichter wurde von Heinz Zumbruch, Karl Stein, Paul Barthold, Arnold Becker, Josef Westendorf, Kurt Steinert und Heinrich Wessel ausgeübt. Sie fanden in dem lichtdurchfluteten Saal eine gute Voraussetzung für ihre Bewertungsarbeit.

Der Verkauf der Tiere erfolgte durch eine Versteigerung, bei der 12 Prozent der ausgestellten Tiere den Besitzer wechselten. Auch Gäste aus Luxemburg waren unter den Käufern. Für den Sonderverein war diese werbewirksame Schau ein sehr schöner Erfolg. Die Werbeschau in Menden hatte nach den Feststellungen des Geschäftsführers Karl Stein bereits im Jahr 1929 in Hildesheim eine Vorgängerin. Allerdings war dies keine reine Rhodeländerschau, sondern einer Hildesheimer Geflügelausstellung angeschlossen.

Der sehr gut beschickten Werbeschau in Menden folgte die 38. Nationale in Köln vom 11. bis 13. Januar 1957 mit dem sehr dürftigen Meldeergebnis von nur 88 Rhodeländerhähnen und 131 Hennen sowie einer Herde mit 1,6 Rhodeländern als anerkannte Wirtschaftsrasse. Den Preisrichtern Karl Stein und Heinz Zumbruch stand nur ein Ehrenband zur Verfügung, das auf eine Henne von Arnold Becker vergeben wurde. Auch bei dieser Schau wurde von den Preisrichtern die unterschiedliche Größe der Rhodeländer bemängelt. In Zweifelsfällen wurden die Tiere gewogen und dabei festgestellt, daß die zu großen Hähne ein Übergewicht von 700 bis 1 400 g und die Hennen bis zu 800 g hatten.

Die Benützung einer Waage wurde von Arnold Becker bei der Aussprache über die Bewertung als unzulässig angesehen. Dem widersprach Heinz Zumbruch mit der Begründung, daß das Standardgewicht im Standard in Gramm angegeben sei, demnach habe der Richter auch das Recht, das Gewicht zu prüfen.

Differenzen mit dem Bezirk Südwest

Nach den Feststellungen des SV-Vorsitzenden Heinz Zumbruch vom 27. Januar 1957 wurden bei der außerordentlichen Hauptversammlung des Bezirks Südwest am 9. Dezember 1956 weder die aufklärenden Stellungnahmen des Geschäftsführers Karl Stein vom 21. August 1956 noch die von Heinz Zumbruch vom 1. November 1956 den Mitgliedern zur Kenntnis gebracht. Die dem Sonderverein von Schriftführer Dieter Weinmann, Nürtingen, am 16. Dezember 1956 mitgeteilte Austrittserklärung konnte der Vorstand des Hauptvereins nicht anerkennen, da sie vor dem 15. November hätte erfolgen müssen. Außerdem war für die Auflösung des Bezirks eine Dreiviertelmehrheit erforderlich, die nicht nachgewiesen wurde. Schließlich ist satzungsmäßig festgelegt, daß das Vermögen des Bezirks bei Auflösung dem BDRG zufällt.

Der Vorstand des Bezirks Südwest hat daher am 3. Februar 1957 beschlossen, eine außerordentliche Hauptversammlung einzuberufen und dieser vier Anträge zur Entscheidung vorzulegen. Darin wurde gefordert, den Beitrag an den Hauptverein wieder auf 2,– DM festzusetzen, künftig für die Hauptversammlung des Hauptvereins nur für einen Vertreter den Fahrtkostenzuschuß zu zahlen, das Mitteilungsblatt wegfallen zu lassen und den dadurch freiwerdenden Betrag den Bezirken als Ehrenpreise zur Verfügung zu stellen. Würden diese Anträge vom Hauptverein angenommen, wollte der Bezirk wieder loyal mit dem Sonderverein zusammenarbeiten.

Die angekündigte außerordentliche Hauptversammlung fand am 28. Juli 1957 in Stuttgart-Wangen statt, an der auch SV-Vorsitzender Heinz Zumbruch teilnahm. Die vier Anträge wurden geändert und es blieben nur noch zwei Anträge, den Jahresbeitrag auf 2,50 DM festzusetzen und das Mitteilungsblatt von sechs auf drei Ausgaben jährlich zu beschränken. Über diese zwei Anträge hatte die Jahreshauptversammlung, die mit der Werbeschau in Hildesheim zusammengelegt wurde, zu entscheiden.

Die Gründung eines Rhodeländer-Clubs

In der Fachpresse vom 10. August 1957 wurde über die Gründung eines Rhodeländer-Clubs berichtet. Er wurde von der Ausstellungsleitung der 2. Werbeschau in Menden gegründet. Es waren dies die Herren Doelle, Nölkensmeier und Kemper, die für die Werbeschau weder dem Sonderverein noch dem zuständigen Bezirk einen Einfluß auf die Schau gestattet hatten. Dadurch war ein Streit entstanden zwischen der Ausstellungsleitung und dem Vorstand des Sondervereins. Im Laufe der unschönen Auseinandersetzungen wurden die Vorstandsmitglieder Zumbruch, Stein und Barthold in übelster Weise verleumdet. Die Vorstandsmitglieder haben darauf Klage beim Ehrengericht erhoben. Die Vorstandsmitglieder des Rhodeländer-Clubs, die zum Teil schon einige Jahre Mitglied des Sondervereins waren, versuchten durch die Neugründung eine Opposition gegen den Sonderverein aufzubauen und diese zu stärken. In den Mitteilungen des Sondervereins vom September 1957 wurden die Mitglieder vor dem Eintritt in den Club gewarnt.

Die Erweiterung des Vorstandes in Hildesheim

Die Hildesheimer Werbeschau vom 8. bis 10. November 1957 war mit 298 Rhodeländern beschickt worden. Anläßlich der Ausstellungstage wurde am 9. November die Jahreshauptversammlung des Sondervereins durchgeführt, bei der die Vertreter des Bezirks Südwest fehlten. Dabei wurden auch die vorliegenden Anträge behandelt. Einstimmig wurde eine Änderung der Satzung beschlossen, wonach künftig auf je 15 Mitglieder eines Bezirks eine Stimme entfällt. Seither waren 40 Mitglieder für eine Stimme erforderlich. Nach längerer Debatte wurde festgelegt, daß die Fahrtkosten der Bezirksvertreter zu den Hauptversammlungen des Sondervereins für die ersten 150 km vom Bezirk zu übernehmen sind. Der Beitrag der Bezirke an den Hauptverein wurde von 3,50 DM auf 2,50 DM ab 1. Januar 1958 herabgesetzt. Das Mitteilungsblatt „Der Rhodeländerzüchter" bleibt bestehen.

Ein Dringlichkeitsantrag, den Rhodeländer-Club aufzulösen, konnte nicht zugelassen werden, da hierzu die SV-Mitgliederversammlung keine Berechtigung habe. Dafür wurde beschlossen, daß die Mitglieder des Clubs nicht Mitglieder im Sonderverein sein können. Der Bezirk Nordwest wurde beauftragt, Verhandlungen mit dem Rhodeländer-Club aufzunehmen und dem Vorstand über das Ergebnis zu berichten. Vor den Wahlen wurde noch mitgeteilt, daß das Ehrengerichtsverfahren zwischen dem Vorstand des Sondervereins und Mitgliedern des Clubs in einem Vergleich endete. Nur um des Friedens willen waren Heinz Zumbruch und Karl Stein dazu bereit.

Bei den Wahlen wurden Heinz Zumbruch als 1. Vorsitzender und Karl Stein als Geschäftsführer einstimmig wiedergewählt. Als 2. Vorsitzender wurde Fritz Kehmeier und als Schriftführer Heinz Möller in den Vorstand gewählt. Beisitzer blieben bzw. wurden Paul Barthold, Wendelin Weinbrecht und Erwin Anders. Werbewart des Sondervereins blieb Fritz Kehmeier.

Bci der Deutschen Junggeflügelschau in Hannover vom 18. bis 20. Oktober 1957 standen 405 Rhodeländer, die von den Sonderrichtern Gottlieb Keppler, Heinz Zumbruch und Walter Dröge bewertet wurden. Das Blaue Band bei den Hähnen errang Heinrich Menkens mit sg1 BB und bei den Hennen B. Russmann mit v BB. Eine weitere V-Henne zeigte Albert Weber.

Vom 10. bis 12. Januar 1958 fand in Köln die 39. Nationale Rassegeflügelschau statt. Dort standen bei den Rhodeländern 118 Hähne und 173 Hennen sowie eine Voliere. Sie wurden von den Sonderrichtern Heinz Zumbruch, Franz Kemper und Paul Barthold bewertet. Ein besonderer Obmann für Rhodeländer war nicht vorgesehen. Die beiden Siegerbänder errang mit 1,0 sg 1 SB und 0,1 v SB Gustav Jungermann, Holzwickede. Zwei weitere V-Tiere zeigten bei den Hennen Dr. Hans Wiechert, Rosenheim, und Helmut Kammertöns, Bornholte. Die Forderung des Sondervereins, die Form immer mehr in den Vordergrund zu stellen, zeigte eine große Wirkung. Der Prozentsatz der backsteinförmigen Tiere war bedeutend größer geworden als bei früheren Schauen.

Die Deutsche Junggeflügelschau in Hannover vom 17. bis 19. Oktober 1958 war mit ca. 12 000 Tieren beschickt worden, darunter 97 Rhodeländer-Hähne und 226 Hennen in recht guter Qualität. Die Sonderrichter Heinz Zumbruch, Karl Stein, Heinrich Wessel jun. und Paul Barthold vergaben v Blaues Band an zwei Tiere von Arnold Becker, Mülheim/Ruhr-Styrum. In der Fachpresse wurde die Hannoverschau als „schönste Schau der Welt" bezeichnet. Der Fachberichterstatter erkannte in den Körperformen der Rhodeländer eine wesentliche Verbesserung. Die Hähne dürften aber nicht schwerer werden. Auch sei mehr auf die Augenfarbe zu achten.

Die Suche nach einem neuen Geschäftsführer

In Frankfurt am Main fand vom 7. bis 9. November 1958 eine Große Allgemeine Rassegeflügelschau auf dem Messegelände in der Walter-Kolb-Halle statt, der die Werbeschau des Sondervereins der Züchter des Rhodeländerhuhnes angeschlossen war. Am 8. November 1958 fand in Frankfurt am Main auch die Jahreshauptversammlung des Sondervereins statt. Die Förderung der Leistungszucht wurde ausgiebig vom Vorsitzenden Heinz Zumbruch behandelt, denn der Sonderverein als Träger der Zucht hatte sich mit diesem Problem auseinanderzusetzen. Dabei dürfe aber die Schönheit der Tiere nicht vernachlässigt werden,

34   0,1 Rhodeländer, Köln 1958. Züchter: Arnold Becker.

meinte Zumbruch, denn die Leistung sei weder an die Körperform noch an die Farbe gebunden. In seinem Geschäftsbericht klagte der Vorsitzende über die mangelhafte Zusammenarbeit mit den Bezirken.

Vor der Wiederwahl des Vorstandes gab Karl Stein bekannt, daß er als Geschäftsführer zurücktreten möchte. Als Nachfolger wurde Heinz Möller, Bremerhaven, vorgeschlagen, konnte aber nicht gewählt werden, da er nicht anwesend war. Karl Stein wurde gebeten, mit Heinz Möller zu verhandeln. Möller blieb zunächst Schriftführer und wurde zugleich als 2. Geschäftsführer von der Versammlung bestätigt. Da die Hauptversammlung anläßlich der Werbeschau sehr schlecht besucht war, wurde erwogen, die Werbeschauen wieder fallen zu lassen. Die späteren Verhandlungen mit Heinz Möller ergaben, daß dieser sich aus persönlichen und beruflichen Gründen nicht bereit erklären konnte, den Geschäftsführerposten zu übernehmen.

Die 40. Nationale Rassegeflügelschau in Köln vom 9. bis 11. Januar 1959 war von den Rhodeländerzüchtern nicht in dem sonst üblichen Rahmen beschickt worden. Nur 131 Hähne und 180 Hennen stellten sich den Sonderrichtern Heinz Zumbruch, Paul Barthold und Heinrich Wessel zur Bewertung. Bei den Hähnen errang mit v SB Karl Schön, Gladenbach, und bei den Hennen Heinrich Menkens, Delmenhorst, die jeweils höchste Bewertung und Auszeichnung. Bei der Rhodeländerversammlung am 10. Januar 1959 beschränkte sich die Tagesordnung nur auf die Berichte der Sonderrichter und auf einige Mitteilungen. So sollte die Frage, ob die bisherigen Werbeschauen beibehalten werden sollten, in den Bezirken besprochen werden. Die Versammlung entschied sich zwar für die Beibehaltung der Schau, aber unter dem Namen „Bundes-Rhodeländerschau". Weiter sollte in den Bezirken besprochen werden, ob die Jahreshauptversammlungen weiter mit der Schau durchgeführt oder, wie dies früher schon einmal der Fall war, im Laufe des Sommers abgehalten werden sollen. Die in Köln anwesenden Mitglieder waren dafür, daß die Hauptversammlung mit einer Schau verbunden bleiben soll.

Zur Vorschau auf die Deutsche Junggeflügelschau Hannover vom 16. bis 18. Oktober 1959 wurde im „Deutschen Kleintier-Züchter" mit der Abbildung von acht hochbewerteten Rhodeländern auf der zweiten Umschlagseite geworben. Weiter wurde in dieser Ausgabe mit einem Fachbeitrag „Rhodeländer – immer noch große Mode" die Rasse vorgestellt. Die Hannoverschau 1959 wurde zu einem glanzvollen Ereignis zum 90. Geburtstag des Hannoverschen Geflügelzuchtvereins. Bei dieser Ausstellung wurden 124 Rhodeländerhähne und 230 Hennen gezeigt. Zur Bewertung waren Paul Barthold, Heinz Zumbruch, Erwin Anders, Heinrich Wessel jun. und Karl Stein eingesetzt. Die Sonderrichter vergaben fünfmal die Höchstnote, ein Beweis von der hohen Qualität der gezeigten Rhodeländer. Selten war, daß die fünf Höchstnoten an die Tiere von fünf verschiedenen Züchtern vergeben wurden. Es waren dies ein Hahn mit v BB von Josef Westendorf, Lohne i. O., eine Henne mit v BB von Wilhelm Hof, Watzenborn-Steinberg, und drei Hennen mit v BP von Wendelin Weinbrecht, Durmersheim, v BE von Ernst Jung, Naunheim, und v LVE von Fritz Bauer, Hochwaldhausen.

Bei der Sondervereins-Versammlung in Hannover berichteten alle Sonderrichter über die ihnen zur Bewertung zugeteilten Tiere. Gelobt wurden die gute Formverbesserung und das glanzreiche Gefieder, getadelt die teilweise noch vorhandenen Tiere mit zerschlissenen Federn. In der Diskussion wurde von Heinz Möller die Frage des Pfeffers in den Schwingen aufgeworfen, was von den Sonderrichtern unterschiedlich behandelt und geahndet würde.

Die Werbeschau wurde am 7. und 8. November 1959 in Essen der Rheinischen Landesschau als Bundessonderschau angegliedert. Diese Schau stand unter einem ungünstigen Stern, denn am gleichen Wochenende waren größere Ausstellungen in Frankfurt am Main, Hildesheim und Osnabrück. So kam es, daß bei dieser Bundessonderschau nur 69 Hähne und 114 Hennen standen. Als Sonderrichter waren Heinz Zumbruch und Paul Barthold tätig.

Die Hauptversammlung im Hotel Arnold wurde vom 2. Vorsitzenden Fritz Kehmeier geleitet, da Heinz Zumbruch zu einem Gespräch bei dem BDRG-Präsidenten eingeladen war. Bei den Neuwahlen bat Geschäftsführer Karl Stein erneut um seine Ablösung. Da sich kein Nachfolger fand, übernahm Karl Stein die Aufgaben nochmals für ein weiteres Jahr. Die Vorstandsmitglieder wurden einstimmig wiedergewählt. Als Vertrauensmann für die Ringgelder wurde Hermann Spindler vom BDRG bestimmt. Zur Durchführung weiterer Werbeschauen schlug Heinz Möller vor, diese der Deutschen Junggeflügelschau in Hannover anzuschließen. Dafür stimmten der überwiegende Teil der anwesenden Mitglieder.

In der Dezember-Ausgabe 1959 des „Rhodeländerzüchters" wurde im Bild eine formschöne Henne gezeigt, die in 10½ Monaten Prüfzeit 248 Eier mit einem Durchschnittsgewicht von 59,6 g legte. Damit wurde der Beweis erbracht, daß Schönheit und Leistung sich sehr gut vereinbaren lassen.

Den Abschluß der Ausstellungssaison bildete die 41. Nationale in Köln vom 8. bis 10. Januar 1960. Die Rhodeländer waren dort mit 97 Hähnen und 136 Hennen vertreten. In der Preisrichterklasse standen noch 3,2 Rhodeländer. Als Sonderrichter waren Paul Barthold, Heinrich Wessel und Heinz Zumbruch eingesetzt. Die beiden Siegerbänder errang mit einem V-SB-Hahn und einer Sg1-SB-Henne Arnold Becker, Mülheim/Ruhr-Styrum.

Nach Köln zog Arnold Becker in der „Geflügel-Börse" vom 18. März 1960 eine Bilanz über den Stand der Rhodeländerzucht. Sie war bei den Hennen durchaus zufriedenstellend, was von den Hähnen nur teilweise gesagt werden konnte. Über das Rhodeländer-Finale in Köln berichtete in der „Allgemeinen Geflügel-Zeitung" vom 20. März 1960 Artur Riedel, daß etwa ein Drittel der Rhodeländer hochwertige Zuchttiere waren. Bei den besonders herausgestellten Tieren, die Anwärter auf Siegerehren waren, gehörten schon etwas Glück und züchterisches Können dazu, beide Siegerbänder zu erringen. Die Rhodeländer bezeichnete Artur Riedel in den Spitzenzuchten als so vollendet, daß nur noch wenig verbessert werden könne. Dies müsse auch auf breiter Basis erreicht werden. In der Rhodeländerzucht gelte es, die ideellen Bestrebungen, wie die Liebe zum Tier, die Freude am züchterischen Schaffen, verbunden mit Leistung und Schönheit, in hohem Maße zu verwirklichen.

Der Schweizer Vorstoß zur Standardlockerung

Aus der Schweiz kam zu Beginn des Jahres 1960 über die Fachzeitschrift „Der Geflügelhof" die Nachricht, daß eine Standardlockerung bei den Rhodeländern zugunsten der Wirtschaftszucht angestrebt wird. Dort kennt man zwei verschiedene Zuchtrichtungen. Einerseits gibt es den bisherigen Standardtyp mit der einheitlichen Leistungsform und der satten braunroten Gefiederfarbe, aber teilweise unbefriedigender Leistung. Andererseits besteht der formlich uneinheitliche und farblich helle Leistungstyp mit allgemein sehr guter Leistung. Diese Tatsache veranlaßte den Schweizer Klub der Rhode-Island-Züchter, einen Weg zu suchen, um beide Zuchtrichtungen im Interesse des Rhode-Island-Huhnes als Wirtschaftsrasse nützlich einander anzugleichen. Nur mit dieser Möglichkeit, glaubte der Klub, wäre es auf die Dauer zu erreichen, die verhängnisvolle Doppelspurigkeit in der Rhodeländerzucht zu vermeiden. Durch die Standardlockerungen wurde der bisherige Rassetyp nicht geopfert, sondern es wurden die ergänzenden Hinweise für die Bewertung der Rhode-Islands annulliert.

Die Deutsche Junggeflügelschau in Hannover vom 21. bis 23. Oktober 1960 zeigte 384 Rhodeländer, die von den Sonderrichtern Heinz Zumbruch, Wuppertal-Elberfeld; Kurt Steinert, Braunschweig; Erwin Anders, Hannover; Bernd Hillmann, Delmenhorst, und Karl Stein, Hildesheim, bewertet wurden. Die höchsten Auszeichnungen erhielten bei den Hähnen Bernhard Schäfer, Bösingfeld, mit v BB und bei den Hennen Rudi Thraum, Grünberg, ebenfalls mit v BB. Bei den Hähnen konnte in der Form keine Verbesserung festgestellt werden. Farblich zeigten sie durchweg einen reinen, satten, glanzreichen Rotton. Die Hennen waren, wie das meist der Fall war, besser in der Form als die Hähne. Bei beiden Geschlechtern wurde wiederholt die Augenfarbe bemängelt.

Bei der Jahreshauptversammlung in Hannover berichteten die Sonderrichter über die von ihnen bewerteten Tiere. Nach den Berichten des Vorstandes gab Karl Stein bekannt, daß er aus Altersgründen für die Wahl zum Geschäftsführer nicht mehr zur Verfügung stehe. Die Wahlen brachten folgendes Ergebnis:

1. Vorsitzender:	Heinz Zumbruch, Wuppertal-Elberfeld
2. Vorsitzender:	Karl Stein, Hildesheim
Geschäftsführer:	Fritz Kehmeier, Delmenhorst
Werbewart und Schriftleiter für das Mitteilungsblatt:	Gustav Joedecke, Braunschweig
Beisitzer:	Wendelin Weinbrecht, Durmersheim
	Paul Barthold, Pye bei Osnabrück
	Erwin Anders, Hannover.

Der wiedergewählte Vorsitzende Heinz Zumbruch sprach dem ausgeschiedenen Geschäftsführer Karl Stein, der dieses Amt 30 Jahre treu verwaltet hatte, den Dank des Sondervereins aus. Er bezeichnete Stein als Bannerträger der Rhodeländerzucht, der keine persönlichen Opfer gescheut habe und bei allen Sitzungen, Tagungen und Ausstellungen anzutreffen war. Als Geschäftsführer, Züchter, Sonderrichter und als Zuchtfreund sei er ihm immer ein lieber Freund und Berater gewesen.

Für die künftigen Wahlen zum Vorstand wurde beschlossen, jährlich nur die Hälfte der Vorstandsmitglieder zu wählen, und zwar im ersten Jahr den 2. Vorsitzenden und die Beisitzer und im zweiten Jahr den 1. Vorsitzenden, Geschäftsführer, den Werbewart und Schriftleiter. Erstmals wurden verdiente Züchter mit der goldenen Ehrennadel des Sondervereins für 40jährige Mitgliedschaft oder 25jährige Vorstandstätigkeit ausgezeichnet. Es waren dies

Heinz Zumbruch, Bezirk Westdeutschland
Bernhard Schäfer, Bezirk Westfalen
Franz Krause, Bezirk Westfalen
Karl Stein, Bezirk Hannover
Ernst Katenhusen, Bezirk Hannover
Paul Barthold, Bezirk Nordwestdeutschland
Heinrich Moorschladt, Bezirk Nordwestdeutschland
Wendelin Weinbrecht, Bezirk Südwest
Fritz Bauer, Bezirk Hessen
Karl Stoll, Bezirk Hessen.

Die 42. Nationale Rassegeflügelschau vom 11. bis 13. November 1960 war mit 290 Rhodeländern wieder recht gut beschickt worden. Die Sonderrichter Heinz Zumbruch, Karl Stein und Fritz Schäfer, Lützellinden, vergaben viermal die Höchstnote, und zwar für Tiere der Züchter Peter Müllers, Pesch, v S BE für 1,0, Resi Brock, Dülken, v E für 1,0, Peter Müllers, Pesch, v S E für 0,1 und Anton Post, Berge, v E für 0,1.

Die erste Europaschau in Deutschland

Die 7. Europaschau des Europäischen Verbandes für Geflügel- und Kaninchenzucht fand erstmals in Deutschland, und zwar in Essen, vom 25. bis 27. November 1960 statt. Die Rhodeländerzüchter beteiligten sich mit 202 Einzeltieren und einer Voliere an dieser internationalen Schau. Als Sonderrichter waren Heinz Zumbruch und Theodor Otten, Bottrop, und als Obmann Heinrich Schäfer eingesetzt. Mit v Championat wurden ein Hahn von Leo Wieber, Essen, und eine Henne von Arnold Becker, Mülheim/Ruhr-Styrum, ausgezeichnet. Eine weitere V-Henne zeigte Wilhelm Hof, Watzenborn-Steinberg.

Dem Bericht von Theodor Otten über die Europaschau war zu entnehmen, daß die Gesundheit und Vitalität der Rhodeländer hervorragend waren. Beanstandet wurde die unterschiedliche Größe und das Gewicht der Hennen.

Paul Barthold und Ernst Mosimann †

Im Mitteilungsblatt „Der Rhodeländerzüchter", Ausgabe vom 7. April 1961, wurde den Rhodeländerzüchtern die Trauerbotschaft von dem Ableben zweier Züchterfreunde verkündet, die sich um die Rhodeländerzucht in Deutschland und der Schweiz besondere Verdienste erworben hatten. Der SV-Vorsitzende Heinz Zumbruch widmete ihnen ehrende Nachrufe.

In der gleichen Ausgabe, in der die Todesnachricht über Paul Barthold den Rhodeländerzüchtern mitgeteilt wurde, schrieb Horst Frese „Erinnerungen und eigenwillige Gedanken eines Rhodeländerzüchters", wobei er sich auch mit Paul Barthold beschäftigte. Hierzu schrieb Horst Frese: „Um einen so vorzüglichen Mann wie Paul Barthold zum Beispiel beneiden uns viele Vereine unserer Organisation. Leider ist er jetzt ans Krankenbett gefesselt. In Delmenhorst haben Bernd Hillmann und der Schreiber dieser Zeilen ‚unseren Paul' Anfang Februar besucht, wenige Tage später, nachdem Heinz Zumbruch bei ihm war. Es gibt nur wenige Züchter, die so wie Paul Barthold ihre großen züchterischen Gaben und hohen menschlichen Qualitäten in so wirklich uneigennütziger Weise der großen Züchterfamilie der Rhodeländer zur Verfügung gestellt haben. Viele namhafte Zuchten hat er praktisch aufgebaut, unterstützt und dirigiert. Stets hat er dabei in selbstloser Weise gehandelt und tut es auch heute noch.

Groß war für mich deshalb auch die Freude, als ich vor einigen Wochen bei seiner Gefährtin Wilma Krudewig 2,25 Rhodeländer von bester Qualität zu sehen bekam. Diese brauchten in ihrer Qualitätsgüte keinen Vergleich mit den Tieren seiner Glanzzeiten zu scheuen, als er auf seinem früheren Rhodeländerhof Piesberg bei Pye (Osnabrück) in landschaftlich schöner Gegend und günstigem Aufzuchtsklima immer wieder neue Blutlinien aufbaute."

Am 6. Mai 1961 trat in Hildesheim der SV-Vorstand zusammen, da durch den Tod von Paul Barthold Lücken entstanden waren, die ausgefüllt werden mußten.

35 Paul Barthold,
Pye (Weser-Ems), 1882–1961.
Ehrenmeister seit 1955.

So wurde beschlossen, daß der Kommission zur Anerkennung der Sonderrichter künftig Karl Stein, Wendelin Weinbrecht und Heinz Zumbruch angehören. Zur dauerhaften Erinnerung an Ehrenmeister Paul Barthold und Altmeister Heinrich Horstmann sollten Gedächtnispreise gestiftet werden, und zwar in Form von Plaketten als Zuschlagspreise für besten Hahn und beste Henne. In Hannover werden zwei Paul-Barthold-Gedächtnispreise und bei der Nationalen zwei Heinrich-Horstmann-Gedächtnispreise vergeben. Der frühere Geschäftsführer Karl Stein, der auch als Vorsitzender des Verbandes für Hühner, Groß- und Wassergeflügel zurückgetreten war, soll für seine langjährige Tätigkeit im Sonderverein ein Tischbanner erhalten. Bei der Arbeitseinteilung im Vorstand wurde festgestellt, daß kein Schriftführer gewählt wurde. Diese Aufgabe sollte der Werbewart und Schriftleiter Gustav Joedecke noch mit übernehmen.

Die Deutsche Junggeflügelschau vom 20. bis 22. Oktober 1961 war wieder von den Rhodeländerzüchtern gut beschickt worden. Dort standen 127 Hähne und 229 Hennen, die von den Sonderrichtern Heinz Zumbruch, Wendelin Weinbrecht, Karl Stein und Erwin Anders bewertet wurden. Bei den Hähnen siegte Rudi Thraum, Grünberg, mit sg Blaues Band und bei den Hennen Heinz Möller, Bremerhaven, mit v Blaues Band und SE.

In Hannover fand wieder die Jahreshauptversammlung am Samstag, dem 21. Oktober 1961, statt, die von 40 Mitgliedern besucht war. Für das beste Tier in Hannover stiftete BDRG-Präsident Wilhelm Ziebertz einen Paul-Barthold-Gedächtnis-Wanderpreis. In diesem Jahr errang den Wanderpreis für den besten Hahn Rudi Thraum, Grünberg, und für die beste Henne Heinz Möller, Bremer-

185

haven, der den Preis erstmals für seine V-Henne mit nach Bremerhaven nehmen konnte. Für den verstorbenen Beisitzer Paul Barthold wurde Karl Vennhaus, Langenberg, in den Vorstand gewählt. Die in Hannover ausgestellten Rhodeländer wurden von Heinz Zumbruch besprochen.

Im Oktoberheft 1961 wurde noch ein Beitrag des am 13. März 1961 verstorbenen Ehrenmeisters und Sonderrichters Paul Barthold über die Entwicklung der Rhodeländer veröffentlicht.

Über Beobachtungen in der Ausstellungssaison 1961, insbesondere über die 43. Nationale vom 3. bis 5. November 1961 in Frankfurt am Main, berichtete Heinz Zumbruch. In Frankfurt standen 124 Rhodeländer-Hähne und 157 -Hennen, die von den Sonderrichtern Fritz Schäfer, Karl Stein und Heinz Zumbruch bewertet wurden. Den besten Hahn zeigte mit sg 1 BE Ernst Jung, Naunheim, die beste Henne mit v SB Josef Westendorf, Lohne.

Insgesamt war Heinz Zumbruch mit der Qualität der 1961 ausgestellten Rhodeländer zufrieden, wenn auch in Hannover und Frankfurt am Main die V-Hähne fehlten. Kastentiere mit einem vollen Schwanz seien zahlreicher gewesen als in den Vorjahren. Bei den Hennen sei die typische Kastenform meist häufiger und besser zu finden gewesen als bei den Hähnen. Im ersten Mitteilungsblatt 1962 berichtete Ernst Katenhusen über die Form und Farbe und Karl Stein über das Gewicht und die Kämme der Rhodeländer.

Ernst Katenhusen 50 Jahre SV-Mitglied

Ein seltenes Jubiläum feierte im Jahr 1962 der Sonderrichter Ernst Katenhusen, Adenbüttel, der 1912 dem Sonderverein als Mitglied beigetreten war. Seit dieser Zeit züchtete er ununterbrochen mit großem Erfolg Rhodeländer. Der SV-Jubilar, geboren am 18. Juni 1888, war von 1930 bis 1955 Vorsitzender des SV-Bezirks Hannover-Braunschweig und von 1940 bis 1955 auch Vorsitzender der Preisrichtervereinigung dieses Landesverbandes. Seine Treue zu den Rhodeländern und zum Sonderverein bezeichnete Vorsitzender Heinz Zumbruch als ein Vorbild für alle Züchter.

Arnold Becker †

Am 15. Mai 1962 starb im Alter von 63 Jahren der Rhodeländerzüchter und Sonderrichter Arnold Becker, Mülheim-Ruhr-Styrum. Er war als Züchter, Preisrichter und Aussteller allen Züchtern wohlbekannt. Im Jahr 1929 trat er dem Sonderverein bei und war seitdem einer der eifrigsten und erfolgreichsten Rhodeländerzüchter. Kein anderes Sondervereinsmitglied hatte so viele Blaue Bänder und Siegertitel errungen wie der Verstorbene. Von 1933 bis 1945 war Arnold Becker erster Beisitzer in der Reichsfachschaft Rassegeflügelzucht. In den vergangenen Jahren war Becker auch zeitweise Vorsitzender des Bezirks Westdeutschland.

Einen weiteren schmerzlichen Verlust für den Sonderverein bedeutete das Ableben des Vorsitzenden des Bezirks Südwest, Carl Schmid, Stuttgart-Wangen, Ehrenmeister des BDRG, der seit 1926 Mitglied der Rhodeländergemeinschaft war.

Eine Trauerbotschaft erhielt der Sonderverein auch aus Adenbüttel. Dort verstarb am 15. Dezember 1962 im Alter von 74 Jahren der letzte große Pionier der Rhodeländerzucht und Ehrenmeister des BDRG, Ernst Katenhusen.

Eine gute Beschickung erfuhr die Deutsche Junggeflügelschau in Hannover vom 19. bis 21. Oktober 1962 mit 119,230 Rhodeländern. Als Preisrichter waren eingesetzt Heinz Zumbruch, Bernd Hillmann, Erwin Anders und Karl Stein, der auch als Obmann fungierte. Daß bei den Rhodeländern eine bemerkenswerte Verbesserung zu verzeichnen war, konnte man schon dadurch feststellen, daß zwei Hähne und drei Hennen mit der Traumnote „vorzüglich" bedacht wurden. Die Höchstnoten wurden vergeben mit v BB und BPl auf einen Hahn von Ludwig Fehsel, Hombressen, v RE auf einen Hahn von August Kurtz, Kleinendorf, v BB und Paul-Barthold-Gedenkplakette für eine Henne von Heinrich Tweitmann, Osterholz-Scharmbeck, v BE erhielt eine Henne von Josef Westendorf, Lohne, und v LVP eine Henne von Josef Fischbach, Hamm.

Die Jahreshauptversammlung in Hannover am 20. Oktober 1962 begann mit einer Besprechung der ausgestellten Tiere durch die Sonderrichter. Obmann Karl Stein konnte feststellen, daß die meisten Tiere in der Entwicklung abgeschlossen waren. Den hohen Zuchtstand bestätigten die fünf V-Tiere. Die Versammlung wählte einstimmig den seitherigen SV-Vorsitzenden Heinz Zumbruch wieder. Nach der Wahl bat dieser, daß sich der Sonderverein gelegentlich nach einem neuen „Fährmann" umsehen möge. Die Beisitzer Wendelin Weinbrecht, Erwin Anders und Karl Vennhaus wurden in ihren Ämtern ebenfalls einstimmig bestätigt.

Die Bundessonderschau in Dortmund vom 9. bis 11. November 1962 entsprach nicht den Vorstellungen der Ausstellungsleitung und schon gar nicht denen des Sondervereins. Man hatte sich auf etwa 500 Rhodeländer eingestellt, gemeldet wurden jedoch nur 219. Für die geringe Beschickung der Schau nannte Heinz Zumbruch drei Gründe. Einmal fanden in verschiedenen Bezirken größere Schauen statt und zum anderen waren es die verschärften veterinärpolizeilichen Bestimmungen. Das Zeugnis eines Bürgermeisteramtes oder eines Tierarztes reichte nicht mehr aus. Für Dortmund wurde ein amtstierärztliches Zeugnis des Kreistierarztes gefordert, das mit hohen Kosten verbunden war. Der Kreistierarzt war verpflichtet, sich den Tierbestand des Ausstellers an Ort und Stelle anzusehen. Einen weiteren Gund für die mangelhafte Beschickung sah Heinz Zumbuch auch in der Aufhebung der frachtfreien Rückbeförderung der Ausstellungstiere ab 1. Januar 1962 durch den Vorstand der Deutschen Bundesbahn.

Als Sonderrichter waren in Dortmund tätig Heinz Zumbruch, Theodor Otten und Josef Kuhr. Den Siegerhahn stellte Walter Ernst, Hausen in Oberhessen, mit v Ehrenband, und die Siegerhenne, ebenfalls mit v Ehrenband ausgezeichnet, Willi Dahlbring, Herdecke.

Eine goldene Schweizer Uhr für Gottlieb Keppler

Mit der 44. Nationalen Rassegeflügelschau in Stuttgart vom 18. bis 20. Januar 1963 wurde die Ausstellungssaison 1962 beendet. Diese Ausstellung stand unter einem ungünstigen Stern, soweit es die Witterung betraf. Arktische Kälte war in Stuttgart eingezogen und in den Hallen am Killesberg wurden 10 bis 15 Grad minus gemessen. Verständlich wird durch den Kälteeinbruch auch, daß viele Züchter mehr an das Wohl ihrer Tiere dachten und diese nicht in Stuttgart einlieferten. So fehlten bei den gemeldeten 95,115 Rhodeländern auch 20 Hähne und 21 Hennen in den Käfigen. Als Sonderrichter waren tätig Heinz Zumbruch, der wenige Tage später, am 29. Januar 1963, sein 75. Wiegenfest feierte, dann noch Wendelin Weinbrecht aus Durmersheim und Ernst Mattheiß aus Notzingen. Es gab auch eine Preisrichterklasse; deren Bewertung lag in den Händen von Heinrich Lauter. Der Sieger von Stuttgart hieß Josef Westendorf, Lohne in Oldenburg, der in beiden Geschlechtern mit sg1 SB die höchsten Auszeichnungen errang. Bei der Eröffnung der Ausstellung erhielt Präsidiumsmitglied Gottlieb Keppler, Vorsitzender des Landesverbandes Württemberg und Hohenzollern, von Josef Lisibach, Schweiz, eine goldene Uhr.

Eine weitere freudige Überraschung erlebten die Rhodeländerzüchter bei der Eröffnungsfeier der Nationalen in Stuttgart. Der verdienstvolle Rhodeländerzüchter und Sonderrichter Wendelin Weinbrecht aus Durmersheim in Baden wurde von Präsident Wilhelm Ziebertz zum Ehrenmeister des BDRG ernannt.

Im „Deutschen Kleintier-Züchter" Nr. 8/1963 und im „Rhodeländerzüchter" setzte sich BDRG-Präsident Wilhelm Ziebertz mit der Frage auseinander, ob die Rhodeländer an Ansehen verloren hätten. Nach einem kurzen Rückblick auf die geschichtliche Entwicklung der Rasse verwies Ziebertz auf deren wirtschaftliche Bedeutung und setzte sich für das Zuchtziel „Schönheit und Leistung" ein. Die deutschen Rhodeländer seien in der Welt bekannt geworden und es müsse alles darangesetzt werden, daß ihr guter Ruf als schöne Leistungshühner weiter erhalten bleibe. In seiner Präsidenteneigenschaft und als Sonderrichter für die Rhodeländer ermahnte er die Preisrichter, mehr Mut zur Verantwortung bei der Bewertung zu zeigen. Als Beispiel nannte er die Arbeit der verstorbenen Meister auf diesem Gebiet, der Sonderrichter Paul Barthold und Arnold Becker. Beide seien nicht nur Züchter von großem Ruf und Preisrichter mit großem Können gewesen, sondern sie hätten es vor allem verstanden, in der Kritik dem Aussteller das zu sagen, was er wissen mußte.

Hinsichtlich des Gewichts der Rhodeländer warnte Ziebertz, sie zu leicht zu züchten. Die Rhodeländer seien ein Zwiehuhn, also ein mittelschweres Huhn, und sollten es auch bleiben. Der verstorbene Freund Ernst Katenhusen habe das einmal so formuliert: „Wir wollen keine schweren Tanten, wir wollen aber gute Leger, die auch in der Lage sind, etwas zu leisten und die auch im Käfig das Musterbild unserer Rhodeländer verkörpern."

Schönheit und Leistung zu verbinden, nannte Ziebertz eine Aufgabe der einzelnen Züchter und der Organisation. In diesem Zusammenhang verwies der BDRG-Präsident auf die seit 1950 auf dem Gelände der Bundesforschungsanstalt in Celle geschaffene Versuchsanlage zur Leistungsprüfung. Dort, sowie bei vielen anderen Leistungsprüfungen, seien die Rhodeländer immer erfolgreich vertreten gewesen.

Es war bestimmt keinem Zufall zuzuschreiben, daß bei der Bundesversammlung in Bielefeld am 4. Mai 1963 Dr. Robert Gleichauf von der Bundesforschungsanstalt in Celle einen Vortrag hielt über das Thema „Geht die deutsche Rassegeflügelzucht ihren richtigen Weg?" Dabei ging der Referent zunächst auf die verschiedenen Interessengruppen ein, die der Leistungszüchter und der Liebhaberzüchter. Gemeinsames Ziel beider Gruppen sei in erster Linie die Konstitution, Vitalität, Robustheit, Widerstandskraft gegenüber Krankheiten, Befruchtung, Schlupffähigkeit der Küken und ein gutes Aufzuchtvermögen. Für die Liebhaberzüchter stünden auch die Gesundheit und Schaukondition mit an erster Stelle.

Der BDRG gehe damit den richtigen Weg, wenn er versuche, durch Leistungskontrollen nach modernen züchterischen Methoden die von ihm betreuten Rassen zu überprüfen. Dabei gehe es dem Rassegeflügelzüchter nicht so sehr darum, hochgetriebene Legeleistungen zu erreichen, als vielmehr um eine gute Durchschnittsleistung. In Celle bestehe nunmehr die Möglichkeit, in einem

36   Das Präsidium des BDRG 1963. V. l. n. r.: Ernst Rhumbler, Alfred Modler, Herbert Peters, Wilhelm Ziebertz, Wilhelm Bremer, Gottlieb Keppler, Heinrich Schäfer.

besonders entwickelten Prüfungsverfahren eine rassetypische Überprüfung vorzunehmen.

Zur Zeit würden in Celle die Rhodeländer geprüft. Dies sei insofern interessant und wichtig, als neben der Beteiligung von nicht ganz einem Dutzend Züchter auch neu importierte amerikanische Tiere in die Prüfung eingesetzt worden seien. Hier sei nun ein Vergleich möglich zwischen den deutschen und amerikanischen Rhodeländern. Hierbei geht es um die Frage, ob man vielleicht durch die Hereinnahme der amerikanischen Rhodeländer eine Verbesserung der deutschen Rhodeländer erreichen kann, oder ob solche Einkreuzungen nicht ratsam seien, weil dadurch der deutsche Standard zu sehr gefährdet wird. Auf keinen Fall sollte aber aus solchem importierten Material wieder eine neue Rasse entstehen.

Auch das Problem der Federstruktur bei den Rhodeländern soll während der Prüfung in Celle einer genauen Kontrolle unterzogen werden. Dr. Gleichauf machte dann mit bisher vorliegenden Untersuchungsergebnissen bekannt. So liege das duchschnittliche Befruchtungsergebnis bei den 253 eingelegten Eiern der deutschen Rhodeländer bei 75,3 %, bei den amerikanischen 355 Rhodeländern bei 93,1 %. Auch hinsichtlich der Schlupfergebnisse lagen die amerikanischen Rhodeländer vor den deutschen. Mit den bisher vorliegenden Ergebnissen glaubte Dr. Gleichauf, daß damit die Notwendigkeit derartiger Leistungskontrollen für beide Interessengruppen innerhalb des BDRG erwiesen sei. Bekanntlich werde auch über schlechte Befiederung und Federentwicklung bei den . deutschen Rhodeländern geklagt. Es werde deshalb auch zu untersuchen sein, ob durch amerikanische Rhodeländer ein günstiger Einfluß auf die Federentwicklung ausgeübt werden könne, unbeschadet der deutschen Musterbeschreibung.

Am 20. August 1963 trafen sich in Celle Gustav Joedecke, Kurt Steinert, Heinz Zumbruch, Fritz Kehmeier, Karl Vennhaus und Heinrich Schäfer mit dem Präsidenten des BDRG, Wilhelm Ziebertz. Hierüber berichtete Gustav Joedecke in den SV-Mitteilungen u. a. folgendes: „Nun haben wir in Celle die Tiere in voller Blüte gesehen. Ich habe dort 50 deutsche Rhodeländer-Hennen angetroffen, wie ich sie persönlich in solcher stattlichen Zahl an Form, Farbe und Lebensfreude noch nicht gesehen habe. Mein Begleiter Kurt Steinert, mit dem ich die Besichtigung vornahm, kann dieses noch bestätigen, es war ein Sieg der dunklen Rhodeländer. Bis zu diesem Augenblick haben die Hennen das gebracht, was verlangt wird: Gute Befruchtung, beste Schlupfergebnisse und auch schnellen Wuchs. Wenn nun, was meiner Ansicht nach außer Zweifel steht, die Legeleistung gut ausfällt, dann sollten die Züchter, die in diesem Wettkampf stehen, alle Zweifel aus dem Wege geräumt haben, daß der Ausspruch der Rhodeländerzüchter: ‚Rhodeländer, die wirtschaftlichste Rasse aller Zeiten' nach wie vor seine Berechtigung hat. Selbst nun, wenn wir bei den Hähnen die Schwierigkeiten der langsamen Befiederung mit in Kauf nehmen müssen, denn die Hähne, die noch in Celle stehen, sind natürlich meines Erachtens zu früh ausgesucht, sind damit weitaus bessere Hähne geschlachtet worden."

Über die amerikanischen Rhodeländer berichtete Gustav Joedecke: „Wenn ich nun glaubte, unsere Freunde drüben würden uns eventuell einmal eine Blutauffrischung bringen können, so bin ich natürlich schwer enttäuscht. Auch hier waren 50 Hennen fertig zum Legen. Wer aber glaubt, auch nur annähernd etwas vom Typ eines Rhodeländers zu sehen, hatte sich schwer getäuscht. So wurde auch ich, der freudig für diesen Testversuch entgegen anderer Meinung sich eingesetzt hatte, schwer enttäuscht. Keine Form, keine Brust, geschweige denn Kastenform, regelrechte Landhühner, so wie sie heute bei zufälligen Kreuzungen auf jedem Hof herumlaufen.

Also nochmals zusammengefaßt: Kein Vergleich mit unseren Rhodeländern, aber vor allem nicht mit der ‚Elite', die sich augenblicklich in Celle befindet.

Einen traurigen Anblick boten mir die in großer Zahl noch laufenden amerikanischen Hähne. Man kann hier den Ausspruch gebrauchen: ‚Von jedem Dorf ein Hund!' Wenn dieses die Hochzucht von Rhodeländern in Amerika ist, dann will ich lieber die Fehler der deutschen mit in Kauf nehmen und weiter für unsere schönen Rhodeländer werben und eintreten. Leider glaube ich nicht – ich habe unseren Zfr. Wilhelm Ziebertz nicht beim Anblick dieser Tiere gesehen –, daß derselbe auf einen derartigen Anblick gefaßt war. Auch bin ich der Ansicht, daß er nicht gewußt hat, wie weit die USA-Rhodeländer-Zucht von der unseren abweicht. Bis zur Besichtigung der Hähne war ich immer noch der Ansicht, einen Hahn mit einigen meiner Hennen als Stamm zusammenstellen zu wollen, aber nein, mein Lebensabend und die Freude an meinem Hobby sollen mir nicht genommen werden."

In der September-Ausgabe 1963 der SV-Mitteilungen machte sich Horst Frese Gedanken über die herrliche Lackfarbe der Rhodeländer und wie sie entstanden ist. Eine Lösung dieser Frage fand er aber leider nicht.

Die Deutsche Junggeflügelschau in Hannover vom 8. bis 10. November 1963 war mit 317 Rhodeländern sehr gut beschickt worden. Als Sonderrichter waren Heinz Zumbruch, Karl Stein, zugleich als Obmann, Fritz Schäfer und Erwin Anders tätig. Die Rhodeländer waren im allgemeinen recht gut entwickelt, aber die Größenunterschiede waren deutlich. Herausragend in Form, Feder und Farbe die Spitzentiere, bei den Hähnen mit v BB von Josef Westendorf und bei den Hennen mit v BB von Willi Pape, Rheda. Diese beiden Tiere zeigten viel Adel ohne Tadel.

Bei der Eröffnungsfeier wurde Artur Riedel zum Ehrenmitglied des Hannoverschen Geflügelzüchtervereins von 1869 ernannt.

In Hannover fand auch wieder die Jahreshauptversammlung des Sondervereins statt. Hier teilte der SV-Vorsitzende Zumbruch mit, daß die Vergabe der Paul-Barthold-Plakette in Hannover und der Heinrich-Horstmann-Plakette bei der Nationalen nur für Züchter in Frage komme, die noch keine Plakette errungen hätten. Selbstverständlich entscheide die Reihenfolge der jeweiligen Tiere über die Zuerkennung der Plakette.

Da der Verlag Wilhelm Walther seinen Betrieb abgegeben hatte, mußte eine Lösung für die weitere Herausgabe des Rhodeländer-Mitteilungsblattes gesucht werden. Die Druckerei Tanneberg in Braunschweig übernahm die Drucklegung ab 1964.

Hauptdiskussionsthema bei der Hauptversammlung waren die Rhodeländer in Celle. Es rief lebhaften Widerspruch hervor, daß ohne Hinzuziehung des Vorstandes des Sondervereins einfach willkürlich die meisten Hähne der deutschen Züchter geschlachtet wurden, während die aus amerikanischen Zuchten am Leben blieben.

Nach den Wahlen setzte sich der Hauptvorstand wie folgt zusammen:

1. Vorsitzender:	Heinz Zumbruch, Wuppertal-Elberfeld
2. Vorsitzender:	Karl Vennhaus, Langenberg
Geschäftsführer:	Fritz Kehmeier, Delmenhorst
2. Geschäftsführer:	Ernst Jung, Naunheim

Werbewart und	
Schriftleiter:	Gustav Joedecke, Braunschweig
Beisitzer:	Karl Stein, Hildesheim
	Wendelin Weinbrecht, Durmersheim
	Kurt Steinert, Braunschweig
	Erwin Anders, Hannover

Die 45. Nationale Rassegeflügelschau fand vom 17. bis 19. Januar 1964 in den Ausstellungshallen des Stuttgarter Killesbergs statt. Unter den über 13 000 Ausstellungsnummern standen 268 Rhodeländer in bester Verfassung. Sonderrichter waren Heinz Zumbruch, Fritz Schäfer und Ernst Mattheiß. In der Preisrichterklasse errang Fritz Schäfer mit einem Hahn das Siegerband. In den offenen Klassen errang Wendelin Weinbrecht, Durmersheim, mit einem Hahn v Siegerband und die Heinrich-Horstmann-Gedenkplakette. Bei den Hennen siegte mit v Siegerband Hermann Keinath, Dettingen.

Eine Rückschau auf die Ausstellungssaison hielt Sonderrichter Heinz Möller in der April-Ausgabe 1964 der SV-Mitteilungen. Bei allen größeren Schauen hätten sich die Rhodeländer so präsentiert, wie man sie gerne sah. Besonders die Spitzentiere hätten den hohen Zuchtstand unter Beweis gestellt. Die Backsteinform, die glatte Rückenlinie, die angewinkelte Schwanzpartie sowie die parallel verlaufende Unterlinie seien von den besonders herausgestellten Tieren bestens dargeboten worden. Es bleibe aber noch viel züchterische Breitenarbeit, die wichtigsten Forderungen der Musterbeschreibung zum Allgemeingut werden zu lassen. An der Farbe der Rhodeländer sei heute kaum mehr etwas zu verbessern. Dagegen gelte die besondere Aufmerksamkeit den Kopfpunkten, denn ein schöner Kopf erhöhe den Adel eines Tieres ungemein. Auch auf die rubinrote Augenfarbe müsse besonders geachtet werden. Die unterschiedliche Standhöhe der Rhodeländer falle bei den Ausstellungen immer wieder auf. Hier müsse bald ein Weg gefunden werden, um zu einer größeren Einheitlichkeit zu kommen.

Von BDRG-Präsident Wilhelm Ziebertz wurden im Frühjahr 1964 drei amerikanische Rhodeländerhähne erworben für Zuchtversuche mit deutschen Rhodeländerhennen. Sie wurden den Rhodeländerzüchtern Heinz Möller, Bremerhaven; Heinrich Menkens, Delmenhorst, und Heinrich Wessel, Bassum, zur Verfügung gestellt. Vorsitzender Heinz Zumbruch bedankte sich beim BDRG für dieses Geschenk, mahnte aber bei der Einkreuzung zur besonderen Vorsicht.

In der Oktober-Ausgabe des „Rhodeländerzüchters" berichtete Heinz Zumbruch über den Leistungsvergleich zwischen deutschen und amerikanischen Rhodeländern in der Bundesforschungsanstalt in Celle. Dieser Bericht wurde auch von den Fachzeitschriften im November 1964 übernommen. Zumbruch beanstandete die Aufzucht der Küken, die nicht dem Geschmack der Rassegeflügelzüchter entsprach, denn die Tiere kamen überhaupt nicht ins Freie. Es war also eine Intensivhaltung von der Geburt bis zum Abschluß der Leistungsprüfung. Hätte er das gewußt, bekannte Zumbruch, so hätte er keine Bruteier nach Celle geschickt. Trotzdem sei es gut gewesen, vorher manches nicht gewußt zu haben, denn die Rhodeländer hätten alles glänzend überstanden.

Am 23. Juli 1964 führten die Vorstandsmitglieder Heinz Zumbruch, Fritz Kehmeier und Karl Vennhaus eine Besuchsfahrt nach Celle durch, um sich über den Stand der Leistungsprüfung zu informieren. Dr. Gleichauf gewährte den Rhodeländerzüchtern Einblick in die Unterlagen, die bis Ende Juni 1964 vorlagen. Daraus war zu entnehmen, daß die Leistungen der deutschen Rhodeländer sehr gut waren. Eine ganze Reihe der Hennen hatte bis zum 30. Juni die Zahl von 200 Eiern bereits überschritten. Über die Legeleistung der amerikanischen Rhodeländer wurde nicht berichtet.

Dr. Gleichauf erklärte, daß von allen Rassehühnern, die bisher in Celle geprüft worden seien, die Rhodeländer die beste Leistung erbracht hätten. Als die Vorstandsmitglieder des Sondervereins dann erklärten, daß die Tiere in den Monaten Juli, August und September noch viele Eier legen würden und Rekordergebnisse zu erwarten seien, erfuhren sie zu ihrem größten Erstaunen, daß die Leistungsprüfung nur bis zum 500. Lebenstag der Tiere dauerte und am 27. Juli 1964 beendet sei.

Dies war für die Rhodeländerzüchter ein harter Schlag, denn diese Bestimmungen waren für Zwiehühner von großem Nachteil, weil diese Rassen mit der Legetätigkeit meist etwas später beginnen, als leichte Rassen und Kreuzungsprodukte. Nach Abschluß der Leistungsprüfung haben die meisten Rhodeländerzüchter ihre Tiere von der Bundesforschungsanstalt zurückgekauft. Einige Hennen kamen sofort in die Mauser, einige haben aber die Legetätigkeit fortgesetzt. Eine Henne legte bei Heinz Zumbruch vom 11. August bis 30. September noch 41 Eier.

Die genauen Legeergebnisse einer jeden Henne bis zum Abschluß der Leistungsprüfung wurde den Züchtern von Dr. Gleichauf mitgeteilt, so daß die guten Legeergebnisse, bis auf die Zeit zwischen dem 28. Juli und 10. August, festzustellen waren. Diese dürften bei vielen Hennen über 250 Eier betragen haben.

Die Leistungsprüfung von Celle war auch ein Gesprächsthema bei der Hauptversammlung in Hannover anläßlich der Deutschen Junggeflügelschau vom 6. bis 8. November. Für Hannover waren 288 Rhodeländer gemeldet, doch blieben 20 Käfige leer. Es wurde auch wieder einmal eine Voliere mit Rhodeländern besetzt, die mit sg BE ausgezeichnet wurde. Die Sonderrichter Heinz Zumbruch, Karl Stein und Wendelin Weinbrecht bewerteten die Tiere. Friedrich Kehmeier, Delmenhorst, zeigte einen V-BB-Hahn, der als ein ausgesprochenes Mustertier in Form und Farbe bezeichnet wurde. Wilhelm Hof, Watzenborn, siegte mit sg 1 BB bei den Hennen.

Bei der Hauptversammlung am 7. November 1964 ging Vorsitzender Heinz Zumbruch nochmals auf die Leistungsprüfung in Celle ein. Die Sonderrichter bemängelten bei ihren Berichten übereinstimmend, daß die Tiere am Richttag nicht ausreichend gefüttert waren, was die Arbeit der Preisrichter sehr erschwerte. In der Begutachtung des Zuchtstandes der Rhodeländer waren sich die Sonderrichter nicht ganz einig. Heinz Zumbruch war der Meinung, daß sich die Qualität der Tiere verbessert habe und Wendelin Weinbrecht meinte, daß man in der Qualität stehengeblieben sei. Sorge bereitete Karl Stein, der auch als Obmann tätig war, daß bei vielen Tieren das Übel des Brustkiels festzuhalten sei. Einen Wunsch der Mitglieder trug Heinz Möller vor, daß die Sonderrichter durch einen Obmann unterstützt würden, der keinen Bewertungsauftrag erhalten soll. Dieser sollte durch die Kasse des Sondervereins bezahlt werden. Die zur Wahl anstehenden Vorstandsmitglieder wurden einstimmig wiedergewählt. Als weitere Beisitzer wurden Georg Drömer, Busdorf, und ein Mitglied aus dem Bezirk Bayern gewählt, der noch nicht benannt wurde.

Die Paul-Barthold-Plakette für den besten Hahn erhielt Horst Stüben, Kaltenkirchen, und für die beste Henne Wilhelm Hof, Watzenborn. Den Wanderpokal von Präsident Wilhelm Ziebertz errang in diesem Jahr Fritz Kehmeier, Detmold.

Eine rege Diskussion gab es über die drei eingeführten amerikanischen Hähne. Übereinstimmend wurde erklärt, daß die Absicht von Präsident Ziebertz gut gemeint war, daß aber die beabsichtigte Verbesserung der Zuchten mit diesen Rhodeländerhähnen ein großes Wagnis darstelle. Die gewünschte Abgabe von jeweils 1,2 Sg-Kreuzungstieren stieß allgemein auf Befremden und es wurde davor gewarnt, im ersten Jahr schon Sg-Tiere zu erwarten. Die Anlegung eines strengen Maßstabes sei wohl gerechtfertigt. Auch Sonderrichter Gottlieb Keppler meinte, daß man durch die Einkreuzungen die so hoch stehende deutsche Rhodeländerzucht nicht mit Gewalt in Gefahr bringen sollte.

Mit 73 Hähnen und 132 Hennen waren die Rhodeländer bei der 46. Nationalen in Frankfurt am Main vom 4. bis 6. Dezember 1964 nicht gerade überragend vertreten. Bei der Eröffnungsfeier am 4. Dezember wurde der Rhodeländerzüchter Gottlieb Keppler, Präsidiumsmitglied seit 1949, mit dem „Goldenen Ehrenring des BDRG" ausgezeichnet. Im Ehrenhof zeigte SV-Vorsitzender Heinz Zumbruch einen Stamm Rhodeländer, der mit sg 1 und Siegerband ausgezeichnet wurde. Die von den Sonderrichtern Fritz Schäfer und Heinz Zumbruch bewerteten Rhodeländer präsentierten sich in guter Verfassung. Den besten Hahn, mit „vorzüglich" und Siegerband bewertet, zeigte Fritz Kehmeier, die beste Henne kam auf sg 1 Siegerband und gehörte Heinrich Hergert, Hausen bei Offenbach a. M.

Ein Besuch der Siegerschau in der DDR 1964

Der Schriftleiter der SV-Mitteilungen, Gustav Joedecke, wurde zum Besuch der Siegerschau 1964 nach Dresden eingeladen. Über dieses für ihn besondere Ereignis berichtete er im Mitteilungsblatt Nr. 60/1965 ausführlich. Insgesamt standen rund 10 000 Tiere in Dresden zur Schau. Dazu schrieb Joedecke: „Betrachtet man, unter welchen Schwierigkeiten die Tiere aufgezogen werden müssen, so kann man hier wirklich von der Liebe zum Tier sprechen. Eine anerkannte Zucht, gleich welcher Rasse, bekommt im Jahr 4 Zentner Futter zugewiesen, alles andere müssen sich die Züchter durch die verschiedenen Fütterungsmethoden selbst besorgen. Mit Bewunderung kann festgestellt werden, daß gerade die schweren Rassen wie Orpington, Brahma, Puten in einer Farbe und Größe prächtige Exemplare waren. Fein waren auch die Jokohama und seltenen Rassen."

Über die Rhodeländer und die Versammlung der Rhodeländer-Spezialzuchtgemeinschaft konnte Joedecke folgendes mitteilen: „Die Rhodeländer halten einen Vergleich mit unseren nicht aus. Waren die Hähne noch annehmbar, so sind die Hennen recht unterschiedlich zu bewerten. Lockere Federn, leichte Rückenwölbung, schlechte Kämme sind an der Tagesordnung. Der Siegerhahn in der Jungtierklasse war ein Fehlgriff, dieser war kein Kastentier, sondern schlicht und einfach ein Kochtopfaspirant.

Nach der Besprechung an den Käfigen wurde dieser Fehlgriff dann auch eingesehen. Die Versammlung, die von immerhin 45 Züchtern besucht war, wurde vom Züchterfreund Ernst Brink geleitet und hatte einen regen Gedankenaustausch zur Folge. Meine Ansicht ist nun folgende: Immer noch sollen in der DDR 346 Rhodeländerzüchter sein. Groß war das Interesse an unserer Aussprache, vor allem scheint die Jugend dort stärker vertreten zu sein. Es gibt dort kein Haltungsverbot in den Kleingärten oder Siedlungen, denn diese gehören alle in einem Verband zusammen. Wir müssen den Zuchtfreunden in der DDR helfen. Ich habe unseren Freunden versprochen, einzelne Züchter dazu zu bewegen, einige Sätze Bruteier als Geschenkpackung zu schicken, damit wir, wenn einmal die Wiedervereinigung zustande kommt, hier auch noch Freunde haben, die für die Roten eintreten, denn dort verlangt man Leistungstiere, die ihr Soll erfüllen. Alles in allem, der Besuch sollte sich gelohnt haben."

Die Berichterstattung in den Mitteilungsblättern des Sondervereins war, wie eigentlich schon immer, sehr rege. Im Jahr 1965 berichtete Karl Vennhaus über die Entwicklung der Rhodeländer-Jungtiere, Gustav Joedecke über den Stand der Rhodeländerzucht, Fritz Kehmeier über die einheitliche Bewertung der Rhodeländer und Heinz Zumbruch über Rassezucht oder Leistungszucht. Dazu kamen noch die Berichte der Bezirke, die teilweise sehr umfangreich waren. Die

Informationen für die Züchter waren mehr als ausreichend, zumal auch noch sehr gute und ausführliche Rasseberichte in den Fachzeitschriften erschienen. Nach langer Pause zierte in Hannover bei der Deutschen Junggeflügelschau vom 22. bis 24. Oktober 1965 wieder einmal eine Voliere mit Rhodeländern den Haupteingang. Aussteller war Hermann Heeßel, Hamburg-Rissen, der für seine schönen Tiere mit einem Ehrenpreis bedacht wurde. Die Einzelkäfige füllten nahezu 300 Rhodeländer, die von den Sonderrichtern Erwin Anders, Heinz Möller, Wendelin Weinbrecht und Heinz Zumbruch bewertet wurden. Die besten Tiere zeigten bei den Hähnen Bernhard Schäfer sen., Bösingfeld, mit sg 1 BB und bei den Hennen Franz Friedl, Möhrendorf, mit v BB und Rudi Thraum, Grünberg, mit v LVE.

Die in Hannover gezeigten Tiere waren in der Form ausgeglichen und im Durchschnitt sehr gut. Ausfälle gab es nicht. Nach der einheitlichen Auffassung der Sonderrichter und der Berichterstatter in den Fachzeitschriften sind vor allen Dingen die Schwanzpartien der Hähne verbessert worden.

Für die Rhodeländerzüchter ist und war Hannover schon immer die Schau des Jahres. Darum hält der Sonderverein schon seit vielen Jahren seine Hauptversammlung in Hannover ab. In diesem Jahr besuchten nahezu 50 Mitglieder die Versammlung. Nach den Berichten der Sonderrichter wurde die Paul-Barthold-Plakette auf Hähne an Bernhard Schäfer sen. und auf Hennen an Franz Friedl vergeben.

Bei der 47. Nationalen Rassegeflügelschau in Frankfurt am Main vom 3. bis 5. Dezember 1965 gab es für den Sonderverein eine kleine Enttäuschung, denn von den 209 gemeldeten Rhodeländern standen nur 199 in den Käfigen. Das war für die drei eingeteilten Sonderrichter Heinz Zumbruch, Fritz Schäfer und Kurt Steinert keine überwältigende Arbeit. Die Ausstellungsleitung hatte für die Rhodeländer auch nur ein Siegerband zur Verfügung gestellt, das auf den mit „vorzüglich" bewerteten Hahn von Heinrich Herget, Hausen, fiel. Die beste Henne, ausgestellt von Franz Friedl, Möhrendorf, wurde mit „v" und einem Bundesehrenpreis ausgezeichnet.

Am 6. Juli 1966 verstarb nach langer Krankheit im Alter von 63 Jahren einer der aktivsten und treuesten Rhodeländerzüchter des Bezirks Norddeutschland, der Sonderrichter Bruno Henneberg, Hamburg-Poppenbüttel. Seit 1926 züchtete er Rhodeländer und trat 1927 dem Sonderverein bei. Viele Jahre seines Lebens war er für den Sonderverein, sei es im Hauptverein als Beisitzer oder im Bezirk Norddeutschland als zunächst 2. und dann als 1. Vorsitzender, tätig. Als Sonderrichter hat er die Entwicklung der Zuchten, insbesondere im norddeutschen Raum, wesentlich beeinflußt.

65 Jahre Rhodeländer in Deutschland

Das Jahr 1966 stand ganz im Zeichen des 65. Rhodeländer-Jubiläums in Deutschland. Die Rhodeländer haben in den 65 Jahren ihres Daseins die deutsche Rassegeflügelzucht und die Großschauen mit geprägt.

Heinz Zumbruch gedachte in den SV-Mitteilungen und in den Fachzeitschriften der Ersteinfuhr vor 65 Jahren und verwies auf die nunmehr erreichte Wirtschaftlichkeit der Rhodeländer. So sei bei einem amtlich überprüften Wettlegen 1936 in Krefeld eine durchschnittliche Legeleistung von 228,2 Eiern festgestellt worden. Im Jahr 1955/56 wurden auf amtlichen Wettlegehöfen gleichhohe Legeleistungen bei den Rhodeländern erreicht. Ebenso verwies Zumbruch auf die zu früh abgebrochene Leistungsprüfung in Celle 1963/64, wobei bis zum 500. Lebenstag die fünf besten Rhodeländer 249, 245, 226, 224 und 223 Eier legten. Dies alles seien deutliche Beweise, was Rhodeländerzüchter mit ihrer Rasse auf wirtschaftlichem Gebiet geleistet hätten. Leistung und Schönheit seien bei den Rhodeländern in höchster Vollendung erreicht worden.

Die Ausstellungssaison im Jubiläumsjahr begann sehr früh mit der Westdeutschen Junggeflügelschau in Dortmund vom 30. September bis 2. Oktober 1966. Daß dieser Termin für die Rhodeländer etwas zu früh gewählt war, zeigte sich sehr deutlich bei der Bewertung. Die meisten der 219 Rhodeländer waren noch nicht in Blüte und viele Tiere hatten die Mauser noch nicht vollendet. Die Tiere, die aus sehr frühen Bruten stammten, kamen durch die Sonderrichter Heinz Zumbruch, Heinz Möller und Kurt Steinert auch meist in die Preise.

Weitaus besser sah es bei der Deutschen Junggeflügelschau in Hannover vom 22. bis 23. Oktober 1966 aus. Hier standen 278 Rhodeländer in zufriedenstellender Qualität. Auch hier wieder die gleichen Sonderrichter wie in Dortmund, wobei Heinz Zumbruch noch die Aufgabe eines Obmannes zu übernehmen hatte. In Hannover gab es zwei klare Sieger. Bei den Hähnen holte sich mit v BB Rudolf Knoop, Itzehoe, und bei den Hennen mit v BB Werner Russmann, Delmenhorst, die höchsten Lorbeeren.

Die Jahreshauptversammlung am 22. Oktober 1966 stand im Zeichen des 65jährigen Jubiläums. Die in Hannover eingesetzten Sonderrichter legten Rechenschaft ab über ihre Tätigkeit und den Zuchtstand. Die Hähne waren im großen und ganzen in voller Blüte und es war für die Richter schwer, die Reihenfolge festzulegen. Auch bei den Hennen war das Material überaus gut. Bei einigen wenigen Tieren wurde festgestellt, daß die Schwingenbreite an der unteren Grenze angelangt sei. Da half auch das schönste Lackgefieder nicht, um in die Preise zu kommen.

Die Vorstandswahlen brachten wieder einen einmütigen Vertrauensbeweis für den SV-Vositzenden Heinz Zumbruch. Da der Schriftleiter des Mitteilungsblattes, Gustav Joedecke, dieses Amt nicht mehr ausüben konnte, mußte eine neue Besetzung erfolgen. Heinz Möller, Bremerhaven, erklärte sich bereit, diese verantwortungsvolle Aufgabe zu übernehmen. Er wurde einstimmig gewählt. Der Druck des Mitteilungsblattes erfolgte ab 1967 bei der Druckerei Friedrich Riemann, Bremerhaven.

Bei der Versammlung in Hannover wurden die langjährigen Mitglieder Wilhelm Ziebertz, Duisburg-Hamborn, und Gottlieb Keppler, Pfullingen, zu Ehrenmitgliedern des Hauptvereins ernannt.

Die Paul-Barthold-Gedächtnisplakette erhielten auf Hähne Rudolf Knoop und auf Hennen Karl Vennhaus.

In Hildesheim fand am 5. und 6. November 1966 eine Hauptsonderschau der Rhodeländer statt. Sie war mit 80 Hähnen, 112 Hennen und drei Zuchtstämmen nicht besonders gut beschickt, da auch in den anderen Bezirken im Monat November größere Schauen durchgeführt wurden. Als Sonderrichter waren Heinz Möller und Heinz Zumbruch und als Obmann Artur Riedel tätig. Bei den Hähnen konnte zweimal die Höchstnote vergeben werden, und zwar den V-BB-Hahn von Rudolf Knoop und an einen Hahn von Fritz Kehmeier. Auch bei den Hennen wurde zweimal die Höchstnote vergeben an Tiere von Bernhard Russmann, Delmenhorst. Obmann Artur Riedel war als langjähriger Rhodeländerzüchter von dem in Hildesheim festgestellten Zuchtstand begeistert.

Bei der 48. Nationalen Rassegeflügelschau in Stuttgart vom 2. bis 4. Dezember 1966 standen nur 95,138 Rhodeländer. Sie wurden von den Sonderrichtern Heinz Zumbruch, Wendelin Weinbrecht und Ernst Mattheiß bewertet. Für die Beurteilung der Rhodeländer war es ungünstig, daß der Aufbau zweireihig war. Bei den Hähnen stellten die Preisrichter öfters viel zu schmale Federn fest. Die Federn der Hand- und Armschwingen waren dann auch meist noch zerschlissen. Doch dies war nicht der Gesamteindruck, denn die Rhodeländer waren im allgemeinen von recht guter Qualität. Als bester Hahn wurde der von Carl Bossert, Ansbach in Bayern, ermittelt, der mit v Siegerband ausgezeichnet wurde. Die gleiche Bewertung und Auszeichnung wurde einer Henne von Wilhelm Bihler, Bonlanden, zuteil.

Am 23. April 1967 wurde das Ehrenmitglied Bernhard Schäfer sen., Bösingfeld, im Alter von 78 Jahren in die Ewigkeit abgerufen. Er begann im Jahr 1909 mit der Rhodeländerzucht, war damit sehr erfolgreich und blieb ihr bis zu seinem Tod treu.

Die Rhodeländer erhalten den „Goldenen Siegerring"

In der Ausgabe Nr. 66 vom Juli 1967 des „Rhodeländerzüchters" konnte SV-Vorsitzender Heinz Zumbruch seinen Züchterfreunden eine überaus freudige Mitteilung machen. Der Präsident des BDRG hatte entschieden, daß bei der Deutschen Junggeflügelschau 1967 der „Goldene Siegerring" auf Rhodeländer vergeben wird.

Trotz des frühen Termins waren für die Westdeutsche Junggeflügelschau vom 29. September bis 1. Oktober 1967 in der Dortmunder Westfalenhalle von den Rhodeländerzüchtern 103 Hähne und 176 Hennen gemeldet worden. Der Sonderverein hatte dieser Schau eine Hauptsonderschau angeschlossen, die auch von sehr vielen Bezirken beschickt wurde. Wiederum mußte festgestellt werden, daß viele Tiere einfach zu jung und unfertig waren. Was aber das Gesamtbild bei den Rhodeländern empfindlich störte, war, daß 36 Käfige leer blieben. Hier sahen einige Züchter ein, daß ihre unfertigen Tiere noch nicht für eine Ausstellung geeignet waren. Als Sonderrichter eingesetzt wurden Heinz Möller, Heinz Zumbruch und Josef Kuhr aus Gütersloh. Den besten Hahn zeigte, mit sg 1 LVE bewertet, Josef Verheyen, Kevelaer, die beste Henne, mit „v" bewertet und dem Ehrenband ausgezeichnet, Theodor Otten, Bottrop.

In Hannover beteiligten sich im Wettstreit um den „Goldenen Siegerring" 121 Rhodeländer-Hähne und 212 -Hennen. Als Sonderrichter waren tätig Heinz Zumbruch, Heinz Möller, Fritz Schäfer und Josef Kuhr. Die Hähne waren von besonderer Güte: 80 erhielten die Note „sg" mit und ohne Preise. Dem besten Hahn, der Fritz Kehmeier gehörte, wurde die Höchstnote durch den Obmann verweigert. Daß er diese hohe Benotung verdient hätte, war die übereinstimmende Meinung aller vier Sonderrichter, die ihm dann auch das Blaue Band zusprachen. Bei den Hennen holte sich mit v BB Bernhard Rußmann die höchste Auszeichnung.

Die Rhodeländer demonstrierten bei dieser Junggeflügelschau wieder einmal in überwältigender Zahl ihre Beliebtheit und waren auch qualitativ von ganz großer Klasse. Die Federstruktur hatte sich wesentlich verbessert und über die Farbe war kaum noch ein Wort zu verlieren.

Bei der Jahreshauptversammlung am 21. Oktober 1967 gab Vorsitzender Zumbruch einen Rückblick auf das Sondervereins- und Ausstellungsgeschehen des vergangenen Jahres. Er stellte eine Verbesserung der Zuchten und eine einheitliche Auffassung der Sonderrichter bei den Bewertungen fest. Mit der einstimmigen Wiederwahl der Vorstandsmitglieder Karl Vennhaus als 2. Vorsitzender und Fritz Kehmeier als Geschäftsführer bedankten sich die Mitglieder für die vorbildliche Vorstandsarbeit. Als Beisitzer wurden in den Vorstand Georg Drömer, Busdorf, und Karl Löhner, Behringersdorf, gewählt. Die Paul-Barthold-Plakette für den besten Hahn erhielt Hans Fischer, Baiersdorf, und für die beste Henne der Inhaber des Geflügelzuchthofes Schleufe, Wietzen.

Nach hartem und fairem Kampf um den höchsten und schönsten Preis bei dieser Junggeflügelschau errang Fritz Kehmeier, Geschäftsführer des Sondervereins, den „Goldenen Siegerring". Damit hat ein alter und verdienter Rhodeländerzüchter diese hohe Auszeichnung erhalten. Wegen des frühen Termines der Westdeutschen Junggeflügelschau wurde in der Versammlung beschlossen, daß künftig die Hauptsonderschauen in Hannover oder bei der Nationalen durchgeführt werden.

Der nächste Treffpunkt der Rhodeländerzüchter war die 49. Nationale Rassegeflügelschau in Frankfurt am Main vom 1. bis 3. Dezember 1967. Unter den 14596 Ausstellungsnummern standen in der Sonderschau der Rhodeländer 106 Hähne und 150 Hennen. Im Ehrenhof waren noch 2 Zuchtstämme der Preisrichter Fritz Schäfer und Kurt Steinert untergebracht. Fritz Schäfer hatte auch noch eine Voliere mit 1,6 Rhodeländern besetzt. Als Preisrichter war bei den Rhodeländern noch Heinz Zumbruch tätig. Als Obmänner standen die Rhodeländer-Kenner Heinrich Lauter und Heinrich Schäfer zur Verfügung.

Der so sehr gelobte Blaue-Band-Hahn von Hannover, dem dort das „v" versagt wurde, erhielt in Frankfurt die verdiente Höchstnote und das Siegerband, worüber sich Fritz Kehmeier, Delmenhorst, besonders freute. Dieser Hahn war in seiner Kastenform und seiner Schwanzpartie mit den breiten Sicheln einmalig. Bei Kennern fand er ungeteilte Anerkennung, besonders auch bei den Zuchtfreunden aus der Schweiz, die ihn gerne gekauft hätten. Bei den Hennen gab es die Höchstnote für zwei Mustertiere von Hans Fischer, Baiersdorf, und Karl Stoll, Lang-Göns.

Heinz Zumbruch erhält den „Goldenen Ehrenring"

Am 29. Januar 1968 feierte Heinz Zumbruch seinen 80. Geburtstag im Kreise seiner Familie und vieler Freunde in Wuppertal-Elberfeld. Der stellvertretende SV-Vorsitzende Karl Vennhaus überbrachte die Grüße und guten Wünsche des Sondervereins. Als besonderer Gast erschien auch der Präsident des BDRG, Wilhelm Ziebertz, und ehrte den verdienten Rhodeländerzüchter und Sondervereinsvorsitzenden mit dem „Goldenen Ehrenring", der höchsten Auszeichnung, die der BDRG zu vergeben hat.

Auch ohne Sonderschau und sogar noch eine Woche früher als in den Vorjahren standen bei der Westdeutschen Junggeflügelschau am 21. und 22.

September 1968 in Hamm 67,141 Rhodeländer. Das war eine beachtliche Leistung der Züchter, denn der größte Teil der Tiere zeigte sich fast fertig. Erfreulich war auch nach der Meinung der Sonderrichter Heinz Möller und August Cuber, Bottrop, daß sich unter den Ausstellern neue Rhodeländerzüchter befanden, die schon kräftig bei der Preisvergabe mitmischten.

Weitaus besser war die Beschickungszahl der Rhodeländer bei der Deutschen Junggeflügelschau in Hannover am 26. und 27. Oktober 1968 mit 316 Tieren. Sie wurden von den Sonderrichtern Heinz Möller, Bremerhaven; Franz Heiler, Weiher in Baden, und Fritz Schäfer, Lützellinden, bewertet. Den besten Hahn zeigte Fritz Kehmeier, Delmenhorst, mit sg 1 BB und die besten Hennen Ernst-Dieter Lammers, Bramsche, mit v BB und Heinrich Herget, Hausen, mit v BE ausgezeichnet. Die in Hannover gezeigten Rhodeländer fanden in der Fachpresse Lob und Anerkennung, insbesondere durch Friedrich Regenstein. Die allgemeine Feststellung war, daß in den letzten 10 Jahren große Fortschritte bei den Rhodeländern durch die intensive Arbeit des Sondervereins und der Sonderrichter erzielt wurden. Nach der Meinung von Heinz Möller brauchte man bei den Hähnen die Farbe nicht mehr zu beanstanden, jedoch müsse auf die Schwingenfarbe geachtet werden. Je dunkler und intensiver die Schwingen gefärbt seien, desto besser werde dann die Farbe bei der Nachzucht. Den Hennen konnten die Sonderrichter einen guten Durchschnitt bescheinigen.

Bei der Jahreshauptversammlung am 26. Oktober 1968 fand die einstimmige Wiederwahl des nunmehr achtzigjährigen Heinz Zumbruch zum Vorsitzenden statt. Vor der Wahl erklärte er, daß er wegen seines angegriffenen Gesundheitszustandes nur für ein Jahr zur Verfügung stehe, dann müßte ein neuer Vorsitzender gewählt werden. Der 2. SV-Vorsitzende Karl Vennhaus machte sich zum Sprecher der 50 anwesenden Mitglieder, dankte Heinz Zumbruch für seine bisherige Arbeit für die Rhodeländerzucht und für die Bereitschaft, die Bürde des Vorsitzenden noch für ein Jahr zu tragen. Bestätigt in ihren Ämtern wurden Heinz Möller als Schriftleiter des Mitteilungsblattes und Ernst Jung als Geschäftsführer. Neu eingeführt wurde das Amt des Zuchtwartes, das mit Fritz Kehmeier besetzt wurde.

Die 50. Nationale Rassegeflügelschau vom 13. bis 15. Dezember 1968 in der Dortmunder Westfalenhalle war zugleich die erste Nationale in Dortmund, die dann auch für die weiteren drei Jahre dort einen festen Ausstellungsplatz erhielt. Bei der Jubiläumsschau waren 322 Rhodeländer gemeldet, doch blieben 30 Käfige leer. Auch standen viele Hennen unter den Hähnen, wohl eine Notlösung für einige Züchter, bei denen die Hähne bis zum Ausstellungstermin nicht fertig wurden. Nachteilig für die Beurteilung der Rhodeländer war, daß sie gegen das Licht bewertet werden mußten. Das Zwielicht, durch die Neonlampen hervorgerufen, störte besonders. Für die Preisrichter Erwin Anders, dem auch noch der Preisrichter-Anwärter Ernst Jung zugeteilt war, sowie für Fritz Schäfer und

Heinz Zumbruch war die Arbeit besonders schwierig. Als beste Tiere fanden sie einen Hahn von Karl Stoll, Lang-Göns, und eine Henne von Hans Fischer, Baiersdorf, heraus, die beide mit „vorzüglich" bewertet und dem Siegerband ausgezeichnet wurden. Die Qualität der Rhodeländer war im Durchschnitt sehr gut. Bemängelt wurde von den Sonderrichtern, daß die Aussteller nicht hinreichend ihre Tiere auf kleine und grobe Fehler untersuchen, bevor sie zur Ausstellung geschickt werden. Auch die Käfigdressur sei eine wesentliche Voraussetzung für eine einwandfreie Beurteilung der Tiere. Hierzu meinte Heinz Zumbruch in weiser Art: Von allen Fehlern seiner Tiere suche der Züchter die Ursache bei sich selbst!

Die Mitarbeit einiger Sonderrichter und Rhodeländerzüchter am Mitteilungsblatt des Sondervereins war zwar lobenswert, aber dies reichte nicht ganz aus, um jährlich 3 bis 4 Ausgaben durch den Schriftleiter zu füllen. Insbesondere mangelte es an lehrreichen Fachberichten. Darum riefen Heinz Zumbruch und Karl Stein zu Beginn des Jahres 1969 zur tatkräftigen Mitarbeit und Unterstützung des Schriftleiters Heinz Möller auf. Der Ruf richtete sich nicht nur an die Sonderrichter, sondern auch an die erfolgreichen Züchter in allen Bezirken, von denen sich einige auch angesprochen fühlten. Für den verantwortlichen Schriftleiter bedeutete dies eine wesentliche Erleichterung seiner Arbeit.

Die Bundesversammlung in Hildesheim

Die Stadt Hildesheim stand im Jahr 1969 im Mittelpunkt der Organisation. Am 9. und 10. Mai 1969 hielt dort der BDRG seine 132. Bundesversammlung ab. Dem neunköpfigen Präsidium gehörten drei aktive Rhodeländerzüchter und Sonderrichter an. Es waren dies Präsident Wilhelm Ziebertz, Schatzmeister Heinrich Schäfer und Beisitzer Gottlieb Keppler, die ihre Ämter seit 20 Jahren verwalteten.

In Hannover standen bei der Deutschen Junggeflügelschau am 25. und 26. Oktober 1969 wieder 330 Rhodeländer. Dazu gesellten sich noch eine Voliere und 2,3 Rhodeländer in der Jugendabteilung. Sonderrichter waren Heinz Zumbruch, Heinz Möller, Gottlieb Keppler und Fritz Schäfer. Erstmals wurde auch die neu eingeführte Bewertungsnote „hervorragend" vergeben. Die schönsten und edelsten Rhodeländer zeigten mit v BB für einen Hahn Josef Westendorf, Lohne, der auch einen V-Hahn zeigte, ebenso wie Fritz Kehmeier, Delmenhorst. Bei den Hennen erhielt eine hv-1-Henne von Rudolf Knoop,

37 Das Präsidium des BDRG 1969. V. l. n. r.: Hans Jäckel, Ewald Belz, Reinhold Meiser, Heinrich Schäfer, Wilhelm Ziebertz, Wilhelm Bremer, Herbert Peters, Gottlieb Keppler und Dieter Penseler.

Itzehoe-Edendorf, das Blaue Band und eine hv-2-Henne von Wilhelm Kramer und Sohn, Delmenhorst, einen Bundesehrenpreis.

Bei der Hauptversammlung in Hannover am 25. Oktober 1969 wurde beschlossen, das Mitteilungsblatt in verbilligter Ausführung herauszugeben. Die letzte Ausgabe unter der Schriftleitung von Heinz Möller erschien am 15. Oktober 1969 und wurde in der Druckerei Friedrich Riemann, Bremerhaven, hergestellt. Als neuer Schriftleiter zeichnete nunmehr Erwin Anders, Hannover, verantwortlich. Er gab den „Rhodeländerzüchter" ab 1970 im Abzugsverfahren auf gelblich-hellbraunem Saugpostpapier zum Selbstkostenpreis heraus. Dadurch konnten die bisherigen Herstellungskosten von 900,— bis 1000,— DM eingespart und für Werbezwecke und zusätzliche SV-Preise verwendet werden. Die Paul-Barthold-Plaketten wurden für 1969 an Alfred Heeßel, Steinbergkirche, auf 1,0 und an Wilhelm Kramer und Sohn, Delmenhorst, auf 0,1 vergeben.

Hildesheim war am 1. und 2. November 1969 Austragungsort der Bundes-Rhodeländerschau, die der Hildesia-Schau angeschlossen war. Sie galt dem Gedenken von Paul Barthold, dem unvergessenen Streiter für die Rhodeländerzucht. Leider war die Beteiligung eine Woche nach Hannover sehr gering, denn in Hildesheim standen nur 73 Rhodeländer. Das war für eine Bundesschau, die man zudem noch dem Gedenken eines so hochverdienten Rhodeländerzüchters widmete, ein mehr als schlechtes Ergebnis. Dadurch konnte Hildesheim auch keinen Eindruck über den derzeitigen Zuchtstand vermitteln.

Bei der 51. Nationalen Rassegeflügelschau, die wiederum in Dortmund durchgeführt wurde, standen vom 12. bis 14. Dezember 1969 101 Rhodeländer-Hähne und 132 -Hennen. Bei der Bewertung hatten die Sonderrichter Fritz Schäfer, Gottlieb Keppler und Josef Kuhr große Schwierigkeiten zu überwinden. In der großen dunklen Halle gab es kein Tageslicht und es mußte bei künstlichem Licht prämiert werden. Weiter wurden einige Tiere erst in den Mittagsstunden des Richttages eingesetzt, die dann in der neuen und ungewohnten Umgebung für große Unruhe sorgten. Bei den Hähnen gab es noch Unterschiede in der Masse und Standhöhe. Der Durchschnitt bei den Hähnen und Hennen war gleich gut und in tadelloser Verfassung. Josef Westendorf, Lohne, stellte mit „vorzüglich" den Siegerhahn, ein Prachtexemplar mit allen Vorzügen. Ihm folgte mit „vorzüglich" und einem Bundesehrenpreis ein Hahn von Fritz Schmidt, Hasbergen, der auch mit „hervorragend" die Siegerbandhenne stellte. Beide Tiere von Schmidt zeigten sich mit bester Ober- und Unterlinie und gut aufliegender Feder und einem einwandfreien Kopf.

Bei der 133. Bundesversammlung des BDRG am 9. Mai in Mainz erklärte Gottlieb Keppler, Pfullingen, nach 21jähriger Zugehörigkeit zum Präsidium seinen Rücktritt. Damit hatte der Sonderverein einen verläßlichen Sprecher für die Rhodeländer im Präsidium verloren.

Die bisher so gut beschickte Westdeutsche Junggeflügelschau brachte bei der 6. Ausstellung in Hamm am 26. und 27. September 1970 nur 41 Rhodeländer-Hähne und 90 -Hennen in die Käfige. Die Bewertungsarbeit erledigten Josef Kuhr und Theodor Otten. Bei den Hähnen sah man keine überragenden Tiere, jedoch waren die Hennen hier im Vorteil. Eine Henne von Willi Dahlbring, Herdecke, holte sich die höchste Auszeichnung mit v Ehrenband und zwei Hennen wurden mit v LVE ausgezeichnet aus den Zuchten von Fritz Schmidt, Hasbergen, und Ernst-Dieter Lammers, Bramsche.

Mit 284 Rhodeländern war die Deutsche Junggeflügelschau wieder glanzvoll besetzt. Dies zeigte sich besonders in der ausgezeichneten Qualität der ausgestellten Tiere. Die Preisrichter Heinz Möller, Fritz Schäfer und Erwin Anders hatten Schwerstarbeit zu leisten, nicht nur wegen der hohen Zahl der ihnen zur Bewertung übertragenen Rhodeländer, sondern auch bei der Auswahl der Besttiere. Bei den Hähnen zeigte Fritz Schmidt, Hasbergen, einen vollendeten V-BB-Hahn, gefolgt von zwei V-Tieren aus der Zucht von Josef Westendorf, Lohne, und Karl Stoll, Lang-Göns. Bei den Hennen gab es noch eine Steigerung: Josef Westendorf errang mit seiner V-Henne das Blaue Band und Karl Stoll mit einer V-Henne einen wertvollen Ehrenpreis. An weitere zwei Hennen wurde noch die

Note „hervorragend" vergeben, die den Züchtern Rudolf Knoop, Itzehoe-Edendorf, und Heinrich Menkens, Delmenhorst, gehörten. Bei der Jahreshauptversammlung am 24. Oktober 1970 wurden die Rhodeländer von den Sonderrichtern besprochen. Sie konnten feststellen, daß sich die Qualität der Tiere allgemein verbessert hat. Die haarigen Federn sind so gut wie ganz verschwunden. Als neuer Modefehler hatte sich bei einigen Tieren der Entenfuß eingeschlichen.

Der Versammlung wurde vom Vorstand ein neuer Satzungsentwurf vorgelegt, der einstimmig angenommen wurde. Damit trat die seitherige Satzung vom 17. Mai 1947 außer Kraft. Eine besondere Bedeutung für die Zukunft des Sondervereins gewann die Vorstandswahl. Vorsitzender Heinz Zumbruch legte nach 27 Jahren den Vorsitz wegen seines hohen Alters nieder, denn er stand immerhin schon im 83. Lebensjahr. Zum Nachfolger wurde Heinz Möller, Bremerhaven, einstimmig gewählt. Zweiter Vorsitzender blieb Karl Vennhaus, Geschäftsführer Ernst Jung. Neuer Schriftleiter der SV-Mitteilungen wurde Horst Frese, Hamburg, Zuchtwarte Friedrich Kehmeier, Delmenhorst, und Ludwig Kuppinger, Neulußheim.

Der 2. Vorsitzende Karl Vennhaus dankte dem scheidenden Vorsitzenden Heinz Zumbruch für dessen 27jährige aufopfernde und erfolgreiche Tätigkeit als Vorstand und Sonderrichter, der sich in den vielen Jahrzehnten um die Förderung der Rhodeländerzucht in Deutschland verdient gemacht habe. Es wurde einstimmig beschlossen, Heinz Zumbruch zum Ehrenvorsitzenden mit Stimmrecht im geschäftsführenden Vorstand zu ernennen. Die Paul-Barthold-Plakette wurde an Heinrich Menkens, Delmenhorst, und Fritz Schmidt, Hasbergen, vergeben.

Bei der 52. Nationalen in Dortmund vom 11. bis 13. Dezember 1970 standen nur 180 Rhodeländer. Die rückläufigen Beschickungszahlen wurden mit dem zu hohen Standgeld und den enormen Unkosten begründet. Zu berücksichtigen war aber auch, daß dies die dritte Nationale in Folge in der Westfalenhalle war. Im Ausstellungskatalog waren die eingesetzten Sonderrichter bei den einzelnen Rassen, so auch bei den Rhodeländern, nicht angegeben, ein Mangel, der auch durch das alphabetisch geordnete Verzeichnis der in Dortmund tätigen Preisrichter nicht behoben werden konnte. Dort waren nur die Namen und Anschriften angegeben, aber nicht die zugeteilten Rassen.

Bei der 52. Nationalen zeigte Fritz Schmidt, Hasbergen, wieder einmal seine ganz große züchterische Klasse mit Rhodeländern von hohem Adel, ungewöhnlicher Frische und Vitalität. Es wurden von ihm drei Hähne ausgestellt, die mit hv Siegerband und zweimal mit hv Ministerehrenpreis ausgezeichnet wurden. Auch bei den Hennen errang er mit hv Siegerband die höchste Auszeichnung. Eine weitere Hv-Minister-E-Henne zeigte Josef Westendorf, der damit seinen

Ruf als einer der besten und beständigsten Rhodeländerzüchter unter Beweis stellte.

Horst Frese, neuer Schriftleiter der SV-Mitteilungen, kam zu der Auffassung, daß die Hähne, die Jahrzehnte hindurch im Schatten der Hennen standen, im Zucht- und Ausstellungsjahr 1970 ein gutes Stück weiter vorangekommen seien. Im Gegensatz zu Hannover konnten ihm die Hennen in Dortmund besser gefallen.

„Der Rhodeländerzüchter" in neuem Glanz

Im Januar 1971 erschien das Mitteilungsblatt, herausgegeben von Schriftleiter Horst Frese, gedruckt bei der Firma Bennich & Hollander in Hamburg, in neuem Gewand, unter neuer Regie und auf Hochglanzpapier. In einem Wort zum Geleit gedachte Horst Frese jener Männer, die sich in Wort und Schrift für die Bestrebungen und Ziele der Rhodeländerzucht eingesetzt hatten. Die Mitarbeit an der ersten Ausgabe 1971 war so erfreulich, daß nicht alle Beiträge gedruckt werden konnten bzw. stark gekürzt wiedergegeben werden mußten.

In der ersten Ausgabe 1971 erschienen Beiträge von Horst Frese über „Unsere Rhodeländer 1970 — kritisch gesehen", ein Züchterportrait von Heinz Zumbruch zu dessen 83. Geburtstag, das Protokoll der Hauptversammlung vom 24. Oktober 1970 in Hannover und ein Protokoll über die Vorstandssitzung am 11. Dezember 1970 anläßlich der Nationalen in Dortmund. Daraus entnehmen wir, daß der „Rhodeländerzüchter" jährlich dreimal erscheinen soll, wobei die Geschäftsstelle künftig den Versand direkt an die Mitglieder übernehmen wird.

Die Bestimmungen über die Zulassung von Sonderrichtern bleiben unverändert. Die Prüfungskommission des Sondervereins besteht aus den Sonderrichtern Wendelin Weinbrecht, Fritz Schäfer und Heinz Möller. Es erfolgte auch eine Abgrenzung der Bezirke für die Tätigkeit der beiden Zuchtwarte des Hauptvereins. Fritz Kehmeier ist zuständig für die Bezirke Norddeutschland, Nordwestdeutschland, Hannover-Braunschweig, Westfalen und Westdeutschland. Ludwig Kuppinger betreut die Bezirke Bayern, Südwest, Baden, Hessen und Saarland. Den Bezirken wurde vom Vorstand dringend empfohlen, Versammlungs- und Ausstellungsberichte auch in der Fachpresse zu veröffentlichen, damit der Sonderverein mehr als bisher in Erscheinung tritt. Dies diene letztlich auch der Mitgliederwerbung.

70 Jahre Rhodeländer in Deutschland

Am 12. Januar 1971 waren 70 Jahre vergangen, seit die ersten Rhodeländer durch Willy Radtke nach Deutschland kamen. Dies war für Heinz Zumbruch Veranlassung, im „Deutschen Kleintier-Züchter" Nr. 5/1771 vom 12. März 1971 in einem längeren Beitrag darüber zu berichten. Horst Frese brachte in der „Geflügel-Börse" Nr. 7/1971 vom 2. April 1971 einen Dank an die wirtschaftlichste Rasse aller Zeiten, die Rhodeländer, zum Ausdruck. Beide Berichte waren mit herrlichen Fotos hochbewerteter Rhodeländer der letzten Zeit bebildert.

Im Juniheft „Der Rhodeländer" berichtete Josef Westendorf über die Zuführung von USA-Blut in die deutsche Hochrassezucht der Rhodeländer und lüftete damit so manches Geheimnis. In diesem Bericht führte der erfolgreiche Züchter aus, wie er seine USA-Blutlinie aufgebaut hat und welche Fehler ihm dabei unterlaufen sind. Westendorf, selbstkritisch und gradlinig wie er war, schrieb hierzu u. a.: „Als seinerzeit die USA-Hähne importiert wurden und ich die ersten Hähne sah, war ich erschrocken über die helle rote Farbe, vor allem über die Schwingen. Was mir gefiel, waren die schönen vollen Schwänze und die Augenfarbe. Gott sei Dank habe ich aber nicht gesagt, was ich gedacht habe. Aber meine Freunde sollen es heute wissen, was ich gedacht habe: Wie kann der Herr Präsident, doch selbst ein großer Kenner und langjähriger Züchter dieser Rasse und Sonderrichter, nur so etwas an Hähnen importieren, denn es kann doch nur mit einem Fiasko enden! Nicht überall, wo man diese fremden Hähne einkreuzte, hat man es bis zum Erfolg durchgestanden, denn viele haben frühzeitig aufgegeben.

Hier im Nordwesten habe ich nun die Einkreuzung verfolgt und die beiden Delmenhorster Züchter Kehmeier und Menkens haben nicht kapituliert, sondern von Delmenhorst kamen die ersten brauchbaren Hähne, die dann Jahr für Jahr schöner wurden. Wir alle erinnern uns, wie dann die Kehmeier-Hähne in Hannover die Spitze eroberten. Die Sensation war perfekt. Seitdem suchte ich einen brauchbaren Hahn dieser USA-Linie, aber den ich leiden mochte, den behielt der Fritze Kehmeier für sich, oder wenn ich einen an der Kasse kaufen wollte, war das Tier längst fort.

Daß es so ein Bombenerfolg bei der Einkreuzung bei Kehmeier und Menkens wurde, lag an dem vorzüglichen Hennenmaterial, denn gerade Menkens, der ja seit Jahren die Lacktiere zeigt und der wohl viel mit Kehmeier austauscht, ist wesentlich an diesem Erfolg beteiligt. Wie ich später bei der eigenen Einkreuzung feststellen konnte, war der Erfolg nur dann gewährleistet, wenn man lackreiche satte Farbhennen mit breiter Feder hatte. Durch Zufall bekam ich den berühmten Kehmeier-Hahn (Hannover 1967 BB und Nationale v SB) und paarte daran vier Hennen. Drei Hennen vollendet in Farbe und Lack, dazu eine etwas

hellere Henne, die aber auch sicherlich bei jeder Schau noch ein „sg" errungen
hätte, nur aber in der Grundfarbe heller war. Bei genauer Kontrolle und
Einzelschlupf konnte ich dann bald feststellen, daß die hellere Henne bei dem
Hahn nicht einschlug, sondern zu hell vererbt hatte. Aber alle drei Lackhennen
hatten sich prächtig vererbt und ich bin heute heilfroh, daß ich diese Linie habe.
Ich muß aber dabei ausdrücklich betonen, es waren drei Althennen, alle drei V-
Hennen und mit einer konstanten Farbe, wie bei einer Junghenne."

Im weiteren Verlauf seines Berichtes erzählte Westendorf, daß er bei der
52. Nationalen 1970 in Dortmund eine Henne von Horst Frese sah, die ihn sehr
stark an seine drei Althennen erinnerte. In dieser Henne sah er einfach die
Vollendung in Form und Farbe und erkannte auf den ersten Blick, wie unge-
heuer wertvoll dieses Tier mit der herrlich breiten Feder und dem wunderbaren
Lack für die Zucht war.

Auf die Einkreuzungen zurückkommend, berichtete Westendorf: „In Del-
menhorst hatte man ähnliche Lackhennen dieser erwähnten Henne eingekreuzt,
dann zurückverpaart, und das führte dann zu dem großen Erfolg. Welche
Vorteile bzw. Nachteile hat nun diese Einkreuzung der USA-Hähne gebracht?
Meines Erachtens bedeutend mehr Vorteile. Diese Vorteile sind doch für unsere
Rhodeländerzucht von ganz entscheidender Bedeutung: Die Vitalität, die Befiederung, das Wachstum und auch die Legeleistung. In diesen Tieren steckt
Mumm und Feuer. Der Unterschied ist doch ganz enorm. Die Hähne zeigen den
richtigen Kasten, haben breite Federn und eine besonders reiche Besichelung.
Das macht doch einen Hahn erst schön! Was nutzt ein fast schwarzer Hahn mit
einer schmalen, zerschlissenen Feder, wenn der Schwanz zerfranst, dünn und
seidig ist! Einige Züchter glauben, er käme vom Ungeziefer. Aber nein, das liegt
an der dünnen haarigen Feder, die in der Grundfarbe ganz satt ist. So ein Hahn
wird niemals im Halsbehang fertig und ein voller Halsbehang wirkt doch beim
Hahn besonders hübsch.

Die Nachteile findet man in der Hennenfarbe. Die Feder ist ja breiter und in
der Grundfarbe nicht so satt. Aber in einigen Jahren sieht es bestimmt anders
aus. Denn schon heute findet man Hennen dieser Einkreuzung mit einer breiten
Lackfeder und schönen vollen Schwänzen. Ich habe feine Hennen dieser Einkreuzung gesehen, u. a. war die V-BB-Henne von Hannover 1970 auch eine
Henne dieser Abstammung in der dritten Generation. Ich bin der festen Überzeugung, daß sich diese Einkreuzung in den kommenden Jahren vorteilhaft für
unsere Rhodeländerzucht auswirken wird."

Bei der 7. Westdeutschen Junggeflügelschau in Hamm am 25. und 26. September 1971 waren die Rhodeländer mit 58 Hähnen und 140 Hennen wieder einmal
sehr gut vertreten. Die Bewertung teilten sich die Sonderrichter Theodor Otten
und Josef Kuhr. Die vorgestellten Tiere waren meist fertig und in einer guten
Verfassung. Einen V-Hahn zeigte Hans Rosemann, Lingen/Ems. Bei den Hen-

nen lag Fritz Schmidt aus Hasbergen mit v Ehrenband und zweimal „hv"
unangefochten an der Spitze.

Von dem neu gestalteten Mitteilungsblatt ließ sich auch der Präsident des
BDRG, Wilhelm Ziebertz, begeistern und griff zur Feder, um einen Bericht über
sich und die Rhodeländer zu verfassen. Sein Thema war: „Wie fand ich meinen
Weg zu den Rhodeländern?" Damit antwortete Ziebertz zugleich auf den zuvor
geschilderten Beitrag von Josef Westendorf. Er zeigte sich erfreut darüber, daß
die von ihm vor Jahren eingeführten amerikanischen Rhodeländerhähne heute
eine würdige Anerkennung innerhalb des Sondervereins gefunden hatten.

Hannover, glanzvoll wie eh und je, öffnete am 23. Oktober für zwei Tage
seine Pforten zur schönsten und interessantesten Junggeflügelschau, der 90. in
der Geschichte des Hannoverschen Geflügelzüchter-Vereins. Die Tore waren
weit geöffnet für die Rhodeländerzüchter, um die 119 gemeldeten Hähne und die
193 Hennen sowie eine Rhodeländervoliere anzuschauen. Leider blieben 20
Käfige leer, was den Gesamteindruck aber nicht sonderlich störte. Dafür störte
die Aussteller und Besucher, daß die Tiere eines Züchters hintereinander standen. Eine gewisse Aufteilung wäre besser gewesen. Als Sonderrichter waren
Heinz Möller, Fritz Schäfer und Horst Frese tätig, der Letztgenannte erstmals in
Hannover eingesetzt. Obmann war Heinz Zumbruch, der für die Abstimmung
unter den Sonderrichtern sorgte. Bei den Hähnen gab es für Wilhelm Kramer
und Sohn, Delmenhorst, mit v Blaues Band die höchste Auszeichnung. Josef
Westendorf mußte sich mit dem zweiten Platz und v Bundesehrenpreis begnü-
gen. Der beste Hahn von Fritz Schmidt, Hasbergen, kam auf hv 3 E. Bei den
Hennen holte sich Rudolf Thraum, Grünberg, mit v Blaues Band den schönsten
Lohn, gefolgt von Josef Westenberg mit einer V-LVE-Henne. Drei Hennen
erhielten noch die hohe Note „hervorragend". Sie gehörten der Zuchtgemein-
schaft Solga/Mattheis, Böblingen; Josef Westendorf, Lohne, und Josef Brock,
Viersen.

Bei der Jahreshauptversammlung am 23. Oktober 1971, die von 43 Mitgliedern
besucht war, gab Heinz Möller seinen ersten Jahresbericht. Dabei stellte er fest,
daß die Rhodeländer nach wie vor eine der beliebtesten Hühnerrassen geblieben
sind. Auch die Arbeit des Sondervereins konnte aktiviert werden und einige
Bezirke konnten einen Mitgliederzuwachs vermelden. Im Jahr 1971 wurden von
Horst Frese drei großartig ausgestattete Mitteilungsblätter herausgegeben, in
denen auch einige Spitzentiere abgebildet waren. Die neue Form des Mitteilungsblattes fand allgemeinen Anklang. Auch in der Fachpresse waren wieder Beiträge
über die Rhodeländer erschienen; ebenso haben mehrere Bezirke ihre
Veröffentlichungen in der Fachpresse vorgenommen und traten dadurch verstärkt in Erscheinung. Der Hauptverein hatte nunmehr 10 Bezirke und 26
Sonderrichter. Der Vorstand des Hauptvereins trat anläßlich der Jahreshauptversammlung des Verbandes der Sondervereine für Hühner, Groß- und Wasserge-

38   1,0 Rhodeländer, Hannover 1971. Züchter: Wilhelm Kramer.

flügel am 14. August 1971 in Wietersheim bei Minden zusammen, um über wichtige SV-Angelegenheiten zu beraten. Der SV-Obmann und Ehrenvorsitzende Heinz Zumbruch hob besonders die hohe Qualität der Hähne in Hannover hervor. Auf die Bewertung der Hennen eingehend, vertrat Zumbruch die Auffassung, daß die Sonderrichter nicht zu scharf richten sollten, weil die Durchzüchtung der Rasse durchaus einen Stand von 70 % Sg-Tieren erlaube. Über die Hähne berichtete Heinz Möller, daß diese in ausgezeichneter Qualität, vor allem auch in einwandfreier Federstruktur und guter Besichelung gezeigt wurden. Horst Frese, der als Sonderrichter bei den Hennen eingesetzt war, mußte feststellen, daß die Hennen im Vergleich zu den Hähnen etwas nachgelassen hätten.

Die Paul-Barthold-Plaketten errangen Herbert Heeßel, Wedel, auf Hähne und Rudolf Thraum, Grünberg, auf Hennen. Bei den anstehenden Wahlen wurden Heinz Möller als Vorsitzender und Horst Frese als Schriftleiter einstimmig wiedergewählt. Einen Wechsel gab es bei der Besetzung des Zuchtwartes Nord, da Fritz Kehmeier aus Altersgründen auf eine Wiederwahl verzichtete. An seine

211

Stelle trat Fritz Schmidt, Hasbergen. Fritz Kehmeier wurde zum Ehrenmitglied ernannt.

Zum vierten Male fand in Dortmund vom 10. bis 12. Dezember 1971 eine Nationale Rassegeflügelschau statt. Dort standen von den Rhodeländern 93 Hähne und 124 Hennen. Im Ehrenhof zeigten zwei Sonderrichter jeweils einen Stamm mit 1,2 Tieren. Wegen der geringen Meldezahl von 217 Rhodeländern konnten nur zwei Sonderrichter eingesetzt werden, und zwar Heinz Möller und Fritz Schäfer. Sie vergaben bei den Hähnen hv Siegerband an Fritz Schmidt, Hasbergen, und bei den Hennen v Siegerband an Josef Westendorf. Einen Hv-BE-Hahn zeigte noch Fritz Schäfer und Hv-Hennen präsentierten Fritz Schmidt, Karl Stoll und Josef Verheyen. Damit erreichten die Rhodeländer einen beachtlichen Durchschnitt.

Verstärkte Werbung für die Rhodeländer

Durch die Übernahme der Schriftleitung für das Mitteilungsblatt „Der Rhodeländerzüchter" durch Horst Frese wurde das allgemeine Niveau der Mitteilungen an die Mitglieder sehr gehoben. Viele sachverständige Züchter und Preisrichter unterstützten Frese bei seinem Bemühen, gute Informationen über die Rhodeländer in weite Züchterkreise zu tragen. Auch die einzelnen Bezirke trugen viel zu den Publikationen und zur Öffentlichkeitsarbeit bei. In den verschiedenen Ausgaben des Mitteilungsblattes im Jahr 1972 kamen interessante Berichte, so von Heinz Zumbruch über „Die Rhodeländer — beliebt durch Schönheit und Leistung". Darin meinte der Ehrenvorsitzende, daß der Sonderverein schon immer dafür gesorgt habe, daß die Leistungsform erhalten bliebe. Beispiele guter Legeleistungen gab er aus seiner eigenen Zucht, in der er 40 Jahre Fallnestkontrolle durchgeführt hat. So legte eine seiner Hennen in vier Jahren 764 Eier. Die Tochter dieser Henne legte im ersten Legejahr 320 Eier. Ein Rekordergebnis, wobei allerdings das Eigewicht niedriger lag als bei den üblichen Hennen. Die Nachzucht von dieser Rekordhenne habe aber in der Legeleistung vollkommen versagt. Aus dieser gewonnenen Erkenntnis gab Heinz Zumbruch den Züchtern folgende Ratschläge: „Die Leistung der Hennen hängt natürlich in erster Linie von den Zuchttieren ab. Von Rekordlegerinnen zu züchten, kann böse Folgen haben. Die besten Zuchthennen werden wohl die mittelguten Leger sein mit etwa 150 bis 175 Eiern. Dabei brauchen wir keineswegs ängstlich zu sein. Ich hatte einmal eine sehr schöne Henne, die bei verschiedenen Schauen ausgestellt war und nur 107 Eier im 1. Legejahr gelegt hatte. Ich nahm trotzdem ein paar Eier dieser Henne zur Brut. Die Tochter dieser Henne legte im ersten Legejahr 238 Eier von durchschnittlich 68 g. Auf Grund meiner Legelisten und Zuchtbücher, die ich noch alle habe, könnte ich noch viele interessante Beispiele über die Leistung der Tiere anführen. So legte eine Henne 75 Tage hintereinander jeden Tag ein Ei."

In einem anderen Bericht von Ludwig Kuppinger lesen wir über den Zuchtstamm, die Brut und Aufzucht und Ernst Jung schrieb über die Kämme der Rhodeländer. Auch Schriftleiter Horst Frese machte sich züchterische Gedanken zur Ausstellungssaison 1972/1973.

Für die Vorstandsarbeit im Hauptverein hat es sich als sehr sinnvoll erwiesen, daß der Vorstand jeweils anläßlich der Jahrestagung des Verbandes der Sondervereine zu einer Sitzung zusammentrat, da ohnehin die meisten Vorstandsmitglieder dort anwesend waren. Es wurde dabei über die Hauptsonderschauen in Hannover, Stuttgart und Bremen, die Einteilung der Sonderrichter, die Verteilung der Ringpreise und weitere SV-Angelegenheiten beraten und beschlossen.

In Hannover standen in diesem Jahr 313 Rhodeländer, und zwar 130 Hähne und 183 Hennen. Für die Bewertung standen die Sonderrichter Heinz Möller, Fritz Schäfer, Horst Frese und erstmals Wilhelm Hof, Watzenborn-Steinberg, zur Verfügung. Die höchsten Preise fielen bei den Hähnen an Fritz Schmidt, Hasbergen, mit hv 1 BB, Heinz Dieter Müller, Löhne, mit hv 2 BE und an Herbert Heeßel, Wedel, mit hv 3 F. Bei den Hennen holten sich die höchsten Preise Heinz Becker, Cappel, mit v BB und SE und hv 4 E, Ernst-Dieter Lammers, Bramsche, mit hv 2 HM und Hans Fischer, Baiersdorf, mit hv 3 SVE.

Die Jahreshauptversammlung fand wieder in Hannover statt. Vorsitzender Heinz Möller gab bekannt, daß ein nicht namentlich genanntes Mitglied des Hauptvorstandes je einen wertvollen Sachpreis für Hannover und Bremen zu Ehren der Zuchtfreunde Heinz Zumbruch und Karl Stein gestiftet hat. Die Preise werden auf vier Jungtiere nach den AAB vergeben. Der Erringer für Hannover wurde Heinz Becker, Cappel.

Da die beiden Schauen in Hannover und Bremen für die süddeutschen Züchter etwas ungünstig lagen, hatte der Vorstand des SV eine weitere Sonderschau der Landesverbandsschau in Stuttgart am 2. und 3. Dezember 1972 angeschlossen. Dort standen immerhin 180 Rhodeländer, die meisten von Züchtern aus Württemberg und Baden. Das Spitzentier bei den Hähnen stellte mit sg 1 Ehrenband Kurt Balb, Schwäbisch Hall-Hessental, und bei den Hennen mit hv Ehrenband Ernst Mattheiß, Notzingen. Eine weitere Hv-LVE Henne zeigte Jakob Keller, Mannheim-Seckenheim. Als Preisrichter für die Hähne war Fritz Schäfer, Lützellinden, und für die Hennen Franz Heiler, Weiher, tätig.

Die 54. Nationale Rassegeflügelschau am 16. und 17. Dezember 1972 in Bremen war kein Ruhmesblatt in der Geschichte der deutschen Rassegeflügelzucht und der Großschauen. Doch sollen hier die dort angetroffenen Mängel nicht dargelegt werden, sondern es ist über die gemeldeten 150 Rhodeländer zu berichten. Leider wurden nur 128 Rhodeländer eingeliefert; hiervon bewertete Heinz Möller 61 Hähne und 24 Hennen, so daß er ausgelastet war. Die restlichen 43 Hennen waren Heinrich Wessel, Bassum, zugeteilt. Bei den Hähnen holte sich Fritz Schmidt mit hv das Bremer Band, gefolgt von Heinz-Dieter Müller, Löhne, mit „hv" Bundesehrenpreis. Bei den Hennen war es Josef Westendorf, der mit v Siegerband und hv BPL die höchsten Bewertungen errang.

„Züchtungs- und Vererbungslehre" von Dr. Robert Gleichauf erscheint

Dr. Robert Gleichauf brachte 1972 das neu überarbeitete und für jeden Rhodeländerzüchter wichtige Nachschlagewerk über Züchtung und Vererbungslehre für Geflügelzüchter im Verlag Fritz Pfenningstorff, Berlin und Stuttgart, heraus. Darin befaßt er sich sehr ausführlich über grundsätzliche Fragen in der Rhodeländerzucht. Ausführlich geht er der Frage der Strupp- oder Haarfedrigkeit auf den Grund und kommt zu dem Schluß, daß diese Federabnormitäten in mehreren Fällen leider weniger eindeutig zu erklären sind, da für das Auftreten sowohl Umweltverhältnisse als auch Erbanlagen die Ursache sein können. Dazu schreibt Dr. Gleichauf: „Im Bereich der Hand- und Armschwingen wie auch bei den Steuerfedern kommen aber noch andere Degenerationserscheinungen vor, die vom Züchter streng beachtet werden müssen. So wurde in den letzten Jahren viel geschrieben über Federdegenerationserscheinungen bei den Rhodeländern, bei denen offenbar durch die jahrzehntelange Zucht auf die sehr dunkle Rotfärbung gleichzeitig eine Verschmälerung der Federfahnen offenbar wurde. Gleichzeitig erfolgte dabei eine Vermehrung der Schwungfederzahl. Wie durch Untersuchungen von Gleichauf & Lühmann (1968) nachgewiesen werden konnte, ist die dunkelrote Feder mit der Anomalie (Regelwidrigkeit) nicht gekoppelt. Es gibt heute unter den Rhodeländern Tiere mit ebenso dunkelrotem Gefieder und mit breiter Feder, wie es auch ein solches Gefieder mit schmaler und ausgefranster Fahne gibt. Es verhält sich wahrscheinlich so: Man hat stets die Tiere mit der dunkelsten Feder ausgelesen und damit weitergezüchtet, ist dann zu einer reichlich engen Inzucht übergegangen, die schließlich in einigen Fällen — nicht überall — zu solchen Degenerationserscheinungen der Feder geführt hat. Jedenfalls haben einige Experimente klar und deutlich bewiesen, daß man durch Einkreuzung von Individuen mit breiter und heller Feder verhältnismäßig schnell Tiere erhält mit dunkelroter und gleichzeitig normal breiter Feder."

Über die rote Gefiederfarbe schreibt Dr. Gleichauf, daß diese charakteristisch für die Rhodeländer und auch andere rote Farbenschläge sei, aber noch viele Geheimnisse in sich berge: „Die Schattierungen dieser Farbe gehen vom hellsten Rot bis zum dunklen mahagonifarbenen Gefieder, wie wir es bei den Rhodeländern deutscher Zuchtrichtung ausgeprägt finden. Wie viele Erbanlagen für diese verschiedenen Rottönungen in Betracht kommen, ist heute noch nicht bekannt, wenngleich Hays (1948) glaubt, daß für diese verschiedenen Farbintensitäten zwei Pigmentunterdrückungsgene verantwortlich sind. Man weiß auch hier nur, daß bei den Rhodeländern und den anderen roten Farbenschlägen der Goldfaktor s und der Columbiafaktor e im Erbgut vorhanden sind. Die verschiedenen Abstufungen in der roten Farbe von hell zu dunkel sind wahrscheinlich auch durch die jeweilige Struktur der Feder bedingt. Ganz sicher trifft dies für den zuweilen auftretenden Lack, z. B. bei dunklen Rhodeländern, zu."

Auch über die Notwendigkeit und die Wirkung der Auslese, die Daunenfarbe, Befiederungsgeschwindigkeit und die als Backsteinform bezeichnete Rechteckfigur hatte der Wissenschaftler den Rhodeländerzüchtern viel zu sagen.

Durch den etwas später gelegten Termin war die Westdeutsche Junggeflügelschau in Dortmund am 6. und 7. Oktober 1973 wieder gut beschickt worden. Dort standen von den Rhodeländern 67 Hähne und 123 Hennen. Die Bewertung hatten Fritz Schäfer und Josef Kuhr übernommen. Bei den Hähnen gab es dreimal die Note „hervorragend" für Tiere der Züchter Fritz Schmidt, Hasbergen; Heinz Stamm, Atzbach, und Ernst Jung, Naunheim. Fritz Schmidt zeigte eine V-Henne, mit der er sich das Ehrenband sicherte. Weitere zwei Hennen konnten mit „hervorragend" bewertet werden, die von Heinz Aussieker, Espelkamp, und Karl Engel, Dortmund-Brackel, ausgestellt wurden. Leider standen die Rhodeländer nicht alle einreihig, so daß sie nicht richtig zur Geltung kommen konnten.

Mit der 92. Hannoverschen Junggeflügelschau am 27. und 28. Oktober 1973 rückten die Rhodeländer wieder in glanzvoller Beschickung in den Vordergrund. Eine Voliere war mit Rhodeländern besetzt und in den Einzelkäfigen standen 132 Hähne und 208 Hennen. Die Bewertung der Rhodeländer teilten sich Fritz Schäfer, Lützellinden; Horst Frese, Hamburg; Wilhelm Hof, Watzenborn-Steinberg, und Josef Kuhr, Gütersloh. Die Sonderrichter legten einen sehr strengen Maßstab an, was der Rasse nur dienlich sein konnte. Das begehrte Blaue Band errang Ernst Jung, Naunheim, bei den Hähnen und Hennen. Heinz Becker, Cappel, zeigte noch einen V-Hahn, der einen Bundesehrenpreis errang.

Bei der Jahreshauptversammlung in Hannover am 27. Oktober 1973 konnte nach einer längeren Pause SV-Vorsitzender Heinz Möller wieder einmal einen Zuchtfreund aus der DDR begrüßen. Nach einem Rückblick auf das vergangene Geschäftsjahr verwies der Vorsitzende auf die sehr gute Beschickung der Hannoverschau mit nahezu 350 Rhodeländern. Das Mitteilungsblatt wurde von Schriftleiter Horst Frese dreimal herausgegeben. Von den in Hannover eingesetzten Sonderrichtern wurde ausführlich über die Bewertungen und den derzeitigen Zuchtstand berichtet. Hier schloß sich wieder eine lebhafte Diskussion an, ein Zeichen dafür, daß in dem Sonderverein ein guter Züchtergeist zu Hause ist. Zuchtwart Ludwig Kuppinger hielt einen Vortrag über Zuchtgrundsätze und Zuchtfragen. Seine Hinweise galten der richtigen Größe und der Beachtung von Fehlern, wie Entenfüße, krumme Zehen und Farbmängel. Nach dem Vortrag betonte Zfr. Uettel aus der DDR, daß die Zuchtrichtung der Rhodeländer im Grunde in den beiden Teilen Deutschlands gleich sei. Auch die Probleme bezüglich der Form und Farbe stellten sich hier wie dort. Die zur Wahl anstehenden Vorstandsmitglieder Heinz Möller, Fritz Schmidt und Horst Frese wurden einstimmig wiedergewählt. Der Antrag auf Beitragserhöhung für den Hauptverein von 6 auf 8 DM wurde einstimmig angenommen, ein Zeichen dafür, daß die Bezirke und ihre Mitglieder mit der zuchtfördernden Arbeit des Vorstandes und mit den Informationen durch das Mitteilungsblatt einverstanden waren.

Gemessen an Dortmund und Hannover schnitt die 55. Nationale Rassegeflügelschau in Nürnberg am 1. und 2. Dezember 1973 nicht so gut ab. Gemeldet waren bei den Rhodeländern nur 84 Hähne und 154 Hennen, doch blieben bei den Hähnen 13 und bei den Hennen 24 Käfige leer. Die Bewertung teilen sich die Sonderrichter Fritz Schäfer, Ludwig Kuppinger und Karl Pollak. Den besten Hahn zeigte Josef Westendorf, Lohne, mit sg Siegerband und die beste Henne Hans Fischer, Baiersdorf, mit hv Siegerband. Der Durchschnitt der Rhodeländer war in Hannover besser als in Nürnberg, eine Feststellung, die von den eingesetzten Sonderrichtern getroffen wurde. Die Hv-Henne von Hans Fischer hätte nach der Meinung von Ludwig Kuppinger die Höchstnote verdient gehabt, aber da machte der Obmann nicht mit. Diese Henne sei ein Mustertier gewesen, wie man es nicht alle Tage zu sehen bekommt.

Vier schmerzliche Verluste im Jahr 1974

Im Jahr 1974 mußte der Sonderverein vier schmerzliche Verluste hinnehmen. Am 9. Januar 1974 verstarb Friedrich Kehmeier, Oberregierungsbauinspektor, Ehrenmeister des BDRG und Ehrenmitglied des Sondervereins, in Delmenhorst im 80. Lebensjahr. Er gehörte seit 1921 dem Sonderverein an. Dem Hauptvorstand gehörte er seit 1955 als Werbeleiter, Schriftleiter, Geschäftsführer und Zuchtwart wechselweise an. Als Vorsitzender des Bezirks Nordwest gehörte er

39 Wilhelm Ziebertz,
Duisburg-Hamborn, 1909–1974.
Präsident des BDRG
von 1949–1972.

zu den profiliertesten Männern der Rhodeländerfamilie, war ein überaus erfolgreicher Züchter und Erringer des „Goldenen Siegerringes des BDRG" im Jahr 1967. Als Verfasser vieler Beiträge im Mitteilungsblatt und in der Fachpresse machte er sich einen Namen, doch war er ein Mann, der immer seine Meinung frei und offen vertrat.

Mit dem Heimgang von Friedrich Kehmeier hat der Sonderverein einen seiner treuesten Freunde und Mitarbeiter verloren.

Am 9. Februar 1974 wurde Heinrich Schäfer, Eschwege, Träger des Goldenen Ehrenringes des BDRG, Ehrenmeister des BDRG und Ehrenmitglied des Sondervereins, im 87. Lebensjahr in die Ewigkeit abgerufen.

Seit 1919 war er ein begeisterter Rhodeländerzüchter und Mitglied des Sondervereins. Als Sonderrichter und Obmann für Rhodeländer bei vielen Großschauen hat er sich um den Sonderverein verdient gemacht. Heinrich Schäfer gehörte von 1947 bis 1949 dem Vorstand des Sondervereins als Beisitzer an. In Frankfurt am Main wurde er 1949 als Schatzmeister in das Präsidium des BDRG gewählt und dieses schwere Amt übte er bis 1973 aus.

Am 23. März 1974 schloß ein alter und treuer Freund aus der DDR, Karl Lenk, Leipzig, Ehrenmeister des BDRG seit 1962, im Alter von 86 Jahren für immer die Augen.

Als Sonderrichter für Rhodeländer bestimmte er die Zuchtrichtung im Reichsgebiet mit bis zur Abtrennung der Ostgebiete im Jahr 1945. Als Mitglied der Ausstellungsleitung der Lipsia-Schauen vor und nach 1945 war er bis zu seinem Tod um das Wohl der Rhodeländer besorgt. Er blieb immer ein treuer Freund des Sondervereins.

Im 65. Lebensjahr ist am 12. Juli 1974 Wilhelm Ziebertz, Duisburg-Hamborn, Träger des Goldenen Ehrenringes des BDRG, Ehrenmeister des BDRG und Ehrenmitglied des SV, Präsident des BDRG von 1949 bis 1972 und Präsident des Europäischen Verbandes für Geflügel- und Kaninchenzucht bis 1972, für immer von diesem Erdendasein abgerufen worden. Seit mehr als vier Jahrzehnten züchtete der Verstorbene Rhodeländer und viele Jahre war er als Sonderrichter tätig. Er war einer der großen Förderer der Rhodeländerzucht in Wort und Tat in Deutschland. Der Sonderverein hat Wilhelm Ziebertz viel zu verdanken. Mit ehrenden Nachrufen gedachten des Verstorbenen der Präsident des Europäischen Verbandes, des Bundes Deutscher Rassegeflügelzüchter und der Vorsitzende des Sondervereins der Züchter des Rhodeländerhuhnes.

Ein Denkmal für die Rhodeländer

In der „Geflügel-Börse" Nr. 15 vom 9. August 1974 brachte Horst Frese, Hamburg, einen Bericht über die Ausstellungssaison 1973, in dem er feststellte, daß die Rhodeländer auch weiterhin eindeutig in Front liegen. Den Fortschritt in der Rhodeländerzucht schrieb er der Tatsache zu, daß die Sonderrichter konsequent nicht nur auf die Feinheiten, sondern auch auf die Vitalität und Gesundheit der Tiere achten und Überzüchtungserscheinungen, wie zu schmale Federn oder sonstige Fehler, bekämpfen würden. Für die Preisrichter sei es bei dem Hochstand der Rasse, vor allem aber auf Grund der großen Ausgeglichenheit, nicht immer leicht, die Spitzentiere herauszufinden und sie vor allem untereinander zu klassifizieren. Der Sonderverein wache auch aufmerksam darüber, daß die Rhodeländer ihre guten Eigenschaften nicht verlieren würden und daß neben der Schönheit die Leistung nicht zu kurz komme. Der Bericht war mit hochausgezeichneten Rhodeländern bebildert, und, was besonders erfreulich war, mit einem Bild versehen vom Rhodeländer-Denkmal in Adamsville/USA, auf dem ein Rhodeländerhahn verewigt ist. Dieses Denkmal erinnert an die Erzüchtung des Rhode-Islands-Huhnes.

40   Die Bronzetafel zur Erinnerung an die Erzüchtung der Rhodeländer steht in Adamsville, USA.

In dem neu herausgegebenen „Deutschen Rassegeflügel-Standard 1974"
wurde als besondere Bedeutung der Rhodeländer hervorgehoben: Klimaharte,
auf Leistung und Schönheit gezüchtete, weitverbreitete Rasse mit mehrjähriger
hoher Legeleistung und guter Fleischbildung.

Klare Trennung von Groß- und Zwergrassen

Bei der Hauptversammlung des Verbandes der Sondervereine für Hühner,
Groß- und Wassergeflügel am 24. August 1974 wurde u. a. beschlossen: „Die
Sondervereine der Züchter großer Hühnerrassen haben alle Zusätze, die auf die

Zucht der Zwerghühner hindeuten können, aus dem Namen des Sondervereins zu entfernen. Von dieser Regelung nicht betroffen sind die Sondervereine, welche die Züchter der Großrasse und der Zwergrasse jeweils bei den Verbänden gemeldet haben und bei den Verbänden als Mitglied aufgenommen sind." Ferner wurde beschlossen: „Sondervereine dürfen Sonderschauen nur mit den Rassen veranstalten, mit denen sie vom Sonderverband als Mitglied anerkannt sind."

Hierzu vermerkte SV-Vorsitzender Heinz Möller: „Dieser Beschluß, dem wir wegen einiger Unklarheiten, vor allem im Interesse unserer süddeutschen Bezirke, nicht zugestimmt haben, der aber mit großer Mehrheit angenommen worden ist, besagt, daß von unserem Sonderverein die Zwerg-Rhodeländer nicht mehr betreut werden dürfen, weil hierfür allein der Sonderverein der Zwerg-Rhodeländer zuständig ist. Unter Betreuung ist u. a. das Abhalten von Sonderschauen und die Vergabe von SZM für Zwerge zu verstehen, denn letzteres bedeutet eine Werbung von Mitgliedern. Selbstverständlich können Zwerg-Rhodeländer-Züchter, die unserem Sonderverein bisher schon angehören, nicht gezwungen werden, dem Sonderverein der Zwerge beizutreten. Andererseits sollten aber auch keine neuen Mitglieder aufgenommen werden, die nur Zwerg-Rhodeländer züchten. Diejenigen Bezirke, die bisher noch Sonderschauen für Zwerg-Rhodeländer abgehalten haben, werden dringend gebeten, den Beschluß künftig zu beachten, damit Schwierigkeiten vermieden werden."

Die Rhodeländerzüchter hatten sich auf den frühen Ausstellungstermin am 21. und 22. September 1974 für die Westdeutsche Junggeflügelschau in Münster in Westfalen eingestellt. Dort standen 77 Rhodeländerhähne und 131 Hennen. Das war eine beachtliche Leistung der Züchter, denn es wurde sehr gutes Tiermaterial gezeigt. Die gute Beschickung war aber auch ein Zeichen dafür, daß diese Schau immer mehr an überregionaler Bedeutung innerhalb von 10 Jahren gewonnen hat. Bemängelt wurden der teilweise zweireihige Aufbau, die engen Gänge und die Organisation. Besser als in Hannover war aber in Münster die Preiszuteilung. Die Preisrichter Heinz Möller und Josef Kuhr konnten daher mehr als übliche Preisvergaben vornehmen. Die zwei Spitzenhähne von Wilhelm Opfermann, Kalthof, und Josef Verheyen, Kevelaer, waren gleichwertig und wurden beide mit hv Ehrenband ausgezeichnet. Wilhelm Opfermann siegte auch bei den Hennen mit hv Ehrenband.

Einen Monat später, am 26. und 27. Oktober 1974, fand in Hannover die Deutsche Junggeflügelschau statt. Die Meldezahl der Rhodeländer des Vorjahres wurde mit 117 Hähnen und 198 Hennen nicht ganz erreicht, da einige Meldungen nicht angenommen oder gestrichen wurden. Teilweise war auch das Standgeld nicht rechtzeitig eingezahlt worden. Sonderrichter waren Heinz Möller, Fritz Schäfer und Horst Frese. Das überragende Tier fehlte in beiden Geschlechtern. Bei den Hähnen holte sich mit hv BB ein sehr feines Tier von Konrad Stahl, Kirchhain, den Sieg und bei den Hennen gab es gleich viermal die Note

„hervorragend". Peter Müllers, Pesch/Korschenbroich, erzielte einmal „hv" mit dem Blauen Band und zweitens mit einem Bundesehrenpreis. Einen Bundesehrenpreis errang auch Paul Ehmke, Neumünster, und einen weiteren Heinz Becker, Cappel.

Die Ankündigung von Hannover, nur noch 6 Tiere eines Ausstellers in einer Rasse zuzulassen, stieß auf entschiedenen Widerstand bei den Rhodeländerzüchtern. Bei allem Verständnis für abgelehnte Aussteller sei nach der Meinung des Vorstandes eine solche Maßnahme für die Zucht nicht förderlich. Auch war man nicht damit einverstanden, daß die Züchter 50 % ihrer Tiere verkäuflich melden müßten. Wenn Hannover seinen Willen durchsetze, würden die Sondervereine auf andere Schauen abgedrängt.

Bei der Hauptversammlung des Sondervereins am 26. Oktober 1974 konnte Vorsitzender Heinz Möller wieder als Ehrengast aus der DDR Zfr. Uettel begrüßen. Die Protokollführung hatte die Gattin des Vorsitzenden, Frau Inge Möller, übernommen. In seinem Geschäftsbericht zeigte sich der Vorsitzende des Sondervereins mit der Entwicklung der Rhodeländer sehr zufrieden, standen doch wieder über 300 seiner Lieblinge bei dieser großartig gestalteten Schau. Auch die Mitgliederzahl war wieder angestiegen. Im Jahr 1974 konnten nur zwei Mitteilungsblätter von Horst Frese herausgegeben werden. Der Grund hierfür lag in den Preiserhöhungen im Druckgewerbe.

Aus den Berichten der Sonderrichter war zu entnehmen, daß das Gesamtbild der Hähne besser war als das der Hennen, wenn auch das Tiermaterial unterschiedlich war und der herausragende Hahn in diesem Jahr fehlte. Der 2. Vorsitzende Karl Vennhaus hatte sein Amt aus gesundheitlichen Gründen zur Verfügung gestellt. Zum Nachfolger wurde einstimmig Josef Verheyen, Kevelaer, gewählt. Geschäftsführer Ernst Jung, Naunheim, und Zuchtwart Ludwig Kuppinger wurden einstimmig wiedergewählt. SV-Vorsitzender Heinz Möller unterbreitete der Versammlung den Vorschlag, die Sonderrichter des Sondervereins wenigstens in einem Zeitraum von zwei Jahren einmal zu einer zweitägigen Schulung zusammenzurufen, um Bewertungs- und Zuchtfragen zu behandeln. Damit wollte der Vorstand erreichen, daß einheitliche Bewertungsmaßstäbe angelegt werden.

In Walldorf in Baden wurde am 16. und 17. November 1974 mit einer süddeutschen Werbeschau für die Rhodeländer geworben. In seinem Grußwort schrieb Ludwig Kuppinger die bedeutungsvollen Worte: „Züchten ist eine Kunst, sei es auch nur, um gute Eigenschaften unserer Tiere zu erhalten, vielmehr noch, wenn es darum geht, aus dem Ausgangsmaterial etwas Besseres zu schaffen."

Die mangelhafte Beteiligung der Rhodeländerzüchter bei der 56. Nationalen Rassegeflügelschau am 7. und 8. Dezember 1974 in der Halle Münsterland in Münster in Westfalen konnte nicht als Rückgang in der Rhodeländerzucht angesehen werden. Dort standen 50 Tiere weniger als bei der Westdeutschen Jungtierschau in der gleichen Halle vor knapp drei Monaten. SV-Vorsitzender Möller war der Meinung, daß es sicherlich abträglich war, daß im September die Westdeutsche Junggeflügelschau in einer Art durchgeführt wurde, die nicht bei jedem Aussteller Anklang gefunden hatte. Auch bei dieser Nationalen war der Aufbau teilweise zweireihig, wodurch das Gesamtbild beeinträchtigt und die Bewertung erschwert wurde.

Für die Bewertung der 64 Hähne und 91 Hennen waren die Sonderrichter Heinz Möller und Wilhelm Hof eingesetzt. Der von Josef Westendorf gezeigte Hv-Ehrenband-Hahn war sehr fein im Typ, hatte eine ausgezeichnete Farbe mit besten Schwingen, jedoch war der Kamm etwas zu stark ausgebildet. Bei den Hennen war das Tiermaterial schon etwas besser als bei den Hähnen. Hier bot Ernst Jung mit drei Hennen eine absolute Spitzenleistung mit v Siegerband, hv BE und hv LVE. Eine solche züchterische Leistung fand die Anerkennung aller sachverständigen Rhodeländerzüchter. Fritz Schäfer, Lützellinden, errang bei den Hennen noch ein „hv" und ein Ehrenband.

In der Januar-Ausgabe 1975 der SV-Mitteilungen gab es wieder wertvolle Hinweise auf die Ausstellungssaison 1974. Hierüber machten sich Heinz Möller, Horst Frese, Fritz Schmidt, Bernhard Rußmann und Heinz Hanstein tiefgreifende Gedanken. Fritz Schmidt faßte seine Gedanken um die Erhaltung und Verbesserung des Zuchtstandes so zusammen: „Achtet noch mehr auf ausgeprägte Kastenformen, auf einwandfreie Köpfe sowie saubere, korrekte Schwingen. Vergeßt aber auch die Leistung nicht, vor allem die dicken Eier. Ich denke, die Eier unserer Rhodeländer müssen wieder schwerer werden und wenn sie dazu noch eine schöne braune Farbe haben, dann lacht das Züchterherz und sicherlich das unserer Frauen." Den Preisrichtern rief Fritz Schmidt noch zu: „Greift noch härter durch als bisher. Nur so können wir dem Fortschritt unserer schönen Rasse dienen."

Am 4. März 1975 wurde Karl Stein, Hildesheim, 90 Jahre alt. Vorstand und Mitglieder gratulierten dem langjährigen und hochverdienten ehemaligen Geschäftsführer des Sondervereins, dem Sonderrichter und Obmann der Rhodeländer und wünschten ihm noch viele schöne und gesunde Jahre.

Am 6. März 1975 starb kurz nach Vollendung seines 80. Lebensjahres der Sonderrichter und Ehrenmeister des BDRG, Theodor Otten, Bottrop.

Es war die allgemeine Auffassung der Sonderrichter bei der Tagung am 6. und 7. September 1975 in Marburg-Cappel, daß ein Erfahrungsaustausch erforderlich sei. Er diene doch dazu, eine möglichst gleichmäßige Bewertung bei den Schauen zu erreichen. Dem Züchter müsse deutlich gemacht werden, welche Zuchtziele er anzustreben hat. Die Sonderrichter waren sich darüber einig, daß in den kommenden Jahren vor allem auf die richtige Größe der Rhodeländer, auf einen mittelhohen Stand, glatte Rückenlinie mit fester Federstruktur und angewinkelter Schwanzpartie geachtet werden muß. Übereinstimmend vertraten sie auch die Meinung, daß das Kammproblem ebenfalls vordringlich sei, zumal man es noch immer nicht richtig im Griff habe. Auf eine konstante Lackfarbe sollte nicht verzichtet werden, da die bisherigen Zuchtergebnisse gezeigt hätten, daß diese durchaus mit einer normalen Federstruktur verbunden sein kann.

Die Entwicklung der Rhodeländer in den letzten 50 Jahren wurde eindrucksvoll mit Hilfe eines Bildwerfers dargestellt. Es wurden Siegertiere aus den zwanziger, dreißiger und vierziger Jahren bis 1974 dargestellt. Damit wurde die positive Entwicklung der Rhodeländer in den letzten Jahrzehnten verdeutlicht und die enormen Veränderungen in Form und Farbe ersichtlich, die die Rasse im Laufe der Zeit erfahren hat, obwohl die Musterbeschreibung fast unverändert blieb. Abgeschlossen wurde die Tagung der Sonderrichter mit einer Tierbesprechung, wofür von den hessischen Züchtern etwa 50 Rhodeländer verschiedener Güteklassen zur Verfügung gestellt wurden.

Die Westdeutsche Junggeflügelschau in Münster hatte durch die schlechten Hallenverhältnisse etwas eingebüßt. Am 27. und 28. September 1975 standen nur 137 Rhodeländer zur Schau, die von Heinz Möller und Josef Westendorf begutachtet wurden. Bei den Hähnen zeigte Wilhelm Opfermann, Kalthof, zwei Hv-Tiere, die mit Ehrenband und Minister-Ehrenpreis ausgezeichnet wurden. Die beste Henne zeigte Heinz Johanning, Visbeck, bewertet mit „hv" und ausgezeichnet mit dem Ehrenband.

Unter den 16 000 Tieren, die in Hannover am 25. und 26. Oktober ausgestellt wurden, befanden sich 116 Rhodeländerhähne und 181 -hennen. Für die Bewertung der Rhodeländer waren die Sonderrichter Heinz Möller, Fritz Schäfer und Horst Frese verpflichtet. Der sehr hohe durchschnittliche Zuchtstand wurde dadurch unterstrichen, daß die Sonderrichter sieben Tieren die hohe Note „hervorragend" an den Käfig hefteten. Die Züchter dieser Prachtexemplare waren bei den Hähnen Gebhard Lang, St.-Leon-Rot (hv1 BB) und Ernst Jung, Naunheim (hv2 BE), und bei den Hennen Heinz-Dieter Müller, Löhne (hv1 BB); Josef Westendorf, Lohne (hv2 LVE); Rudolf Thraum, Grünberg, und Paul Ehmke, Neumünster (beide mit hv4 E eingestuft), und Willi Jahn, Sandhausen (hv5 E). Gebhard Lang und Paul Ehmke wurde die Paul-Barthold-Plakette zugesprochen.

Bei der Jahreshauptversammlung am 25. Oktober 1975 konnte Vorsitzender Heinz Möller zwei Gäste aus der DDR begrüßen, und zwar Zfr. Uettel und den Sonderrichter Otto Roßberg. In seinem Rückblick auf das vergangene Zucht- und Ausstellungsjahr konnte Möller wieder auf eine leichte Verbesserung des Mitgliederstandes verweisen. Es wurde auch über eine Vorstandsbesprechung anläßlich der Verbandsversammlung der Sondervereine am 23. August 1975 in Hasbergen bei Züchterfreund Fritz Schmidt berichtet. Dort wurde beschlossen, der Hauptversammlung vorzuschlagen, im Jahr 1976 anläßlich der Einführung der Rhodeländer in Deutschland vor 75 Jahren eine Hauptschau auf Bundes-ebene durchzuführen. Dem stimmte die Versammlung gerne zu.

Nach der Besprechung der in Hannover gezeigten 297 Rhodeländer durch die Sonderrichter erfolgten die Wahlen zum Vorstand. Zur Wahl standen der erste Vorsitzende, der Zuchtwart Nord und der Schriftleiter. Die Vorstandsmitglieder Heinz Möller, Fritz Schmidt und Horst Frese wurden einstimmig wiederge-wählt. Für die Durchführung der Hauptsonderschau in Gütersloh wurde der 12. bis 14. November 1976 gewählt.

Wenige Wochen nach der Hannoverschau mußten die Rhodeländerzüchter wieder einen herben Verlust beklagen. Der Zuchtwart Nord, Fritz Schmidt, Hasbergen, schloß am 18. November 1975 für immer die Augen. Zur gleichen Zeit wurde eine Henne aus seiner Zucht bei der Niedersachsenschau in Osna-brück mit „vorzüglich" bewertet. Der Verstorbene war seit 1954 Mitglied des Sondervereins und ein hochbegabter und erfolgreicher Züchter. 1974 wurde er mit der goldenen Ehrennadel des Sondervereins ausgezeichnet.

Die 57. Nationale Rassegeflügelschau in Köln vom 28. bis 30. November 1975 war für die Rhodeländerzüchter ein schlechter Abschluß der Schausaison, denn dort standen nur 76,101 Rhodeländer. Für die Sonderrichter Heinz Möller und Wilhelm Hof ein erfreulicher Anblick, daß der Aufbau einreihig erfolgte. Leider störte ganz empfindlich, daß die Käfigverkleidung aus Sicherheitsgründen nicht zugelassen wurde. Dafür klappte die Organisation ganz vorzüglich. Die Hähne waren ausgeglichen. Den besten Hahn zeigte Peter Müllers, Korschenbroich, der mit „hv" und einer Bundesmedaille ausgezeichnet wurde. Besonders gut gefielen die Hennen mit ihrer vollendeten Kastenform, bei bester Federstruktur und feinen Kopfpunkten. Die beste Henne zeigte Ernst Jung, Naunheim, die viel Adel zeigte und die Höchstnote mit Siegerband erhielt. Eine Hv-LVP-Henne zeigte noch Georg Mann, Schwerte.

75 Jahre Rhodeländer in Deutschland

Am 12. Januar 1901 wurden durch den Berliner Kaufmann Willy Radtke die ersten Rhode-Island-Hühner in Deutschland eingeführt. Diesem für die deut-sche Rassegeflügelzucht so bedeutungsvollen Ereignis gedachte der Schriftleiter und Sonderrichter Horst Frese, Hamburg, mit Beiträgen in den Fachzeitschrif-ten und im Mitteilungsblatt des Sondervereins.

Auch in der DDR wurde Rückschau gehalten von Fritz Ernst, Beberstedt, der in der Zeitschrift „Garten und Kleintierzucht" Nr. 13/1976 u. a. folgendes schrieb: „In der DDR mußte die Zucht der Rhodeländer nach dem zweiten Weltkrieg neu aufgebaut werden. Die Rhodeländer der Nachkriegszeit waren nach Urteilen von Fachleuten farblich gut, aber ihre Form war sehr uneinheitlich. Besonders wurden zu leichte Tiere, Tiere mit Italienerschwanz und solche mit zu hellen Augen kritisiert. Noch in den fünfziger Jahren urteilten ausländische Experten: Die deutschen Rhodeländer sind in der Farbe vorzüglich, aber die Formen müssen noch verbessert werden. Friedrich Joppich kritisierte die ausgestellten Tiere der 3. DDR-Kleintier-Siegerschau 1956 wegen ihrer recht unterschiedlichen Größe bei beiden Geschlechtern. Er stellte fest, daß ‚Schneider‘ und zu schwere, grobknochige Tiere auf einer Siegerschau nichts zu suchen haben. Die unterschiedliche Größe der Tiere war oft durch eine lockere Befiederung bedingt.“

Karl Stein †

Am 28. Februar 1976 wurde kurz vor Vollendung seines 91. Lebensjahres der verdienstvolle Streiter um die deutsche Rhodeländerzucht, Karl Stein, Hildesheim, Ehrenmeister des BDRG und Ehrenmitglied des Sondervereins, für immer von seinem Erdendasein abgerufen.

Die Bedeutung des Verstorbenen für die deutsche Rassegeflügelzucht und insbesondere für die Rhodeländerzucht hoben in einem Nachruf Vorsitzender Heinz Möller und Schriftleiter Horst Frese hervor. Die Leistungen für den Sonderverein und die Rhodeländerrasse seien so gewaltig gewesen, daß alle Züchter die Pflicht hätten, diesen Mann nie zu vergessen. Er gehöre zu den bedeutendsten Persönlichkeiten, die jemals der Rhodeländerzucht gedient hätten. Mehr als 30 Jahre war er Geschäftsführer des Sondervereins und ebensolang Sonderrichter und in den vergangenen Jahrzehnten auch Obmann für die Rhodeländer bei den Großschauen. Auch in Wort und Schrift gab er sein umfassendes Wissen und Können den jüngeren Generationen weiter. Zu gerne hätte er in diesem Jahr das Rhodeländer-Jubiläum noch miterlebt, doch dies war ihm nicht mehr vergönnt.

Die Ausstellungssaison im Jubiläumsjahr begann mit der 12. Westdeutschen Junggeflügelschau am 25. und 26. September 1976 in Münster in Westfalen. Dort standen 67 Hähne und 109 Hennen der Rhodeländer, die von Heinz Möller und Josef Westendorf bewertet wurden. Den besten Hahn zeigte mit „hv“ und Ehrenband Eugen Lindemann, Witten-Annen, die besten Hennen stellten mit

41   Karl Stein, Hildesheim,
starb kurz vor Vollendung
seines 91. Lebensjahres
im Februar 1976.

„hv" und Ehrenband Heinz Hokamp und Sohn, Bad Salzuflen, sowie mit hv
LVE Heinz Johanning, Visbek.

Sehr gut beschickt wurde wieder die Deutsche Junggeflügelschau in Hannover
vom 23. bis 24. Oktober 1976 mit 99 Hähnen und 142 Hennen der Rhodeländer.
Die Bewertung hatten Heinz Möller, Wilhelm Hof und Horst Frese übernom-
men. Die höchsten Preise vergaben sie bei den Hähnen mit sg1 BLP an Heinrich
Menkens, Delmenhorst, und bei den Hennen mit hv1 Blaues Band an Hans-
Dieter Mayer, Ludwigshafen-Oggersheim.

Bei der Jahreshauptversammlung in Hannover wurde aus dem Jahresbericht
von Heinz Möller erstmals deutlich, daß die Haltung großer Hühner in den
Städten und deren Randgebieten rückläufig ist. Der Sonderverein konnte aber
seinen Mitgliederstand halten. Weiter wurde mitgeteilt, daß SV-Vorsitzender
Heinz Möller als Beisitzer in den Vorstand des Verbandes der Sondervereine für
Hühner, Groß- und Wassergeflügel gewählt wurde.

226

Im Jahr 1976 wurden nur zwei Mitteilungsblätter herausgegeben. Eines davon berichtete umfassend über die 75 Jahre Rhodeländer in Deutschland. In der Versammlung berichteten die in Hannover eingesetzten Sonderrichter über ihre Bewertungsarbeiten. Bei den Wahlen wurden die bisherigen Vorstandsmitglieder Josef Verheyen, Ernst Jung und Ludwig Kuppinger wiedergewählt.

Die zweite Hauptsonderschau in Gütersloh

Aus Anlaß des 75jährigen Bestehens der Rhodeländer in Deutschland fand vom 12. bis 14. November 1976 in Gütersloh, das auch „Stadt im Grünen" genannt wird, eine Hauptsonderschau des Sondervereins statt. Die erste Hauptsonderschau lag schon 20 Jahre zurück und wurde in Menden in Westfalen durchgeführt. Mit dieser Ausstellung in Gütersloh wurde eine alte Tradition wieder ins Leben gerufen. In den lichtdurchfluteten Hallen des städtischen Bauhofes standen 537 Rhodeländer von 67 Austellern bei einreihigem Aufbau. In einem Grußwort, das im Katalog abgedruckt war, nahm Vorsitzender Heinz Möller Anlaß zu einem Rückblick auf die geschichtliche Entwicklung der Rhodeländer und des Sondervereins. Dabei gedachte er besonders verdienter Mitglieder wie Ernst Tietge, Paul Stolle, Hans Wedding, Heinrich Horstmann, Willi Stolle, Karl Stein, Paul Barthold und Major Bruno Rhau, aber auch des verdienstvollen Ehrenvorsitzenden Heinz Zumbruch. Ausstellungsleiter Josef Kuhr schloß sich den Dankesworten an. Im Katalog befand sich auch der Abdruck des Beitrages „75 Jahre Rhodeländer in Deutschland" aus dem „Deutschen Kleintier-Züchter" Nr. 18/1976 von Horst Frese.

Als Sonderrichter waren bei dieser Hauptsonderschau tätig: Horst Frese, Hamburg-Bergedorf; Heinz Hanstein, Wilhelmshaven; Wilhelm Hof, Pohlheim 1; Ernst Mattheiß, Notzingen; Heinz Möller, Bremerhaven; Karl-Heinz Reuß, Preetz; Fritz Schäfer, Lützellinden; Kurt Steinert, Braunschweig, und als Obmann war Paul Landwehr, Bielefeld, tätig. Ein Hahn von Gerhard Zulauf, Pohlheim, erhielt mit v BPL die höchste Bewertung und bei den Hennen waren es mit v SE Tiere aus den Zuchten von Wilhelm Poggenburg, Sandershof, und Ernst Jung, Naunheim. Die Bewertungsnote „hervorragend" wurde an 6 Hähne und 12 Hennen vergeben.

Nach einem so starken und gemeinsamen Auftreten der Rhodeländer in Gütersloh war es verständlich, daß die 58. Nationale Rassegeflügelschau in Nürnberg vom 3. bis 5. Dezember 1976 nur schwach beschickt wurde. Aber mit 42 Hähnen und 57 Hennen waren die Rhodeländer immerhin noch vertreten.

Sonderrichter Fritz Schäfer vergab den höchsten Preis bei den Hähnen für ein Tier von Rudolf Stein, Nieder-Rodenbach, und für die beste Henne mit hv Siegerband an Hans Haardörfer, Fürth.

Bei der Westdeutschen Junggeflügelschau in Münster, diesmal 14 Tage später als sonst, standen am 8. und 9. Oktober 1977 69 Hähne und 115 Hennen der Rhodeländer, die von den Sonderrichtern Fritz Schäfer, Josef Kuhr und Josef Westendorf bewertet wurden. Der Spitzenhahn von Wilhelm Opfermann, Iserlohn-Kalthof, erhielt die Traumnote „vorzüglich" und das Ehrenband. Der gleiche Züchter zeigte noch einen Hv-Hahn, der mit einem Minister-Ehrenpreis bedacht wurde. Auch Heinz-Dieter Müller, Löhne, reihte sich mit hv SE auf einen Hahn in die obere Güteklasse ein. Bei den Hennen errang Wilhelm Opfermann mit hv Ehrenband die höchste Auszeichnung, gefolgt von Heinz Becker, Marburg, und Josef Verheyen, Kevelaer, mit zwei Hv-ME-Tieren.

Drei Wochen später als üblich fand in Hannover vom 12. bis 13. November 1977 die Deutsche Junggeflügelschau 1977 statt. Die Hallen der Messegesellschaft standen nicht früher zur Verfügung. Die Rhodeländer waren bei dieser Schau von Weltformat mit 111 Hähnen und 174 Hennen vertreten. Die Bewertungen hatten die Sonderrichter Heinrich Wessel, Fritz Schäfer und Horst Frese übernommen. Bei den Hähnen holte sich mit hv1 Heinz Möller, Bremerhaven, das Blaue Band. Den Hv2-Hahn mit BLP stellte Ernst Jung, Naunheim. Bei den Hennen errang Hans-Dieter Mayer, Oggersheim, mit hv1 das Blaue Band. Eine weitere Hv-SVE-Henne stellte Rudolf Thraum, Grünberg. Bei dieser Schau zeigte es sich wieder einmal, daß der Vorstand des Sondervereins großartige Spitzenzüchter in seinen Reihen hat.

Die Jahreshauptversammlung am 12. November 1977 mußte wegen Raummangel verspätet begonnen werden, so daß bei Versammlungsbeginn bereits viele Mitglieder die Heimreise angetreten hatten. Aus dem Jahresbericht des Vorsitzenden war zu entnehmen, daß verschiedene Rhodeländerzüchter auf das Ausstellen verzichten mußten, da ihre Anmeldungen nicht mehr angenommen wurden. Auch die vom Sonderverein vorgeschlagenen Sonderrichter seien nicht in der gewünschten Reihenfolge eingesetzt worden. Nach den Berichten der Sonderrichter über ihre Bewertungen wurde deutlich, daß man zu einer einheitlichen Größe der Rhodeländer kommen müsse. Auch über die Hauptsonderschau in Gütersloh wurde ausführlich diskutiert und schließlich einstimmig beschlossen, die Hauptsonderschauen alle fünf Jahre durchzuführen. Bei den anstehenden Wahlen wurden 1. Vorsitzender Heinz Möller, Schriftleiter Horst Frese und der Zuchtwart Nord, Josef Kuhr, einstimmig wiedergewählt.

Die 59. Nationale Rassegeflügelschau fand vom 2. bis 4. Dezember 1977 in Frankfurt am Main statt. Unter den mehr als 16 000 Tieren standen von den Rhodeländern 96 Hähne und 133 Hennen. Auch in der Jugendgruppe standen 1,2 Rhodeländer, wovon eine Henne des Jungzüchters Thorsten Betz, Offen-

42 1,0 Rhodeländer, Hannover 1977. Züchter: Heinz Möller, Bremerhaven.

bach am Main, mit hv E ausgezeichnet wurde. Bewertet wurden die Rhodeländer von den Sonderrichtern Heinz Möller, Wilhelm Hof und Josef Kuhr. Ein formvollendeter Hahn, mit „v" und Siegerband ausgezeichnet, gehörte Wilhelm Opfermann, Iserlohn. Die hohe Note „hervorragend" wurde bei den Hennen viermal vergeben für Tiere der Züchter Heinz Becker, Marburg; Franz Friedl, Frankfurt am Main; Rudolf Thraum, Grünberg, und Wilhelm Opfermann, Iserlohn.

Am 29. Januar 1978 feierte Heinz Zumbruch, Wuppertal-Elberfeld, seinen 90. Geburtstag im Kreise seiner Familie und vieler Züchterfreunde. Die Glückwünsche des Sondervereins überbrachten Heinz Möller und viele Züchterfreunde. Hier war wieder einmal Gelegenheit, dem Ehrenvorsitzenden des Sondervereins für seine ungewöhnlichen Leistungen, die Mühen und Arbeiten für die Rhodeländer und ihren Verein zu danken.

Unerwartet verstarb am 22. April 1978 der noch bei bester Gesundheit in Frankfurt am Main als Sonderrichter tätige Freund Wilhelm Hof, Pohlheim 1, im Alter von nur 63 Jahren. Mit ihm verlor der Sonderverein einen seiner fähigsten Sonderrichter und hervorragendsten Verfechter der Belange der Rhodeländer. Bei vielen Großschauen stand er mit seinen Tieren an der Spitze. Seit 1947 Mitglied im Sonderverein, wurde er 1971 mit der goldenen Ehrennadel ausgezeichnet.

Am 18. Juni 1978 trafen sich die Sonderrichter und Vorstandsmitglieder in Gütersloh zu einer Schulungstagung. Der besondere Zweck war diesmal, Typ und Form der Rhodeländer, insbesondere aber auch die Größe und das Gewicht, zu besprechen. Um einmal zu testen, ob die Vorstellungen der Sonderrichter auf einer Linie liegen, hatte jeder Teilnehmer einen Hahn und eine Henne mitgebracht, die nach seinen Vorstellungen bezüglich dieser Kriterien als optimal angesehen werden konnten. Bei diesem Test kam es nicht auf Farbe, Schwingen, Kamm usw. an. Die mitgebrachten Hennen waren recht einheitlich in Typ, Form, Größe und Gewicht. Kein Tier war zu schwer, einige lagen sogar etwas unter der Grenze, wie eine spätere Gewichtsprüfung ergab. Da nur zwei Hähne gezeigt wurden, konnte hierbei kein umfassender Überblick gewonnen werden. Die gemeinsame Feststellung war, daß die Rhodeländer, insgesamt gesehen, keineswegs zu schwer sind.

Die nun folgende Ausstellungsperiode zeigte deutlich, daß die ständige Schulung der Sonderrichter deutliche Fortschritte in der Bewertung zeitigte, was sich dann auch auf das Zuchtgeschehen positiv auswirkte. Bei der Westdeutschen Junggeflügelschau in Münster am 23. und 24. September 1978 war von den Rhodeländerzüchtern eine Rekordbeteiligung festzustellen. Dort standen 74 Hähne und 138 Hennen, die von den Sonderrichtern Heinz Möller, Fritz Schäfer und Josef Kuhr kritisch beurteilt wurden. Eugen Lindemann, Witten-Annen, zeigte den besten Hahn mit sg EB und Hans Jehlen, Bakum, die beste Henne mit hv EB. Vorsitzender Heinz Möller faßte seine Meinung über die in Münster gezeigten Rhodeländer so zusammen: Die Qualität war ausgezeichnet. Auch Größe und Gewicht waren weitgehend ausgeglichen.

Die Deutsche Junggeflügelschau in Hannover am 28. und 29. Oktober 1978 war für die Rhodeländerzüchter ein großer Erfolg. In den Einzelkäfigen standen 120 Hähne und 167 Hennen, in der Leistungsgruppe 4 Stämme zu 1,2 und in der Jugendgruppe wurden 2,7 Rhodeländer gezeigt. Preisrichter waren Horst Frese,

Fritz Schäfer, Heinrich Wessel und Willi Unger, Ostheim/Rhön. Sie vergaben an vier Hähne und fünf Hennen die Note „hervorragend", eine züchterische Leistung, die besondere Beachtung verdiente. Den Blauen-Band-Hahn stellte Reinhard Kleidon, Bargstedt, die Blaue-Band-Henne gab es nicht. Bei den Hähnen wurden mit der hohen Note noch ausgezeichnet Tiere von Hans-Dieter Mayer, Oggersheim; Max Paulsen, Süderbrarup, und Helmut Witt, Oelixdorf, bei den Hennen Heinz Becker, Cappel; Ernst-Dieter Lammers, Bramsche; Georg Dittrich, Bubenreuth; Josef Westendorf, Lohne, und Karl Vennhaus, Langenberg.

In Hannover fand auch die Hauptversammlung statt. Nach dem Jahresbericht wurde aus der Versammlung der Wunsch laut, die Preisrichterschulungen jährlich durchzuführen, um eine möglichst gleichmäßige Bewertung der Rhodeländer bei allen Schauen zu erreichen. Es wurde weiter mitgeteilt, daß die Herstellung des Mitteilungsblattes ab 1979 im Abzugsverfahren erfolgt. Die Herstellung hat Kurt Steinert, Braunschweig, übernommen. Horst Frese bleibt weiterhin Schriftleiter.

Über die Bewertungen in Hannover sprachen die Sonderrichter. Im Gegensatz zu Münster stellten sie fest, daß bezüglich der Form, Größe und Kämme noch Verbesserungen erforderlich seien. 2. Vorsitzender Josef Verheyen und Geschäftsführer Ernst Jung wurden einstimmig wiedergewählt. Für den verstorbenen Zuchtwart Wilhelm Hof wurde einstimmig Hans-Dieter Mayer, Oggersheim, in dieses Amt berufen. '

Auch mit der Beschickung der 60. Nationalen in Münster konnte der Sonderverein zufrieden sein, standen dort doch 103 Hähne und 171 Hennen sowie zwei Zuchtstämme. Als Sonderrichter waren tätig Kurt Steinert, Braunschweig; Heinrich Wessel und Josef Kuhr. Sie stellten vier Hähne der Züchter Josef Westendorf, Lohne; Peter Müllers, Korschenbroich; Karl Vennhaus, Langenberg, und Wilhelm Kramer, Delmenhorst, besonders heraus. Bei den Hennen holte sich Eduard Weber, Lahn-Dutenhofen, mit „v" und Siegerband den höchsten Lohn. Mit „hv" bewertete Hennen zeigten Fritz Schäfer, Lützellinden; Heinz Möller, Bremerhaven, und Peter Müllers, Korschenbroich.

Bei der feierlichen Eröffnung der Nationalen in Münster wurde am 15. Dezember 1978 Josef Westendorf, Lohne, zum Ehrenmeister des BDRG ernannt. Damit wurde einem Rhodeländerzüchter für seine großartige züchterische Hochleistung, die schon seit Jahrzehnten anhielt, diese hochverdiente Auszeichnung zuteil.

„Der Rhodeländerzüchter" in neuer Aufmachung

Die letzte Ausgabe in der bisher gewohnten vorzüglichen Aufmachung der SV-Mitteilungen, gedruckt bei der Fa. Friedrich Riemann, Bremerhaven, erschien mit umfassenden Berichten über die vergangene Ausstellungssaison im Februar 1979. Mit der Ausgabe Nr. 22 vom Juli 1979 erhielten die SV-Mitglieder die Mitteilungen im Abzugsverfahren auf 18 Seiten, die Kurt Steinert, Braunschweig, selbst gefertigt hatte. In dieser neugestalteten Ausgabe berichteten wieder eine Reihe von Sonderrichtern mit guten Ratschlägen über die Rhodeländer.

Heinz Zumbruch †

Am 4. März 1979, in den späten Abendstunden, wurde der Ehrenvorsitzende des Sondervereins, Heinz Zumbruch, Wuppertal-Elberfeld, Träger des „Goldenen Ehrenringes", Ehrenmeister des BDRG, im Alter von 91 Jahren in die Ewigkeit abgerufen. Ein edles Züchterherz hatte aufgehört zu schlagen. Bis zu seinem letzten Atemzug hing er mit viel Liebe an den Rhodeländern, für die er in seinem erfüllten und langen Leben so unendlich viel getan hat.

Seit 1918 war er Züchter dieser Rasse. Als Heinrich Horstmann, sein Freund und Berufskollege als Lehrer, im Jahr 1943 starb, übernahm Heinz Zumbruch in dieser sicherlich besonders schweren Zeit die Führung des Sondervereins. Obwohl er ein erklärter Gegner der damaligen Machthaber war und aus seiner demokratischen Grundeinstellung keinen Hehl machte, konnte er sich behaupten. Am Wiederaufbau der Rhodeländerzuchten in Deutschland und am Wiederaufbau des Sondervereins nach 1945 hatte der Verstorbene den wohl größten Anteil, als erster Vorsitzender, als Sonderrichter und auch als Züchter. Erst im Jahr 1970 legte er sein Amt in jüngere Hände. Heinz Zumbruch hat sich um die Rhodeländerzucht verdient gemacht, was mit der Ernennung zum Ehrenmeister und der Verleihung des „Goldenen Ehrenringes des BDRG", der höchsten Auszeichnung, die ein Züchter erringen kann, noch zu seinen Lebzeiten gewürdigt wurde.

Die Schulung der Preisrichter fand am 18. und 19. August 1979 in Hamm statt. Die dort anwesenden Preisrichter waren sich darüber einig, daß nach dem internationalen Standard bewertet wird. Dies bedeutet, daß auf eine mittelhohe Stellung zu achten ist, bei der die Schenkelfreiheit gewährleistet sein muß.

43 Heinz Zumbruch,
Wuppertal-Elberfeld,
starb mit 91 Jahren
im März 1979.

Abgerundete Backsteinform mit tiefer Brust- und Bauchpartie, mit breitem, langem Rücken, volle, breit angesetzte Schwanzpartie mit entsprechender Winkelung sind ebenso bedeutungsvoll wie ein straffes, festanliegendes Gefieder, das eine glatte Rückenlinie gewährleistet. Kurt Steinert faßte die Schulungsarbeit so zusammen: Im Vordergrund der Bewertung hat der Gesamteindruck des ausgestellten Tieres zu stehen. Dazu gehört unbedingt der Typ. Immer sei daran zu denken, daß Rhodeländer Asiaten und keine Mittelmeerrasse sind.

Durch die Verlegung der Hannoverschau in den November war es der Westdeutschen Junggeflügelschau ermöglicht worden, den Ausstellungstermin auf den 13. und 14. Oktober 1979 zu verlegen. Dies bedeutete für die Rhodeländerzüchter eine besonders starke Beteiligung mit 225 Tieren. Die Sonderrichter Heinz Möller, Horst Frese und Josef Westendorf waren mit den gezeigten Tieren sehr zufrieden. Sie vergaben die beiden Ehrenbänder an die mit „hv" bewerteten Tiere von Eugen Lindemann, Witten-Annen, und Horst Fiekers, Rheine.

233

44   1,0 Rhodeländer, Hannover 1979. Züchter: Hans-Dieter Mayer, Oggersheim.

Bei der Deutschen Junggeflügelschau in Hannover am 3. und 4. November 1979 standen in den Reihen der Rhodeländer 102 Hähne und 139 Hennen in bester Kondition und durchschnittlicher Qualität.

Für die Sonderrichter Heinz Möller, Horst Frese und Fritz Schäfer war es eine besonders schwierige Aufgabe, die besten Tiere der Reihe nach einzustufen. Es wurde zwar kein V-Tier anerkannt, dafür aber drei Hv-Hähne und fünf Hv-Hennen von den Sonderrichtern gemeinsam eingeordnet. Bei den Hähnen stand an Nummer 1 Hans-Dieter Mayer, Oggersheim, gefolgt von Rudolf Knoop, Itzehoe-Edendorf, und Josef Decher, Stadtallendorf. Bei den Hennen holte sich das Blaue Band Hans-Dieter Mayer, Oggersheim, gefolgt von Rolf Schwannecke, Holzminden, der die Hennen Nr. 2 und 3 stellte, dann Josef Westendorf und Hans Fischer, Baiersdorf. Das breit gespannte Feld der Spitzentiere war ein Zeichen für den hohen Zuchtstand in Deutschland.

Die Jahreshauptversammlung begann mit einem Gedenken an den verstorbenen Ehrenvorsitzenden Heinz Zumbruch. In seinem Jahresbericht erinnerte Möller an eine verstärkte Mitgliederwerbung in den Bezirken. Insbesondere gelte es, junge Züchter für die Rhodeländer zu begeistern. Der 1. Vorsitzende, der

234

45   0,1 Rhodeländer, Hannover 1979. Züchter: Hans-Dieter Mayer, Oggersheim.

Schriftleiter und der Zuchtwart Nord wurden einstimmig in ihren Ämtern
bestätigt. Da Josef Verheyen gebeten hatte, ihn wegen starker anderweitiger
Inanspruchnahme von seinen Pflichten zu entbinden, entsprach die Versammlung seinem Wunsch und wählte auf Vorschlag des Vorstandes Heinz-Dieter
Müller, Löhne, zum 2. Vorsitzenden.

Die 61. Nationale Rassegeflügelschau vom 30. November bis 2. Dezmber 1979
in Nürnberg brachte ein allgemeines Rekordmeldeergebnis von über 24 000
Tieren. Leider waren die Rhodeländerzüchter nicht so melde- und ausstellungs-
freudig. Von den 64 Hähnen und den 111 gemeldeten Hennen fehlten jeweils
acht. Dies bot nur Arbeit für zwei Sonderrichter, und zwar für Fritz Schäfer und
Kurt Steinert. Gelobt wurde der einreihige Aufbau. Da es kein Tageslicht gab,
bereitete die Bewertung der Rhodeländer einige Schwierigkeiten. Den Spitzenhahn zeigte mit hv SE Georg Fiekers, Rheine, die Siegerbandhenne mit „hv"
Heinz Becker, Marburg-Cappel, der noch eine weitere Hv-Henne präsentierte.
Auch Georg Dittrich, Bubenreuth, und Hans-Dieter Mayer, Oggersheim,
gehörten zu den Ausstellern hochklassiger Tiere.

46   0,1 Rhodeländer, Nürnberg 1979. Züchter: Heinz Becker, Marburg-Cappel.

Zu Beginn des Jahres 1980 gehörten dem Hauptvorstand als Mitglieder an:

1. Vorsitzender:	Heinz Möller, Bremerhaven
2. Vorsitzender:	Hans-Dieter Müller, Löhne
Geschäftsführer:	Ernst Jung, Naunheim
Schriftleiter:	Horst Frese, Hamburg 80
Zuchtwart Nord:	Josef Kuhr, Gütersloh
Zuchtwart Süd:	Hans-Dieter Mayer, Oggersheim
Beisitzer:	Kurt Steinert, Braunschweig

Im Mitteilungsblatt Nr. 25 vom Juni 1980 beschäftigte sich Horst Frese mit dem Thema: „Masse oder Klasse"? und dem Thema „hv". Er setzte sich zunächst für eine streng durchgeführte Zuchtbuchführung ein, eine der wesentlichen Voraussetzungen für eine kontrollierte Leistungszucht. Dann machte er sich Gedanken um die Inzucht und ihre praktische züchterische Anwendung, was schließlich zum Erfolg führe. So groß die Qualität der Rhodeländer auch sei, solange gezüchtet wird, würden wir niemals dahin kommen, daß eines Tages alle

236

Tiere auf ein „sg" oder gar höhere Benotung kommen würden. Unterschiede, mögen sie auch noch so fein sein, werden immer bleiben, denn das sei naturbedingt. Wichtig für die Sonderrichter sei, daß sie alle an einem Strang ziehen. In der Grundsatzfrage der Bewertung schloß er sich der Meinung von Heinz Möller an, daß vor allem die Noten „v" und „hv" Ausnahmecharakter behalten müssen.

Von zwei verdienten Rhodeländerzüchtern mußte der Sonderverein für immer Abschied nehmen. Am 9. Januar 1980 starb der frühere Zuchtwart Süd und Ehrenvorsitzende des Bezirks Baden-Pfalz, Ludwig Kuppinger, und am 17. August 1980 folgte ihm Gustav Joedecke. Am Nachmittag seines Todestages besuchten ihn noch Heinz Möller und Horst Frese in Braunschweig und plauderten mit ihm über eine Stunde über die Rhodeländer aus guter alter Zeit. Dies geschah im Anschluß an die Preisrichtertagung in Braunschweig. Als seine Tochter abends nach Hause kam, war Gustav Joedecke für immer in Frieden eingeschlafen.

Bei der Westdeutschen Junggeflügelschau in Münster standen am 20. und 21. September 1980 wieder 210 Rhodeländer. Heinz Möller und Josef Kuhr waren als Sonderrichter tätig. Den besten Hahn, mit hv Ehrenband bewertet, zeigte Horst Kück, Kleve, und die beste Henne mit gleicher Bewertung und Auszeichnung gehörte Josef Westendorf, Lohne.

Im Vergleich zu Münster standen bei der Deutschen Junggeflügelschau in Hannover am 1. und 2. November 1980 mit 70 Hähnen und 123 Hennen nur wenige Rhodeländer. Bekannte Namen fehlten diesmal. Der SV-Vorstand hatte festgestellt, daß eine ganze Reihe von Mitgliedern Absagen erhalten hatten. Dies wurde als sehr bedauerlich bezeichnet, zumal Hannover dadurch viel von seiner Bedeutung verlieren würde. Als Sonderrichter waren Heinz Möller und Horst Frese tätig, die zu einem kleinen Teil noch von Kurt Balb unterstützt wurden. Trotz der geringen Beteiligung gab es zwei Blaue Bänder; eines für Hähne errang mit hv1 Bernhard Kruse, Rellingen, und eines für Hennen Peter Müllers, Korschenbroich. Weitere Hv-Tiere zeigten bei den Hähnen Peter Müllers, bei den Hennen Helmut Witt, Oelixdorf, und Rolf Schwannecke, Holzminden.

Bei der Jahreshauptversammlung am 1. November 1980 berichtete der Vorsitzende über die Besichtigung der Räumlichkeiten für eine Hauptsonderschau in Cappel. Die Versammlung entschied sich für eine Durchführung im Cappeler Bürgerhaus im Jahr 1981. Ausführlich wurde auch über die Preisrichtertagung in Braunschweig berichtet. Auch über die Tagung des Verbandes der Sondervereine in Wilhelmshaven, die vom Sonderverein der Züchter des Rhodeländerhuhnes ausgerichtet wurde, konnte Vorsitzender Möller nur Gutes berichten. Organisator vor Ort war Heinz Hanstein, der die Tagung mustergültig vorbereitete und durchführte. Bei der Verbandstagung in Wilhelmshaven wurde dem Verbandsvorsitzenden Hermann Spindler die Ehrenmitgliedschaft im Hauptverein der Rhodeländer verliehen.

2. Vorsitzender Hans-Dieter Müller, Geschäftsführer Ernst Jung und der Zuchtwart Süd, Hans-Dieter Mayer, wurden einstimmig wiedergewählt. Durch eine Satzungsänderung wurde die Zahl der Vorstandsmitglieder von sechs auf sieben erhöht. Damit wurde die Zugehörigkeit von Kurt Steinert zum Vorstand legalisiert.

Am 6. November 1980 starb der Vorsitzende des Bezirks Bayern, Konrad Löhner, Behringersdorf, im Alter von 64 Jahren inmitten seiner Tiere an Herzversagen. Löhner züchtete seit 1935 Rhodeländer und wurde 1956 zum Bezirksvorsitzenden gewählt.

Die 62. Nationale Rassegeflügelschau in Dortmund vom 12. bis 14. Dezember 1980 brachte für die Rhodeländerzüchter bei der Eröffnungsfeier eine freudige Überraschung. Der bewährte und oft eingesetzte Sonderrichter Fritz Schäfer, Lützellinden, wurde zum Ehrenmeister des BDRG ernannt. An seinem Ehrentag war er auch als Sonderrichter mit Horst Frese und Harald Körner, Puttgarden, eingesetzt. Dazu kam noch die Freude, daß er auf eine Voliere Rhodeländer sg E erhielt. In Dortmund standen 94 Hähne und 128 Hennen. Es waren zwar mehr Rhodeländer gemeldet, aber es blieben 22 Käfige leer. Die Höchstnote und das Siegerband holte sich bei den Hähnen Peter Müllers, Korschenbroich. Es folgte mit hv BLP Wilhelm Klein, Kreuztal. Bei den Hennen holte sich das Siegerband mit „hv" Eduard Weber, Wetzlar. Harald Körner, der als Sonderrichter seine Prüfung bei der Westdeutschen Junggeflügelschau 1980 ablegte, mußte kurzfristig in Dortmund einspringen, da der vorgesehene Preisrichter Josef Kuhr verhindert war.

Im Juli 1981 erschien eine weitere Ausgabe des Mitteilungsblattes, wobei sich Josef Verheyen Gedanken um das umfangreiche Werk machte. Früher habe man die Mitteilungsblätter sauber abheften und aufbewahren können, aber so starke Ausgaben ließen das nicht mehr zu. Damit wurde die Leistung von Kurt Steinert, der die Mitteilungsblätter kostenlos herstellte, nicht geschmälert, denn seiner Arbeit gebührte Hochachtung und viel Lob. Der Wunsch von Josef Verheyen und vieler Züchter war, den „Rhodeländerzüchter" wieder auf gutem Papier drucken zu lassen und wie dereinst mit netten Illustrationen zu versehen. Der Vorschlag kam beim Vorstand und insbesondere bei dem Schriftleiter sehr gut an.

Am 15. und 16. August 1981 trafen sich wieder die Vorstandsmitglieder und Sonderrichter zu gemeinsamen Gesprächen in Dutenhofen, Kreis Wetzlar. Für die Hauptsonderschau in Marburg-Cappel wurde beschlossen, daß die dort eingesetzten Preisrichter eine einmalige Pauschale von 100 DM erhalten. Horst Frese hielt einen Vortrag über den Zuchtstand, die Bewertung und Bewertungstechnik der Rhodeländer. Danach wurde am lebenden Tier praktische Bewertungsarbeit geleistet.

Das Ausstellungsjahr, in dem die Rhodeländer 80 Jahre in Deutschland weilten, begann mit der 17. Westdeutschen Junggeflügelschau in Münster. Dort standen nur 160 Rhodeländer, weil eine Woche später die 3. Hauptsonderschau in Marburg-Cappel stattfand. Mit einem Hv-Hahn holte sich in Münster Joachim Dietrich, Laasphe-Weide, das Ehrenband.

Glanzvolle Hauptsonderschau in Marburg-Cappel

In der altehrwürdigen Universitätsstadt Marburg fand am 24. und 25. Oktober 1981 im Bürgerhaus des Stadtteils Cappel die 3. Hauptsonderschau statt. 64 Aussteller zeigten 446 Rhodeländer in bester Qualität. Ausstellungsleiter Heinz Becker hatte mit seinen Freunden eine mustergültige Schau aufgebaut, bei der die Sonderrichter einmalige Arbeitsbedingungen vorfanden. Jedem Preisrichter waren nicht mehr als 60 Nummern zur Bewertung zugeteilt worden. Eingesetzt waren Heinz Möller, Kurt Steinert, Horst Frese, Fritz Schäfer, Harald Körner, Karl-Heinz Reuß und Josef Kuhr. In der Jugendgruppe standen 15 Rhodeländer und in der Preisrichterklasse 56. Mit „vorzüglich" bewertete Tiere, die von dem als Obmann eingesetzten Anton Müller, Marburg, „abgesegnet" wurden, zeigten Heinz Becker, Marburg-Cappel; Karl Hoffmeister, Butzbach; Richard Born, Viernheim; Siegfried Heuser, Kammerforst, und Heinz Möller, Bremerhaven. Mit „hervorragend" wurden die Tiere nachfolgender Züchter ausgezeichnet: Ernst Jung, Wetzlar-Naunheim; Heinz Becker, Marburg-Cappel; Heinz-Dieter Müller, Löhne; Karl Hoffmeister, Butzbach; Hans Fischer, Baiersdorf; Rolf Schwannecke, Holzminden; Wilhelm Kramer, Delmenhorst, und Harald Körner, Puttgarden. Die Tiere in der Preisrichterklasse wurden von Kurt Balb, Schwäbisch Hall, bewertet.

Über die festlichen Tage schrieb Horst Frese im Mitteilungsblatt seine Eindrücke nieder: „Offiziell wurde die Schau am Sonnabend um 10 Uhr mit einem Sektfrühstück im Bürgerhaus eröffnet. Ausstellungsleiter Heinz Becker hieß die aus allen Teilen der Bundesrepublik erschienenen Gäste herzlich willkommen. Anschließend hielt Heinz Möller ein Referat über die Entstehung, Einführung, den Werdegang und den Stand unserer Rasse unter gleichzeitigen Hinweisen auf den ideellen Wert der Rassegeflügelzucht, gerade in heutiger Zeit. Neben den vielen Gästen begrüßte er aus unseren Reihen besonders den ehemaligen 2. Vorsitzenden des Hauptvereins, Ehrenmitglied Karl Vennhaus, sowie Ehrenmeister Fritz Schäfer." Es sprachen dann noch der Bundestagsabgeordnete Friedrich

47 3. Hauptsonderschau in Marburg-Cappel 1981. Vordere Reihe: Anton Müller, Hans Löwer, Heinz Becker, Oberbürgermeister Dressler, MdB Boldt und Heinz Möller.

Bohl (CDU), der Marburger Oberbürgermeister Dr. Hanno Drechsler und LV-Vorsitzender Anton Müller.

Die 446 Rhodeländer präsentierten sich im einreihigen Käfigaufbau. Am Ausstellungssonntag hatte sich nicht nur der ehemalige Bundesjustizminister Gerd Jahn (SPD) eingefunden, sondern auch viele Preisrichter und Züchter aus dem hessischen Raum. Das allgemeine Urteil war, daß das in Cappel ausgestellte Material erstklassig war.

In dem Ausstellungskatalog wurden auch als Vorsitzende der Bezirke aufgeführt:

Baden:	Richard Born, Viernheim
Bayern:	Franz Friedl, Möhrendorf
Hannover-Braunschweig:	Rolf Schwannecke, Holzminden
Hessen:	Ernst Jung, Naunheim
Nord:	Horst Stüben, Kaltenkirchen
Nordwest:	Wilhelm Kramer, Delmenhorst
Südwest:	Adolf Ruoff, Metzingen-Neuhausen
West (Nordrhein):	Peter Müllers, Korschenbroich
Westfalen:	Josef Kuhr, Gütersloh

48 0,1 Rhodeländer, Hannover 1981. Züchter: Hans-Dieter Mayer, Oggersheim.

Der Hauptverein verfügte im Jahr 1981 über 18 Preisrichter, und zwar: Kurt Balb, Schwäbisch Hall; August Cuber, Bottrop; Walter Dröge, Hamburg; Horst Frese, Hamburg; Heinz Hanstein, Wilhelmshaven; Franz Heiler, Ubstadt-Weiher; Bernd Hillmann, Delmenhorst; Harald Körner, Puttgarden; Josef Kuhr, Gütersloh; Ernst Mattheis, Notzingen; Heinz Möller, Bremerhaven; Karl-Heinz Reuß, Preetz; Fritz Schäfer, Lützellinden; Kurt Steinert, Braunschweig; Willi Unger, Ostheim-Rhön; Willi Weiß, Reinsbronn; Heinrich Wessel, Bassum, und Josef Westendorf, Lohne.

Die etwas später durchgeführte 100. Junggeflügelschau in Hannover war vom 7. bis 8. November 1981 ein wohlgelungenes Fest der deutschen Rassegeflügelzüchter. Auch die Rhodeländerzüchter feierten kräftig mit. Von den nahezu 20 000 ausgestellten Tieren waren von den Rhodeländerzüchtern 97 Hähne und 147 Hennen gemeldet. Leider blieben wieder 18 Käfige leer. Das gut eingespielte

241

Preisrichterteam Heinz Möller, Horst Frese und Fritz Schäfer hatte keine allzuschwere Aufgabe zu lösen, denn die ausgestellten Tiere bestachen durch ihren Adel und mit formvollendeter Eleganz. Bei den Hähnen gab es einen Doppelerfolg mit v BB und hv BM für Konrad Stahl, Kirchhain. Bei den Hennen holte sich mit v BB Hans-Dieter Mayer, Oggersheim, die höchste Bewertung und Auszeichnung. Eduard Weber, Wetzlar-Dutenhofen, folgte mit einer Hv-BLP-Henne.

Bei der Jahreshauptversammlung am 7. November 1981 konnte Vorsitzender Heinz Möller über ein ereignisreiches Jahr berichten. Hauptthema war die wohlgelungene 3. Hauptsonderschau in Marburg-Cappel. Er konnte auch die erfreuliche Mitteilung machen, daß Harald Körner, Puttgarden; Franz Friedl, Möhrendorf, und Willi Weiß, Reinsbronn, als Sonderrichter bestätigt wurden. Im Jahr 1981 erschienen drei Mitteilungsblätter, von denen die Oktoberausgabe, auf Hochglanzpapier gedruckt, wieder in altgewohnter Weise erschien. Kurt Steinert konnte das Mitteilungsblatt im Abzugsverfahren nicht mehr herstellen. Er hatte aber eine günstige Druckerei ausfindig gemacht, die den Druckauftrag übernahm.

Die 63. Nationale Rassegeflügelschau in Köln vom 20. bis 22. November 1981 stand im Zeichen des 100jährigen Bestehens des BDRG. Die dort eingesetzten 189 Rhodeländer wurden von den Sonderrichtern Horst Frese und Kurt Steinert bewertet. Im Katalog waren bei den Rhodeländer-Hähnen nur die Bewertungen von sg Z an aufwärts abgedruckt. Die Bewertungen der Hähne unter sg Z waren nicht angegeben. Den Siegerhahn zeigte mit hv SB Karl Hoffmeister, Butzbach, gefolgt von einem Hv-BLP-Hahn von Joachim Dietrich, Lasphe-Weide. Bei den Hennen holten sich die höchsten Auszeichnungen mit hv SB Hans-Dieter Mayer, Oggersheim, mit hv BLP Heinz Möller, Bremerhaven, und mit hv SVE Hans Fischer, Baiersdorf.

„Rhodeländer und Zwerg-Rhodeländer" erscheint in 3. Auflage

Im Jahr 1982 erschien im Verlagshaus Reutlingen, Oertel & Spörer, eine Neuauflage der Broschüre „Rhodeländer und Zwerg-Rhodeländer", bearbeitet von Heinz Möller und Heinz Hanstein. Darin wird über die Aufgaben und Bedeutung der Rassegeflügelzucht im allgemeinen und die Rhodeländer als Lieblingsrasse im besonderen, über ihre Herkunft und Entstehung, Zucht und Leistung ausführlich informiert. Auch der internationale Standard vom 10. April 1956 ist in der Ausgabe enthalten.

Die alljährlichen Zusammenkünfte der Preisrichter mit dem SV-Vorstand sind schon zu einer festen Einrichtung geworden. So traf sich dieser Kreis auch wieder am 7. und 8. August 1982 in Ludwigshafen-Oggersheim bei Hans-Dieter Mayer, der die Tagung ausrichtete. Diese Zusammenkunft nahm Vorsitzender Heinz Möller zum Anlaß einer programmatischen Rede über die Rhodeländerzucht. Er unternahm wieder einmal den Versuch, für die Bewertung der Rhodeländer eine gemeinsame Linie zu finden. Dies war bei den 18 Sonderrichtern, die der Sonderverein derzeit zur Verfügung hatte, eine nicht leichte Aufgabe, zumal es kleine Abweichungen, die auf persönlichen Vorstellungen und Ansichten beruhen, immer geben wird. Möller gab das an die Preisrichter weiter, was ihm vor 25 Jahren bei seiner Ausbildung als Sonderrichter von Heinz Zumbruch und Paul Barthold ans Herz gelegt wurde: „Achte auf das Tier als Ganzes, verliere dich nicht in Kleinigkeiten, suche nicht nur Fehler, sondern stelle zunächst die Vorzüge heraus! Denke daran, daß ein großer Teil der Aussteller aus erfahrenen Züchtern besteht, die von unseren Rhodeländern etwas verstehen. Sei vorsichtig mit schnell gefällten Urteilen!"

Nach diesen Grundsätzen erläuterte Heinz Möller seinen Preisrichterkollegen die Arbeit des Sonderrichters und machte ihnen die große Verantwortung deutlich, die sie künftig für die Verbesserung der Zuchten zu tragen hätten. Grundsätzlich seien die Angaben in der Musterbeschreibung zu beachten, die für die Form, Farbe und Federstruktur darin gegeben sind. Die Forderungen nach edlen Formen und zarten Kopfpunkten müßten trotz prägnanter Backsteinform bestehen bleiben.

Anschließend fand eine Tierbesprechung im Garten der Brauerei „Mayer-Bräu" statt. Während sich die Anwärter mit den teils guten, teils mangelhaften Rhodeländern beschäftigten, zogen es einige der schon „reifen" Sonderrichter und Vorstandsmitglieder vor, das weitbekannte Mayer-Pils einer eingehenden Prüfung zu unterziehen.

Die Westdeutsche Junggeflügelschau vom 24. bis 26. September 1982 in Münster brachte 123 Rhodeländer und 2,5 Tiere in der Jugendabteilung in die Käfige. Die Bewertung teilten sich Horst Frese und Heinz Möller. Bei der Mehrzahl der Hähne war die Entwicklung noch nicht abgeschlossen, so daß höhere Noten als „sg" nicht vergeben werden konnten. Die Qualität der Tiere war gut, doch die Schwankungsbreite zwischen gut und mangelhaft war nicht so groß wie in den Vorjahren. Das Ehrenband holte sich mit einer Hv-Henne Franz Dorenkamp, Wallenhorst. Ernst-Dieter Lammers, Lohne, und Wilhelm Kramer, Delmenhorst, zeigten noch Hv-Hennen.

Die Hannoversche Junggeflügelschau am 30. und 31. Oktober 1982 war wieder mit 95 Rhodeländerhähnen und 142 Hennen sehr gut beschickt worden. Die Preisrichter Horst Frese, Fritz Schäfer und Kurt Steinert fanden bei ihrer Bewertungsarbeit hochfeine Tiere. Bei den Hähnen waren es mit hv1 BLP

Wilhelm Zellerhoff, Rheda-Wiedenbrück, mit hv2 LVP Hans-Dieter Mayer, Oggersheim, und mit hv3 SVE Josef Verheyen, Kevelaer, die Spitzentiere zeigten. Bei den Hennen sah es noch etwas besser aus. Hier holte sich mit hv1 BB Peter Müllers, Korschenbroich, die höchste Auszeichnung, gefolgt von Heinz Möller, Bremerhaven; Josef Westendorf, Lohne, und Karl Hoffmeister, Butzbach.

Bei der Hauptversammlung am 30. Oktober 1982 gab Vorsitzender Heinz Möller in seinem Jahresbericht Kenntnis von wichtigen Ereignissen, wobei er das Treffen in Oggersheim ebenso hervorhob wie die Herausgabe von drei Mitteilungsblättern. Die Arbeit in den Bezirken sei sehr aktiv und vorbildlich. Er berichtete auch von der Hauptversammlung des Verbandes der Sondervereine für Hühner, Groß- und Wassergeflügel am 14. August 1982 in Bad Eilsen. Dabei wurde des am 18. Februar 1982 verstorbenen Verbandsvorsitzenden Hermann Spindler gedacht, für den ein Nachfolger zu wählen war. Nach den Trauerfeierlichkeiten hatte sich der Verbandsvorstand unter dem Vorsitz von Dr. Josef Dill, Mainz, in Bremervörde zusammengesetzt, um die Verbandsführung bis zur nächsten Hauptversammlung zu sichern. Der Vorsitzende des Sondervereins der Züchter des Rhodeländerhuhnes, Heinz Möller, wurde gebeten, diese Aufgaben zu übernehmen, was er auch annahm. Bei den nunmehr anstehenden Wahlen wurde Heinz Möller, Bremerhaven, als neuer Verbandsvorsitzender vorgeschlagen und einstimmig gewählt.

Im weiteren Verlauf der Hauptversammlung berichteten die in Hannover eingesetzten Sonderrichter über ihre Bewertungen. Anschließend übergab Kurt Steinert den von ihm gestifteten Leistungspreis, ein Rhodeländer-Relief, an den Erringer Hans-Dieter Mayer, Oggersheim. Der Turnus, die Hauptsonderschau alle fünf Jahre durchzuführen, wurde auf drei Jahre verkürzt.

Für die 64. Nationale Rassegeflügelschau vom 10. bis 12. Dezember 1982 in der Dortmunder Westfalenhalle waren von den Rhodeländerzüchtern 104 Hähne und 103 Hennen gemeldet worden. Dazu kamen noch 3,4 Rhodeländer in der Jugendabteilung. Als Sonderrichter waren verpflichtet und eingesetzt Heinz Möller, Kurt Steinert und Heinz Hanstein. Mit einem hochfeinen Hahn, bei dem es nichts zu beanstanden gab, holte sich Georg Fiekers, Rheine, die Note „vorzüglich" und das Siegerband. Den nächstbesten Hahn mit hv2 LVE zeigte Wilhelm Opfermann, Iserlohn. Bei den Hennen gab es viermal die Note „hervorragend" für Kay Poggensee, Kremperheide; Konrad Stahl, Kirchhain; Fritz Schäfer, Lützellinden, und Wilhelm Kramer, Delmenhorst.

Heinz Möller wird zum Ehrenmeister ernannt

Anläßlich der 146. Bundesversammlung in Schmallenberg am 28. Mai 1983 wurde der Vorsitzende des Sondervereins, Heinz Möller, Bremerhaven, zum Ehrenmeister des BDRG ernannt.

Mit dieser neuen hohen Auszeichnung versehen, leitete Heinz Möller am 6. und 7. August 1983 die Sonderrichtertagung in der Lehr- und Versuchsanstalt Futterkamp in Ost-Holstein. Die Ehepaare Stüben und Löhndorf hatten sich die größte Mühe gegeben, allen Teilnehmern den Aufenthalt so angenehm wie nur möglich zu machen. Hans-Dieter Mayer, Zuchtwart Süd, hielt einen Fachvortrag, der eine lebhafte Diskussion auslöste. Über die Hauptforderungen der im internationalen Standard festgelegten Musterbeschreibung herrschte Einmütigkeit. Bei einigen Feinheiten stieß Mayer aber auf gewisse Schwierigkeiten. So wünschte er von den Preisrichtern, sie möchten in puncto Augenfarbe künftig etwas großzügiger sein. Hier gab es entscheidenden Widerspruch, insbesondere durch die Sonderrichter Dröge und Frese. Sie stellten klar und unmißverständlich heraus, daß das rote oder rotbraune Auge eine unabdingbare Forderung bleiben müsse. In der Musterbeschreibung ist dies unmißverständlich festgehalten: „Augen: groß, etwas hervortretend, mit feurigem Ausdruck; rot." Es wurde auch die Forderung nach mehr Einheitlichkeit in der Größe und im Typ gefordert. Auch über die Kämme wurde lebhaft diskutiert. Zur Sprache kam dann auch, daß es Züchter und Berichterstatter gibt, die mit „sg E" nicht mehr zufrieden sind. Es müsse dabei bleiben, daß die beiden Höchstnoten nur nach peinlicher Überprüfung und nur in Ausnahmefällen zu vergeben sind.

Heinz Möller gab noch bekannt, daß die Musterbeschreibung der Rhodeländer derzeit überarbeitet wird. Dies müsse auch bei den Zwergen erfolgen, denn beide Musterbeschreibungen müßten in den wesentlichen Grundzügen übereinstimmen. Bedauerlich bleibt hier, daß im Jahr 1984 ein neuer Standard für Rassegeflügel herausgegeben wurde, der im Druck nahezu fertig war und in dem Änderungswünsche nicht mehr aufgenommen werden konnten. Die Preisrichterschulung wurde mit einer Tierbesprechung abgeschlossen. Der gesellige Teil umfaßte am Sonnabend eine Dampferfahrt auf der Ostsee.

Die Westdeutsche Junggeflügelschau in Münster vom 14. bis 16. Oktober 1983 wurde wiederum nicht gut beschickt. Von den Rhodeländern wurden nur 59 Hähne und 92 Hennen gezeigt. Das war für die Sonderrichter Heinz Möller und Josef Kuhr keine Auslastung. Bei den Hähnen wurde nur ein Tier herausgestellt und mit hv BM ausgezeichnet. Es gehörte Franz Dorenkamp, Wallenhorst. Bei den Hennen gab es gleich zwei mit der Höchstnote, eine von Ehrenfried Ruf, Essen, mit Ehrenband und eine von Wilhelm Zellerhoff, Rheda-Wiedenbrück, mit Minister-Ehrenpreis, einem Zinnbecher, ausgezeichnet.

Hannover, die Perle unter den Großschauen, war bei der Deutschen Junggeflügelschau am 29. und 30. Oktober 1983 mit 236 Rhodeländern beschickt worden. Dazu kamen noch zwei Volieren, vier Zuchtstämme und 1,3 in der Jugendabteilung. Mit der Tierqualität war trotz des hohen Standgeldes SV-Vorsitzender Heinz Möller nicht ganz zufrieden, obwohl er und seine Preisrichterkollegen Horst Frese und Kurt Steinert bei sieben Tieren die hohe Note „hervorragend" vergeben konnten. Hv BB errang mit einem Hahn Horst Stüben, Kaltenkirchen, der auch mit zwei Hennen diese hohe Note erreichte. Einen weiteren Hv-BLP-Hahn stellte Franz Dorenkamp, Wallerhorst. Bei den Hennen erhielten diese hohe Note noch Wilhelm Zellerhoff, Rheda-Wiedenbrück; Siegfried Heuser, Kammerforst, und Ernst Jung, Naunheim.

Bei der Hauptversammlung am 29. Oktober 1983 konnte Vorsitzender Heinz Möller den Senior des Sondervereins, Karl Vennhaus, mit seinem Gast Ewald Schulz aus Thüringen begrüßen. In seinem Jahresbericht nannte der Vorsitzende erstmals die Mitgliederzahl. Danach hatte der Hauptverein in seinen neun Bezirken 267 Mitglieder. Da es aber weitaus mehr Rhodeländerzüchter gibt, die dem Sonderverein noch nicht angehören, wurde um eine verstärkte Werbung gebeten. Die Preisrichter berichteten über ihre Bewertungsarbeiten. Franz Dorenkamp errang den von Kurt Steinert gestifteten Leistungspreis.

Zum Abschluß der Ausstellungssaison trafen sich die Rhodeländerzüchter bei der 65. Nationalen Rassegeflügelschau vom 2. bis 4. Dezember 1983 in Frankfurt am Main. Dort standen von ihrer Rasse 81 Hähne und 109 Hennen. Dazu kam noch eine Voliere. Mit der Bewertung waren die beiden Sonderrichter Horst Frese und Franz Friedl gerade ausgelastet. Die höchsten Bewertungsnoten bei den Hähnen errangen Tiere von Engelbert Schweitzer, Ensheim, und Hans-Dieter Mayer, Oggersheim. Bei den Hennen holte sich das Siegerband mit „v" SV-Vorsitzender Heinz Möller, Bremerhaven. Vier weitere Hv-Hennen zeigten Ernst Jung, Wetzlar-Naunheim; Heinz Becker, Marburg-Cappel; Eduard Weber, Wetzlar-Dutenhofen, und Hans Fischer, Baiersdorf.

Im Jahr 1984 wurde im Verlag Jürgens KG, Germering, der Deutsche Rassegeflügel-Standard für Großgeflügel, Gänse, Enten, Hühner und Zwerghühner neu aufgelegt. Für die Rhodeländer zeichnete ein neues Musterbild Max Holdenried, Renningen 2.

Am 14. Juli 1984 starb der Sonderrichter Josef Westendorf, Lohne in Oldenburg, Ehrenmeister des BDRG, im Alter von 74 Jahren. Nahezu 50 Jahre züchtete er mit außergewöhnlichem Erfolg Rhodeländer und gehörte ebensolange dem Sonderverein an. Der zuchterfahrene Sonderrichter war ein treuer Kamerad und stets hilfsbereiter Freund der SV-Mitglieder. 1979 wurde er Ehrenmeister und 1981 Ehrenmitglied des Sondervereins.

Die Vorstandsmitglieder trafen sich mit den Preisrichtern am 4. und 5. August 1984 in Wetzlar-Naunheim. Von den insgesamt 18 Preisrichtern nahmen zehn an der Schulung teil. Außerdem waren noch 7 Bezirke durch ihre Vorsitzenden vertreten. Ein Lichtbildervortrag über die Entwicklung der Rhodeländer in den letzten 50 Jahren führte den Teilnehmern der Tagung die enormen Fortschritte vor, die ihre Rasse in dieser Zeitspanne gemacht hat.

Bei der Westdeutschen Junggeflügelschau gingen die Meldezahlen leicht zurück. Bei der 20. Ausstellung vom 19. bis 21. Oktober 1984 wurden 44 Rhodeländerhähne und 71 Hennen gezeigt. Die Bewertungsarbeit teilten sich Heinz Möller und Josef Kuhr auf. Bei den Hähnen holte sich mit „hv" Walter Schürkamp, Ibbenbüren, das Ehrenband. Ernst-Dieter Lammers, Bramsche, zeigte eine V-Henne und Josef Verheyen, Kevelaer, eine Hv-Henne, die beide mit einem Minister-Ehrenpreis bedacht wurden. SV-Vorsitzender Heinz Möller bezeichnete die Qualität der gezeigten Tiere als über dem Durchschnitt liegend. Besonders auffallend war die meist vorherrschende rote Augenfarbe.

Auch Hannover war, gemessen an früheren Jahren, sehr schwach beschickt worden. Der Grund hierfür war die zwei Wochen später durchgeführte Hauptsonderschau. Bei der Deutschen Junggeflügelschau am 27. und 28. Oktober 1984 zeigten die Rhodeländerzüchter 2 Volieren, 67 Hähne und 112 Hennen, die von Heinz Möller und Horst Frese bewertet wurden. Ernst-Dieter Lammers, Bramsche, und Willi Scher, Burgdorf, zeigten Hv-Hähne. Bei den Hennen holte sich mit „vorzüglich" Willi Scher das Blaue Band; Fritz Schäfer, Lützellinden, und Erwin Stein, Achtum-Lippen, zeigten Hv-Hennen. Wenn man in Hannover auch keinen V-Hahn sah, so standen doch dort zwei Hähne in typischer Rhodeländerform, die von den Sonderrichtern herausgestellt wurden. Die Hennen waren im Durchschnitt etwas besser als die Hähne.

Die vierte Hauptsonderschau in Wetzlar-Naunheim

Das alles überragende Ereignis des Jahres 1984 war für die Rhodeländerzüchter die 4. Hauptsonderschau am 10. und 11. November in der Kulturhalle von Naunheim. Horst Frese berichtete hierüber, daß diese beiden Tage im größten Stadtteil der ehemaligen freien Reichsstadt Wetzlar, wo einst auch Johann Wolfgang von Goethe wirkte, für alle Teilnehmer zu einem unvergeßlichen Erlebnis wurden. Unter der vorbildlichen Regie von Ernst Jung hatten die hessischen Züchterfreunde eine Ausstellung veranstaltet, die nur schwer zu übertreffen sein wird. Neun Preisrichter hatten 492 Rhodeländer zu bewerten; und zwar in der allgemeinen Klasse 156 Hähne und 255 Hennen, in der Jugendgruppe 4 Hähne und 12 Hennen und in der Preisrichterklasse 21 Hähne und 44 Hennen. Als Preisrichter waren tätig Heinz Möller, Bremerhaven; Ernst-Dieter Lammers, Bramsche; Franz Friedl, Möhrendorf; Horst Frese, Hamburg 80; Fritz Schäfer, Lützellinden; Karl-H. Reuß, Preetz; Harald Körner, Puttgarden; Josef Kuhr, Gütersloh, und Kurt Steinert, Braunschweig. Als Obmann war LV-Vorsitzender Anton Müller, Marburg, eingesetzt. Die Höchstnote wurde auf einen Hahn von H. Raulf, Mettmann, und eine Henne von Karl Hoffmeister, Butzbach, vergeben. Auf beide Tiere wurde auch das Ehrenband vergeben. Die Note „hervorragend" errangen Horst Stüben, Kaltenkirchen; Walter Schürkamp, Ibbenbüren; Peter Müllers, Korschenbroich; Hans-Dieter Mayer, Oggersheim; Ernst-Dieter Lammers, Bramsche, und Heinz Möller, Bremerhaven, bei den Hähnen. Bei den Hennen waren es Hans-Dieter Mayer, Horst Stüben, Ernst Jung, Naunheim; Hans Becker, Marburg-Cappel; Helmut Hofsümmer, Bergisch-Gladbach; J. Decher, Stadtallendorf; H. Hetche, Ziegenhain; H. Raulf, Mettmann; Fritz Schäfer, Lützellinden; Horst Frese, Hamburg, und Franz Friedl, Möhrendorf.

Die 66. Nationale Rassegeflügelschau vom 30. November bis 2. Dezember 1984 im Messezentrum in Nürnberg war mit 30 299 Ausstellungs-Nummern, das waren etwa 31 000 Tiere, die bisher größte Rassegeflügelschau in Deutschland und in ganz Europa seit Bestehen des BDRG. Die Rhodeländerzüchter waren auch hier wieder mit 49 Hähnen und 80 Hennen sehr schwach vertreten. Bei diesem dürftigen Meldeergebnis blieben noch 11 Käfige leer. Die Tiere in Nürnberg waren aber von bester Qualität. Die Sonderrichter Heinz Möller und Franz Friedl hatten ihre liebe Mühe, die vielen hochfeinen Hennen richtig einzuordnen. Den besten Hahn zeigte Hans-Dieter Mayer, Oggersheim, mit hv VPR bewertet. Bei den Hennen siegte mit v Siegerband Georg Dittrich, Bubenreuth. Die Hv-Noten entfielen auf Tiere der Züchter Hans-Dieter Mayer, Oggersheim; Fritz Sickinger, Hamburg; Rudolf Stein, Rodgau 3, und Georg Dittrich.

Neufassung des Rhodeländer-Standards

Anläßlich der Bundesversammlung in Biberach an der Riß vom 9. bis 11. Mai 1985 wurde die von der Jahreshauptversammlung in Hannover am 27. Oktober 1984 beschlossene Neufassung der Musterbeschreibung für Rhodeländer vom Zucht- und Anerkennungsausschuß des BDRG mit geringfügigen Änderungen genehmigt. Die Musterbeschreibung hat nunmehr folgenden Wortlaut:

Standard-Neufassung Rhodeländer

Herkunft: USA, Staat Rhode Island. Um das Jahr 1860 aus Kreuzungen zwischen roten malaiischen Kämpfern und anderen Rassen asiatischen Ursprungs entstanden. 1904 wurden die Einfachkämmigen, 1905 die Rosenkämmigen in den amerikanischen Standard aufgenommen. 1901 in Deutschland eingeführt.

Bedeutung: Klimaharte, auf Leistung und Schönheit gezüchtete, weitverbreitete Rasse mit mehrjähriger hoher Legeleistung und guter Fleischbildung.

Gesamteindruck: Mittelschweres Huhn mit Rechteckform bei waagerechter Rückenlinie sowie einfachem Stehkamm oder Rosenkamm und orangegelben Läufen. Die Gefiederfarbe ist ein gleichmäßiges, dauerhaftes, sattes Dunkelrot mit reichem Glanz.

Rassemerkmale:
HAHN:
Rumpf: breit und lang, ein abgerundetes Rechteck bildend (sog. Backsteinform), Haltung waagerecht; Stand mittelhoch, breite Beinstellung.

Hals: mittellang mit nicht zu dichtem, glatt anliegendem Behang.

Rücken: lang, gerade, waagerecht, breit in den Schultern.

Sattel: breit mit mittellangen Behangfedern.

Brust: voll, breit, tief, gut gerundet.

Bauch: breit, voll, jedoch nicht hervortretend.

Flügel: mittellang, breit, gut geschlossen und horizontal getragen.

Schwanz: von mittlerer Länge, sichtbar angehoben getragen, mit mittellangen, die breiten Steuerfedern nur leicht überragenden Haupt- und zahlreichen, gut geschlossenen Nebensicheln.

Kopf: mittelgroß, länglich, eher flach.

Gesicht: glatt, feines Gewebe.

Stehkamm: mittelgroß, fest aufgesetzt, mit möglichst fünf gleichmäßigen Zacken, sehr fein im Gewebe, dem Nacken folgend, ohne aufzuliegen.

Rosenkamm: breit, fest aufgesetzt, oval, ohne Furche, mit mittlerer Perlung, in kleinem, kurzem Dorn endend.

Kehllappen: mittelgroß, möglichst glatt.

Ohrlappen: mittelgroß, mandelförmig, glatt, rot.

Schnabel: mittellang, leicht gebogen, kräftig, bräunlich hornfarbig.

Augen: groß, etwas hervortretend, mit feurigem Ausdruck, rot bis orangerot.

Schenkel: kräftig, mittellang, gut sichtbar.

Läufe: orangegelb, rotbraune Schuppen und rote Seitenstreifen erlaubt; mittellang, kräftig, rund, glatt; Zehen gut abgespreizt.

Gefieder: glatt, fest anliegend.
HENNE: In der Körperform dem Hahn bis auf die durch das Geschlecht bedingten Unterschiede gleichend.

Farbe: HAHN: Gleichmäßiges, dauerhaftes, sattes Dunkelrot mit reichem Glanz. Keine hellen Schaftstriche. Federkiele bis zur Haut kräftig rötlich-hornfarbig. Flügeldecken ohne Schwarz oder Blaulack. Hand-

249

schwingen gleichmäßig dunkelrot, Schwarz in der Außenfahne und in den Deckfedern der Handschwingen gestattet. Armschwingen Außenfahne dunkelrot, Innenfahne teilweise schwarz. Steuer- und Sichelfedern schwarz mit grünem Glanz; Schwanzdeckfedern grünschwarz, gegen den Sattel hin rot. Untergefieder an allen Körperteilen möglichst intensiv rot. HENNE: Gleichmäßige, dunkelrote, lackreiche Farbe. Schwingen, Flügeldecken und Schwanz wie beim Hahn.

Grobe Fehler:	Kurze, dreieckige Form, stark ansteigender oder abfallender Rücken, ausgesprochen hohe oder zu tiefe Stellung, zu grober oder zu langer Kopf, helle Augenfarbe, Weiß in den Ohrlappen, hellrotes, fleckiges, schilfiges oder mit Schwarz durchsetztes Obergefieder, Schwarz oder Blaulack auf den Flügeldecken, schwarze Schaftstriche im Halsbehang, starker Pfeffer in der Innenfahne der Handschwingen, Weiß oder Ruß im Untergefieder, Weiß in den Schwingen, überwiegend rote Schwanzpartie.
Gewicht:	Hahn 3–4 kg, Henne 2,4–3 kg.
Bruteier-Mindestgewicht:	58 g.
Schalenfarbe der Eier:	Braun bis dunkelbraun.
Ringgröße:	Hahn II, Henne III.

SV-Vorsitzender Heinz Möller hatte am 17. und 18. August 1985 bei der gemeinsamen Tagung des Vorstandes mit den Sonderrichtern im Haus Düsse der Lehr- und Versuchsanstalt der Landwirtschaftskammer Westfalen in Bad Sassendorf-Ostinghausen eine gute Gelegenheit, auf die Änderungen in der Musterbeschreibung hinzuweisen.

In den SV-Mitteilungen Nr. 39/1985 erläuterte Heinz Möller die Neufassung der Musterbeschreibung für die Rhodeländerzüchter: „Um es vorweg zu nehmen: Die Änderungen gegenüber dem Standard von 1974 sind zwar nicht bedeutungslos, aber minimal. Es braucht niemand seine Zucht umzustellen. Ich will aber an dieser Stelle einige Änderungen erwähnen, die von allgemeinem Interesse sind.

Unserem Vorschlag, den gewünschten Schwanzwinkel mit einer Bezeichnung von 20 bis 30 Grad deutlich zu machen, hat der BZA nicht entsprochen. Im bisherigen Standard heißt es beim Hahn: ‚gut breit und etwas angehoben getragen‘. Das war uns zu wenig, weil wir insbesondere bei den Hennen Schwierigkeiten mit einer glatten Rückenlinie und einem deutlichen Schwanzwinkel haben. Die im BZA vereinbarte Neufassung lautet nunmehr: ‚sichtbar angehoben getragen‘. Das ist gegenüber der bisherigen Fassung eine etwas konkretere Beschreibung, wenn diese auch im Vergleich zu unserem Vorschlag nicht voll befriedigt.

250

Bei der Beschreibung des Schwanzes hieß es im alten Standard ferner: ‚mit mittellangen, die breiten Steuerfedern nur leicht überragenden Haupt- und zahlreichen Nebensicheln'. Die neue Fassung: ‚mit mittellangen, die breiten Steuerfedern nur leicht überragenden Haupt- und zahlreichen, gut geschlossenen Nebensicheln'. Mit dieser Änderung wird also besonders die Federstruktur angesprochen. Wir wollen keine haarigen Nebensicheln, wie wir sie leider immer noch, wenn auch weniger als früher, vorfinden, sondern eine geschlossene Federstruktur, die sich besonders in den Schwanzsicheln, aber auch an den Armschwingen zeigt.

Beim Stehkamm hieß die bisherige Fassung: ‚mit fünf möglichst gleichmäßigen Zacken'. Hier war also genau betrachtet die Zahl 5 festgeschrieben, obwohl wir ja auch Hähne mit vier oder sechs Zacken hoch prämieren, wenn der Kamm sonst in Ordnung ist. Die neue Fassung lautet: ‚mit möglichst fünf gleichmäßigen Zacken'. Bezüglich der Zahl der Kammzacken ist also im neuen Standard eine größere Bandbreite gegeben.

Die Augenfarbe war in dem bisherigen Standard ‚rot' gefordert. In der neuen Fassung ist sie mit ‚rot bis orangerot' beschrieben. Ein sehr großer Teil der Rhodeländer hat orangerote Augenfarbe. Intensiv rote Augen, wie wir sie auch als rubinrot bezeichnen, sind zwar auch vorhanden, aber leider nicht Allgemeingut unserer Rhodeländer. Die neue Beschreibung der Augenfarbe ist also dem Zuchtstand angeglichen worden, denn wir prämieren ja Rhodeländer mit orangeroten Augen fast gleichwertig.

Bei der Fassung des Hahnes hieß es im bisherigen Standard: ‚gleichmäßiges, dauerhaftes, sattes Dunkelrot (nicht Schokoladebraun) mit reichem Glanz'. Den Zusatz ‚nicht Schokoladebraun' haben wir gestrichen; er ist zu vage, denn es gibt verschiedene Schokoladenfarben (Vollmilch = hellbraun, Bitter = fast schwarz). Bei den Flügeldecken ist ‚ohne Schwarz' der Zusatz ‚oder Blaulack' eingefügt worden.

Die Farbbeschreibung der Schwingen lautete bisher: ‚Handschwingen dunkelrot. Außenfahne und Deckfedern teilweise schwarz und rot gerändert'. Die neue Fassung: ‚Handschwingen gleichmäßig dunkelrot, Schwarz in der Außenfahne und in den Deckfedern der Handschwingen gestattet'. Die Änderung beruht auf der züchterisch gefestigten Erkenntnis, daß wir Schwarz in der Außenfahne der Handschwingen zumindest nicht als Sättigungsfaktor für die Farbe unserer Rhodeländer benötigen, wie dies in früheren Jahren propagiert wurde. Reinrote Schwingen und Schwingen mit schwarzem Längsstrich in der Außenfahne sind also vom Preisrichter als gleichwertig einzustufen.

Beim Untergefieder hieß es bisher: ‚an allen Körperteilen lebhaft rot, möglichst mit der Oberfarbe übereinstimmend'. Lebhaft rot wollen wir das Untergefieder zwar haben, aber eine Übereinstimmung mit der Oberfarbe ist trotz allem züchterischen Können genetisch nicht erreichbar. Die neue Fassung: ‚Untergefieder an allen Körperteilen möglichst intensiv rot'. Unter ‚grobe Fehler', die ein ‚b' bedingen, war der Begriff ‚Pfeffer' bisher nicht aufgeführt, obwohl wir Rhodeländer, die starken Pfeffer zeigten, mit der Note ‚b' klassifizierten. Im neuen Standard ist ‚starker Pfeffer in der Innenfahne der Handschwingen' als grober Fehler aufgeführt, der also die Note ‚b' vorschreibt. Sind hingegen nur wenige Pfefferspritzer, meistens in den letzten drei kleineren Handschwingen vorhanden, hat der Preisrichter die Möglichkeit, sie als ‚leichten Fehler' zu beanstanden, also die Note ‚g' zu geben, oder auch ‚sg', wenn der Pfeffer fast unbedeutend ist und das Tier in allen anderen Rassemerkmalen dem Standard entspricht.

Unter ‚grobe Fehler' ist auch ‚Schwarz oder Blaulack auf den Flügeldecken' aufgenommen worden, ein Fehler, der sich besonders hartnäckig vererbt. Auch ‚überwiegend rote Schwanzpartie' ist vom BZA als grober Fehler hinzugesetzt worden."

Bei der 21. Westdeutschen Junggeflügelschau vom 11. bis 13. Oktober 1985 in Münster standen 147 Rhodeländer, die von den Sonderrichtern Heinz Möller und Ernst Jung bewertet wurden. Die Qualität der Rhodeländer war nach der Meinung des SV-Vorsitzenden Heinz Möller zufriedenstellend, wenn auch einige noch nicht ausgereifte Tiere ausgestellt waren.

Die Deutsche Junggeflügelschau in Hannover am 9. und 10. November 1985 war wieder gut beschickt worden. Die Rhodeländer füllten eine Voliere, die Käfige mit zwei Zuchtstämmen, in der allgemeinen Klasse standen 97 Hähne und 126 Hennen und die Jugend war mit 1,2 Rhodeländern auch dabei. Als Sonderrichter waren Franz Friedl, Horst Frese und Ernst-Dieter Lammers eingesetzt. Kurt Stümpel, Ilsede, zeigte einen Hv-Hahn, dem das Blaue Band zugesprochen wurde. Weitere Hv-Hähne zeigten Peter Müllers, Korschenbroich, und Heinz Möller, Bremerhaven. Bei den Hennen gab es viermal die Note „hervorragend" für Tiere der Züchter Horst Stüben, Kaltenkirchen; Georg Fiekers, Rheine; Heinz Möller, Bremerhaven, und Bernd Rüdiger, Rüsselsheim, dem auch die Bundesmedaille zugesprochen wurde.

Bei der Jahreshauptversammlung am 9. 11. 1985 in Hannover stellte der Schriftleiter des SV-Mitteilungsblattes „Der Rhodeländerzüchter", Sonderrichter Horst Frese, Hamburg, seinen Posten zur Verfügung. In erster Linie tat er dies aus beruflichen Gründen und mit Rücksicht auf seine angeschlagene Gesundheit. Er machte aber auch kein Hehl daraus, daß er zutiefst enttäuscht war über das mangelnde Interesse an einer intensiven Mitarbeit durch Lieferung von Fachbeiträgen. Horst Frese hat in den vergangenen Jahren 40 Ausgaben des Mitteilungsblattes zustande gebracht. Dabei stammten viele Beiträge aus seiner Feder. Da ein Nachfolger in der Versammlung nicht sofort zu finden war, erklärte sich Frese bereit, die Herausgabe des nachfolgenden Mitteilungsblattes im Februar 1986 noch zu übernehmen. Vorsitzender Heinz Möller dankte dem

49 0,1 Rhodeländer, Dortmund 1985. Züchter: Hans-Georg Gäbel, Netphen.

langjährigen Schriftleiter für seine vorbildliche Arbeit, die nicht nur auf das Mitteilungsblatt und als Sonderrichter beschränkt blieb, sondern auch viele gute Fachbeiträge in den Fachzeitschriften umfaßte. Nachfolger des Zuchtwartes Nord, Josef Kuhr, wurde Ernst-Dieter Lammers, Bramsche.

Die 67. Nationale Rassegeflügelschau in Dortmund vom 6. bis 8. Dezember 1985 brachte zwar etwa 10 000 Tiere weniger in die Westfalenhalle als ihre Vorgängerin in das Nürnberger Messezentrum, aber die 20 000 Tiere boten einen guten Überblick über den Stand der deutschen Rassegeflügelzucht. Die Rhodeländer waren in Dortmund mit 89 Hähnen und 116 Hennen vertreten. Dazu kamen noch 6,8 Rhodeländer in der Jugendgruppe. Die Sonderrichter Heinz Möller, Josef Kuhr und Ernst Jung vergaben die höchsten Preise gemeinsam. Bei den Hähnen stellte Engelbert Schweitzer, Ensheim, mit v Siegerband das beste Tier. Bei den Hennen war es mit v BLP Georg Fiekers, Rheine. Tiere mit der Note „hervorragend" zeigten Wilhelm Kramer, Delmenhorst; Hans Dieter Mayer, Oggersheim; Franz Dorenkamp, Wallenhorst; Ernst-Dieter Lammers, Bramsche; Berndt Rüdiger, Rüsselsheim, und Heinz Becker, Marburg-Cappel.

253

Die Sommertagung im Haus Düsse

Laut Beschluß von Hannover 1985 fand die Jahreshauptversammlung im Rahmen eines Züchtertreffens der Rhodeländerfamilie vom 6. bis 8. Juni 1986 in der Lehr- und Versuchsanstalt für Tier- und Pflanzenkunde „Haus Düsse" in Bad Sassendorf-Ostinghausen statt. Diese erste Sommertagung wurde von den SV-Mitgliedern und ihren Familienangehörigen sehr gut besucht. Unterkunft und Verpflegung erfolgten im Haus Düsse zu einem äußerst günstigen Preis. Die Tagung wurde von Josef Kuhr, Gütersloh, und seinen westfälischen Freunden ausgezeichnet vorbereitet.

Die Lehr- und Versuchsanstalt bot dem Sonderverein erstmals ausreichenden Raum für die Durchführung der Jahreshauptversammlung ohne zeitliche Begrenzung. Alle anstehenden Probleme konnten durchgesprochen werden, was sonst in Hannover nicht immer möglich war. Bei den anstehenden Wahlen wurden Hans-Dieter Müller, Löhne, als zweiter Vorsitzender, Ernst Jung, Wetzlar, als Geschäftsführer und Hans-Dieter Mayer, Oggersheim, als Zuchtwart Süd in ihren Ämtern einstimmig bestätigt. Zwei Vorstandsmitglieder waren ausgeschieden, und zwar Horst Frese, Hamburg, sowie Kurt Steinert, Braunschweig. Hierfür wurden Eduard Weber, Wetzlar, als Schriftleiter und Horst Stüben, Kaltenkirchen, als Beisitzer in den Vorstand gewählt.

Bei der Mitgliederversammlung wurde auch eine Änderung der Satzung beschlossen. Das Geschäftsjahr des Sondervereins wurde vom 1. April bis 31. März festgelegt. Der Grund für die Verlegung des Geschäftsjahrs, das seither mit dem Kalenderjahr gleichlag, war die Einführung der Sommertagungen in der Jahresmitte, wobei künftig auch die Jahreshauptversammlungen durchgeführt werden.

Bei der züchterischen Aussprache im Haus Düsse gab es eine rege Aussprache über die rosenkämmigen Rhodeländer, die bisher etwas im Hintergrund ihr Dasein fristeten, jedoch in letzter Zeit wieder bei den Ausstellungen mit beachtlicher Form und durchweg guten Kämmen gezeigt wurden.

Obwohl die Sommertagung im Haus Düsse hinreichend Gelegenheit zur gemeinsamen Aussprache bot, fand am 2. und 3. August 1986 in Bubenreuth das jährliche Treffen von Vorstandsmitgliedern und Sonderrichtern statt. Die Durchführung dieser Tagung hatte Franz Friedl bestens vorbereitet. Bei der Tierbesprechung ging es vorrangig um die korrekte Zehenstellung. Diesbezügliche Schwierigkeiten, insbesondere mit dem Entenfuß, ergaben sich in den letzten Jahren bei den Ausstellungen. Tiere mit schlechter Zehenstellung, die aber nicht entenfüßig ist, zeigen einen Mangel, so daß die Note „sg" nicht mehr erteilt werden kann. Beim Entenfuß handelt es sich um ein fehlerhaftes Anlegen der Hinterzehe an die Zehenwurzel, das als grober Fehler geahndet wird. Bei der

50   1,0 Rhodeländer, Münster 1986. Züchter: Josef Verheyen, Kevelaer.

Tagung wurden auch Kammfragen erörtert und erläutert, was unter Pfeffer zu verstehen ist.
Die Westdeutsche Junggeflügelschau in Münster vom 17. bis 19. Oktober 1986 brachte 151 Rhodeländer in die Käfige. Dieser Termin lag besonders günstig und brachte daher auch eine gute Beschickung mit Rhodeländern. Als Sonderrichter waren Heinz Möller und Ernst Jung tätig. Die Hähne waren ausgeglichener als in den Vorjahren. Einen prachtvollen und gut entwickelten Hahn zeigte Josef Verheyen, Kevelaer, der mit der Höchstnote und dem Ehrenband ausgezeichnet wurde. Dieser Hahn zeigte immer die richtige Haltung und hatte alle Vorzüge in

Form, Farbe, Federstruktur und bildschöne Kopfpunkte. Dieser Musterhahn wurde von dem Tierfotografen Wolters fotografiert und in der „Geflügel-Börse" Nr. 24/1986 abgebildet. Diese vorzügliche Farbaufnahme verdient es, in dieser Chronik festgehalten zu werden.

Die Deutsche Junggeflügelschau in Hannover war auf den 1. und 2. November 1986 zurückverlegt worden. Es war wieder einmal eine mustergültig und liebevoll aufgebaute Ausstellung mit fast 20 000 Tieren. Die Rhodeländer waren leider nur mit 85 Hähnen und 110 Hennen vertreten. Zur besonderen Freude der Besucher wurde erstmals eine Voliere mit rosenkämmigen Rhodeländern von Franz Friedl, Möhrendorf, gezeigt, die mit sg E bewertet wurden. Als Sonderrichter waren Franz Friedl, Ernst Jung und Eduard Weber eingesetzt. Bei den Hähnen gab es drei Hv-Tiere, und zwar der Reihenfolge nach von Hans-Dieter Mayer, Oggersheim; Wilhelm Poggenburg, Stuhr, und Berndt Rüdiger, Rüsselsheim. Bei den Hennen holte sich mit „vorzüglich" und dem Blauen Band Heinz Becker, Marburg-Cappel, die höchste Auszeichnung. Es folgten noch zwei Hv-Hennen von Rudi Thraum, Grünberg, und Gerhard Weber, Laumersheim.

Im hohen Norden, im schönen Schleswig-Holsteiner Land, fand vom 12. bis 14. Dezember 1986 in der Holstenhalle zu Neumünster die 68. Nationale Rassegeflügelschau statt. Die Rhodeländer waren mit 62 Hähnen und 72 Hennen zwar nur schwach, qualitätsmäßig aber sehr gut vertreten. Sie wurden von Heinz Möller und Ernst-Dieter Lammers bewertet. Mit einem Hv-Hahn holte sich Hans-Dieter Mayer, Oggersheim, das Schleswig-Holstein-Band. Bei den Hennen zeigte das schönste Tier, mit „v" und Siegerband ausgezeichnet, Helmut Witt, Oelixdorf. Weitere Hv-Tiere stellten Wilhelm Poggenburg, Stuhr, bei den Hähnen, Berndt Rüdiger, Rüsselsheim, und Heinz Becker, Marburg-Cappel, bei den Hennen.

Am 23. Juni 1987 feierte Heinz Möller seinen 65. Geburtstag. Seit 1970 führte er den Hauptsonderverein und seit 1982 den Verband der Sondervereine für Hühner, Groß- und Wassergeflügel. In Schmallenberg wurde er 1983 zum Ehrenmeister des BDRG ernannt.

Besuch aus der Schweiz bei der Hauptversammlung

Die Jahreshauptversammlung wurde am 27. Juni 1987 in der Lehr- und Versuchsanstalt „Haus Düsse" in Bad Sassendorf-Ostinghausen durchgeführt. 50 Mitglieder waren anwesend, darunter auch als Gast der Geschäftsführer des Schweizer Rhode-Island-Clubs, Otto Schertenleib. In seinem Jahresbericht teilte

Vorsitzender Heinz Möller mit, daß der Sonderverein 268 Mitglieder zähle. Vorsitzender Heinz Möller, Schriftleiter Eduard Weber und Zuchtwart Nord, Ernst Dieter Lammers, wurden einstimmig wiedergewählt. Der Zuchtwart Süd, Hans-Dieter Mayer, gab einen imponierenden und lehrreichen Bericht über die Rhodeländer, wie sie sein sollen, im Einklang mit der Musterbeschreibung. Über die Rhodeländer in Europa referierte das Schweizer Mitglied des Sondervereins, Otto Schertenleib.

Die Westdeutsche Junggeflügelschau vom 2. bis 4. Oktober 1987 lag zeitlich zwar sehr günstig, jedoch wurden nur 45,62 Rhodeländer gemeldet. Sie wurden von den Sonderrichtern Heinz Möller und Ernst-Dieter Lammers bewertet. Bei den Hähnen stellte mit sg ME Josef Verheyen, Kevelaer, das beste Tier, bei den Hennen mit hv ME Franz Dorenkamp, Walkenhorst, und mit hv LVE Norbert Potthoff, Hamm.

Weitaus besser beschickt wurde die Hannoversche Junggeflügelschau am 31. Oktober und 1. November 1987. Dort zeigten die Rhodeländerzüchter 77 Hähne und 106 Hennen. Dazu ist noch eine Rhodeländer-Voliere zu zählen, die mit sg E bewertet wurde und dem SV-Vorsitzenden Heinz Möller gehörte. Als Sonderrichter waren in Hannover tätig Heinz Möller, Ernst Jung und Franz Friedl. Schon durch die Aufzählung der Spitzentiere kann man feststellen, daß der Durchschnitt der gezeigten Rhodeländer sehr gut war. Peter Müllers, Korschenbroich, zeigte einen V-BB-Hahn und einen Hv-LVP-Hahn, aber auch eine Hv-SVE-Henne. Hv-E-Hähne zeigten Hans-Dieter Mayer, Oggersheim, und Konrad Stahl, Kirchhain. Bei den Hennen wurden noch durch „hv" Tiere der Züchter Hans-Dieter Mayer, Oggersheim, und Josef Verheyen, Kevelaer, hervorgehoben.

Die fünfte Hauptsonderschau in Ibbenbüren

Am 14. und 15. November 1987 fand in der Sporthalle in Ibbenbüren eine weitere Hauptsonderschau für Rhodeländer statt. 70 Aussteller zeigten dabei 520 Tiere. Organisator und Ausstellungsleiter Walter Schürkamp, der wochenlang seine ganze Familie mit in das Ausstellungsgeschehen eingespannt hatte, war überglücklich, als alle Tiere in der Sporthalle bei einreihigem Aufbau vorbildlich untergebracht waren.

Dem Katalog der 5. Hauptsonderschau wurde ein bemerkenswerter Spruch vorangestellt, der als klare Aussage für den Sinn der Rhodeländerzucht gilt:

51   5. Hauptsonderschau in Ibbenbüren 1987. V. l. n. r.: Horst Frese, Heinz Möller, Inge Möller und Otto Schertenleib.

Wer kennt sie nicht, die schöne stolze Rasse,
die Eier legt, recht dick und schwer,
und zartes Fleisch dem Züchter gibt in Masse;
ein jeder liebt sie deshalb sehr.
Gefieder rot, zitronengelb die Beine,
das Auge scharf und stolz der Gang;
es fehlt der guten Eigenschaften keine,
ihr Name ist von gutem Klang.
Bekannt, beliebt in aller Herren Länder
als Wirtschaftshuhn und Schönheitstier;
ihr Name nennt sich „Rote Rhodeländer",
der Höfe und der Schauen Zier.

Die 520 Tiere wurden bewertet von den Sonderrichtern Heinz Möller, Ernst-Dieter Lammers, Ernst Jung, Josef Kuhr, Franz Friedl, Horst Frese, Eduard Weber, Heinrich Wessel, Kurt Steinert und Heinz Hanstein. Obmann für die allgemeinen Klassen war Heinz Möller und für die Preisrichterklasse Heinrich Wessel. Drei Hähne wurden mit der Höchstnote bedacht, die den Züchtern Norbert Potthoff, Hamm; Peter Müllers, Korschenbroich, und Wilhelm Klein, Kreuztal-Krambach, gehörten. Zwei Hennen, gleichfalls höchstbenotet, gehör-

52   0,1 Rhodeländer, Dortmund 1987. Züchter: Heinz Möller, Bremerhaven.

ten Heinz Becker, Marburg-Cappel, und Heinz Möller, Bremerhaven. Weitere 16 Hähne und 16 Hennen wurden mit der Note „hervorragend" bedacht. Erfreulich, daß unter den Hv-Tieren auch ein rosenkämmiger Hahn war aus der Zucht von Franz Friedl, Möhrendorf. Auch die Jugendgruppe war durch drei Züchter mit 10 Rhodeländern vertreten.

Den Schluß des Ausstellungsjahres bildete die 69. Nationale Rassegeflügel-schau vom 11. bis 13. Dezember 1987 in der Dortmunder Westfalenhalle. Die

Rhodeländer waren durch 68 Hähne und 88 Hennen vertreten. Als Sonderrichter waren Ernst-Dieter Lammers und Eduard Weber verpflichtet worden. Auch hier zeigte sich in der Vergabe der hohen Preise der ausgezeichnete Zuchtstand der Rhodeländer. Bei den Hähnen stellte mit v SB Peter Müllers, Korschenbroich, und bei den Hennen mit v ME Ernst Jung, Wetzlar-Naunheim, die höchstbewerteten Tiere. Mit der Note „hervorragend" wurden noch bei den Hähnen Tiere von Wilhelm Klein, Kreuztal-Krombach; Walter Schürkamp, Ibbenbüren; Helmut Raulf, Mettmann, und Peter Müllers, Korschenbroich, bei den Hennen Tiere von Helmut Raulf, Mettmann; Heinz Möller, Bremerhaven, und Ernst Jung, Wetzlar-Naunheim, ausgezeichnet.

Verstärkte Aktivitäten des Sondervereins

Die Einführung von Sommertagungen hat sich als eine richtige Maßnahme zur Verbesserung der Kameradschaft und der züchterischen Gemeinsamkeit erwiesen. Vom 10. bis 12. Juni 1988 traf sich die große Rhodeländerfamilie wieder in der Lehr- und Versuchsanstalt „Haus Düsse" in Bad Sassendorf-Ostinghausen. Die meisten Teilnehmer reisten bereits am Freitag an. Der erweiterte Vorstand bereitete die Jahreshauptversammlung vor und alles andere feierte im Westfalenkeller der Anstalt das Wiedersehen. Am Samstag vormittag war bei Beginn der Jahreshauptversammlung der große Lehrsaal nahezu überfüllt. Der Leiter der Anstalt, Dr. Beckmann, begrüßte die Rhodeländerzüchter und Präsidiumsmitglied Paul Doll überbrachte die Grüße des Präsidenten Hermann Rösch und des BDRG. Aus dem Jahresbericht des Vorsitzenden Heinz Möller war zu entnehmen, daß dem Hauptverein bis zum 31. März 1988 277 Mitglieder gemeldet waren. Ausführlich besprochen und mit viel Lob bedacht wurde die 5. Hauptsonderschau in Ibbenbüren. Vorsitzender Heinz Möller bedankte sich bei dem Organisator der Schau, Walter Schürkamp, und dessen treuen Mitarbeitern für die glanzvoll durchgeführte Hauptsonderschau. Der Dank des Vorsitzenden galt aber auch Schriftleiter Eduard Weber für die Zusammenstellung und Herausgabe des Mitteilungsblattes in der gewohnten Form, aber auch den Mitarbeitern Horst Frese, der am 13. März 1988 seinen 65. Geburtstag feierte, Ernst-Dieter Lammers, Hans-Dieter Mayer und allen, die mit wertvollen Beiträgen und Berichten die einzelnen Ausgaben bereicherten.

In einem Vortrag erläuterte Paul Doll die Bedeutung der Sondervereine für den BDRG und speziell die Entstehung und Entwicklung der Rhodeländerzucht und des Sondervereins in Deutschland. Bei den Wahlen zum Vorstand konnten

53   0,1 Rhodeländer, Hannover 1988. Züchter: Josef Verheyen, Kevelaer.

sich Heinz-Dieter Müller, Ernst Jung, Hans-Dieter Mayer und Horst Stüben über ihre einstimmige Wiederwahl freuen. Am Nachmittag referierte der Zuchtwart Nord, Ernst-Dieter Lammers, über die Bewertung der Rhodeländer und die Notwendigkeit einer ausreichenden und verständlichen Kritik auf den Bewertungskarten.

Zwei Monate später trafen sich vom 6. bis 7. August 1988 die Vorstandsmitglieder mit den Sonderrichtern zu einem gemeinsamen Gedankenaustausch in Korschenbroich. Gastgeber war in diesem Jahr der Bezirk West und hier vorrangig Peter Müllers, der seit zwei Jahrzehnten zu den führenden Rhodeländerzüchtern in Deutschland zählt. Die liebevolle Gastfreundschaft im Hause Müllers und die sorgfältig gepflegte Zucht- und Gartenanlage wird den Tagungsteilnehmern, die meist von den Ehefrauen begleitet wurden, noch lange in guter Erinnerung bleiben. Zum Schulungsprogramm gehörte neben einer Tierbesprechung auch ein Fachvortrag des Zuchtwartes Nord, Ernst-Dieter Lammers, über die Spitzentiere. Er erläuterte, was der Sonderrichter von diesen verlangt und welche Kriterien bei der Bewertung entscheidend sind. Da in Hannover künftig keine Versammlung mehr stattfindet, wurde angeregt, daß sich die Rhodeländerzüchter jeweils am Samstag zwischen 10 und 12 Uhr zur gemeinsamen Tierbesprechung mit den Sonderrichtern treffen.

54 1,0 Rhodeländer, Köln 1988. Züchter: Josef Verheyen, Kevelaer.

Das nächste Treffen der Rhodeländerzüchter war die Deutsche Junggeflügelschau in Hannover am 29. und 30. Oktober 1988. In der Eingangshalle zeigte
Heinz Möller in einer Voliere einen schönen Stamm Rhodeländer, der mit sg E
bewertet wurde. In den Einzelkäfigen standen 78 Hähne und 125 Hennen, um
deren Bewertung sich Heinz Möller, Ernst Jung und Kurt Balb bemühten.
Erfreulich war, daß auch von vier Züchtern 7,6 rosenkämmige Rhodeländer
gezeigt wurden, die von durchweg guter Qualität waren.

Bei den Hähnen holte sich Ernst-Dieter Lammers, Bramsche, mit hv1 das
begehrte Blaue Band von Hannover. Den Hv-2-BLP-Hahn zeigte Rolf Schwannecke, Holzminden. Bei den Hennen fiel das Blaue Band auf ein vollendetes V-
Tier von Peter Müllers, Korschenbroich. Hv-Hennen zeigten Horst Stüben,
Kaltenkirchen, und Ernst-Dieter Lammers, Bramsche.

In der Ausgabe des „Deutschen Kleintier-Züchters" Nr. 21/1988 veröffentlichte Eduard Weber einen mehrseitigen Beitrag über die Rhodeländer mit
Hinweisen auf den derzeitigen Zuchtstand. Die Illustration erfolgte mit den
besten Rhodeländern aus der zurückliegenden Zeit. In diesem wertvollen züchterischen Beitrag wurden die Form, Standhöhe, Beinfarbe, Kopfpunkte, Federstruktur und die Farbe der Rhodeländer ausführlich und allgemeinverständlich
beschrieben. Auch die rosenkämmigen Rhodeländer fanden eine eingehende

262

Erörterung. Dieser Beitrag, der auch in der „Geflügel-Börse" Nr. 10/1989 Aufnahme fand, war eine ausgezeichnete Werbung für die Rhodeländerzucht. Schlußlicht des Ausstellungsjahres 1988 war wieder einmal die 70. Nationale Rassegeflügelschau vom 2. bis 4. Dezember 1988 in der neuen, lichtdurchfluteten Messehalle in Frankfurt am Main. Alle Tiere der Schau waren unter einem Dach untergebracht, was ein prächtiges Bild der Geschlossenheit im BDRG vermittelte. Die Rhodeländerzüchter waren an dieser mustergültig ausgebauten Schau mit 74 Hähnen und 119 Hennen beteiligt. Die Bewertungen hatten die Sonderrichter Franz Friedl, Willi Weiß und Ernst Weber übernommen. Sie vergaben bei den Hähnen folgende Bewertungen und Auszeichnungen: v Siegerband an Josef Verheyen, Kevelaer, hv2 BLP an Hans-Dieter Mayer, Oggersheim, der auch den Hv3-FM-Hahn stellte, und hv4 SVE an August Schmidt, Groß-Umstadt. Bei den Hennen errang mit v FM Heinz Becker, Marburg-Cappel, mit einem Bilderbuchtier die höchste Auszeichnung, gefolgt von Heinz Möller, Bremerhaven, mit hv2 FM, Heinz Kretschmar, Weil im Schönbuch, mit hv3 BLP und Hans Fischer, Baiersdorf, mit hv4 SE. Erfreulich war, daß auch ein rosenkämmiger Rhodeländerhahn von Helmut Raulf, Mettmann, mit hv E ausgezeichnet wurde.

Hans-Dieter Mayer wird neuer Sondervereinsvorsitzender Heinz Möller wird Ehrenvorsitzender

Mit dem Jahr 1988 sollte diese Betrachtung über die Rhodeländer und ihren Sonderverein abgeschlossen werden. Doch bei der sehr gut besuchten Sommertagung vom 9. bis 11. Juni 1989 in Espa bei Butzbach gab es noch eine wichtige Änderung im SV-Vorstand. Vorsitzender Heinz Möller legte nach erfolgreicher 19jähriger Führung des Sondervereins sein Amt nieder. Neuer Vorsitzender wurde nach einstimmiger Wahl Hans-Dieter Mayer, Oggersheim, ein erfolgreicher Züchter und Zuchtwart Süd. Heinz Möller wurde Ehrenvorsitzender. Neuer Zuchtwart Süd wurde Franz Friedl, Möhrendorf.

55 Gottlieb Keppler,
1896–1989, Pfullingen,
Ehrenvorsitzender
des Landesverbandes
Württemberg
und Hohenzollern.

Gottlieb Keppler †

Das Ehrenmitglied des Sondervereins und Ehrenvorsitzender des Bezirks Süd, Gottlieb Keppler, Pfullingen, Träger des „Goldenen Ehrenringes" des BDRG, Ehrenmeister und Ehrenvorsitzender des Landesverbandes Württemberg und Hohenzollern, starb im 93. Lebensjahr am 24. Juni 1989.

Im Jahr 1925 begann Gottlieb Keppler mit der Zucht der Rhodeländer und blieb diesen bis ins hohe Alter treu. Ein Jahr später wurde er Mitglied des Sondervereins und Sonderrichter. 1935 übernahm er den Landesverband Württemberg und war 30 Jahre Vorsitzender dieses Verbandes. Bei der Gründung des BDRG am 16. März 1949 in Frankfurt am Main wurde er in das Präsidium gewählt und war mit Karl Stein und Erich Fetzer für die Sondervereine verantwortlich. Zum Ehrenmeister wurde er 1961 ernannt und erhielt am 4. Dezember 1964 die höchste Auszeichnung des BDRG, den „Goldenen Ehrenring". Zum Ehrenmitglied des Sondervereins wurde er 1966 ernannt. Mit Gottlieb Keppler wurde ein treuer Rhodeländerzüchter, der sich über 60 Jahre um die Rasse und den Sonderverein verdient gemacht hat, in die Ewigkeit abgerufen.

Preisrichterschulung in Oggersheim

Am 5. und 6. August 1989 fand in Oggersheim im Hause des SV-Vorsitzenden Hans-Dieter Mayer eine Schulung der Sonderrichter, gemeinsam mit dem SV-Vorstand und den Bezirksvorsitzenden, statt. Am Samstag wurden züchterische Fragen besprochen und am Sonntag fand im überdachten Biergarten der Mayer-schen Brauerei eine Tierbesprechung statt, wobei alle Sonderrichter zu Wort kamen. Für die dreistündige Besprechung standen ausreichend Tiere zur Verfügung. Ein reger Meinungsaustausch fand anschließend bei dem gemeinsamen Mittagessen in der Brauereigaststätte statt. Damit endete die vielseitige Tagung, die für jeden Teilnehmer wichtige Erkenntnisse für die Zucht- und Richterarbeit brachte.

Vergleich deutscher und schweizerischer Rhodeländer

Zu Beginn des Jahres 1989 erfüllte Otto Schertenleib aus Laufen in der Schweiz einen Wunsch des früheren SV-Vorsitzenden und jetzigen Ehrenvorsitzenden Heinz Möller, eine vergleichende Betrachtung über den Zuchtstand der deutschen und schweizerischen Rhodeländer anzustellen. Das Ergebnis seiner Bemühungen wurde in der Mitgliederinformation „Der Rhodeländerzüchter" veröffentlicht. Nachfolgend eine kurze Zusammenfassung.

Die schweizerischen Rhodeländer, dort noch „Rhode Islands" genannt, mit den deutschen Rhodeländern zu vergleichen und eine diesbezügliche Beurteilung zu ziehen, sei sehr schwierig, da es zwei verschiedene Zuchtrichtungen seien, besonders was die Farbe und Federstruktur betreffe. Bei der Schweizer Nationalen 1988 seien die Hähne völlig unausgeglichen gewesen. Schertenleib beanstandete, daß sie formlich zu klein, zum Teil auch zu kurz waren und oft eine dreieckige Form mit spitzen Schwanzabschlüssen zeigten. Unschöne Kammblätter und hochstehende Kammfahnen sowie Kammbeulen wurden beanstandet, ebenso die zu helle Grundfarbe.

Die Hennen waren bei der Schweizer Nationalen weitaus besser als die Hähne. Gelobt wurde die schöne Leistungsform, lang, tief, breit und mit guter Schwanzwinkelung. Die Kämme der Hennen seien bedeutend besser als die der deutschen Rhodeländer. Was die Gefiederfarbe betrifft, seien noch große Wünsche offen, denn sie sei viel zu hell.

Den Unterschied der beiden Zuchtrichtungen beschrieb Otto Schertenleib so: „Deutsche Rhodeländer weisen eine harte, mittelbreite, dunkle Feder auf mit dem Verhältnis ⅓ Flaum und ⅔ Oberfeder. Unsere Tiere besitzen eine weiche, breite, jedoch hellere Feder im Verhältnis ⅔ Flaum- und ⅓ Oberfeder. Somit weisen die deutschen Rhodeländer in der Gesamterscheinung härtere, die schweizerischen weichere Konturen auf. Hinzu kommt noch, daß unsere Hennen keinen Lack aufweisen. Die schweizerische Zuchtrichtung ähnelt mehr der holländischen, englischen und amerikanischen, wogegen die deutsche Zuchtrichtung mit dem einmaligen, schönen Lackgefieder einsame Spitze darstellt. Welche Zuchtrichtung nun die schönere und bessere ist, sei dahingestellt. Dies ist wohl Ansichtssache der Züchter der erwähnten Länder. Entsprechend sind ja auch die Musterbeschreibungen verschieden interpretiert."

In einer Zusammenfassung stellte Otto Schertenleib fest: „Die Rhodeländerrasse erkennt man in jedem Land sofort an ihrem Erscheinungsbild. Farbliche Nuancen sowie Lackung werden wohl immer nach den entsprechenden Musterbeschreibungen beurteilt werden. Die deutschen Rhodeländer-Hähne sind im allgemeinen viel besser als die schweizerischen. Die schweizerischen Hennen wiesen bedeutend bessere Formen und Kopfpunkte auf, sind aber in farblicher Hinsicht weit von den deutschen entfernt."

25. Westdeutsche Junggeflügelschau

Bei der 25. Westdeutschen Junggeflügelschau, die vom 13. bis 15. Oktober 1989 mit der 103. Landesverbandsschau Westfalen-Lippe in der Halle Münsterland in Münster verbunden war, standen 64,104 Rhodeländer. Davon waren 1,4 Rosenkämmige. Alle Rhodeländer waren von guter Qualität. Als Sonderrichter waren Heinz Möller, Bremerhaven, und Josef Kuhn, Gütersloh, eingesetzt. Mit v BM wurde eine Henne von Helmut Raulf, Mettmann, ausgezeichnet. Zwei

Hähne von Rudolf Sellhoff, Wattenscheid, und Ernst-Dieter Lammers, Bramsche, sowie zwei Hennen von Karl-Heinz Speikjohann, Löningen, und Georg Fickers, Dortmund, errangen die Note „hv".

Die Rhodeländer 1989 in Hannover

Bei der 108. Hannoverschen Junggeflügelschau am 11. und 12. November 1989 waren die Rhodeländer mit 99 Hähnen und 162 Hennen, darunter 3,3 rosenkämmige, sehr gut vertreten. Als Preisrichter waren Ernst Jung, Wetzlar, Franz Friedl, Möhrendorf, und Karl-August Weber, Eschenburg, eingesetzt. Sie vergaben an drei Tiere die Höchstnote, und zwar bei den Hähnen mit „v BB" an ein Mustertier von Hans-Dieter Mayer, Ludwigshafen-Oggersheim, und bei den Hennen mit „v BB" an Johann Schönhofer, Eichendorf, und mit „v BLP" an Rudi Thraum, Grünberg.

Bei den Hähnen wurden noch vier hv-Tiere herausgestellt, die den Züchtern Peter Müllers, Korschenbroich, Heinz Möller (2x), Bremerhaven, und Hans-Dieter Mayer, Ludwigshafen-Oggersheim, gehörten. Die gleiche hohe Auszeichnung erhielten noch sechs Hennen der Züchter Helmut Raulf, Mettmann, Josef Verheyen, Kevelaer, Karl-Heinz Speckjohann, Löningen, Horst Frese, Hamburg, Ruppert Lunz, Reselsdorf, und Fritz Schäfer, Gießen-Lützellinden. Mit dieser Hannoverschau wurde wieder einmal die ausgezeichnete Arbeit des Sondervereins und der Hochstand der Rhodeländerzucht in Deutschland verdeutlicht.

Nürnberg als krönender Abschluß

Die 71. Nationale in Nürnberg vom 8. bis 10. Dezember 1989, der Welt größte und schönste Rassegeflügelschau aller Zeiten, mit insgesamt 52 564 Ausstellungs-Nummern und etwa 53 000 Tieren war eine einmalige Demonstration züchterischer und organisatorischer Leistungen. Die Rhodeländerzüchter hatten 278 Tiere für diese einmalige Großschau gemeldet, doch blieben 32 Käfige leer. So präsentierten sich den unzähligen Besuchern, insbesondere aus der DDR, 97

56   1,0 Rhodeländer, Hannover 1989. Züchter: Hans-Dieter Mayer, Oggersheim.

Rhodeländerhähne und 126 Hennen sowie 12,12 rosenkämmige Rhodeländer. Für die Bewertung waren drei Sonderrichter eingesetzt, und zwar Heinz Möller, Bremerhaven, Ernst Jung, Wetzlar, und Willi Weiß, Creglingen. Sie vergaben einer Rhodeländerhenne der Züchterin Krista Buchholz, Wetzlar, die Höchstnote „vorzüglich" und das Siegerband. Auch eine rosenkämmige Henne des Züchters Jürgen Ziener, Möhrendorf, wurde mit „vorzüglich" und einer Bundesprämie ausgezeichnet. Die Note „hervorragend" wurde noch an Tiere der folgenden Züchter vergeben: Eduard Weber, Wetzlar-Dutenhofen (Bayernbrand), Hans-Dieter Mayer, Ludwigshafen-Oggersheim, Josef Verheyen, Kevelaer, auf 1,0 und bei den Hennen Rudi Thraum, Grünberg, Helmut Raulf, Mettmann, Krista Buchholz, Wetzlar, Horst Frese, Hamburg, Heinz Kilian, Dietenhofen, Heinz Kretzschmar, Weil im Schönbuch, und Heinz Becker, Marburg-Cappel. Die Note „hervorragend" und SE errang mit einem rosenkämmigen Hahn Helmut Raulf, Mettmann.

Schlußwort

Mit dieser großartigen und sicherlich weltweit einmaligen Geflügelausstellung in Nürnberg werden die Betrachtungen über die Rhodeländer und ihren Sonderverein abgeschlossen. Die Rhodeländer haben in den vergangenen 90 Jahren einen ungewöhnlichen Siegeszug in Deutschland angetreten und sich eine Vormachtstellung, nicht nur in ganz Deutschland und in Europa, sondern in der ganzen Welt, dank ihrer hervorragenden wirtschaftlichen Eigenschaften und farblichen Schönheit, erobert. So bleibt den Rhodeländern und ihren Züchtern nur zu wünschen, daß sie und ihr Sonderverein ihre herausragende Stellung in der Rassegeflügelzucht bewahren.

Als Autor darf ich allen, die an diesem Werk mitgeholfen haben, ein herzliches „Vergelt's Gott" zurufen und ihnen von Herzen danken. Dies gilt in besonders hohem Maße den Vorsitzenden des Sondervereins, Heinz Möller, Bremerhaven, und Hans-Dieter Mayer, Ludwigshafen-Oggersheim, dem Zfr. Horst Frese, Hamburg, sowie dem Lektor Walter Schwarz und dem Verlag Oertel + Spörer, Reutlingen, für den vorzüglichen Druck und die Ausstattung dieser Rhodeländer-Chronik, der ich eine gute Aufnahme in den Züchterkreisen wünsche.

Der Hauptvorstand 1989

57 Heinz Möller, Ehrenvorsitzender

58 Hans-Dieter Mayer, 1. Vorsitzender

59 Heinz-Dieter Müller, 2. Vorsitzender

60 Ernst Jung, Geschäftsführer

61 Eduard Weber, Schriftleiter

62 Ernst-Dieter Lammers,
Zuchtwart Nord

63 Franz Friedl, Zuchtwart Süd

64 Horst Stüben, Beisitzer

Bezirke und Bezirksvorsitzende 1989

Baden/Pfalz:	Eugen Weis, St. Leon-Rot
Bayern:	Franz Friedl, Möhrendorf
Hannover-Braunschweig:	Karl Hermann Severin, Springe
Hessen:	Bernd Rüdiger, Rüsselsheim
Schleswig-Holstein:	Horst Stüben, Kaltenkirchen
Nordwest:	Wilhelm Kramer, Delmenhorst
Südwest:	Willi Weiß, Creglingen-Reinsborn
Westfalen:	Georg Fiekers, Rheine
West:	Helmut Raulf, Mettmann

Bezirk Baden–Pfalz

Altscher, Alfred	Jester, Norbert	Schreiber, Rudolf
Barschfeld, Robert	Jester, Renate	Schweitzer, Engelbert
Blum, Erwin	Kost, Oskar	Seith, Gerhard
Böhm, Franz Jürgen	Lang, Gebhard	Strub, Bernd
Bold, Erich	Mayer, Hans-Dieter	Wagner, Walter
Born, Richard	Rieder, Günther	Weber, Gerhard
Danter, Max	Ruble, Norbert	Weis, Eugen
Fleck, Fredi	Scheurer, Joachim	Weiß, Manfred
Hahn, Dieter	Schloß, Norbert	Wessely, Hermann
Hammer, Manfred	Schmitt, Kurt	

Bezirk Bayern

Bockisch, Wolfgang	Jugenheimer, Ditmar	Rahm, Hans
Braun, Günther	Kemmer, Franz	Schecker, Konrad
Bülling, Hans	Kilian, Heinz	Schneider, Siegfried
Bürkel, Roland	Kuhn, Medard	Schönhofer, Johann
Fischer, Hans	Langzeiner, Richard	Stauner, Anton
Friedl, Franz	Lunz, Ruppert	Vitzthum, Christof
Gruber, Richard	Neumeier, Xaver	Wagner, Max
Haardörfer, Hans	Pohley, Dieter	Wasmaier, Josef
Heisser, Stefan	Rackelmann, Hans	Wiechert, Dr. Hans

272

Wittmann, Bernhard   Zandt, Karlheinz   Ziener, Hans-Jürgen
Wittmann, Manfred   Zellhuber, Ludwig

Bezirk Hannover–Braunschweig

Block, Harry   Meyer, Manfred   Steinert, Kurt
Grünholz, Ilse   Rissling, Kurt   Stümpel, Kurt
Kaschmirzack, Klaus   Scher, Willi   Trabert, Siegfried
Kellner, Rüdiger   Schulz, Heinz   Wienecke, Fritz
Kempe, Heinz   Schwannecke, Rolf   Wisotzki, Waldemar
Knoop, Rudolf   Severin, Hermann
Meyer, Karlfred   Stein, Erwin

Bezirk Hessen

Becker, Heinz   Hofsümmer, Helmut   Schertenleib, Otto
Bigger, Leo   Jung, Ernst   Schmidt, August
Braun, Ferdinand   Junghenn, Peter   Schmidt, Heinrich
Buchholz, Christa   Kaiser, Ehrenfried   Schmidt, Otto
Decher, Josef   Kempf, Heinz   Schneider, Karl
Eckert, Jörg   Kunz, Heinz   Schuchmann, Rainer
Ewald, Otto   Lotz, Markus   Sonneborn, Friedel
Fritzel, Hans   Möller, Dieter   Springer, Hans-Gerd
Fritzel, Helga   Müller, Erwin   Stamm, Hans
Göller, Martin   Müller, Karl   Thraum, Rudi
Hartmann, Anton   Müller, Lothar   Treber, Armin
Helmig, Albrecht   Neth, Horst   Wagner, Klaus
Heppert, Helene   Rüdiger, Berndt   Walter, Heinz
Hetsche, Hans   Sagel, Konrad   Weber, Eduard
Heuser, Siegfried   Schäfer, Fritz   Wolf, Karl-Heinz
Hoffmeister, Karl   Schäfer, Fritz

Bezirk Schleswig-Holstein

Asmussen, Johannes   Dröge, Walter   Jessel, Heinrich
Beckmann, Detlef   Frese, Horst   Konrad, Helmut
Broders, Jürgen   Hanisch, Bruno   Körner, Harald
Dreves, Volker   Jansen, Johannes   Kuck, Erich

Lanquillon, Werner
Münster, Hans
Paulsen, Max
Plön, Brigitte
Plön, Ilka
Poggensee, Kay

Pries, Benno
Pries, Kai
Reuß, Karl-Heinz
Rohwer, Otto
Rother, Ernst
Stemplewski, Günter

Stüben, Horst
Timmermann, Heiko
Timmermann, Karl-Heinz
Volkmann, Georg
Witt, Helmut

Bezirk Nordwest

Baden, Fritz
Begemann, Manfred
Beniermann, Albert
Blendermann, Hans
Brandfuß, Karsten
Brämsmann, Heint-Josef
Brüggemann, Friedrich
Brüne, Paul
Dohm, Gustav von
Dorenkamp, Franz
Feierabend, Dieter
Finke, Heinrich
Frank, Ernst
Goldenstein, Habbe-Suits
Hamel, Werner
Hanstein, Heinz
Iselies, Paul

Jelen, Hans
Johanning, Heinz
Keßler, Udo
Knemeyer, Ludwig
Körte, Hermann
Kramer, Rolf-Dieter
Kramer, Wilhelm
Lammers, Ernst-Dieter
Matthies, Otto
Meyer, Fritz
Molahta, Karl-Heinz
Möller, Heinz
Möller, Inge
Pöhler, Ernst
Poggenburg, Wilhelm
Quade, Dieter
Rasche, Ewald

Remmert, Wilhelm
Rosemann, Hans
Schwarze, Heinz
Schweer, Wilfried
Seeker, Gerhard
Speckjohann, Karl-Heinz
Spiekermann, Gerold
Struts, Werner
Talhofer, Johannes
Tammen, Berend
Thaden, Heinz von
Twele, Alfred
Volkmer, Thomas
Vries, Gerhard de
Weber, Horst
Wessel, Heinrich

Bezirk Südwest

Ankele, Bernd
Balb, Kurt
Barth, Sven
Bieber, Paul
Bieg, Franz
Groß, Horst
Haas, Richard
Kretzschmar, Heinz
Lamparth, Ernst
Mattheis, Ernst

Mattheis, Klaus
Mayer, Hans-Peter
Mödinger, Friedrich
Mürle, August
Nagel, Erich
Nill, Bernhard
Ocker, Paul
Pätzholz, Klaus
Petzholdt, Lothar
Reiner, Hans

Reiner, Irene
Rösch, Werner
Schelle, Georg
Schmied, Paul
Schlechter, Ernst
Schweikert, Friedhelm
Sickinger, Fritz
Solga, Kurt
Stauch, Heinz
Stempfle, Helene

Thumm, Eva
Thumm, Heinz
Volpp, Werner

Weber, Regina
Weinmann, Dieter
Weinmann, Heinz

Weiss, Willi
Wezel, Heinz
Wick, Markus

Bezirk Westfalen

Bußmann, Bernhard
Dietrich, H.-Joachim
Engel, Karl
Fiekers, Georg
Fiekers, Ludger
Gäbel, Hans-Georg
Grundmann, Heinrich
Hokamp, Erwin
Jahn, Werner

Klein, Wilhelm
Kuhr, Josef
Marcks, Hugo
Müller, Heinz Dieter
Niewöhner, Josef
Oink, Hermann
Opfermann, Wilhelm
Overdieck, Kurt
Peck, Ferdinand

Potthoff, Norbert
Pras, Georg
Schürkamp, Walter
Verbic, Heinz
Weingarten, Wolfgang
Zelaskowski, Karl
Zellerhoff, Wilhelm

Bezirk West (Nordrhein)

Feuls, Heinrich
Finis, Gerd
Franke, Wolfgang
Geurtz, H.-Josef
Göbbels, Werner
Grahl, Rolf

Jennessen, Karl
Klautmann, Friedr.
Kück, Horst
Küllmer, Karl
Müllers, Peter
Oploh, Hans-Peter

Raulf, Helmut
Ruf, Ehrenfried
Sellhoff, Rudolf
Verheyen, Josef

Sonderrichter

Kurt Balb, Schwäbisch Hall
Walter Dröge, Hamburg 61
Horst Frese, Hamburg 80
Franz Friedl, Möhrendorf
Heinz Hanstein, Wilhelmshaven
Ernst Jung, Wetzlar
Josef Kuhr, Gütersloh
Ernst-Dieter Lammers, Bramsche

Ernst Mattheis, Notzingen
Heinz Möller, Bremerhaven
Karl-Heinz Reuß, Preetz
Fritz Schäfer, Lützellinden
Kurt Steinert, Braunschweig
Eduard Weber, Wetzlar
Willi Weiß, Creglingen-Reinsborn
Heinrich Wessel, Bassum

Die Vorsitzenden des Sondervereins

1905–1913	G. L. Claaßen, Ohmstede
	(ab 1908 Bünde/Ostfriesland)
1913–1925	Paul Stolle, Schneverdingen
1925–1927	Hans Wedding, Eschershausen
1928–1946	Heinrich Horstmann, Heiligenhaus
1946–1970	Heinz Zumbruch, Wuppertal-Elberfeld
1970–1989	Heinz Möller, Bremerhaven
1989–	Hans-Dieter Mayer, Ludwigshafen-Oggersheim

Mit dem goldenen Ehrenring des BDRG wurden folgende Rhodeländerzüchter ausgezeichnet:

6. September 1959	Wilhelm Schäfer, Brebach/Saar,
	LV-Vorsitzender Saarland
21. Oktober 1960	Heinrich Schäfer, Eschwege,
	Schatzmeister des BDRG
19. Oktober 1962	Wilhelm Ziebertz, Duisburg-Hamborn,
	Präsident des BDRG
4. Dezember 1964	Gottlieb Keppler, Pfullingen,
	Mitglied des Präsidiums des BDRG, Vorsitzender des LV Württemberg und Hohenzollern
29. Januar 1968	Heinz Zumbruch, Wuppertal-Elberfeld,
	Vorsitzender des Sondervereins der Rhodeländerzüchter

Übersicht

über die für die Deutsche Junggeflügelschau in Hannover von 1948 bis 1989 angemeldeten Rhodeländer, die eingesetzten Sonderrichter und die ersten Preisträger

Jahr Datum	Gemeldete 1,0	0,1	Sonderrichter	Bester Hahn	Beste Henne
1948 22.–24. Oktober	485	77	Friedrich Joppich Heinz Zumbruch Willy Stolle Bernd Hillmann Heinrich Schäfer	sg BB Arnold Becker Mülheim-Styrum	sg BB Paul Barthold Pye bei Osnabrück
1949 21.–23. Oktober	198	433	Heinrich Schäfer Wilhelm Ziebertz Paul Barthold Bernd Hillmann Karl Stein Heinz Zumbruch Wendelin Weinbrecht	sg E best Ernst Ginzel Eschwege	v E BB Josef Hohenbrink Münster
1950 20.–22. Oktober	195	386	Wilhelm Ziebertz Heinrich Schäfer Karl Stein Heinz Zumbruch Rudolf Keymers Bruno Henneberg	v BB Fritz Kehmeier Delmenhorst	v BB Arnold Becker Mülheim-Styrum

Jahr Datum	Gemeldete 1,0	Gemeldete 0,1	Sonderrichter	Bester Hahn	Beste Henne
1951 19.–21. Oktober	187	447	Paul Barthold Ulrich Biermann Heinrich Schäfer Karl Stein Wendelin Weinbrecht Heinz Zumbruch	sg BB Hans Kaselitz Hann. Münden	sg BB Richard Schäfer Mühlacker
1952 17.–19. Oktober	105	178	Ulrich Biermann Heinrich Schäfer Paul Barthold	sg BB Walter Heitkämper Patthorst	v BB Friedrich Vorderbrügge Peckeloh
1953 16.–18. Oktober	65	138	Ulrich Biermann Heinrich Schäfer	sg BB Bernhard Rußmann Delmenhorst	sg BB Walter Heitkämper Patthorst
1954 15.–17. Oktober	134	234	Heinz Zumbruch Paul Barthold Heinrich Schäfer Kurt Steinert	v BB Wendelin Weinbrecht Durmersheim	v BB Fritz Schmidt Hasbergen
1955 14.–16. Oktober	145	288	Richard Tredup Paul Barthold Heinz Zumbruch Kurt Steinert	sg BB Wendelin Weinbrecht Durmersheim	v BB Arnold Becker Mülheim-Styrum

Jahr					
1956 19.–21. Oktober	156	316	Heinz Zumbruch Wendelin Weinbrecht Heinrich Schäfer Ernst Brink Bruno Henneberg	sg E BB Fritz Schmidt Hasbergen	v BB Heinrich Becker Düpe-Harpendorf
1957 18.–20. Oktober	151	254	Karl Stein Paul Barthold Gottlieb Keppler Heinz Zumbruch Walter Dröge	sg BB Heinrich Menkens Bremen	v BB Bernhard Rußmann Delmenhorst
1958 17.–19. Oktober	97	226	Heinz Zumbruch Karl Stein Heinrich Wessel Paul Barthold	v BB Arnold Becker Mülheim-Styrum	v BB Arnold Becker Mülheim-Styrum
1959 16.–18. Oktober	125	231	Paul Barthold Heinz Zumbruch Erwin Anders Heinrich Wessel Karl Stein	v BB Josef Westendorf Lohne	v BB Wilhelm Hof Watzenborn-Steinberg
1960 21.–23. Oktober	138	246	Heinz Zumbruch Karl Stein Kurt Steinert Erwin Anders Bernd Hillmann	v BB Bernhard Schäfer Bösingfeld	v BB Rudi Thraum Grünberg

Jahr Datum	Gemeldete 1,0	0,1	Sonderrichter	Bester Hahn	Beste Henne
1961 20.–22. Oktober	127	259	Heinz Zumbruch Paul Barthold Wendelin Weinbrecht Karl Stein Erwin Anders	sg BB Rudi Thraum Grünberg	v BB Heinz Möller Bremerhaven
1962 19.–21. Oktober	110	228	Heinz Zumbruch Karl Stein Bernd Hillmann Erwin Anders	v BB Ludwig Fehsel Hombressen	v BB Heinrich Tweitmann Osterholz-Scharmbeck
1963 8.–10. November	97	220	Heinz Zumbruch Karl Stein Erwin Anders	v BB Josef Westendorf Lohne	v BB Willi Pape Rheda
1964 6.–8. November	111	175	Heinz Zumbruch Wendelin Weinbrecht Karl Stein	v BB Fritz Kehmeier Delmenhorst	sg 1 BB Wilhelm Hof Watzenborn-Steinberg
1965 22.–24. Oktober	121	185	Heinz Zumbruch Wendelin Weinbrecht Erwin Anders Heinz Möller	sg BB Bernhard Schäfer Bösingfeld	v BB Franz Friedl Möhrendorf

Jahr / Datum					
1966 22.–23. Oktober	103	175	Heinz Zumbruch Heinz Möller Kurt Steinert	v BB Rudolf Knoop Itzehoe-Edendorf	v BB Werner Rußmann Delmenhorst
1967 21.–22. Oktober	121	212	Heinz Zumbruch Heinz Möller Fritz Schäfer Josef Kuhr	sg BB Fritz Kehmeier Delmenhorst	v BB Geflügelhof Rußmann Delmenhorst
1968 26.–27. Oktober	140	178	Heinz Möller Franz Heiler Fritz Schäfer	sg BB Fritz Kehmeier Delmenhorst	v BB Ernst-Dieter Lammers Bramsche
1969 25.–26. Oktober	126	204	Heinz Zumbruch Heinz Möller Gottlieb Keppler	v BB Josef Westendorf Lohne	hv BB Rudolf Knoop Itzehoe-Edendorf
1970 24.–25. Oktober	122	168	Heinz Möller Fritz Schäfer Erwin Anders	v BB Fritz Schmidt Hasbergen	v BB Josef Westendorf Lohne
1971 23.–24. Oktober	119	193	Heinz Möller Fritz Schäfer Horst Frese	v BB Wilhelm Kramer & Sohn Delmenhorst	v BB Rudi Thraum Grünberg
1972 21.–22. Oktober	130	183	Hein Möller Wilhelm Hof Fritz Schäfer Horst Frese	hv BB Fritz Schmidt Hasbergen	v BB Heinz Becker Marburg-Cappel

Jahr Datum	Gemeldete 1,0	0,1	Sonderrichter	Bester Hahn	Beste Henne
1973 27.–28. Oktober	132	208	Fritz Schäfer Wilhelm Hof Horst Frese Josef Kuhr	hv BB Ernst Jung Naunheim	hv BB Ernst Jung Naunheim
1974 26.–27. Oktober	117	178	Heinz Möller Fritz Schäfer Horst Frese	hv BB Konrad Stahl Langenaubach	hv BB Peter Müllers Korschenbroich
1975 25.–26. Oktober	116	181	Heinz Möller Fritz Schäfer Horst Frese	hv BB Gebhard Lang St. Leon-Rot	hv BB Heinz-Dieter Müller Löhne
1976 23.–24. Oktober	89	142	Heinz Möller Wilhelm Hof Horst Frese	sg 1 BLP Heinrich Menkens Delmenhorst	hv BB Hans-Dieter Mayer Oggersheim
1977 12.–13. November	111	174	Heinrich Wessel Fritz Schäfer Horst Frese	hv BB Heinz Möller Bremerhaven	hv BB Hans-Dieter Mayer Oggersheim
1978 28.–29. Oktober	120	167	Horst Frese Fritz Schäfer Heinrich Wessel Willi Unger	hv BB Reinhard Kleidon Bargstede	hv BM Heinz Becker Marburg-Cappel

Jahr / Datum					
1979 3.–4. November	102	139	Heinz Möller Horst Frese Fritz Schäfer	hv BLP Hans-Dieter Mayer Oggersheim	hv BB Hans-Dieter Mayer Oggersheim
1980 1.–2. November	70	123	Heinz Möller Horst Frese	hv BB Bernhard Kruse Rellingen	hv BB Peter Müllers Korschenbroich
1981 7.–8. November	97	143	Heinz Möller Horst Frese Fritz Schäfer	v BB Konrad Stahl Kirchhain	v BB Hans-Dieter Mayer Oggersheim
1982 30.–31. Oktober	95	142	Horst Frese Fritz Schäfer Kurt Steinert	hv BLP Wilhelm Zellerhoff Rheda-Wiedenbrück	hv BB Peter Müllers Korschenbroich
1983 29.–30. Oktober	86	151	Heinz Möller Horst Frese Kurt Steinert	hv BB Horst Stüben Kaltenkirchen	hv BLP Horst Stüben Kaltenkirchen
1984 27.–28. Oktober	67	112	Heinz Möller Horst Frese	hv BLP Ernst-Dieter Lammers Bramsche	v BB Willi Scher Burgdorf
1985 9.–10. November	97	126	Franz Friedl Horst Frese Ernst-Dieter Lammers	hv BB Kurt Stümpel Ilsede	hv BM Bernd Rüdiger Rüsselsheim

Jahr Datum	Gemeldete 1,0	0,1	Sonderrichter	Bester Hahn	Beste Henne
1986 1.–2. November	85	110	Franz Friedl Ernst Jung Eduard Weber	hv BLP Hans-Dieter Mayer Oggersheim	v BB Heinz Becker Marburg-Cappel
1987 31. Oktober–1. November	77	106	Heinz Möller Ernst Jung Franz Friedl	v BB Peter Müllers Korschenbroich	hv BLP Hans-Dieter Mayer Oggersheim
1988 29.–30. Oktober	78	112	Heinz Möller Ernst Jung Kurt Balb	hv BB Ernst-Dieter Lammers Bramsche	v BB Peter Müllers Korschenbroich
1989 11.–12. November	102	159	Franz Friedl Ernst Jung Eduard Weber	v BB Hans-Dieter Mayer Oggersheim	v BB Johann Schönhofe- Eichendorf

Übersicht
über die zu den Nationalen Rassegeflügelschauen von 1951 bis 1989 gemeldeten Rhodeländer in den allgemeinen Klassen, die eingesetzten Sonderrichter und die ersten Preisträger

Nr./Jahr Datum und Stadt	Gemeldete 1,0	Gemeldete 0,1	Sonderrichter	Bester Hahn	Beste Henne
32./1951 19.–21. Januar Düsseldorf	149	301	Paul Barthold Karl Stein Heinrich Schäfer Wendelin Weinbrecht Heinz Zumbruch	sg EM Fritz Kehmeier Delmenhorst	v E Sieger Walter Heitkämper Patthorst
33./1952 11.–13. Januar Frankfurt	102	310	Karl Stein Heinz Zumbruch Bruno Henneberg Gottlieb Keppler Wendelin Weinbrecht	sg EE Sieger Arnold Becker Mülheim-Styrum	v E SE Sieger Arnold Becker Mülheim-Styrum
34./1953 16.–18. Januar Frankfurt	234	368	Karl Stein Heinz Zumbruch Heinrich Schäfer Gottlieb Keppler Wendelin Weinbrecht	v E Sieger Adam Gesser Offenbach-Bieber	v E Sieger Arnold Becker Mülheim-Styrum
35./1954 15.–17. Januar Hamburg	202	326	Fritz Joppich Gottlieb Keppler Wendelin Weinbrecht Heinz Zumbruch	v BE Sieger Josef Westendorf Lohne	v BE Josef Westendorf Lohne

Nr./Jahr Datum und Stadt	Gemeldete 1,0	Gemeldete 0,1	Sonderrichter	Bester Hahn	Beste Henne
36./1955 14.–16. Januar Frankfurt	153	230	Heinz Zumbruch Paul Barthold Wendelin Weinbrecht Karl Pollack	v StE Sieger Josef Westendorf Lohne	v E Sieger Josef Westendorf Lohne
37./1956 6.–8. Januar Köln	181	334	Karl Stein Heinz Zumbruch Kurt Steinert Gottlieb Keppler Franz Kemper	v BE Sieger Arnold Becker Mülheim-Styrum	v BE Sieger Willy Schroeder Herne
38./1957 11.–13. Januar Köln	88	132	Karl Stein Heinz Zumbruch	sg 1 E Julius Hinners Lohne	sg 1 EB Arnold Becker Mülheim-Styrum
39./1958 10.–12. Januar Köln	118	173	Heinz Zumbruch Franz Kemper Paul Barthold	sg 1 Sieger Gustav Jungermann Holzwickede	v Sieger Gustav Jungermann Holzwickede
40./1959 9.–11. Januar Köln	131	180	Heinz Zumbruch Paul Barthold Heinrich Wessel	v Sieger Karl Schön Gladenbach	v Sieger Heinrich Menkens Delmenhorst
41./1960 8.–10. Januar Köln	97	136	Heinz Zumbruch Paul Barthold Heinrich Wessel	v Sieger Arnold Becker Mülheim-Styrum	sg 1 Sieger Arnold Becker Mülheim-Styrum

Datum / Ort			Namen	Sieger	Sieger
42./1960 11.–13. November Frankfurt	101	189	Heinz Zumbruch Karl Stein Fritz Schäfer	v BE Sieger Peter Müllers Korschenbroich	v Sieger Wilhelm Hof Watzenborn-Steinberg
43./1961 3.–5. November Frankfurt	104	159	Fritz Schäfer Karl Stein Heinz Zumbruch	sg1 BE Ernst Jung Naunheim	v Sieger Josef Westendorf Lohne
44./1963 18.–20. Januar Stuttgart	89	155	Heinz Zumbruch Wendelin Weinbrecht Ernst Mattheiß Heinrich Lauter	sg1 Sieger Josef Westendorf Lohne	sg1 Sieger Josef Westendorf Lohne
45./1964 17.–19. Januar Stuttgart	115	148	Heinrich Zumbruch Fritz Schäfer Ernst Mattheiß	v Sieger Wendelin Weinbrecht Durmersheim	v Sieger Hermann Keinath Dettingen
46./1964 4.–6. Dezember Frankfurt	73	123	Heinz Zumbruch Fritz Schäfer	v Sieger Fritz Kehmeier Delmenhorst	sg1 Sieger Heinrich Herget Hausen
47./1965 3.–5. Dezember Frankfurt	78	131	Heinrich Zumbruch Fritz Schäfer Kurt Steinert	v Sieger Heinrich Herget Hausen	v BE Franz Friedl Möhrendorf
48./1966 2.–4. Dezember Stuttgart	98	138	Heinrich Zumbruch Wendelin Weinbrecht Ernst Mattheiß	v Sieger Carl Bossert Ansbach	v. Sieger Wilhelm Bihler Bonlanden

Nr./Jahr Datum und Stadt	Gemeldete 1,0	0,1	Sonderrichter	Bester Hahn	Beste Henne
49./1967 1.–3. Dezember Frankfurt	106	150	Heinz Zumbruch Fritz Schäfer Kurt Steinert	v Sieger Fritz Kehmeier Delmenhorst	v BE Hans Fischer Baiersdorf
50./1968 13.–15. Dezember Dortmund	138	184	Erwin Anders Fritz Schäfer Heinz Zumbruch	v Sieger Karl Stoll Lang-Göns	v Sieger Hans Fischer Baiersdorf
51./1969 12.–14. Dezember Dortmund	101	132	Fritz Schäfer Gottlieb Keppler Josef Kuhn	v Sieger Josef Westendorf Lohne	hv Sieger Fritz Schmidt Hasbergen
52./1970 11.–13. Dezember Dortmund	73	115	Heinz Möller August Cuber Josef Kuhr	hv Sieger Fritz Schmidt Hasbergen	hv Sieger Fritz Schmidt Hasbergen
53./1971 10.–12. Dezember Dortmund	93	124	Heinz Möller Fritz Schäfer	hv Sieger Fritz Schmidt Hasbergen	v Sieger Josef Westendorf Lohne
54./1972 16.–17. Dezember Bremen	74	77	Heinz Möller Heinrich Wessel	hv Bremer Band Fritz Schmidt Hasbergen hv BE Heinz-Dieter Müller Löhne	v Sieger Josef Westendorf Lohne

Nr./Jahr, Datum, Ort					
55./1973 1.–2. Dezember Nürnberg	85	154	Fritz Schäfer Ludwig Kuppinger Karl Pollack	sg Sieger Josef Westendorf Lohne	hv Sieger Hans Fischer Baiersdorf
56./1974 7.–8. Dezember Münster	64	91	Heinz Möller Wilhelm Hof	hv EB Josef Westendorf Lohne	v Sieger Ernst Jung Naunheim
57./1975 28.–30. November Köln	76	102	Heinz Möller Wilhelm Hof	hv BM Peter Müllers Korschenbroich	v Sieger Ernst Jung Naunheim
58./1976 3.–5. Dezember Nürnberg	42	57	Fritz Schäfer	sg BLP Rudolf Stein Nieder-Roden	hv Sieger Hans Haardörfer Fürth
59./1977 2.–4. Dezember Frankfurt	96	133	Heinz Möller Wilhelm Hof Josef Kuhr	v Sieger Wilhelm Opfermann Iserlohn	hv BLP Heinz Becker Marburg-Cappel
60./1978 15.–17. Dezember Münster	103	171	Kurt Steinert Heinrich Wessel Josef Kuhr	hv BLP Josef Westendorf Lohne Peter Müllers Korschenbroich Karl Vennhaus Langenberg	v Sieger Eduard Weber Lahn-Dutenhofen

Nr./Jahr Datum und Stadt	Gemeldete 1,0	Gemeldete 0,1	Sonderrichter	Bester Hahn	Beste Henne
61./1979 30. Nov.–2. Dez. Nürnberg	64	111	Fritz Schäfer Kurt Steinert	hv1 SE Georg Fiekers Rheine	hv Sieger Heinz Becker Marburg-Cappel
62./1980 12.–14. Dezember Dortmund	105	139	Horst Frese Fritz Schäfer Harald Körner	v Sieger Peter Müllers Korschenbroich	hv Sieger Eduard Weber Wetzlar
63./1981 20.–22. November Köln	80	109	Horst Frese Kurt Steinert	hv Sieger Karl Hoffmeister Butzbach	hv Sieger Hans-Dieter Mayer Oggersheim
64./1982 10.–12. Dezember Dortmund	104	103	Heinz Möller Kurt Steinert Heinz Hanstein	v Sieger Georg Fiekers Rheine	hv1 BM Kay Poggensee Kremperheide
65./1983 2.–4. Dezember Frankfurt	81	109	Horst Frese Franz Friedl	hv1 FM Engelbert Schweitzer Ensheim	v Sieger Heinz Möller Bremerhaven
66./1984 30. Nov.–2. Dez. Nürnberg	49	80	Heinz Möller Franz Friedl	hv VPr Hans-Dieter Mayer Oggersheim	v Sieger Georg Dittrich Bubenreuth

67./1985 6.–8. Dezember Dortmund	89	116	Heinz Möller Josef Kuhr	v Sieger Engelbert Schweizer Ensheim	v BLP Georg Fiekers Rheine
68./1986 12.–14. Dezember Neumünster	62	72	Heinz Möller Ernst-Dieter Lammers	hv SH-Band Hans-Dieter Mayer Oggersheim	v Sieger Helmut Witt Oelixdorf
69./1987 11.–13. Dezember Dortmund	68	88	Ernst-Dieter-Lammers Eduard Weber	v Sieger Peter Müllers Korschenbroich	v ME Ernst Jung Naunheim
70./1988 2.–4. Dezember Frankfurt	74	119	Franz Friedl Willi Weiß Eduard Weber	v Sieger Josef Verheyen Kevelaer	v FM Heinz Becker Marburg-Cappel
71./1989 8.–10. Dezember Nürnberg	128	157	Heinz Möller Ernst Jung Willi Weiß	hv BLP Hans-Dieter Mayer Oggersheim	v Sieger Krista Buchholz Wetzlar